가족복지론

| 원영희 · 손화희 공저 |

Social Welfare with Families

학지사

2판 머리말

우리 사회는 저출산, 고령화, 4차 산업 도래 등으로 인해 급속도로 변화하고 있는 가운데, 노동시장을 비롯한 사회 전반에 경제적 및 사회적 양극화의 심화로 가족의 가치가 보다 더 중요해지고 있다. 오늘날 모든 가족은 행복하고 원만한 삶을 영위하기를 기대하지만 현실적인 가족의 삶 속에서 폭력, 돌봄 부재, 경제문제, 가족원 간 갈등 등 여러 가지 어려움에 직면할 수 있기에 가족복지의 중요성은 더욱 부각되고 있다. 가족복지는 가족의 전 생애에 걸쳐서 행복하고 안정된 바람직한 삶을 추구하는 사회구성원 전체의 집단적 노력을 의미한다. 다변화되어 가는 사회에서 과거의 전형화된 가족만을 규범화하기보다 가족의 다양한 삶의 형태 내지 방식을 인정하고 존중하는 것이 중요하다. 또한 개별 가족의 삶에 있어서 보다 평등하고 친밀한 가족생활이 영위될 수 있도록 가족 여건 및 사회적 환경을 변화해 나가는 것이 필요하다.

『가족복지론』은 2016년에 출간하여, 2번의 발행이 있었고, 3년 만에 제2판을 출간하게 되었다. 개정판『가족복지론』은 초판의 기본적 틀을 유지하면서 통계청이 발표한 인구 및 가족 관련 통계, 변화된 가족의 상황을 알 수 있는 국가기관의 실태보고서 결과, 그리고 변화된 가족복지 관련 정책 및 서비스 등 최신 자료 및 내용을 반영하고자 노력하였다.

이 책은 총 12장으로 구성되었으며, 크게 3부로 구분하였다. 제1부는 가족의 개념 및 한국 가족의 변화, 그리고 가족복지에 대한 개요에 초점을 두고 가족복지의 기초적 내용에 대한 이해를 돕고자 하였다. 제2부에서는 가족복지의 접근 방법으로 가족복지 정책 및 실천의 기본 내용을 다루었다. 제3부에서는 가족 문제에 따른 가족복지를 각 영역별로 나누어 논의하였는데, '폭력가족', '한부모가족', '재혼가족', '입양가족', '노년기 가족', '다문화가족', '빈곤가족' 등 현대사회 주요 가족의 실태와 가족복지 관련 정책 및 실천, 그리고 이들 가족을 위한 복지방안에 대해 살펴보았다. 이 외에도 각 장에서 '생각해 볼 문제'를 제시하여 가족복지에 대해 성찰하고 실천에 적용하는 데 도움이 되도록 하였다.

이 책은 학부 학생들이 이해하기 쉽도록 집필하는 데 역점을 두었으며, 사회복지학, 가족학, 보육학, 아동학 분야 전공 학생 및 전문가들에게 가족복지의 기초적 이해를 도모하는 데 의의를 두었다. 또한 가족복지 실천현장에 종사하는 실무자 및 관계자에게도 널리 활용되기를 기대하는 바이다. 이번 개정판이 나오기까지 여러 도움을 주신 학지사 관계자분들의 노고에 감사드린다. 마지막으로 『가족복지론』을 사랑해 주시는 독자 여러분께 깊은 감사의 말씀을 전하고 싶다.

2019년

저자 일동

1판 머리말

인간이 사회에 태어나서 가장 먼저 접하는 집단은 가족이다. 비록 형태나 성격이 바뀔지라도 가족은 한 개인이 일생에 걸쳐 가장 사적이고 친밀한 관계를 유지한다. 가족은 인류 역사상 가장 오랫동안 지속되어 온 제도로 오늘날 우리 삶에 있어서 역시 매우 중요하다는 점을 누구도 부인하긴 쉽지 않다. 이와 같이 가족은 사회를 이루는 가장 기본적 제도로 인식되는데, 가족구성원이 개인적으로 경험하는 가족의 모습은 매우 다양하며 사회 변화에 따라 가족구조 역시 변화되어 왔다.

그동안 우리 사회에서는 산업화, 도시화, 고령화 등의 사회구조적 변화가 현저하게 나타났다. 이에 따른 사회환경의 변화는 가족구성원들의 삶의 목적이나 생활 패턴, 가치관 및 소비형태 등 다양한 측면에서 욕구의 변화를 가져왔다. 전통사회에서 가족은 생산 및 소비, 자녀양육, 사회화, 보호 및 부양 등의 기능을 모두 수행하였지만, 현대사회로 오면서 핵가족화 및 가족가치관의 변화로 인해 과거 가족이 수행했던 여러 기능이 축소·약화되었다. 따라서 현대 가족이 스스로 제 기능을 잘 수행할 수 있도록 이를 지원하기 위한 가족복지적 접근이 필요하다.

가족복지는 가족이 필요로 하는 욕구를 스스로 충족할 수 있도록 잠재력을 개발시켜 주거나 가족 문제를 예방 및 해결하고, 가족구성원의 사회적 기능 수행을 활성화하며, 생활의 질을 향상시켜 주기 위해 전문지식과 실천기술을 필요로 한다. 이러한 맥락에서 이 책은 가족복지를 공부하는 학생 및 실무자가 한국 사회의 가족 관련 이슈들을 이해하고 가족복지정책의 이해 및 실천에 기본적으로 필요한 관련 지식과 기술을 배양할 수 있도록 하는 데 중점을 두었다.

이 책은 크게 세 부분으로 구성되어 있다. 제1부 '가족복지의 기초'에서는 '가족에 대한 이해', '한국 가족의 변화', '가족복지에 대한 개요'를 다룸으로써 가족복지에 대한 기초 소양을 갖추도록 하였다. 제2부에서는 '가족복지의 정책 및 실천'의 기본이 되는 내용들을 다루었다. '가족복지정책'에서는 복지국가와 가족복지정책의 관련성을 알아보고, 개념 및 유형 그리고 한국 가족복지정책의 현황을 관련 법 및 전달체계 등을 통해 살펴보았다. '가족복지실천'에서는 가족구성원들이 가정과 사회생활에 성공적으로 적응할 수 있도록 하는 가족복지실천 과정을 살펴보고, 가족치료 기법과 가족복지 프로그램에 대한 이해를 돕고자 하였다. 제3부는 '가족복지의 실제'로, 가족복지실천 현장에서 접할 수 있는 '폭력가족', '한부모가족', '재혼가족', '입양가족', '노년기가족', '다문화가족', '빈곤가족'의 기본 개념을 알아보고, 유형에 따른 정책적 · 실천적 대책을 심도 있게 살펴보았다.

우리는 이 책이 대학에서 강의를 위한 교재로 사용될 뿐만 아니라 가족복지 업무 및 실천 등 관련 현장에서 종사하는 많은 분에게도 널리 활용되어 우리 사회 가족구성원의 삶의 질 향상 및 가족복지 증진에 조금이나마 도움이 될 수 있기를 기대한다. 마지막으로 이 책의 발간을 승낙해 주신 학지사의 김진환 사장님과 편집부 선생님들께 감사의 말씀을 전한다.

2016년 2월

저자 일동

차례

제3부 가족복지의 실제

제1부

가족복지의 기초

제1장 가족에 대한 이해

제2장 한국 가족의 변화

제3장 가족복지에 대한 개요

제1장

가족에 대한 이해

인간이 사회에 태어나서 가장 먼저 접하는 곳이 가족이다. 비록 형태나 성격이 바뀔지라도 가족은 한 개인의 일생에 걸쳐 가장 사적이고 친밀한 관계를 유지하는 장소이다. 가족은 인류 역사상 가장 오랫동안 지속되어 온 제도로 오늘날 우리 삶에 역시 매우 중요하다는 점을 누구도 부인하긴 쉽지 않다. 이와 같이 가족은 사회를 이루는 가장 기본적 제도로 인식되는데, 개인적으로 경험하는 가족은 매우 다양하며 사회 변화에 따라 가족 역시 변화해 왔다. 일반적으로 우리는 일상적 삶 속에서 가족과 함께 생활하며, 가족생활을 친숙하게 인식하는 편이다. 그러나 실제로 가족의 개념이 무엇인지, 가족이 어떠한 기능을 수행하는지 등에 대해 정확히 알지 못하고 있다. 이 장에서는 가족의 개념 및 유형, 기능, 가족생활주기와 발달과업 그리고 가족연구의 이론적 관점을 살펴봄으로써 가족에 대한 기초적 이해를 도모하고자 한다.

1. 가족의 개념 및 유형

1) 가족의 개념

대부분의 사람은 가족에서 태어나고 가족생활을 중심으로 자신의 삶을 영위해 나간다. 또한 개인의 삶에서 가족구성원들과 가장 많은 시간을 함께 보내며 긴밀한 상호작용을 하면서 살아간다. 이는 개인이 가족이나 가족생활을 벗어나서는 인간의 삶을 살아가기 어렵다는 것을 나타낸다. 이와 같이 가족은 개인이 생활을 영위함에 있어서 매우 중요하다. 가족을 한마디로 정의하기는 쉽지 않은데, 가족을 보다 잘 이해하기 위해 사전적 의미, 법적 규정, 협의 및 광의의 개념 등을 살펴볼 수 있다.

(1) 가족의 사전적 의미

가족의 사전적 의미를 살펴보면, 부부를 중심으로 그 근친인 혈연자가 주거를 같이하는 생활공동체로 부부, 부모, 자녀, 형제 등 혈연에 의해 맺어지며 생활을 함께하는 공동체 또는 그 성원이라 할 수 있다.

(2) 가족의 법적 규정

가족의 법적 규정은 「민법」 및 「건강가정기본법」에서 살펴볼 수 있다. 「민법」(제779조)에서 가족은 배우자, 직계혈족 및 형제자매이며, 직계혈족의 배우자, 배우자의 직계혈족 및 배우자의 형제자매로 생계를 같이하는 경우에 한하고 있다. 「건강가정기본법」(제3조)에서는 가족을 혼인 · 혈연 · 입양으로 이루어진 사회의 기본단위라고 규정하고 있다.

(3) 가족의 협의 및 광의 개념

가족의 개념은 시대와 문화에 따라 변화하고, 어떤 시각에서 가족을 바라

보느냐에 따라 학자들의 정의 또한 다양하다. 가족은 산업사회의 전통적 가족 유형인 핵가족 외에도 현대사회에 이르러 독신가족, 노년기 가족, 한부모가족 등 다양한 형태의 가족이 등장함에 따라 가족의 개념을 한마디로 정의하기가 어렵게 되었다. 예컨대, 전통적으로 가족의 기본 요건으로 간주되던 혈연관계가 더 이상 가족을 아우르는 절대적 조건이 되지 않음에 따라 협의의 가족개념을 넘어선 현대사회 가족을 포괄하는 광의의 개념이 나타나게 되었다.

① 가족의 협의 개념

협의의 개념에서 가족은 혼인, 혈연 및 입양을 통해서 이루어진 관계자들의 집단, 의식주 해결을 공동으로 하고 정서적 · 정신적 유대와 공동체적 생활방식을 갖는 집단으로, 이 개념은 전통적 가족의 개념과 유사하게 인식된다. Murdock(1949)은 250개 민속지학적 분석을 통해 가족이란 '사회적으로 인정받는 성적 관계를 유지하는 최소한 두 명의 성인자녀와 그들이 출산하거나 입양한 한 명 또는 그 이상의 자녀를 포함하며, 공동거주, 경제적 협력, 재생산으로 특징지어지는 집단'이라고 규정하였다.

Burgess와 Locke(1953)는 가족을 '혼인, 혈연 또는 입양에 의해 결합된 집단으로 하나의 가구(家口)를 형성하고 남편과 아내, 아버지와 어머니, 아들과 딸, 형제와 자매라는 각각의 사회적 역할 속에서 상호작용하며 의사를 소통하고 공통의 문화를 창조 · 유지하는 집단'이라고 정의하였다. 이는 가족구성원 간 상호작용을 강조하는데, 전통적 관계에서의 가족구성의 특성을 나타내고 있다. Levi-Strauss(1969)는 가족이란 '결혼으로 시작되며 부부와 그들 사이에서 출생한 자녀로 구성되지만 가까운 친척이 포함될 수 있고, 가족구성원은 법적 유대 및 경제적 · 종교적인 것 등의 권리와 의무, 성적 권리와 금기, 애정, 존경 등의 다양한 심리적 정감으로 결합되어 있다.'고 보았다. 이 정의는 가족 형성에 있어 결혼 및 출산을 강조하며, 구성원 간의 관계적 · 공동체적 성격을 강조한다.

국내 학자들도 전통적 가족의 개념을 제시하였는데, 최재석(1982)은 가족을 '가례(家禮)를 공동으로 하는 친족 집단'이라고 하여 친족관계로서의 가족을 강조하였다. 유영주(1993)는 가족을 '부부와 그들의 자녀로 구성되는 기본적 사회 집단이라고 규정하면서 애정적 혈연 집단, 동거 집단이며 가족만의 고유한 가풍을 지닌 문화 집단으로 양육과 사회화를 통해 인격형성이 이루어지는 인간발달의 근원적 집단'으로 정의하였다.

일반적으로 핵가족은 인류의 보편적 가족 형태로 여겨지면서 정상과 비정상을 구분하는 준거틀(이여봉, 2006)로 작용하였다. 그러나 이러한 가족에 대한 협의의 개념은 산업사회의 전형적 핵가족에 관해서는 적절하나 현대사회의 다양한 가족을 보편적으로 정의하는 데는 제한점이 있다.

② 가족의 광의 개념

가족의 협의 개념 내지 전통적 가족의 개념은 혼인, 혈연, 입양을 기반으로 하여 가족을 부부와 자녀를 중심으로 하는 핵가족으로 한정하고 있어, 현대사회 다양한 형태의 가족을 포괄하는 데 어려움이 있다. 이런 부분을 반영하여 Schultz(1977)는 '가족은 하나의 복잡한 변수로서 생물학적 요구에 기인하는 보편적 구조 내지 보편적 규범의 이념일 수 없으며, 사회적 필요에 따라 가족에 대한 개념은 변화될 수밖에 없다'고 보았다(이효재, 1984 재인용). 미국 사회복지사협회(National Association of Social Workers, 1995)는 '가족을 자신들 스스로가 가족이라고 생각하고 전형적 가족 임무를 수행하는 두 명 이상의 사람들'로 정의하였다. Hartman과 Laird(1988)는 '가족을 둘 이상의 사람들이 친숙한 하나의 가족으로 인식하고 밀접한 감정적 유대와 가정이라는 생활공간, 생물적 · 사회적 · 심리적 욕구 충족에 필요한 역할과 과제를 공유하는 것'으로 정의하였다.

국내 학자들도 현대적 가족에 대한 개념을 제시하였는데, 이효재(1984)는 '일상적 생활을 공동으로 영위하는 부부와 자녀들, 그들의 친척, 입양이나 기타 관계로 연대의식을 지닌 공동체 집단'으로 정의하였다. 최경석 등(2006)

은 '가족을 동일 가구에 거주하고 가족생활을 유지하기 위한 특정 역할과 지위를 가진 자들의 체계'로 정의하였다.

이러한 가족의 광의 개념은 변화하는 현대사회 가족을 살펴보는 데 보다 적절하다. Bernades(1991)는 가족을 고정된 형태로 정의해서는 안 된다며 가족의 다변성을 주장하였다. 현대적 가족의 개념은 혈연, 입양, 결혼을 기반으로 한 가족 정의의 제한점을 극복하고, 현대사회에서 다양하게 나타나는 가족 유형을 포괄한다는 점에서 의의를 지닌다. 이 개념은 가족을 정의할 때 '유일한 가족(the family)'이라는 획일적 형태보다 한부모 · 비혈연 · 공동체가족 등 가족의 다양성을 인정하는 '가족들(families)'이라는 것에 기초한 사회적 단위를 의미한다(유영주 외, 2013). 이러한 측면과 관련하여 Stacey(1990)는 '현대 가족생활의 다양성은 과거의 관계로 보면 현대를 뛰어넘는 가족혁명'이라 명명하였다. Cheal(1993)은 가족에 관한 전통적 합의는 이미 끝났다고 보았는데, 오늘날 가족 형태는 생활양식의 선택성, 사회적 분열, 다양성, 다원주의 등의 개념으로 설명된다고 보았다.

앞에서 살펴본 여러 측면의 가족 정의를 고려해 볼 때, 가족이란 가족생활을 유지하기 위한 특정 역할과 지위를 가지고 가족구성원 간 상호 성장 및 발달을 지지하는 집단이라 할 수 있다. 일반적으로 가족은 친밀, 헌신의 관계에 있는 사람들이 하나의 집단에 속해 있다는 소속감을 바탕으로 그 집단의 정체성을 수립하며 가족관계를 유지한다. 오늘날 현대 가족은 부부와 자녀들 그리고 기타 관계로 가족이라는 연대의식을 지닌 생활공동체 집단으로서, 그 다양성을 인정하여 포괄적으로 정의할 수 있다. 가족복지의 실천적 측면에서 살펴볼 때, 가족 내 구성원들의 발달과 성장, 복지적 삶에 기여하고 구성원 간 원만한 관계 형성이 이루어지도록 돕는 것이 중요하다. 따라서 오늘날 가족에 대한 개념은 혈연을 기반으로 한 가족 정의의 제한점을 극복하고 다양하게 나타나고 있는 가족 유형을 포함하는 것이 바람직하다.

〈표 1-1〉 가족의 협의 및 광의 개념

협의 개념	
Murdock (1949)	사회적으로 인정받는 성적 관계를 유지하는 최소한 두 명의 성인자녀와 그들이 출산하거나 입양한 한 명 또는 그 이상의 자녀를 포함하며, 공동 거주, 경제적 협력, 재생산으로 특징지어지는 집단
Burgess와 Locke (1953)	혼인, 혈연 또는 입양에 의해 결합된 집단으로 하나의 가구(家口)를 형성하고 남편과 아내, 아버지와 어머니, 아들과 딸, 형제와 자매라는 각각의 사회적 역할 속에서 상호작용하며 의사를 소통하고 공통의 문화를 창조·유지하는 집단
Levi-Strauss (1969)	결혼으로 시작되며 부부와 그들 사이에서 출생한 자녀로 구성되지만 가까운 친척이 포함될 수 있고, 가족구성원은 법적 유대 및 경제적·종교적인 것 등의 권리와 의무, 성적 권리와 금기, 애정, 존경 등의 다양한 심리적 정감으로 결합되어 있음
최재석 (1982)	가례(家禮)를 공동으로 하는 친족 집단
유영주 (1993)	부부와 그들의 자녀로 구성되는 기본적 사회 집단이라고 규정하면서 애정적 혈연 집단, 동거 집단이며 가족만의 고유한 가풍을 지닌 문화 집단으로 양육과 사회화를 통해 인격형성이 이루어지는 인간발달의 근원적 집단

광의 개념	
Schultz (1977)	가족은 '하나의 복잡한 변수로서 생물학적 요구에 기인하는 보편적 구조 내지 보편적 규범의 이념일 수 없으며, 사회적 필요에 따라 가족에 대한 개념은 변화될 수밖에 없다'고 봄
미국 사회복지사 협회(1995)	자신들 스스로가 가족이라고 생각하고 전형적 가족 임무를 수행하는 두 명 이상의 사람들
Hartman과 Laird(1988)	둘 이상의 사람들이 친숙한 하나의 가족으로 인식하고 밀접한 감정적 유대와 가정이라는 생활공간, 생물적·사회적·심리적 욕구 충족에 필요한 역할과 과제를 공유하는 것
이효재 (1984)	일상적 생활을 공동으로 영위하는 부부와 자녀들, 그들의 친척, 입양이나 기타 관계로 연대의식을 지닌 공동체 집단
최경석 외 (2006)	동일 가구에 거주하고 가족생활을 유지하기 위한 특정 역할과 지위를 가진 자들의 체계

참고사항 가족의 유사 용어

일반적으로 가족은 법적으로 또는 사실적으로 가족의 관계를 유지하면서 서로의 욕구를 충족시켜 줄 수 있는 상호작용을 하고 있는 생활공동체 집단을 의미한다. 가족은 일상생활에서 다른 용어와 복합적으로 사용되는데, 가족의 유사 용어에 대해 살펴보면 다음과 같다.

(1) 가구(家口)

가구는 한 집에서 기거하는 사람들로 구성된 사회경제적 단위를 의미한다. 즉, 가구는 한 지붕 아래에서 경제공동체를 이루고 살아가는 집단이라 할 수 있으며 주거나 가계를 같이하는 자 또는 독신으로 거주지를 가지고 단독생활을 하는 자를 포함한다. 가구의 개념에서는 결혼관계나 혈연관계를 고려하지 않고 경제적 협력, 주거 공간을 중요시한다. 통계청에서 사용하는 가구의 개념은 1인 또는 2인 이상이 모여 취사, 취침 및 생계를 함께하는 생활 단위로 정의되고 있다. 가구와 유사한 용어로 세대(世帶) 및 식구(食口)가 있다. 세대는 가구의 수를 세는 단위로 실제적으로 거주 및 생계를 같이하는 사람의 집단을, 식구는 한 집에서 함께 살면서 끼니를 같이하는 사람을 의미한다.

가족	부부 및 그 근친인 혈연자로 맺어진 생활공동체로 가족의 다양성을 인정해 가족이라는 연대의식을 가진 생활공동체 집단으로 포괄적으로 정의할 수 있음	➡	「가족관계의 등록 등에 관한 법률」 등 법적으로 또는 사실상 가족관계를 유지하면서 상호작용을 하는 공동체이므로 반드시 같은 집에 거주하지 않을 수도 있음
가구	한 집에서 기거하는 사람들로 구성된 사회경제적 단위로, 통계청에서 사용하는 개념은 1인 또는 2인 이상이 취사, 취침 및 생계를 함께하는 생활 단위임	➡	현실적으로 주거 및 생계를 같이하는 사람의 집단이므로 가족이 아니어도 같은 집에 거주한다면 그 집의 가구원으로 집계 가능함

(2) 가정(家庭)

가정의 사전적 의미는 가까운 혈연관계에 있는 사람들의 생활공동체 또는 한 개인이나 가족이 생활하는 장소(거주지)를 의미한다. 가정은 가족의 공동생활이 이루어지는 장소를 뜻할 뿐 아니라, 가족구성원의 몸과 마음이 쉴 수 있는 안식처 개념을 포함한다. 「건강가정기본법」에서는 가정을 '가족구성원이 생계 또는 주거를 함께하는 생활공동체로서 구성원의 일상적인 부양 · 양육 · 보호 · 교육 등이 이루어지는 생활 단위'라고 정의하고 있다.

(3) 집

우리나라에서 가족이란 말은 학술용어로 사용되는 경향이 있는데, 일반적으로 광범위하게 사용되는 것은 가족보다는 '집'이라는 용어다. '집'은 우리나라의 일상용어이면서 복합적 의미를 지니는데, 재가(在家), 재택(財宅), 거택(居宅) 등으로 표시되기도 한다.

(4) 친족(親族)

「민법」(제767조)에서 친족은 배우자, 혈족 및 인척으로 규정하고 있다. 혈족(血族)은 혈통이 이어진 친족이나 법률이 입양(入養) 등의 사실에 입각하여 친족과 동일한 관계로 인정한 사람으로 직계혈족 및 방계혈족으로 구분한다. 직계혈족(제768조)은 자기의 직계존속과 직계비속을 말하고, 방계혈족은 자기의 형제자매와 형제자매의 직계비속, 직계존속의 형제자매 및 그 형제자매의 직계비속을 말한다. 인척(제769조)은 혼인관계를 통하여 맺어진 친척/혈족의 배우자, 배우자의 혈족, 배우자의 혈족의 배우자를 의미한다. 친족의 범위(제777조)로는 부계, 모계 차별 없이 8촌 이내의 혈족, 4촌 이내의 인척, 배우자를 포함한다.

2) 가족의 유형

가족은 가족 크기, 혈연관계, 결합 형태 등에 따라 그 유형을 살펴볼 수 있다(유영주 외, 2013). 가족은 가족 크기, 즉 가족구성원 수에 따라 대가족, 소가족으로 구분될 수 있다. 혈연관계 범위에 따라 가족은 핵가족, 확대가족으로 구분된다. 핵가족(nuclear family)은 부부와 그들의 미혼자녀로 구성된 가족의 가장 간단한 형태이며, 확대가족(extended family)은 핵가족이 확대되거나 복합된 형태이다. 최근에는 수정핵가족(modified nuclear family) 및 수정확대가족(modified extended family)의 개념이 나타나고 있다. 전자의 경우는 결혼한 자녀 가족과 부모가 같은 집에 거주하지만 분리된 생활공간에서 독립적으로 생활하는 가족 형태인 반면, 후자의 경우는 부모와 결혼한 자녀의 가족이 근거리에 거주하면서 마치 한 집에 사는 것처럼 잦은 왕래가 이루어지는 가족 형태를 일컫는다.

가족의 결합 형태는 가족구성원 범위로 살펴볼 수 있는데, 직계가족, 방계가족, 부부가족, 과도기적 가족으로 분류될 수 있다. 직계가족은 핵가족이 종적으로 확대된 형태로 전통적인 우리나라의 가족이나 일본의 가족과 같이 원칙적으로 맏아들만 본가에 남아 부모를 모시고 가계(家系)를 계승하며 그 이외 아들은 분가하는 형태이다. 방계가족은 핵가족이 횡적으로 확대된 형태로서 같은 세대의 형제들이 결혼한 후에도 그들의 부모와 동거하는 형태로, 직계존속과 직계비속 이외의 친족을 포함한 가족을 말한다. 부부가족은 자녀가 결혼하여 부모로부터 독립·분가하여 가족을 구성하는 형태로 핵가족과 외형적으로 동일한 형태라 할 수 있다. 과도기적 가족은 형제나 남매로 구성된 1세대 가족을 지칭한다.

또한 가족은 가장권, 가계계승, 거주방식, 가족관계 등에 따라 구분되기도 한다. 일반적으로 가족의 권한을 가장권이라 하는데, 가장권이 누구에게 있는가에 따라 부권가족(patriarchal family), 모권가족(matriarchal family), 평등가족(equalitarian family)으로 구분할 수 있다. 가계계승은 친족범위를 정하는 기준, 조상과 자손과의 관계를 통하여 혈통을 따지고, 혈통에 따라 친족 집단이 형성되면서 특정 집단에 귀속시키는데 이를 출계(出系, descent)라 한다. 여기에는 부계가족(patrilineal family), 모계가족(matrilineal family), 양계가족(bilateral family)이 해당된다. 결혼 이후 신혼부부가 자신의 살림을 어디에서 시작하느냐에 따른 거주방식 분류로는 부거제(patrilocal residence), 모거제(matrilocal residence), 신거제(neolocal residence)가 해당된다. 가족관계의 중심이 어디에 있느냐에 따라서는 부부중심가족(husband-wife oriented family), 자녀중심가족(parent-child oriented family)으로 구분할 수 있다.

한편, 가족은 개인의 혼인여부에 따라 자신이 성장해 왔던 기존의 가족과 자신이 이루어 낼 새로운 가족으로 분류될 수 있다. 이를 방위(方位)가족(orientation family)과 생식(生殖)가족(procreation family)으로 구분할 수 있는데, 방위가족은 한 개인이 출생하여 소속하게 된 가족인 데 반해, 생식가족은 개인이 새로 형성하게 된 가족을 의미한다. 또한 가족을 구성하고 있는 세대수에 따라 1세대 가족, 2세대 가족, 3세대 가족, 4세대 가족 등으로 구분된다. 그리고 사회계층에 따라서는 하류층 가족, 중하류층 가족, 중류층 가족, 중상류층 가족, 상류층 가족 등으로 분류할 수 있다.

2. 가족의 기능

가족은 모든 사회에 보편적으로 존재하면서 그 사회를 구성하는 기본단위가 되고 있는데, 이는 사회의 지속과 생존을 위해 가족이 불가결한 역할을 수행하기 때문이다. 가족의 기능은 가족이 수행하는 역할 또는 행위로서의 '가족행동'을 의미하며, 그 행동의 결과가 사회의 유지 및 존속, 가족구성원의 욕구 충족에 어떤 영향을 주는지의 문제와 관련된다(김승권 외, 2000).

Murdock(1949)은 출산과 재생산 기능, 성적 기능, 경제적 기능, 교육 및 사회화 기능을 가족의 기능으로 인식하였으며, Goode(1982)는 생식, 지위부여, 사회화 기능을 가족의 보편적 기능이라고 제시하였다.

가족은 가족구성원의 욕구를 충족시키고 사회의 유지와 발전에 관계되는 여러 기능을 수행한다. 그런데 가족은 사회 변화에 영향을 받을 뿐만 아니라 그 기능을 원활하게 수행함으로써 가족구성원에게 유익을 제공하며, 사회 유지와 발전에 기여한다. 가족의 기능은 가족구성원 개인에 대하여 수행하는 측면 및 사회에 대하여 수행하는 측면으로 살펴볼 수 있다. 전자는 가족구성원의 개인에 대한 기능(대내적 기능), 후자는 가족의 사회 전체에 대한 기능(대외적 기능)이라 한다. 가족 내 기능은 성 및 자녀 출산 기능, 자녀양육과 사회화 기능, 경제적 기능, 보호 및 부양 기능, 휴식 및 오락 기능, 종교 기능 등이다. 대사회적 기능은 성(性)통제 기능, 사회구성원 충원 기능, 노동력 제공 및 생활보장 기능, 사회의 전통·문화 계승 기능, 사회 안정화 기능 등이다.

1) 가족 내 기능

(1) 성 및 자녀 출산 기능

일반적으로 가족은 남녀의 사랑을 기초로 하여 형성된다. 특히 가족구성의 중심이 되는 기능은 성 및 자녀 출산 기능이라 할 수 있다. 부부간 성적(性的) 욕구를 충족시키며 자녀를 출산하는데, 이 기능은 전통적으로 사회의 다른 집단에서 대신할 수 없는 가족만의 고유한 특성으로 여겨져 왔다.

(2) 자녀양육과 사회화 기능

아이들은 출생하면서부터 가족의 보호를 받으며, 가족생활을 통해 교육을 받게 된다. 가정은 자녀들이 사회에 잘 적응하고 바람직한 인간으로 성장하도록 돕는 역할을 하며, 자녀의 인격 형성에 지대한 영향을 끼쳐 건강한 사회인이 될 수 있도록 기여한다.

(3) 경제적 기능

과거 전통사회에서는 가족이 생산과 소비의 기능을 함께 수행했다. 하지만 현대사회는 고도의 산업화, 상품의 대량생산으로 인해 가족의 생산 기능은 축소되었으며, 가족구성원은 산업사회에서 노동력을 제공하고 그 대가로 임금을 받아 필요한 물품을 구입하여 생활하게 되었다. 따라서 현대사회의 가족은 상품 선택과 구매에 대한 현명한 소비자로서 제한된 수입으로 가족구성원의 욕구를 충족시킬 수 있는 공평하고 합리적인 재정 관리를 필요로 한다.

(4) 보호 및 부양 기능

가족은 실업, 질병, 사고, 스트레스 등의 여러 위험으로부터 가족구성원을 보호해 주는 역할을 수행한다. 또한 가족 내 어린 자녀, 장애나 질병을 지닌 가족구성원, 그리고 돌봄이 필요한 노부모 등의 부양이 기대되어 왔다.

(5) 휴식 및 오락 기능

가족은 가족구성원에 대하여 심신의 긴장이나 피로를 회복시켜 주는 안식처의 역할을 한다. 가족구성원은 사회생활로 지친 몸과 마음을 가정에 돌아와 쉴 수 있고 새로운 에너지를 재충전할 수 있다. 또한 가족구성원이 함께 여가활동을 함으로써 즐거움을 느끼도록 돕는다.

(6) 종교 기능

가족은 가족구성원이 지니는 특정 종교적 신념에 따라 종교 의례나 형식을 따르기가 쉽다. 가족구성원은 종교를 통해 일상생활에 감사하고 삶의 진리를 깨달으며, 인간 능력의 한계를 겸허하게 인정하고 기도하는 자세로 살아가는 데 도움을 받을 수 있다.

2) 대사회적 기능

(1) 성(性)통제 기능

가족은 사회의 승인을 받게 되는 결혼제도를 통해 안정적인 가족공동체를 영위할 수 있다. 또한 개개인의 성적 욕구를 충족시킬 뿐만 아니라 사회구성원의 성관계를 통제함으로써 사회의 질서 및 안정을 도모한다.

(2) 사회구성원 충원 기능

가족의 자녀 출산 기능은 사회구성원을 생산함으로써 사회를 존속·발전시키는 데 기여하며 이를 통해 인류의 존속을 유지하는 역할 또한 수행한다.

(3) 노동력 제공 및 생활보장 기능

가족은 가족구성원들이 사회에서 노동할 수 있도록 하는 중요 기능을 수행한다. 가족구성원들은 노동을 통해 소비할 수 있는 재화를 얻고, 이를 통해 가족은 의식주를 포함한 일상생활을 지속할 수 있다. 또한 가족의 소비 패턴은 사회 경제에 영향을 미치며, 가족구성원들의 삶의 질과도 관련된다.

(4) 사회의 전통 · 문화 계승 기능

가족 내 자녀의 양육과 교육을 통해 자녀가 사회구성원으로서 적합하게 기능하고 적응할 수 있도록 하여, 사회적 일체감을 갖게 하고 사회의 전통 · 문화 계승을 도움으로써 그 사회가 지속적으로 유지 · 발전하는 데 기여한다.

(5) 사회 안정화 기능

가족은 구성원을 보호하고 개개인의 심신 안정을 돕는 휴식처 역할을 함으로써 인적 자원의 재충전, 노동력 질의 향상 등 사회 안정을 도모하는 데 기여한다. 즉, 가족생활을 통해 개인은 심신의 보호와 휴식을 하게 됨으로써 원활한 사회생활이 가능하며, 이를 통해 사회가 안정적으로 유지되는 데 도움을 준다.

이상과 같은 가족의 기능은 크게 고유 기능, 기초 기능, 부차적 기능으로 분류할 수 있다.

- 가족의 고유 기능: 애정과 성의 기능은 결혼의 기초를 이루며, 가족의 기능 수행에 매우 중요하다. 결혼을 통하여 부부간 합법적 성관계를 인정하지만, 이외의 성관계를 규제 · 통제함으로써 사회질서를 유지할 수 있도록 한다. 가족이 갖는 생식 · 양육 기능은 사회적으로 종족 보존 및 사회구성원 충원의 기능과 연관된다.

• 가족의 기초 기능: 가족구성원에 대한 생산과 소비의 기능은 사회적으로 노동력 제공과 생활 보장, 경제 질서 유지를 도모하는 데 기여한다.
• 가족의 부차적 기능: 대내적으로 교육, 보호, 휴식, 오락, 종교의 기능이 있다. 교육은 문화전달 기능, 보호 및 부양, 휴식은 심리적 · 신체적 기능 그리고 오락 및 종교 기능은 문화적 · 정신적 기능과 관련하여 사회의 안정과 유지 기능을 수행하도록 돕는다(송정애, 정해은, 2013).

〈표 1-2〉 가족 기능의 유형

분류	가족구성원 개인에 대한 기능 (대내적 기능)	사회 전체에 대한 기능 (대외적 기능)	
고유 기능	애정, 성	성적 통제	
	생식, 양육	종족 보존, 사회구성원 충원	
기초 기능	생산(고용충족, 수입획득)	노동력 제공, 분업 참여	
	소비(기본적 · 문화적 욕구충족)	생활 보장, 경제 질서 유지	
부차적 기능	교육(개인의 사회화)	문화전달	사회 안정 및 유지
	보호 및 부양	심리적, 신체적	
	휴식		
	오락	문화적, 정신적	
	종교		

따라서 가족은 가족 내 신뢰에 기반을 둔 관계 형성, 보호 및 양육 기능을 유지하고 가족체계에서 대 · 내외적으로 발생하는 가족 문제 혹은 변화에 탄력적으로 대응함으로써 가족의 안정성을 도모한다.

오늘날 산업화에 따른 사회 분화의 진전으로 다양한 사회기관이 가족의 기능을 상당 부분 대체하였고, 이에 따라 가족이 전통적으로 수행해 오던 기능이 점차 약화되고 있다. 산업사회 이전에는 가족구성원 모두가 노동에 참여하면서 필요한 재화를 직접 생산하고 소비하였다. 그러나 산업화에 따라 사회가 분화되면서 가족구성원들은 각자의 직장에서 서로 다른 재화를 생산하게 되었고, 가족은 소비공동체로서의 기능을 주로 수행하게 되었다. 더욱이 대중교육 확대와 대중매체 보급으로 과거 가족이 수행하였던 사회화 기능이 현저하게 약화되었다. 산업사회에서 나타난 핵가족화 경향과 여성의 취업률 증가로 가족구성원 사이의 접촉과 기회가 줄어든 반면, 보육시설, 유치원, 학교, 대중매체 등의 역할은 상대적으로 늘어나게 되었다. 특히 가족의 사회 안정화 기능의 경우, 국가의 사회보장제도 확충 등을 통해 가족 내 문제일지라도 점차 국가의 책임으로 전환되어지는 영역이 확대되고 있다.

Ogburn(1933)은 전통적 가족 기능을 경제적 생산, 교육, 종교, 오락, 의료 기능으로 볼 때 현대사회에서는 이들 대부분이 가족 단위로 이루어지는 것이 아니라 개인 단위로 이루어지며, 결과적으로 가족 기능이 대부분 상실되고 유일하게 애정과 이해를 제공하는 기능만이 남게 된다고 하였다.

'가족의 건강한 기능화'는 가족복지의 주요 목표 중 하나이므로 가족복지 실천에서 가족 기능을 이해하는 것은 매우 중요하다. 향후 사회 변화에 따라 가족 기능 역시 변화되고 있는데, 출산, 자녀양육과 사회화 기능보다 정서적 기능이 보다 중요시되고 있다. 앞으로 미래 가족의 기능은 획일성보다는 다양성이, 정형화보다는 유연화가, 그리고 규칙과 규율의 적용보다는 정서와 사랑의 공동체로서 기능이 부각되고 있다(양옥경, 2001).

3. 가족생활주기와 발달과업

한 인간이 태어나서 성인까지 성장해 가듯이 결혼을 통해 형성된 가족도 시간에 따라 성숙하고 발전해 나간다. 이와 마찬가지로 한 개인이 결혼과 출산을 통해 가족을 이루고 그 가족구성원이 성장해서 다시 또 다른 가족을 이루는 성숙과 발전의 과정에서, 가족의 형성부터 해체까지의 변화를 가족발달이라고 한다. 인간이 태어나 각 시기에 이루어야 할 발달과업이 있듯이 가족도 형성됨과 동시에 원만한 가정생활을 위하여 성취해야 할 발달과업이 존재한다.

1) 가족생활주기

가족은 일생 동안 고정되어 있는 것이 아니라 지속적으로 변화한다. 가족생활주기(family life cycle)란 시간의 경과에 따라 가족의 생활이 변화하는 과정이다(Carter & McGodrick, 1980). 일반적으로 가족생활주기는 결혼, 자녀출생, 자녀 출가, 배우자 사망, 본인 사망 등 일련의 가족생활사건을 단계적으로 경험하면서 가족이 형성-확대-축소-해체되어 가는 과정을 의미한다(유영주 외, 2013). 가족생활주기는 시간의 흐름에 따른 가족의 성장과 변화과정을 단계별로 고찰하여 각 단계가 가지고 있는 가능성과 문제점을 파악하고 생활의 흐름을 이해할 수 있도록 가족생활을 유형화할 수 있다는 점에서 의미가 있다. 가족생활주기에 대한 이해는 개인적 측면에서는 자신의 삶을 계획해 볼 수 있으며, 가족적 측면에서는 가족의 계속적인 발달과 변화에 따른 발달과업을 준비하고 잠재된 문제와 취약점 등을 파악하고 예방할 수 있다는 점에서 중요하다.

개인의 발달과 마찬가지로 가족에도 주기가 있다는 사실은 19세기 말 영국의 경제학자 Rowntree(1903)에 의해 처음 주장되었다. 이후 여러 학자에 의해 가족생활주기의 단계를 구분하는 관점이 다양하게 제시되어 왔다.

(1) 외국 학자의 분류

- Duvall(1957): 인간발달이론에 입각하여 첫 자녀의 연령 등에 따라 가족생활주기를 8단계로 구분하였다. 즉, ① 신혼부부 가족(부부확립기, 무자녀 시기), ② 자녀출산 및 영아기 가족(첫 자녀 출산~30개월), ③ 유아기 가족(첫 자녀 2년 반~6세), ④ 아동기 가족(첫 자녀 6~13세), ⑤ 청소년기 가족(첫 자녀 13~20세), ⑥ 독립(진수)기 가족(첫 자녀 독립~마지막 자녀 독립), ⑦ 중년기 가족(부부만이 남은 가족~은퇴기), ⑧ 노년기 가족(은퇴 후~사망)의 8단계로 분류하였다.
- Carter와 McGodrick(1980): 3세대 중심의 6단계 가족생활주기를 ① 결혼

전기, ② 결혼적응기, ③ 자녀아동기, ④ 자녀청소년기, ⑤ 자녀독립기, ⑥ 노년기로 구분하였다. 여기서 결혼전기는 미혼자녀가 원가족을 떠나 가족을 형성하기 전까지의 기간을 의미한다. 또한 이들 학자는 이혼 및 재혼가족의 발달단계를 함께 제시하였다. 이혼가족의 생활주기는 ① 이혼 결정, ② 가족해체 계획, ③ 별거, ④ 이혼, ⑤ 이혼 후의 5단계로 분류하였다. 재혼가족의 생활주기는 ① 새로운 관계의 시작, ② 새로운 결혼생활과 가족에 대한 개념화와 계획, ③ 재혼과 가족의 재구성의 3단계로 분류하였다.

- Nickell, Rice와 Tucker(1976): 결혼 기간을 활용하여 4단계 분류를 제시하였는데, ① 제1단계: 결혼 초 5년, ② 제2단계: 결혼 후 6~10년, ③ 제3단계: 결혼 후 11~20년, ④ 제4단계: 결혼 후 20년 이상 등으로 구분하였다.

(2) 국내 학자의 분류

- 유영주(1984): Duvall의 가족생활주기 8단계 유형을 우리나라 도시가족의 생활실태를 근거로 하여 ① 가족형성기, ② 자녀 출산 및 양육기, ③ 자녀교육기, ④ 자녀성인기, ⑤ 자녀결혼기, ⑥ 노년기의 6단계로 설정하였다.
- 김승권 외(2000): 세계보건기구(WHO)의 2세대 핵가족 생활주기 모형을 적용하여 우리나라 가족생활주기를 6단계로 구분하였다. 즉, ① 제1단계(가족형성기): 부부가 결혼하여 첫 자녀를 출생할 때까지, ② 제2단계(가족확대기): 첫 자녀 출생부터 막내 자녀 출생까지, ③ 제3단계(가족확대완료기): 막내 자녀 출생부터 자녀 결혼시기 전까지, ④ 제4단계(가족축소기): 자녀 결혼 시작부터 자녀 결혼 완료까지, ⑤ 제5단계(가족축소완료기): 자녀 결혼 완료부터 남편 사망까지, ⑥ 제6단계(가족해체기): 남편 사망부터 본인 사망까지 혼자 살아가는 시기 등이 이에 해당된다.
- 김유경(2014): 세계보건기구(WHO)의 2세대 핵가족 생활주기 모형을

근거로 가족생활주기를 4단계로 구분하였다. 즉, ① 가족형성기(결혼~첫 자녀 출산), ② 가족확대기(첫 자녀 출산~막내 자녀 출산), ③ 가족축소기(자녀결혼 시작~자녀결혼 완료), ④ 가족해체기(배우자 사망~본인 사망)로 구분하였다.

2) 가족발달과업

일반적으로 가족발달은 가족생활주기로 설명되며, 가족 간 일어나는 특별한 사건이나 변화에 따라 구분될 수 있다. 개인의 발달과 마찬가지로 가족도 형성됨과 동시에 원만한 가족생활을 위하여 성취해야 할 단계별 발달과업이 존재한다. 가족발달과업은 가족생활주기에 따라 단계적으로 적절히 수행되어야 가족들이 안정되고 충족감을 느끼며 살아갈 수 있다. Duvall(1957)은 가족발달과업에 대해 "가족생활의 특정 단계에서 발생하는 성장에 대한 책임으로서, 성공적으로 과업을 달성할 시 만족을 가져오고 실패할 시 가족이 불행해지고 사회적으로 인정받지 못하며 이후 발달과업에 어려움을 가져올 수 있다."고 하였다. 발달과업은 특정한 시기에 반드시 이루어져야 할 결정적인 때가 있기 때문에 가정생활의 각 단계에 따른 발달과업이 신중히 계획되어야 한다.

가족생활주기의 각 단계에서 가족은 고유한 발달 이슈, 과업, 해결할 잠재적 위기에 직면하게 된다. 가족생활주기의 단계별 발달과업을 달성하지 못하거나 가족구성원의 다양한 요구사항을 충족시키지 못하면 가족은 다양한 문제를 경험할 수 있다. 따라서 새로운 가족발달단계로의 전환에는 일종의 위기가 수반되는데, 가족체계는 이 위기에 적응하기 위해 가족이 어떤 발달주기 위치에 있으며 직면하는 위기에 적응을 잘하는지 점검하는 것이 중요하다. 가족생활주기의 단계별로 가족이 수행해야 할 과업이 변화하므로, 가족구성원은 이에 따라 물질적 · 심리적 준비를 새롭게 하는 것이 바람직하다.

앞에서 살펴본 가족생활주기에 근거하여 한국인의 가족생활주기 단계를 가족형성기, 가족확대기(자녀양육기, 자녀교육기), 가족축소기(자녀독립기), 가족해체기(노후기)로 구분하여 가족발달과업을 살펴보면 〈표 1-3〉과 같다.

〈표 1-3〉 가족생활주기 단계별 발달과업

가족생활주기		가족발달과업
가족형성기		• 부부간 친밀감 형성 및 부모로부터의 정서적 · 경제적 독립 • 새로운 부부관계 및 서로의 성격, 생활습관 등에 적응 • 새롭게 형성된 배우자 가족과의 관계 적응 및 원만한 친족관계 형성 • 자녀출산 및 교육, 주택마련 계획 등 장기적 가족생활 계획 수립 • 배우자와의 협의를 통해 가정생활의 규칙 형성 • 가족 내 역할 공동 분담
가족 확대기	자녀 양육기	• 영 · 유아 양육에 따른 부모 역할 및 생활 변화에 적응 • 자녀양육 및 늘어난 가사노동에 부부가 공동으로 참여 • 자녀를 위한 물질적 · 정서적 가정환경 조성 • 증가한 생활 비용 충족 및 자녀교육을 위한 경제적 계획 • 조부모가 된 양가 부모와의 관계 재조정 • 맞벌이부부 경우 양육 대체인력 및 양육방식, 책임에 대한 조정 · 적응
	자녀 교육기	**초등교육기** • 자녀의 신체적, 정서적 발달에 따른 효과적 대응 • 자녀의 학교생활 적응 및 학업을 위한 적절한 지도 • 자녀의 성취감 및 자신감을 위한 긍정적 격려 ➡ **중등교육기** • 자녀의 개별적 특성에 따른 교육 지도 • 자녀와 원만한 의사소통 유지 및 친밀한 유대관계 형성 • 자녀의 자율성 · 독립성 존중을 위한 민주적 가족관계 정립 • 가족구성원의 연대의식 및 책임감 공유 ➡ **대학교육기** • 성년자녀의 심신 성숙 도모 • 자녀의 직업선택, 이성교제, 결혼관 등에 대한 적절한 조언 • 자녀의 대학교육 및 결혼 준비 등을 위한 경제적 기반 마련
가족 축소기	자녀 독립기	• 자녀가 독립된 성인이 되도록 정서적 · 경제적으로 지원 • 중년기 결혼생활 재정립 및 빈둥지 시기에 대한 적응 • 자녀의 배우자 및 사돈과 원만한 관계 수립 • 조부모로서의 역할 적응 • 은퇴 후 안정적 노후생활 대책 수립 • 노령화된 부모에 대한 적절한 지원 및 보호, 죽음에 대처

가족 해체기	노후기	• 노화에 대한 긍정적 수용 및 적응 • 운동, 균형 잡힌 식생활, 적극적 태도 등 심신의 건강 유지 • 봉사활동, 취미활동 등 여가 선용 • 가족 및 이웃과 원만한 관계 유지 • 배우자, 친구 등 죽음에 대해 심리적 준비 및 적응 • 성인자녀들과의 관계 재정립 • 경제적 자원의 안정적 관리 • 생애회고를 통해 자신의 삶과 가족에 대한 긍정적 평가 • 본인 죽음에 대한 준비

4. 가족연구의 이론적 관점

가족은 우리에게 친숙한 제도로서 학문적 측면에서도 중요한 의미를 지닌다. 이론적 관점은 연구하는 틀을 제공하므로 연구 주제와 관련 있는 연구 문제들을 논리적으로 설명할 수 있다. 가족 역시 다양한 이론적 관점을 통해 보다 잘 이해되는데, 실천 현장에서 사회복지사가 가족에게 보다 적절한 개입을 하는 데 도움을 줄 수 있다. 다음에서 가족에 대한 이론적 관점으로 구조기능주의 이론, 갈등주의 이론, 여권주의 이론, 상징적 상호작용주의 이론, 교환주의 이론 그리고 가족체계 이론을 살펴본다.

1) 구조기능주의 이론

구조기능주의 이론에서는 사회가 유기체처럼 상호 의존하는 여러 부분으로 되어 있고, 각 부분은 사회 전체가 유지될 수 있도록 각기 기능을 수행한다고 본다. 이는 균형을 강조함과 아울러 사회의 각 부분이 합의된 가치와 규범에 따라 움직이기 때문에 인간 행위를 어느 정도 예측할 수 있다는 가정을 전제로 한다. 구조기능주의 이론에서는 가족을 사회의 존속에 가장 중요한 기능을 담당하는 보편적 · 기능적 제도로 인식한다. 가족은 사회구성원을 재생산하고 자녀를 양육·교육하고 사회화해서 사회체계 통합을 위한 기능을 담당하고 있다는 것이다. 또한 구성원들 간 다양한 내적 관계뿐만 아니라 가족과 외부 사회와의 관계 속에서 가족의 기능적 측면을 강조한다. 이 이론에서는 가족이 개인과 사회에 대해 어떠한 기능을 하는가에 초점을 두고 있다. 즉, 가족은 사회구성원을 재생산하고 자녀를 양육, 교육, 사회화시켜 사회체계 통합을 위한 기능을 담당한다고 본다. 따라서 개인은 사회화를 통해 사회적 규범과 가치를 전수받아 내면화하고, 사회구조에 의해 상호 영향을 받는다고 보고 있다.

Parsons(1951, 1955)는 가족을 사회체계 유지를 위한 중요 기능 중 유형 유지 기능을 담당하는 제도로 보았다. 그는 부모들이 자녀에게 사회질서 도모 및 체제 안정 유지에 필요한 기본 가치관을 내면화시킴으로써 사회체제가 개인들에게 요구하는 인성을 형성하고, 그들이 수행해야 할 사회적 역할을 교육시킨다고 보았다. 또한 산업화 요구에 가장 알맞은 가족 형태는 상대적으로 핵가족제도로, 가족은 남성 노동자가 소외된 직업세계에서 받는 심리적 손상을 완화시켜 주는 안정된 정서 환경을 제공하기 때문으로 인식한다. 그는 핵가족에서 아버지는 도구적 역할(instrumental role)을 하는 반면, 어머니는 표출적 역할(expressive role)을 한다고 주장하였다. 즉, 남성은 가족의 생계를 책임지고 주요 문제에 대한 의사결정의 역할을 하며, 여성은 가사와 자녀 보호 등을 담당하여 성별 노동분화가 보다 효율적이라고 하였다.

Goode(1959)는 산업화가 진행될수록 '부부가족(conjugal family)' 형태가 많아지는데, 이 가족의 주요 특징은 일상생활에서 광범위한 친·인척이 상대적으로 배제되는 것이라 하였다. 그는 산업화가 진전되면서 배우자 선택이 자유로우며 신거제(新居制) 경향이 나타난다고 보았다.

2) 갈등주의 이론

갈등주의 이론은 사회의 갈등적 측면을 과소평가한 구조기능주의 이론에 대한 반동으로 생겨났으며, 사회 과정에서 권력분화와 같은 갈등의 불가피성을 강조하였다. 이 이론에서는 가족 내 이해관계 혹은 자원의 불평등에 초점을 두고 있다. Marx(1971)와 Engels(1972)는 자본주의의 착취적 속성이 개인의 사적 생활과 친밀감 등의 주관적 세계를 가족에 더욱 의존케 한다고 보았다. Collins(1975)는 성, 연령 등 사회구조적 불평등이 자원의 분배 과정상 갈등을 발생시키는데, 이는 가족 내 성적 불평등, 세대 간 갈등과 관련된다고 주장하였다. Sprey(1979)는 권위나 자원 분배 과정에서 가족갈등이 존재하는데 이를 해결하기 위해 가족구성원의 적절한 대응방식이 필요하며, 갈등 관리 방법의 적절성에 따라 가족 유지와 해체가 결정된다고 보았다. 즉, 갈등을 긍정적으로 보느냐 혹은 부정적으로 보느냐에 따라 갈등 강도와 지속성이 결정된다는 것이다.

3) 여권주의 이론

여권주의 이론은 여성의 행동을 제약하는 사회제도, 규범, 역할 등에 주목하면서 남녀 모두 사회적으로 동등한 대우를 받고 권리를 가져야 한다고 주장하였다. 이 이론에서는 가족을 인간의 생물학적 특성에 근거한 자연적 현상이 아닌 사회적 산물로 보았다(Anderson, 2000). 가족은 가부장적 사회질서를 재생산하는 단위로, 단일체가 아닌 권력단체의 구조임을 주장한다. 따라서 여권주의 이론은 기존 가족에 대한 비판으로서 전형적 가족에 대한 이데올로기, 가족은 자연적·생물학적 현상에 의해 나타난 것이라는 신념, 여성의 가사노동에 관한 소외, 남녀 성역할의 구별, 가족 내 폭력 등을 문제로 인식하기 시작하였다.

여권주의 이론은 가족 내에서 남편과 아내는 상이한 계급에 속하여, 이익과 권력에서 불평등이 존재한다고 본다. 따라서 가부장적 가족체계는 권력을 가진 남성의 이익에 기여하고 기능적이며, 여성을 억압한다고 주장하였다. 이러한 점에서 가족 내 여성의 불이익이 회복되어야 한다는 점을 강조하는 데, 이는 여권주의를 성평등적 관점으로 보는 근거가 된다. 이 이론에서는 잘못된 가족에 대한 인식에서 벗어나 올바른 관점을 제시하고 가족의 탈(脫)신비화를 통해 여성의 경험과 문제의식을 제대로 파악하는 것이 중요하다고 본다. 또한 여성은 더 이상 가족의 희생자가 아닌 스스로 주체적 존재로서 부각될 수 있어야 함을 주장한다.

4) 상징적 상호작용주의 이론

상징적 상호작용주의 이론에서는 인간 행동이 상호 간 사회적 상호작용을 통해 결정된다고 전제한다. 이는 개인이 선택적으로 반응하는 주관적 입장에서 사회현상을 파악하는데, 사회현상을 하나의 과정으로 이해하고 행위자의 정신적 능력, 행위 및 인간들 간 상호작용에 초점을 둔다. 상호작용 과정에서 행위자들은 의미 있는 상징을 사용하며 이 상징들은 그 의미에 근거한 반응을 불러일으키는데, 개인은 사회 환경과의 상호작용을 통해 가치를 파악하고 지위와 역할 개념을 획득한다고 보았다. Mead(1968)와 Blumer(1969)는 사회현상을 단순히 구조적인 면에 국한시켜 연구하는 것이 아니라 각 개인이 특정한 상황에 처하여 그것을 어떻게 해석하고 인지하는가에 관심을 가졌다. 이 이론에서는 가족의 본질이 가족구성원 간 상호작용에 기초하고, 상호작용에 대한 개인의 지각이 가족관계를 구성하게 된다고 보았다.

한편, Burgess(1926)는 가족을 '상호작용하는 인격체들의 통합체(a unity of interacting personality)'라고 정의하였다. 이 이론은 가족의 내적 과정에 중점을 두고 있는데, 세대 간 가치관 전이, 역할과 지위관계, 가족 스트레스, 결혼의 질, 의사소통 등의 분야에 적용될 수 있다.

5) 교환주의 이론

교환주의 이론에서 인간관계는 물질적 교환관계의 합리적 선택, 호혜성

(reciprocity)의 규범을 중요하게 인식한다. 이 이론에서는 사람들을 합리적이고 자신의 만족을 극대화하기 위해 자원을 교환하고 계산하는 행위자로 파악한다. Homans(1961)와 Blau(1964)가 주창한 교환주의 이론은 사회를 거시적 차원에서 분석하려는 구조기능주의에 대한 대안이론으로 미시적 차원에서 개인, 가족 및 사회현상을 규명하려고 하였다. 즉, 가족은 개인의 집합체이며, 가족구성원 간 교환은 부부간, 부모-자녀 간 관계를 기점으로 시작하여 사회와의 관계로 확대된다고 본 것이다. 또한 기본적으로 가족구성원 간 교환은 관계 자체가 보상으로 작용되는 경우가 많지만, 산업사회가 진행되면서 점차 가족 간 교환적 특성이 감소하고 있다고 인식한다. 교환주의 이론에서는 우정, 애정과 같은 지속적 인간관계는 비교적 공평한 교환이 이루어질 수 있는 비슷한 사회적 지위자 간에 발생한다고 본다. 이러한 점에서 배우자 선택, 부부간 권력관계, 부부의 별거 및 이혼, 재혼 등 가족생활은 교환관계의 맥락에서 이해될 수 있다.

6) 가족체계 이론

가족체계 이론은 개인보다는 전체로서의 가족을 강조하며, 가족을 개인이 아닌 전체 가족의 맥락에서 접근한다는 점에서 유용성을 인정받고 있다. 이 이론에서는 가족을 체계단위로 보고, 가족구조, 가족구성원 간 상호관련성과 기능 등을 분석하는 개념들을 제공한다. 가족체계 이론에서는 각 가족구성원에게 발생하는 모든 것이 가족 내 모두에게 영향을 준다고 보는데, 그 이유는 가족구성원이 서로 관련되어 있고 각기 하나의 집단이나 체계로서 작용하기 때문이다. Minuchin(1974)은 가족을 사회와 관련된 부분이나 하위체계의 조직으로 보면서, 가족을 배우자 하위체계, 부모-자녀 하위체계, 부모 하위체계, 개인 하위체계 등으로 구분하였다. 또한 가족 기능이 원활히 수행되려면 하위체계가 서로 분리되어 체계 간 경계선이 명확해야 하는데, 분명한 위계질서와 권력 분배, 부모가 부여한 가족규칙과 부모의 권위가 중요하다고 하였다. Bowen(1978)은 가족 내 문제는 개인과 상호작용하는 일련의 가족체계적 증상으로, 가족구성원들의 지적 · 정서적 체계가 분화되지 못한 경우에 발생한다고 보았다. 이 이론은 가족치료, 가족상담 등에서 유용하게 적용될 수 있다.

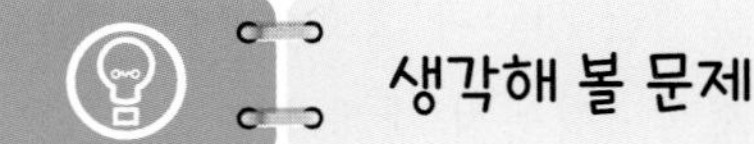

생각해 볼 문제

1. 가족이란 무엇인가요? 본인이 생각하는 가족은 어떤 의미를 지니나요? 자신은 가족에게 무엇을 기대하나요? 가족을 위해 나는 무엇을 할 수 있나요?

   나에게 가족이란?

   ____이다.

   우리 가족에게 바라는 점은?

   ____

   ____

   내가 우리 가족의 행복을 위해 할 수 있는 것은?

   ____

   ____

2. 가족의 주요 기능이 무엇인지 생각해 보고 이에 대해 설명해 보세요.

3. 가족생활주기와 발달과업이 무엇인지를 설명하고 본인의 가족생활주기 특성 및 발달과업이 무엇인지에 대해 생각해 보세요.

4. 다음 그림에 나타난 가족의 모습은 어떠한가요? 이들 가족은 무엇이 문제이며, 이에 대한 해결방안에 대해 생각해 보세요.

5. 가족에 대한 이론과 관점으로 어떠한 것이 있으며, 가족을 설명하는 주요 내용에 대해 설명해 보세요.

6. 가족과 관련된 글, 노래나 시, 영화나 소설 내용 중 친구들과 함께 나누고 싶은 것이 있다면 무엇인가요?

제2장
한국 가족의 변화

한국 가족 및 가족을 둘러싼 환경은 빠르게 변화하고 있다. 한국 가족의 변화는 인구 고령화, 산업화 및 도시화, 가족가치관의 약화, 이혼율 증대 등 복합적 요인에 의해 발생한다고 볼 수 있다. 이에 따라 가족구조뿐 아니라 가족생활주기도 함께 변화를 겪고 있으며, 가족관계, 부양가치관 및 결혼에 대한 태도 등 가족에 대한 가치관도 변화하고 있다. 이 장에서는 가족구조의 변화, 가족생활주기의 변화 그리고 가족가치관의 변화를 살펴봄으로써 가족과 관련한 다양하고 복잡한 현상에 대한 이해를 돕고자 한다. 아울러 가족의 변화를 고려함으로써 현재 한국 가족이 안고 있는 문제가 무엇인지도 알아보고자 한다.

1. 가족구조의 변화

오늘날의 가족은 단독가구와 1세대 가족의 증가로 가족규모가 축소되는 추세에 있다. 뿐만 아니라 여성의 취업이 보편화되고 이혼에 대한 사회적 시각이 허용적인 방향으로 변화하면서 한부모가족 역시 꾸준히 증가하고 있다. 이와 같은 가족구조의 변화 양상을 보기 위해 가구원 수, 세대 구성 그리고 혼인 · 이혼율 등의 변화를 알아볼 필요가 있다.

1) 가구의 축소 및 1인 가구의 증가

통계청(2018) 자료에 따르면, 우리나라 가구원 수는 1960년대 평균 5.7명이었다. 그러나 1980년대 이후 감소 추세를 보이면서 2000년 3.1명, 2010년 2.7명, 2017년에는 2.5명으로 지속적으로 감소하고 있다. 평균 가구원 수의 감소는 산업화 과정에서 나타나는 가족분화와 핵가족화로 인한 현상이 주요 요인으로 추정된다.

〈표 2-1〉 평균 가구원 수 (단위: 명)

연도	1960	1970	1980	1990	2000	2005	2010	2015	2017
평균가구원	5.70	5.24	4.62	3.77	3.12	2.88	2.69	2.53	2.47

출처: 통계청(2018). 인구주택총조사, p. 39.

가족규모의 변화를 살펴보면 최근 20년간 1인 가구가 큰 폭으로 증가하고 있다. 1인 가구란 혼자서 살림하는 가구, 즉 한 개인이 독립적인 생계를 유지하고 있는 가구를 의미한다. 1인 가구의 비율은 1980년대 4.8%, 2000년대 15.5%, 2010년대 23.9%, 2017년에는 28.6%로 꾸준히 증가하고 있다. 또한 1인 가구의 증가속도는 2000년에 비해서 2010년에는 86.2%나 증가할 정도로 그 속도가 매우 빠른 편이다. 한편, 5인 이상 가구의 비율은 1980년대 49.9%, 1990년대에는 28.7%, 2000년대 13.4%, 2010년대 8.1%, 2017년에는 5.8%로 가파른 감소 추세를 보이고 있다. 가구원 수 규모 추이([그림 2-1] 참조)를 살펴보면, 1980년대에 5인 이상 가구가 가장 높은 비율을 차지했다면, 2017년 현재는 1인 가구가 가장 높은 비율을 차지하고 있어 인구구조의 변화는 가족의 소규모화로 계속 진행될 것으로 예측된다.

〈표 2-2〉 가구원 수별 가구분포 (단위: 천 가구, %)

구분	1980	1990	2000	2005	2010	2015	2017
일반가구	7,969 (100.0)	11,355 (100.0)	14,312 (100.0)	15,887 (100.0)	17,339 (100.0)	19,111 (100.0)	19,674 (100.0)
1인 가구	383 (4.8)	1,021 (9.0)	2,224 (15.5)	3,171 (20.0)	4,142 (23.9)	5,203 (27.2)	5,619 (28.6)
2인 가구	840 (10.5)	1,566 (13.8)	2,731 (19.1)	3,521 (22.2)	4,205 (24.3)	4,994 (26.1)	5,260 (26.7)
3인 가구	1,153 (14.5)	2,163 (19.1)	2,987 (20.9)	3,325 (20.9)	3,696 (21.3)	4,101 (21.5)	4,179 (21.2)
4인 가구	1,620 (20.3)	3,351 (29.5)	4,447 (31.1)	4,289 (27.0)	3,898 (22.5)	3,589 (18.8)	3,474 (17.7)
5인 이상 가구	3,974 (49.9)	3,253 (28.7)	1,922 (13.4)	1,582 (10.0)	1,398 (8.1)	1,224 (6.4)	1,142 (5.8)

출처: 통계청(2018). 인구주택총조사, p. 40.

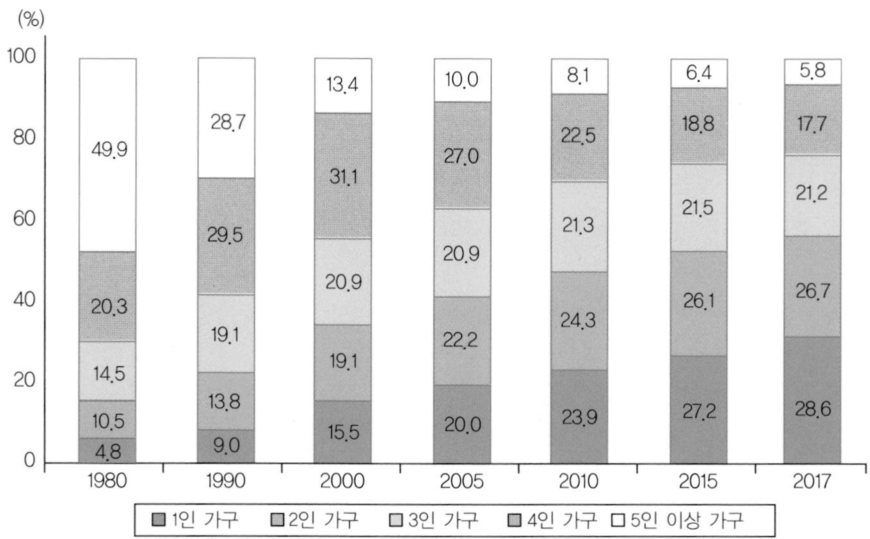

[그림 2-1] 가구원 수별 가구분포

출처: 통계청(2018). 인구주택총조사, p. 40.

2) 세대 구성의 변화

세대 구성의 변화를 살펴보면, 최근 20년간 1세대 가구가 증가하고 있다. 〈표 2-3〉에서 보는 바와 같이 1세대 가구는 1980년에는 8.8%에 불과했으나 2000년대 17.0%, 2010년대 23.3%, 2017년대에는 25.2%로 크게 증가하였다. 한편, 3세대 이상 가구의 비율은 1980년대 17.5%, 2000년대 9.8%, 2010년대 8.1%, 2017년대에는 6.9%로 감소 추세를 보이고 있다. 자녀가 부모를 부양

〈표 2-3〉 세대 구성 (단위: 천 가구, %)

구분	1980	1990	2000	2005	2010	2015	2017
1세대 가구	658 (8.8)	1,220 (12.0)	2,034 (17.0)	2,575 (20.6)	3,027 (23.3)	3,324 (24.3)	3,470 (25.2)
2세대 가구	5,457 (73.0)	7,529 (74.0)	8,696 (72.9)	8,807 (70.5)	8,892 (68.4)	9,328 (68.1)	9,320 (67.8)
3세대 가구	1,312 (17.5)	1,383 (13.6)	1,176 (9.8)	1,093 (8.8)	1,063 (8.1)	1,029 (7.5)	946 (6.9)
4세대 이상 가구	42 (0.5)	35 (0.3)	22 (0.2)	16 (0.1)	13 (0.1)	11 (0.1)	9 (0.1)

출처: 국가통계포털(http://kosis.kr)

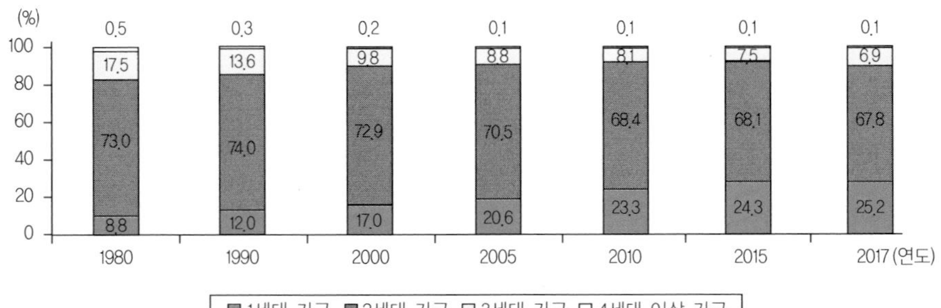

[그림 2-2] 세대 구성

출처: 국가통계포털(http://kosis.kr)

해야 한다는 전통적 가치관이 약화됨에 따라 확대가족에서 핵가족화로 이행되는 가족세대의 단순화 추세는 계속될 전망이다([그림 2-2] 참조).

3) 가족의 안정성 변화

가족의 변화를 이해하기 위해서는 결혼을 둘러싼 변화를 탐색할 필요가 있다. 합법적인 결혼 건수는 실질적인 이혼이나 자녀 출산을 예측하는 주요한 변수가 되기 때문이다. 여기서는 조혼인율, 조이혼율, 조출생률 관련 추이를 중심으로 가족의 안정성 변화를 알아보고자 한다.

(1) 조혼인율

통계청(2019b)의 혼인 · 이혼통계에 따르면, 남녀의 혼인 건수는 2018년 기준 25만 7,600건으로 2012년 이후 7년 연속 감소한 것으로 나타났다. 그리고 조혼인율(인구 1천 명당 혼인 건수)은 5.0건으로 1970년 이후 최저치이다. [그림 2-3]에서 보는 바와 같이 1970~2018년 동안 혼인 건수 및 조혼인율은 감소한 것으로 나타났다. 혼인은 1970년대 30만 건에서 1996년 43만 건으로 점차 증가하다가 이후 현재까지 지속적으로 감소하는 추세이다. 조혼인율은 2008년 6.6건에서 2018년 5.0건으로 10년 전에 비해 1.6건이 줄어들었다.

혼인 종류별로 살펴보면 남자의 경우 초혼이 2018년 21만 6,300건으로 전체 혼인의 84.0%, 재혼은 4만 1,100건으로 16.0%를 차지하였다. 여자의 경우 초혼이 21만 300건으로 전체 혼인의 81.6%, 재혼은 4만 6,700건으로 18.1%를 차지 남녀 모두 초혼 및 재혼이 감소한 것으로 나타났다.

2018년 평균 초혼연령은 남자 33.2세, 여자 30.4세로 10년 전에 비해 남자는 1.8세, 여자는 2.1세 상승하였다. 평균 재혼연령은 남자 48.9세, 여자 44.6세로 10년 전에 비해 남자는 3.9세, 여자는 4.3세 상승하였다. 이처럼 평균 초혼연령이 높아짐에 따라 첫 자녀를 출산하는 연령도 높아지고 있다.

〈표 2-4〉 혼인 건수, 조혼인율 (단위: 천 건, %)

	2008	2009	2010	2011	2012	2013	2014	2015	2016	2017	2018
혼인 건수 (천 건)	327.7	309.8	326.1	329.1	327.1	322.8	305.5	302.8	281.6	264.5	257.6
증감 (천 건)	-15.8	-18.0	16.3	3.0	-2.0	-4.3	-17.3	-2.7	-21.2	-17.2	-6.8
증감률 (%)	-4.6	-5.5	5.3	0.9	-0.6	-1.3	-5.4	-0.9	-7.0	-6.1	-2.6
조혼인율*	6.6	6.2	6.5	6.6	6.5	6.4	6.0	5.9	5.5	5.2	5.0

*인구 1천 명당 건

출처: 통계청(2019b). 2018년 혼인 · 이혼통계, p. 4.

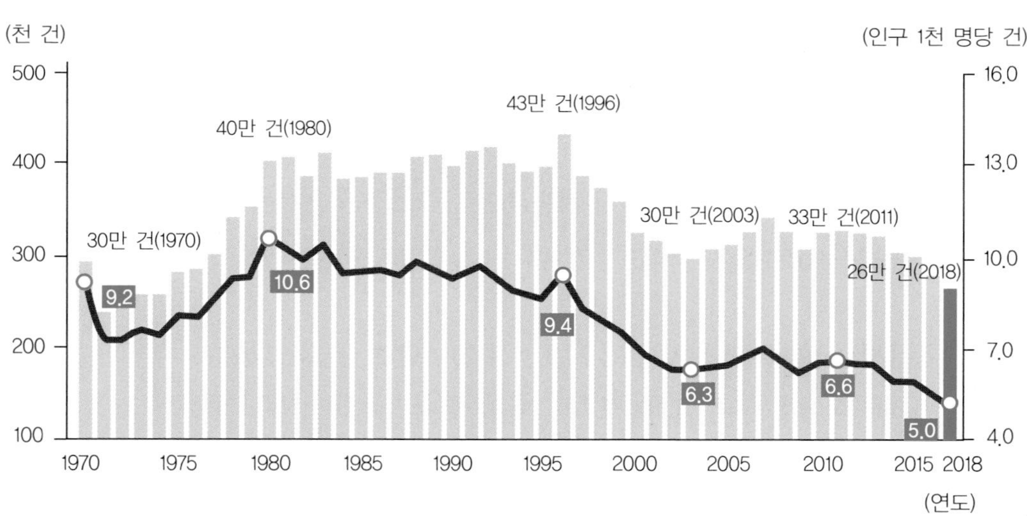

[그림 2-3] 혼인 건수, 조혼인율 추이

출처: 통계청(2019b). 2018년 혼인 · 이혼통계, p. 4.

〈표 2-5〉 평균 혼인연령 (단위: 세)

		2008	2009	2010	2011	2012	2013	2014	2015	2016	2017	2018
초혼 연령	남자	31.4	31.6	31.8	31.9	32.1	32.2	32.4	32.6	32.8	32.9	33.2
	여자	28.3	28.7	28.9	29.1	29.4	29.6	29.8	30.0	30.1	30.2	30.4
재혼 연령	남자	45.0	45.7	46.1	46.3	46.6	46.8	47.1	47.6	48.2	48.7	48.9
	여자	40.3	41.1	41.6	41.9	42.3	42.5	43.0	43.5	44.0	44.4	44.6

출처: 통계청(2019b). 2018년 혼인·이혼통계, p. 6.

(2) 조이혼율

이혼의 증가는 전 세계적인 현상이다. 통계청(2019b)의 혼인·이혼통계에 따르면, 2018년 기준 우리나라 총 이혼 건수는 10만 8,700건이며, 조이혼율(인구 1천 명당 이혼 건수)은 2.1건이다. 우리나라의 이혼율은 1970년까지만 해도 그다지 높지 않았으나 1990년 이후 급속한 증가를 보이다가 2003년을 정점으로 소폭 감소하는 추세이다([그림 2-4] 참조). 이와 같이 최근에 이혼이 줄어드는 현상은 혼인 건수가 줄었고 경제적인 사항, 이혼 전에 다시 생각하는 기간을 갖도록 의무화한 이혼숙려제도의 도입 등이 그 요인으로 분석된다.

〈표 2-6〉 이혼 건수, 조이혼율 및 유배우 이혼율

	2008	2009	2010	2011	2012	2013	2014	2015	2016	2017	2018
이혼 건수(천 건)	116.5	124.0	116.9	114.3	114.3	115.3	115.5	109.2	107.3	106.0	108.7
증감(천 건)	-7.5	7.5	-7.1	-2.6	0.0	1.0	0.2	-6.4	-1.8	-1.3	2.7
증감률(%)	-6.1	6.4	-5.8	-2.2	0.0	0.9	0.2	-5.5	-1.7	-1.2	2.5
조이혼율*	2.4	2.5	2.3	2.3	2.3	2.3	2.3	2.1	2.1	2.1	2.1
유배우 이혼율**	4.9	5.2	4.8	4.7	4.7	4.8	4.8	4.5	4.4	4.4	4.5

* 인구 1천 명당 건

** 15세 이상 유배우 인구 1천 명당 건

출처: 통계청(2019b). 2018년 혼인·이혼통계, p. 19.

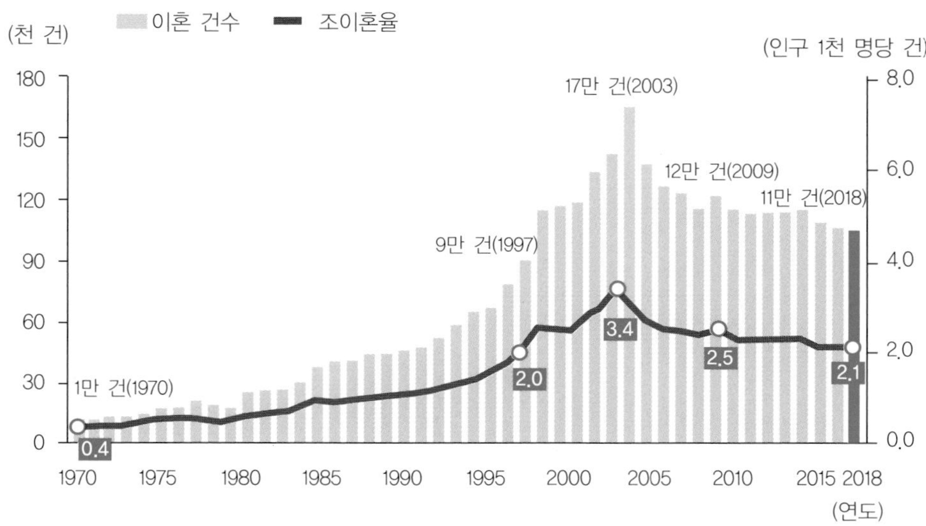

[그림 2-4] 이혼 건수, 조이혼율 추이

출처: 통계청(2019b). 2018년 혼인 · 이혼통계, p. 19.

〈표 2-7〉 평균 이혼연령 (단위: 세)

	2008	2009	2010	2011	2012	2013	2014	2015	2016	2017	2018
남자	44.3	44.5	45.0	45.4	45.9	46.2	46.5	46.9	47.2	47.6	48.3
여자	40.5	40.7	41.1	41.5	42.0	42.4	42.8	43.3	43.6	44.0	44.8

출처: 통계청(2019b). 2018년 혼인 · 이혼통계, p. 20.

한편, 우리나라 남녀가 이혼하는 평균 연령은 2018년 기준으로 남자 48.3세, 여자 44.8세로 2017년에 비해 각각 0.7세 상승하였다. 이러한 통계는 10년 전과 비교해 남자는 4.0세, 여자는 4.3세 상승한 것으로 이혼연령이 높아지는 특성을 보이고 있다.

(3) 조출생률

통계청(2019a)의 출생통계를 살펴보면, 2018년 출생아 수는 32만 6,900명이며 합계출산율(여자 1명이 평생 낳을 것으로 예상되는 평균 출생아 수)은 0.98명으로 나타났다. 그리고 2018년 조출생률(인구 1천 명당 출생아 수)은 6.4명으로 지속적으로 감소하고 있다. 한편, 2017년 산모의 평균 출산연령은 32.6세로 출산연령이 지속적으로 상승하는 특성을 보이고 있다.

〈표 2-8〉 출생아 수 및 조출생률 (단위: 천 명, %, 인구 천 명당 명)

		2008	2009	2010	2011	2012	2013	2014	2015	2016	2017	2018
출생아 수		465.9	444.8	470.2	471.3	484.6	436.5	435.4	438.4	406.2	357.8	326.9
전년 대비	증감	-27.3	-21.0	25.3	1.1	13.3	-48.1	-1.0	3.0	-32.2	-48.5	-30.9
	증감률	-5.5	-4.5	5.7	0.2	2.8	-9.9	-0.2	0.7	-7.3	-11.9	-8.6
조출생률		9.4	9.0	9.4	9.4	9.6	8.6	8.6	8.6	7.9	7.0	6.4
합계출산율		1.19	1.15	1.23	1.24	1.30	1.19	1.21	1.24	1.17	1.05	0.98

출처: 통계청(2019a). 2018년 출생 · 사망통계, p. 4.

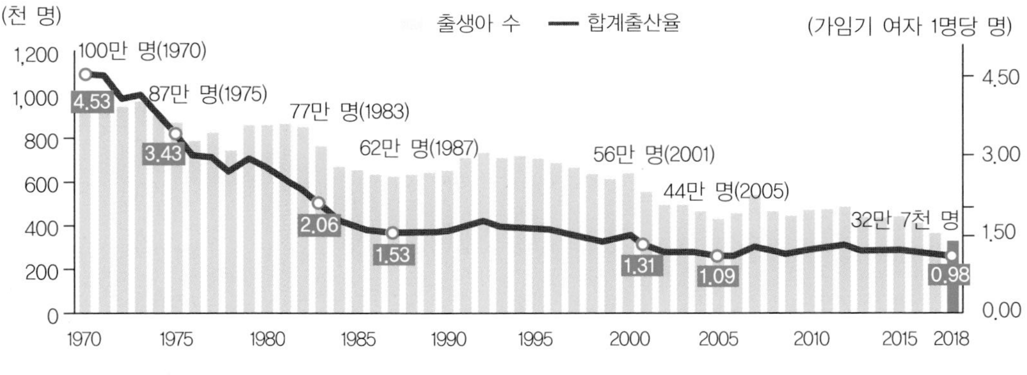

[그림 2-5] 출생아 수 및 합계출산율 추이

출처: 통계청(2019a). 2018년 출생 · 사망통계, p. 4.

2. 가족생활주기의 변화

우리나라의 가족생활주기는 많은 변화를 경험하고 있다. 가족형성기와 가족축소기는 늦어지는 반면, 가족확대기는 단축되며 가족해체기는 길어지는 특성을 보인다. 가족형성기(결혼~첫째 아이 출산)의 시작 시점인 초혼연령은 21.6세(1979년 이전 결혼)에서 27.2세(2000년대 결혼)로 높아짐에 따라 가족형성기가 지연되고 있다. 그리고 가족확대기(자녀 출산 시작~자녀 출산 완료)는 3.8년(1979년 이전 결혼)에서 2.4년(2000년대 결혼)으로 단축되었다. 한편, 자녀의 만혼화와 결혼기피로 인해 가족축소기(자녀 결혼 시작~자녀 결혼 완료)의 시작 시점인 자녀결혼시작 연령은 4.6세, 자녀결혼완료 연령은 4.4세가 각각 늘어났다(한국보건사회연구원, 2012).

가족생활주기 중 신혼부부 생활기간(가족형성~첫째 아이 출산 전)은 1.53년(1979년 이전 결혼)에서 1.46년(2000년대 결혼)으로 줄어드는 데 비해, 노인부부가 함께 보내는 기간(자녀 결혼 후~배우자 사망)은 16.67년(1979년 이전 결혼)에서 22.02년(2000년대 결혼)으로 길어지는 추세다. 즉, 젊은 부부만이 보내는 신혼기간은 줄어들고, 노인부부가 함께 보내는 기간은 길어지는 특성

〈표 2-9〉 가족생활주기 각 단계의 시작 및 종결 당시 기혼여성의 평균연령

초혼연도	초혼 연령	첫째아 출산	막내아 출산	자녀 결혼시작	자녀 결혼완료	남편 사망	본인 사망
1979년 이전	21.6	23.1	26.9	54.9	59.5	76.1	78.1
1980~1989	23.4	24.8	28.2	56.7	60.0	85.2	88.2
1990~1999	25.0	26.6	29.8	58.2	61.5	85.6	89.4
2000~2012	27.2	28.7	31.1	59.5	63.9	85.9	90.6

주: 1) 분석대상은 15~64세 이하 기혼여성 중 초혼 유배우이거나 사별이면서 출산경험이 있는 여성임
2) 초혼연도별로 가족주기 단계별 시작과 종료 시점을 결정하는 가족생애사건 당시 기혼여성의 연령을 제시한 것임

출처: 한국보건사회연구원(2012). 2012년 전국 출산력 및 가족보건 · 복지실태조사, pp. 806-809 재구성.

〈표 2-10〉 가족생활주기 각 단계별 생활기간, 자녀양육기간

초혼연도	신혼부부 생활기간[1]	자녀 양육기간[2]	노인생활기간[3]		
			소계	노인부부만의 생활기간	여자노인만의 생활기간
1979년 이전	1.53	36.33	18.63	16.67	1.96
1980~1989	1.42	35.17	28.14	25.18	2.96
1990~1999	1.57	34.94	27.87	24.05	3.82
2000~2009	1.46	35.20	26.72	22.02	4.70

주: 1) 신혼부부 생활기간은 가족형성부터 첫째 자녀 출산 전까지의 기간을 말함
2) 자녀양육기간은 첫째 자녀 출산부터 자녀 결혼 완료까지의 기간을 말함
3) 노인생활기간은 자녀 결혼 완료부터 부부 모두 사망하기까지의 기간을 말함
출처: 김유경(2014). 가족변화 양상과 정책 함의, p. 5.

을 보이고 있다. 그리고 자녀 수 감소로 자녀양육시기는 점차 짧아지나 성인이 된 자녀들의 독립은 그 시기가 다소 지연되었다. 따라서 성인자녀 부양 및 노후의 부부관계 개선 등의 정책적 대응이 필요하다(김유경, 2014).

3. 가족가치관의 변화

인간의 태도나 가치관은 행동방식이나 의사결정의 지침이나 동기가 된다. 따라서 현재 가족구성원의 가족관계에 대한 태도나 가치관의 변화를 파악함으로써 가족관계의 변화를 추적하고 미래의 방향을 예측해 볼 수 있다. 여성가족부(2016)는 한국 가족의 이러한 변화 실태를 파악하기 위해 5년마다 가족실태조사를 실시하고 있다. 그 내용을 살펴보면 다음과 같다.

1) 가족인식 범위의 축소

한국 가족의 구성원들이 자신의 가족을 어떻게 인식하는지를 조사한 결과 '우리 가족'이라고 생각할 때 포함되는 사람을 순서대로 나열하면 부모(86.3%), 자녀(83.8%), 배우자(82.1%), 형제자매(76.0%), 배우자의 부모

〈표 2-11〉 '우리 가족'의 범위

구분	2010			2015		
	전체	남성	여성	전체	남성	여성
1) 배우자	81.6	82.3	80.6	82.1	81.9	82.2
2) 자녀	86.2	84.6	87.9	83.8	82.3	85.3
3) 부모	77.5	80.0	75.1	86.3	88.3	84.2
4) 배우자의 부모	50.5	49.2	51.7	56.9	57.5	56.4
5) 형제자매	63.3	65.3	61.4	76.0	77.5	74.5
6) 배우자의 형제자매	29.6	31.0	28.2	43.2	44.0	42.4
7) 형제자매의 배우자(형수, 제수, 올케 등)	25.3	26.4	24.1	38.6	40.7	36.6
8) 배우자의 형제자매의 배우자(동서, 처남댁 등)	20.4	21.6	19.3	29.2	29.9	28.4
9) 친조부모(친할아버지, 친할머니)	23.4	25.8	21.0	42.8	44.8	40.7
10) 외조부모(외할아버지, 외할머니)	20.5	22.0	19.1	33.2	33.3	33.2
11) 아버지의 형제 및 그 배우자	15.6	17.2	14.0	25.3	26.9	23.6
12) 고모	16.8	17.8	15.8	25.9	26.8	25.0
13) 이모	15.6	16.0	15.2	26.5	26.6	26.5
14) 외삼촌	14.5	14.7	14.4	24.3	25.0	23.6
15) 조카(친조카, 배우자의 조카)	16.3	16.4	16.1	26.5	27.0	26.0
16) 사위	24.2	23.8	24.6	30.4	29.4	31.2
17) 며느리	26.3	25.4	27.2	34.5	33.9	35.1
18) 친손자녀	26.5	25.4	27.7	33.3	32.3	34.3
19) 외손자녀	24.5	24.0	25.0	29.0	27.8	30.2
20) 함께 살고 있는 비혈연자	1.1	1.3	0.8	3.3	3.6	3.1
21) 기타	-	-	-	0.2	0.0	0.3

출처: 여성가족부(2015a). 2015 가족실태조사, p. 94.

(56.9%) 순이었다. 즉, 가족구성원 중 과반수 이상은 자녀, 배우자, 본인과 배우자의 부모, 본인의 형제를 가족의 범위에 포함하였다. 한편, 조부모, 사위와 며느리, 손자녀를 가족의 범위에 포함한 비율은 절반 이하로 낮게 나타났다. 성별로 살펴보면 남성은 여성과 비교할 때 부모를 가족의 범위에 포함하는 비율이 높았으며, 인척 및 윗세대를 가족의 범위에 더 포함하는 경향이 있었다. 그리고 여성은 남성에 비해 자녀 및 손자녀와 같은 아래 세대를 가족의 범위에 더 포함하는 경향이 있었다. 주관적 가족의 범위에 대한 인식 변화를 2010년과 2015년을 기준으로 비교해 보면, 2015년에는 2010년에 비해 가족의 범위를 상대적으로 넓게 인식하는 것으로 나타났다. 특히, 조부모, 사위와 며느리, 손자녀를 가족의 범위에 포함하는 비율이 높게 나타났다.

2) 자녀관 및 자녀양육 태도의 변화

자녀관 및 자녀양육에 대한 태도 변화를 살펴보면 〈표 2-12〉와 같다. 2010년과 2015년 기준으로 비교해 볼 때, 2015년에는 자녀가 노후를 위해 필요하다는 인식이 줄어들고 있는 반면, 자녀양육 부담에 대한 인식의 차이는 없는 것으로 나타났다. 각 문항에 대한 동의 정도가 높은 항목을 보면 '자녀의 성장을 지켜보는 것이 인생에서 가장 큰 즐거움이다'(3.8점)이며, 그다음은 '자녀를 키우는 것은 경제적으로 부담되는 일이다'(3.7점)였다. 반면, '노후를 위해서는 자녀가 필요하다'에 대하여 평균점수가 3.2점으로 가장 낮아서 자녀가 노후를 위해 필요하다는 인식은 줄어드는 경향을 보이고 있음을 알 수 있다. 그 밖에 '자녀 때문에 하고 싶은 일을 못하는 경우가 생길 수 있다'(3.4점), '자녀를 돌보는 것은 힘든 일이다'(3.5점)에 대해 동의하고 있는 것으로 나타나 자녀양육에 대한 경제적 부담과 함께 돌봄의 부담도 가지고 있음을 알 수 있다. 이를 종합해 보면, 자녀관 및 자녀양육에 대한 태도에 있어 자녀의 보상적 측면과 자녀양육의 비용적 측면 모두 동의하는 것으로 나

〈표 2-12〉 자녀관 및 자녀양육에 대한 태도 (단위: 점)

문항	2010	2015
자녀의 성장을 지켜보는 것이 인생에서 가장 큰 즐거움이다.	4.0	3.8
노후를 위해서는 자녀가 필요하다.	3.7	3.2
자식의 성공은 나의 성공과 같다.	3.7	3.5
자녀를 돌보는 것은 힘든 일이다.	3.7	3.5
자녀 때문에 하고 싶은 일을 못하는 경우가 생길 수 있다.	3.7	3.4
자녀를 키우는 것은 경제적으로 부담되는 일이다.	3.7	3.7

출처: 여성가족부(2015a). 2015 가족실태조사, p. 133.

타났다. 이는 자녀에 대한 가치는 인정하지만 양육에 따른 경제적 부담 또한 크다는 것을 의미한다.

3) 다양한 가족형태 및 생활양식의 태도 변화

다양한 가족형태 및 생활양식의 태도 변화를 살펴보면 〈표 2-13〉과 같다. '한부모도 양부모와 동일하게 자녀를 잘 키울 수 있다'의 평균이 보통에 해당하는 3.2점으로 나타나 아버지나 어머니가 없는 상태에서 자녀를 키우는 한부모의 양육에 대해서는 긍정도 부정도 아닌 태도를 보였다. 이어서 '이혼 후 혼자 사는 것보다는 재혼하는 것이 낫다'(2.8점), '부부 사이의 문제를 해결할 수 없다면 이혼하는 것이 좋다'(3.0점), '결혼을 하지 않고 독신으로 살아도 괜찮다'(2.8점), '외국인과 결혼해도 괜찮다'(3.0점), '입양한 자녀도 직접 낳은 자녀만큼 잘 키울 수 있다'(2.9점)의 평균이 다른 문항에 비해 높게 나타났다. 즉, 다양한 가족형태 및 생활양식에 대해 전반적으로 부정적 태도를 보이고 있으나 한부모가족, 이혼 및 재혼, 비혼, 국제결혼, 입양에 대해 상대적으로 덜 부정적이었다. 한편, 가족가치관에서 국제결혼이나 입양에 대한 수용성이 높아지고, 양성평등한 성역할 인식이 꾸준히 지속되고 정착되는 것으로 드러났다. 이는 한국 사회에서 동거, 국제결혼 및 다문화가족, 자발

〈표 2-13〉 다양한 가족형태 및 생활양식에 대한 태도 (단위: 점)

문항	2010	2015
한부모도 양부모와 동일하게 자녀를 잘 키울 수 있다.	3.0	3.2
결혼을 하지 않고 독신으로 살아도 괜찮다.	2.8	2.8
결혼하지 않고 함께 사는 것도 괜찮다.	2.6	2.5
이혼 후 혼자 사는 것보다는 재혼하는 것이 낫다.	2.9	2.8
부부 사이의 문제를 해결할 수 없다면 이혼하는 것이 좋다.	2.8	3.0
결혼하더라도 반드시 아이를 가질 필요는 없다.	2.5	2.5
결혼하지 않고 아이를 낳는 것도 괜찮다.	2.3	2.1
부부가 멀리 떨어져 사는 것도 괜찮다.	2.5	2.4
외국인과 결혼해도 괜찮다.	2.6	3.0
입양한 자녀도 직접 낳은 자녀만큼 잘 키울 수 있다.	2.6	2.9

출처: 여성가족부(2015a). 2015 가족실태조사, p. 101.

적 무자녀가족, 주말부부 및 기러기가족이 증가하면서 다양한 가족에 대한 인식 개선을 위한 노력의 효과라고 보인다.

4) 부부관계 및 가족부양관의 변화

가족에서의 권력 소재는 의사결정의 지배라는 형태로 나타나며, 의사결정을 통해 권력관계의 구조적인 특성을 살펴볼 수 있다. 현대 한국의 가족에서 남편과 부인의 역할, 지위 및 관계가 많은 변화를 겪고 있음에도 부부간 의사결정 방식은 아직 이러한 변화의 속도를 따라가지 못하는 실정이다.

부부 의사결정의 방식에 대해 살펴보았을 때 자녀교육, 주택 구입, 투자 및 재산 관리, 배우자의 취업 및 직장이동 영역에서 부부가 공동으로 결정하는 유형이 가장 높은 비율을 차지하였다. 자녀교육은 조사 대상자의 36.8%가 '남편과 아내가 똑같이' 한다고 응답했고, 그다음으로 '대체로 아내가'(30.9%), '주로 아내가'(18.7%) 순으로 나타났다. 한편, 주택 구입문제, 투자 및 재산 관리, 배우자의 취업이나 직장이동은 '남편과 아내가 똑같이' 결정한다는 응답이 가장 많았고, 그 다음으로 '대체로 남편이', '대체로 아내가' 순으로 나타났다. 이는 의사결정에서 평등성이 증가한 것이 가장 큰 이유로 분석된다. 하지만 가사 등 집안일, 생활비 지출, 양육이나 가족원 돌봄 부담은 여성에게 더 크게 작용하고, 가정생활의례에서 가장/남성/부계 중심적 사고가 잔존해 가정 내 평등 제약, 부부간 불만족을 유발하는 요인으로 여전히 남아 있다(〈표 2-14〉 참조).

가족부양관은 가족 책임에서 가족과 사회, 정부의 가족부양 분담으로 인식이 변화하고 있고, 부양책임자로는 장남 및 아들 중심에서 모든 자녀로 인식이 확대되는 것으로 나타났다. 통계청(2018) 조사에 따르면, 65세 이상 부모부양에 대한 견해에서 '가족과 정부 · 사회가 공동으로 돌봐야 한다(48.3%)', '가족이 돌봐야 한다(26.7%)', '부모 스스로가 해결한다(19.4%)' 순으로 나타났다. 이는 2012년과 비교해 보면 '가족이 돌보아야 한다'는 36.6%에서 26.7%로 감소한 반면, '가족과 정부 · 사회가 공동으로 돌봐야 한다'는 34.6%에서 48.3%로 부양의 사회화에 대한 태도가 높아지는 추세다. 한편,

〈표 2-14〉 부부 의사결정방식 (단위: %)

갈등 영역 \ 의사결정방식	주로 남편	대체로 남편	부부가 함께	대체로 아내	주로 아내	기타
자녀교육	2.8	4.6	36.8	30.9	18.7	6.1
주택 구입	7.7	18.1	57.5	10.8	5.9	0.0
투자 및 재산 관리	8.4	20.3	43.6	18.1	9.7	0.0
생활비 지출	3.5	8.4	29.1	39.0	20.0	0.0
배우자의 취업이나 직장이동	11.8	23.7	51.7	7.4	5.3	0.0
가사 등 집안일	0.7	1.5	23.4	42.6	31.9	0.0
가족원 돌봄	0.9	2.6	32.8	37.6	26.1	0.0

출처: 여성가족부(2015a). 2015 가족실태조사, p. 182.

부모부양 및 부모 책임에 대한 태도 변화에 대하여 2010년과 2015년을 기준으로 비교해 보았을 때 2015년에는 '부모는 자녀의 대학교육비를 책임져야 한다', '부모는 자녀의 결혼준비 비용을 책임져야 한다', '부모는 자녀가 결혼한 이후에도 돌보아 줄 책임이 있다'에 대한 동의 비율이 떨어진 것으로 나타났다. 이를 통해서 자녀에 대한 부모 책임의 범위가 축소되는 방향으로 변화하고 있음을 알 수 있다(〈표 2-16〉 참조).

〈표 2-15〉 부모부양에 대한 견해

(단위: %)

구분	부모 스스로 해결	가족	가족과 정부・사회	정부・사회	기타
2012	22.3	36.6	34.6	6.4	0.1
2014	16.6	31.7	47.3	4.4	0.0
2016	18.6	30.8	45.5	5.1	0.0
2018	19.4	26.7	48.3	5.7	0.0

출처: 통계청(각 연도). 사회조사.

〈표 2-16〉 부모부양 및 부모 책임에 대한 태도

(단위: 점)

문항	2010	2015
자식은 나이든 부모를 모시고 살아야 한다.	3.4	3.2
자식은 나이든 부모를 경제적으로 부양해야 한다.	3.5	3.5
아들, 딸 구분 없이 나이든 부모를 돌보아야 한다.	3.6	3.7
부모는 자녀의 대학교육비를 책임져야 한다.	3.5	3.4
부모는 자녀가 취업할 때까지 책임져야 한다.	0.0	3.0
부모는 자녀의 결혼준비(혼수, 신혼집 마련) 비용을 책임져야 한다.	3.2	2.7
부모는 자녀가 결혼한 이후에도 돌보아 줄 책임이 있다.	3.0	2.4

출처: 여성가족부(2015a). 2015 가족실태조사, p. 123.

4. 가족 문제

1) 가족 문제의 개념

가족 문제란 여러 측면에서 대다수 가족이 어떠한 방법으로든 해결해야 하는 문제다. 일반적으로 문제란 '해결하고자 하는 욕구를 유발시키는 불만족스러운 상태 또는 조건'을 지칭하는데, 일반적으로 가족 문제는 가족욕구와 연관된다. 가족 문제는 가족구성원이 가족 내 욕구를 충족하지 못하고 자신의 역할을 적절히 수행할 수 없게 되면서 가족기능, 가족관계가 원만하지 못하고 가족해체가 나타나는 현상이라고 할 수 있다. 이는 가족의 전체성과 관련되는 가족구성원의 역할장애, 가족의 사회적 역할장애로 볼 수 있다. 이러한 가족 문제를 일으키는 요인은 가족내부 및 가족외부 요인으로 살펴볼 수 있다.

가족내부 문제는 가족구성원 간 관계문제와 내적 문제로 구분해 볼 수 있다. 가족구성원 간 관계문제로는 가족의 전체성에 영향을 주는 가족구성원 역할의 불이행, 갈등, 가족구성원의 증가, 감소, 별거, 이혼 등이 있고, 가족구성원의 내적 문제로는 가족의 전체성에 영향을 주는 가족구성원의 적응능력, 상호작용, 행동장애 등이 있다. 가족외부 문제로는 가족과 관련되는 사회·경제적 문제로서 가족 전체성에 영향을 주는 경제적 불안정, 불평등, 실업, 무주택, 교육기회와 의료기회의 박탈, 이사 등이 있다. 이러한 문제는 가족내부 문제와 병행하여 가족의 중요한 문제가 될 수 있다.

2) 가족 문제의 분류

가족 문제의 분류는 가족복지의 대상과 실천방법을 설정하는 데 도움을 주는데, 학자들은 다양한 측면에서 가족 문제를 구분하고 있다.

Sussman(1974)은 ① 가족의 감원문제(부모 · 부부 또는 자녀의 사망, 자녀세대의 독립, 질병으로 인한 장기입원, 별거, 실종 등), ② 가족의 증원문제(불원의 임신, 가출 및 실종자의 귀가, 재혼, 입양 등), ③ 가족구성원의 문제행위(경제적 부양의 중단, 불구, 알코올 · 마약중독, 폭력, 범죄와 비행 등), ④ 문제행위에 의한 가족구성원의 증감(혼인 외 출생아, 가출, 유기, 이혼, 수감, 자살 또는 타살 등)을 가족 문제로 분류하였다. Feldman과 Scherz(1967)는 ① 신체적 · 지적 · 정신적 장애와 실업, 자금부족, 저임금 등의 경제적 어려움으로 인한 문제, ② 가족구성원이 장 · 단기간에 걸쳐 가족과 헤어져 살아야 하는 것과 관련된 문제, ③ 가족구성원이 심리적 · 사회적으로 탈선하여 다른 가족구성원이나 배우자 또는 법이나 사회에 잘 적응하지 못하는 문제, ④ 신체적 · 정신적 또는 사회적 장애와 관련되어 사회적으로 낙인되고, 직장에서 불이익을 당하는 문제 등을 제시하였다.

Thompson(2001)의 경우는 [그림 2-6]과 같은 PCS 분석틀을 제시하면서 ① 가족의 개인문제(가족구성원들 가치와 관계, 기대된 역할의 불이행, 편견, 인성과 행동장애 등), ② 가족을 둘러싼 문화의 문제(문화 가치와 규범, 정상성에 대한 합의, 가족에 대한 고정관념, 가족에 관련된 차별적 언어), ③ 가족을 둘러싼

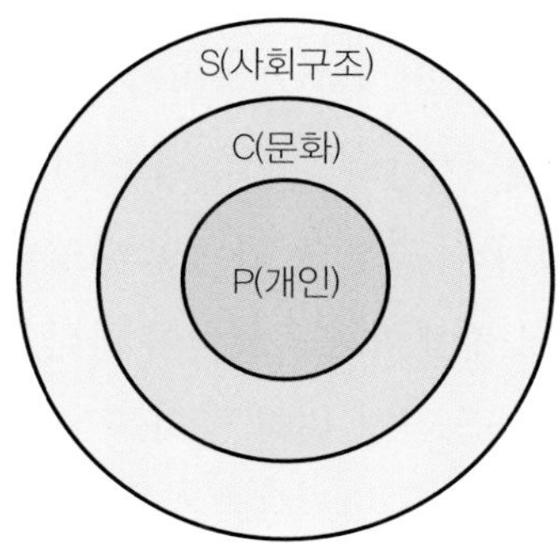

[그림 2-6] Thompson의 PCS 분석틀

* 비고: Thompson(2001)은 가족 문제를 개인(Personality), 문화(Culture), 사회구조(Social structure)와 관련된 PCS 분석으로 제시하였다.

사회구조의 문제(경제적 불안정, 불평등, 실업, 무주택, 교육기회의 박탈, 차별과 억압을 야기하는 정책과 제도 등)를 가족의 문제라고 보았다.

가족 문제를 구분한 국내의 학자로는 조홍식 등(2017)을 들 수 있다. 그들은 ① 경제적 부양문제(빈곤문제, 가족 간 빈부 격차에 의한 상대적 박탈감, 취업여성 증가 등), ② 가족의 보호기능, 가족공동체로서의 사회화와 정서적 지지기능 약화에서 오는 문제, ③ 가족의 통제기능 약화 혹은 상실에서 오는 가족관계와 가치관 문제(부부갈등, 고부관계, 배우자 부정, 가족폭력 등), ④ 결손가정의 문제(가족구성원의 심리적 · 경제적 문제, 정서적 소외, 가출, 비행문제 등)를 대표적인 가족 문제로 보았다.

3) 한국 가족 문제의 동향

한국 가족의 문제는 빠르게 진행된 산업화와 도시화 그리고 인구고령화에 따른 가족의 구조적 변화, 가족생활주기의 변화 그리고 가족가치관의 변화에 기인하는 바가 크다. 따라서 이에 대한 통계자료를 근거로 우리나라 가족 문제의 성향을 살펴보면 다음과 같다.

첫째, 1인 가구의 증가와 1～2세대 중심의 핵가족화에 따른 영향으로 가족유형이 다양해지고 있다. 한부모가구, 미혼독신가구, 노인독거 및 노인부부가구의 증가가 예상되므로, 이러한 가족변화를 고려하여 부부중심의 보편적 가족형태에 대한 인식을 지양하고 가족의 다양성을 인정하는 사회적 분위기를 조성하여야 할 것이다. 그리고 가족의 다양한 가치관과 욕구를 인정하고 뒷받침하는 방향으로 정책이 수립되어야 한다(김유경, 2014).

둘째, 가족생활주기의 두드러진 변화는 가족형성기부터 가족축소기까지는 단축되고 있는 반면, 가족축소기부터 가족해체기까지는 점차적으로 연장되고 있다는 점이다. 가족형성기의 단축은 결혼 후 부부간에 충분히 적응할 시간을 갖지 못한 상태에서 부모기로 진입한다는 점에서 가족생활 유지의 안전성에 부정적 영향을 미칠 수 있다. 또한 가족형성기에 경제생활의 불안정으로 인하여 자녀 출산이 지연되는 문제가 발생하고 있다. 자녀출산 저하에 따른 출산 제고를 위해서는 안전한 자녀양육 환경 조성, 보육시설의 확충, 자녀교육비지원 등 다각적 해결방안이 마련되어야 한다. 뿐만 아니라 가족생활의 중요성, 가족형성에 대한 사회구성원으로서의 책임감 강화 등을 강조하는 의식 변화에 중점을 둔 제도 개선이 요구된다. 이와 같이 가족생활주기상에 나타나는 각 상황의 문제와 잠재적인 문제를 이해하고 이를 고려한 맞춤형 가족지원정책이 필요하다.

셋째, 소가족화 · 핵가족화, 여성의 경제활동 및 사회진출이 확대됨에 따라 가족부양관이 약화되고 가족부양 체계의 불안정 현상이 가속화되고 있다. 따라서 성인자녀와 노부모 간의 새로운 관계 모색과 가족결속력 강화를 위해 가족관계를 향상시키고 가족 간의 돌봄 문화를 조성하는 분위기가 마련되어야 할 것이다. 또한 가족과 사회 그리고 정부 삼자 간에 바람직한 가족부양 분담 방안을 함께 모색할 필요가 있다.

생각해 볼 문제

1. 한국 가족구조의 변화에 대해 살펴보고 이에 대한 문제점을 친구들과 함께 이야기해 보세요.

2. 우리나라 출산율이 감소하고 초혼연령이 높아지는 현상이 가족생활주기에 미치는 영향은 무엇인지 생각해 보세요.

3. 가족 문제를 일으키는 원인을 가족내부 요인과 가족외부 요인으로 나누어 설명해 보세요.

4. 현대사회에서 나타나고 있는 가족가치관의 변화를 살펴보고 자신의 결혼관, 자녀관, 가족부양관에 대해 생각해 보세요.

제3장

가족복지에 대한 개요

가족복지란 가족의 욕구와 문제를 스스로 충족시킬 수 있도록 그 잠재력을 개발하고, 가족의 역할과 기능을 활성화하며, 생활의 질적 향상을 위해 사회복지 차원에서 개입하는 것이다. 따라서 이 장에서는 가족과 사회복지의 연관성, 가족복지의 필요성, 가족복지의 개념 및 목표, 가족복지의 대상 그리고 가족복지의 접근 방법을 살펴봄으로써 가족복지에 대한 기초적 이해를 도모하고자 한다.

1. 가족과 사회복지

1) 사회복지의 개념

복지(welfare)는 'well'과 'fare'의 복합명사로 안녕(well-being), 행운(good fortune), 행복(happiness), 번영(properity) 등과 같은 동의어로 사용된다. 복지란 일상생활의 욕구를 충족한 상태로, 물질적 조건과 환경에서부터 시작하여 보다 높은 차원의 심리적 · 정신적 혹은 인간관계 등을 포함하는 종합적인 만족 상태를 의미한다. 사회복지(social welfare)란 '사회적으로 잘 지내는 행복한 상태'로, 사회체제의 구조적 모순에서 발생한 사회문제를 해결하는 사회적 방안의 체계로서 인식된다. 일반적으로 사회복지는 인간의 복지를 실현하기 위한 사회제도 및 정책체계로 국가와 사회 이념을 실천하는 복지행위에 의해 전개된다.

2) 사회복지 대상으로서의 가족

사회복지의 출발은 가족에서부터 이루어져 왔으며, 사회복지 역사는 전통적 가족 기능을 보완 · 대행해 주는 대체물로 성장하여 왔다. 오늘날에도 가족은 사회복지의 중심적 활동 영역이다. 가족은 개인의 기본적이고 일상적인 욕구를 충족시키면서 개인의 발전과 복지를 뒷받침하는 동시에 개인을 사회의 기능적인 구성원으로 성장시켜 사회를 유지 · 발전시키는 데 뒷받침하는 역할을 수행한다. 가족은 사회제도의 기본 단위이기 때문에, 다른 사회제도로는 가족이 수행하는 다양한 기능 및 역할을 완전히 대치할 수 없다. 사회의 다른 제도가 가족의 기능 일부를 수행하거나 다양하고 복합적 기능을 일시적으로 수행할 수 있지만, 장기적으로 가족을 전적으로 대행하여 수행할 수 있는 사회체계란 불가능하다.

사회복지 대상으로서의 가족은 개인의 생활을 기반으로 대상자를 포함한 가족 전체의 생활조건 전반에 초점을 두면서 가족을 강화하는 가운데, 여러 생활상의 문제해결을 도모함으로써 개인은 물론 가족에게 보다 근본적인 도움을 줄 수 있고 사회적으로도 긍정적 영향을 미칠 수 있다.

2. 가족복지의 필요성

1) 사회 환경과 가족 기능의 변화

사회 환경의 변화는 가족구성원들의 삶의 목적이나 생활 패턴, 가치관 및 소비형태 등 다양한 측면에서 욕구를 갖게 한다. 그동안 우리 사회에서는 산업화, 도시화, 인구 고령화 등 사회구조적 변화가 현저하였다. 전통사회에서 가족은 생산 및 소비, 자녀양육, 사회화, 보호 및 부양 기능 등을 모두 수행하였지만, 현대사회로 오면서 핵가족화 및 가족가치관 변화로 인해 과거에 가족이 수행했던 여러 기능은 축소·약화되었다. 따라서 가족이 스스로 제 기능을 잘 수행할 수 있도록 지원하기 위한 가족복지적 접근이 필요하다.

전통사회 가족

- 확대가족
- 가족 내 경제(생산 및 소비), 자녀양육, 사회화, 보호 및 부양 기능을 모두 수행함

산업화, 도시화,
인구 고령화,
핵가족화,
가족가치관 등의 변화

현대사회 가족

- 핵가족
- 생산, 사회화, 보호 및 부양 기능 등이 과거에 비해 축소되고 약화됨

[그림 3-1] 사회 변화와 가족 기능 변화

2) 가족 유형 및 가족 욕구의 다양화

오늘날 현대사회에서는 한부모가족, 재혼가족, 노년기 가족, 다문화가족 등 다양한 가족 유형이 등장하게 되었고 점차 이러한 가족 유형이 양적으로 증가할 것으로 예견된다. 다양한 가족은 이전의 규범적 가족과는 다른 욕구를 지니

며 상이한 문제 상황에 직면하므로 이들 가족이 지니는 욕구를 충족시켜 주고 문제 상황을 해결함으로써 보다 나은 가족의 삶을 위한 노력이 필요하다. 과거에는 다양한 유형의 가족이 정형화된 가족이 아니므로 문제가족으로 인식되었으며 이들 가족에 대한 복지적 접근은 오히려 가족 문제 및 가족해체의 심화 요인일 수 있다고 우려하였다. 하지만 오늘날에는 사회의 변화 양상 및 사회의 다양성 수용 등을 통해 여러 가족 유형을 인정하고 이들 다양한 가족의 욕구를 충족시키며 그들의 문제를 해결하고자 하는 사회적 노력이 필요하다.

〈표 3-1〉 다양한 가족 유형에 따른 욕구 및 문제

가족 유형	욕구 및 문제
폭력가족	신체 · 정신적 피해, 가족갈등의 심화 및 가족해체, 사회적 고립 등
한부모가족	경제적 어려움, 부재된 부(혹은 모)의 역할 및 정서적 문제, 자녀양육의 어려움, 대인관계문제 등
재혼가족	부부의 결혼적응, 새롭게 형성된 부모-자녀관계, 형제자매관계 적응문제 등
입양가족	입양아동 적응, 친생부모와의 관계, 사회적 편견 등
노년기 가족	빈곤, 건강문제, 가족관계 상실, 노년기 역할부재 등
다문화가족	가정폭력과 불화, 자녀양육의 어려움, 가족 간 의사소통문제 등
빈곤가족	생활고, 만성적 건강질환, 자녀 양육 및 교육 문제, 열악한 주거문제, 가족갈등 등

3) 가족 단위 접근의 중요성

현대사회에서 개인의 문제 상황에 대한 원인은 개인에 국한하기 어려우며, 문제 상황을 해결함에 있어서 개인에 대한 개입은 제한적일 수밖에 없다. 오늘날에는 단순히 문제 상황에 있는 개인이 아닌 가족과 이를 둘러싼 사회 환경 관점에서 바라보는 것이 일반적이다. 가족복지는 가족 내 특정인을 대상으로 하기보다 '가족 전체(family as a whole)'를 대상으로 한다. 따라서 문제 상황을 해결하기 위해 개인에 한정하여 접근하기보다 가족의 전체성을 인식하고 문제 상황에 접근하는 가족 단위의 개입이 보다 효과적이라 할 수 있다.

4) 가족에 대한 사회적 개입 인식의 변화

과거 가족 문제는 가족구성원 자신 내지 가족 책임으로 간주되어 온 경향이 있었다. 이러한 상황에서는 가족을 사적 영역으로 간주하여 공적 개입에 대해 거부감을 지녔고 가족에 대한 사회적 개입이 어려웠다. 하지만 오늘날 가족 문제는 더 이상 그 원인이 개인 자신이나 가족 자체에 한정되지 않고 사회구조적 변화 또는 제도적 결함에서 나타날 수 있다는 인식이 생겨났다. 따라서 현대사회에 와서 가족 문제 예방 또는 해결을 위한 국가 및 사회 전체의 적극적 개입이 요구되고 있다.

3. 가족복지의 개념 및 목표

1) 가족복지의 개념

가족복지(family welfare)는 가족(family)과 복지(welfare)의 합성어다. 가족복지란 가족의 복지를 추구하기 위한 인간의 공동체적 노력으로, 가족이 안고 있는 여러 문제 상황에서 가족 통합 · 적응의 서비스를 제공하기 위한 사회적 노력으로 수행되는 조직적 활동을 의미한다.

Feldman과 Scherz(1967)는 '가족복지란 전체로서의 가족은 물론 그 구성원들의 사회적 기능 수행을 효과적으로 증진시킴으로써 가족구성원 모두에게 행복을 도모하기 위한 사회복지의 한 분야'라고 정의하였다. 이러한 측면에서 가족복지란 가족생활을 강화하고 가족구성원의 사회 적응상 문제를 원조하는 것을 목적으로 하여 공적 · 사적 기관이 제공하는 일련의 서비스라고 할 수 있다. 김만두(1982)는 '가족복지란 가족의 집단성을 확립하게 하고 가족구성원 개인의 인격 성장과 발달을 돕고 변화하는 사회에 대응하여 적극적인 가족 확립을 하기 위한 제반 활동'이라고 보았다. 최경석 등(2006)은 한 단위로서 가족의 전체성을 주목하면서 '가족복지란 가족과 가족구성원이 경험하는 문제를 해결하여 가족이 건강하고 행복한 상태를 유지할 수 있도록 하는 사회 대책'이라고 인식하였다. 조흥식 등(2017)은 '가족복지란 국민생활권의 기본 이념에 입각하여 가족의 행복 유지를 목적으로 가족을 포함한 사회구성원 전체가 주체가 되어, 가족구성원 개개인을 포함한 한 단위로서의 가족 전체를 대상으로 제도적 · 정책적 · 기술적 서비스 등의 수단을 통해 행하는 조직적 서비스 제반 활동'이라고 주장하였다.

가족복지는 가족의 문제를 다양한 측면에서 검토 · 파악하여 가족생활을 향상시키고 문제를 해결함으로써 사회복지 증진을 모색하는 데 그 목적이 있다. 가족복지는 가족이 필요로 하는 욕구를 스스로 충족할 수 있도록 잠재력을 개발시켜 주거나 가족 문제의 예방 및 해결, 가족구성원의 사회적 기능 수행 활성화, 생활의 질적 향상 등을 위해 전문지식과 실천기술을 필요로 한다. 이러한 측면에서 보았을 때, 가족복지는 가족구성원 개인이나 가족에 대한 서비스뿐만 아니라 가족제도의 강화나 수정 및 변화에 대한 노력까지 포괄할 수 있다.

2) 가족복지의 목표

가족복지는 가족의 행복과 안녕을 위한 총체적 노력으로 사회적 차원의 개입을 전제한다. Collins 등(1999)은 가족복지의 일차 목적은 모든 가족구성원이 각자의 발달적 · 정서적 욕구를 충족하면서 가족구성원들이 보다 유능하게 기능하는 것을 배울 수 있도록 돕는 것이라고 보았다. 이들은 또한 가족복지의 세 가지 목표가 ① 가족이 변화를 위해 준비하도록 가족의 강점을 강화하고, ② 가족개입 후 추가지원을 제공함으로써 가족이 효과적으로 가족 기능을 수행 · 유지하도록 하며, ③ 효과적이고 만족할 수 있는 일상생활을 지속하도록 가족 기능 수행에서 구체적 변화를 창출하는 것임을 제시하였다.

일반적으로 가족복지의 목표는 가족구성원의 안녕 도모, 가족구성원 간 권리 보장과 평등 증진, 새로운 가족 형태의 인정 그리고 사회문제의 근본 해결이라고 할 수 있다. 이를 보다 구체적으로 살펴보면, ① 가족복지는 개인 및 가족의 안녕을 도모하는 것으로 가족의 문제와 욕구를 해결하여야 하고, ② 법적 또는 제도적 장치가 가족구성원의 권리와 평등을 보장하는 데 목표를 둔 정책 수립 및 실천이 필요하며, ③ 전통적인 직계가족이나 핵가족뿐만 아니라 한부모가족, 재혼가족 등 다양한 가족 형태를 인정하여 이들의 기능을 보완하는 적극적 대책을 마련하여야 하고, ④ 사회문제의 해결에 기여하며 사회 변화를 유도할 수 있어야 한다. 이러한 점에서 사회복지의 시작은 바로 가족의 문제해결로 인식될 수 있다.

4. 가족복지의 대상

가족복지의 대상은 '전체로서의 가족'에 대한 접근을 토대로 가족구성원 개개인을 대상으로 하는 복지와 구별된다. 가족복지는 '전체로서의 가족'을 전제한다는 점에서 가족구성원 개개인을 대상으로 설정하고 있는 대상별 사회복지, 즉 아동복지, 청소년복지, 여성복지, 노인복지, 장애인복지 등과 상이하다. 이와 관련하여 가족복지의 대상 영역 및 범위에 대해 살펴보면 다음과 같다.

1) 가족복지의 대상 영역

(1) 가족구조 특성에 따른 대상

오늘날에는 급변하는 사회 변화에 따라 가족구조의 변화가 현저하다. 한부모가족, 재혼가족, 노년기 가족, 독신가족 등 현대사회에서 증가 추세에 있는 다양한 가족구조의 특성에 따라 가족복지 개입 역시 달리할 수 있다.

(2) 가족 문제에 따른 대상

가족 내 부부관계, 자녀문제, 경제문제, 가족갈등 등 다양한 문제가 있을 수 있다. 이들 문제의 원인은 폭력, 중독, 비행, 소득상실, 장애 등 다양하다. 미국사회사업사전(1995)에서는 가족의 기능상 문제에 있어서 스트레스의 원인과 성격에 따라 ① 가족발달상 직면하는 가족 내적인 스트레스 상황, ② 가족 외적인 스트레스 상황, ③ 가족관계, 가족구성원의 개인적 기능 장애 및 이상성격 장애로 구분하여 각 상황에 따른 개입 대상을 분류하였다. 한편, 일본의 야마자키(山崎美貴子)는 가족의 결손 특성에 따라 ① 가족 전체에 영향을 주는 외생적 장애(경제상 문제, 직업상 문제, 주택상 문제), ② 가족 전체에 영향을 주는 내생적 장애(가족 내 관계의 부조정 · 긴장관계, 가족 기능 수행상 문제, 가족구성원의 결손, 가족구성원의 심신장애), ③ 가족 전체에 영향을 주는 외생적 · 내생적 장애 중복 등으로 분류하여 가족의 기능에 대한 각 장애 특성에 따라 대상을 분류하였다.

(3) 가족생활주기상 욕구 및 발달과업에 따른 대상

가족은 가족생활주기에 따라 다양한 변화와 문제 또는 위기를 경험하게 된다. 가족구성원 개개인은 물론 가족 자체가 당면하게 되는 복지 욕구 및 발달과업이 다양할 수 있는데, 이에 따라 가족복지 개입이 달리 적용될 수 있다.

(4) 가족 기능 특성에 따른 분류

가족복지 대상 영역은 가족 기능 특성, 즉 가족지원, 가족보충, 가족대리 기능에 따라 분류할 수 있다.

- 가족지원 기능: 가족이 생활하고 있는 시대와 사회가 요구하는 가족의 기능을 가족 스스로가 보다 잘 수행할 수 있도록 지원하는 서비스다. 가족생활이 보다 원활할 수 있도록 하는 데 도움이 되는 부모교육, 가족상담 등이 대표적이다.
- 가족보충 기능: 가족 스스로 가족의 기능을 원활하게 수행하지 못하는 상황이 발생 시 이를 해결하여 가족이 안정을 찾을 수 있도록 보충하는 서비스다. 일정 시간 동안 가정의 아동양육 기능을 보완하기 위한 보육서비스, 경제적으로 어려운 계층(예: 공공부조 대상자인 국민기초생활보장제도 수급자, 저소득층 한부모가족 등)에 대한 각종 급여나 관련 서비스 등이 이에 해당된다.
- 가족대리 기능: 가족 스스로가 그들이 당면한 문제를 도저히 극복하거나 해결할 수 없을 때에 가족의 기능을 전적으로 대리하는 것이다. 이와 관련된 서비스로 입양, 가정위탁, 시설보호서비스 등이 있다.

2) 가족복지의 범위

가족복지의 범위는 크게 광의 및 협의의 측면으로 살펴볼 수 있다. 광의의 측면에서 가족복지의 대상은 모든 유형의 가족이며, 앞으로 가족들이 당면할 가능성이 있거나 현재 당면하고 있는 모든 가족 문제가 포함된다. 협의의 측면에서 가족복지의 대상은 가족생활상 문제에 봉착하고 있는 위기 가족이며, 현재 당면하고 있는 가족 문제 자체에 보다 중점을 두고 있다.

5. 가족복지의 접근 방법

가족의 중요성 및 가족이 직면하는 심각한 문제로 인해 사회복지는 초창기부터 가족을 주 대상으로 하였고, 사회복지학에서 가족에 관한 연구가 지속적으로 중시되어 왔다. 사회문제의 해결을 위해 가족에게 기대되는 사회복지의 책임은 매우 크며, 이러한 점에서 가족을 대상으로 하는 사회복지적 접근이 매우 중요하다. 가족 문제를 예방 · 해결하기 위한 가족복지의 접근 방법은 크게 가족 정책을 통한 거시적 접근 방법과 실천현장에서 가족에게 직접적으로 개입하는 미시적 접근 방법으로 나눌 수 있다.

1) 거시적 접근 방법

거시적 접근 방법(macro approach)에서는 가족 외적 요인, 특히 산업화 · 현대화에 따른 사회적 · 경제적 조건의 변화로 인하여 가족 문제가 야기된다고 본다. 따라서 거시적 접근 방법은 가족이 처한 사회적 조건과 환경을 개선하려고 하는 것으로, 환경적 · 예방적 접근 방법이라고 할 수 있다. 이는 가족 문제를 사회 전체의 문제로 보고 가족과 직접적으로 만나 해결하기 보다는 정책적 차원에서 간접 대응한다는 점에서 간접적 접근 방법이라 할 수 있다. 이 접근 방법은 가족 문제를 사회구조적인 문제로 보고, 다양한 사회제도와의 관련성에서 해결하고자 한다.

2) 미시적 접근 방법

미시적 접근 방법(micro approach)에서는 가족의 문제가 가족 내적 요인, 즉 가족의 구조적 결손, 역기능적인 가족관계, 가족 기능의 약화, 가족생활주기상 발달과업의 미성취 등으로 인하여 야기된다고 본다. 따라서 구체적인 어려움에 처해 있거나 처할 가능성이 있는 가족에게 직접 개입하여 문제해결을 돕는 서비스를 의미한다. 이는 전체 가족 또는 가족구성원 간의 문제나 역기능을 해결하는 데 초점을 두는 것으로, 심리적 · 치료적 접근 방법이다. 미시적 접근 방법은 특정 문제나 장애에 따른 어려움을 지닌 가족에게, 서비스 차원에서 직접 대응한다는 점에서 직접적 접근 방법이라고 할 수 있다.

가족복지의 거시적 · 미시적 접근 방법은 상호 보완적인 특성을 지니는데, 가족복지의 전반적인 향상을 위해 이 두 접근 방법을 병행하여 실행하는 것이 바람직하다.

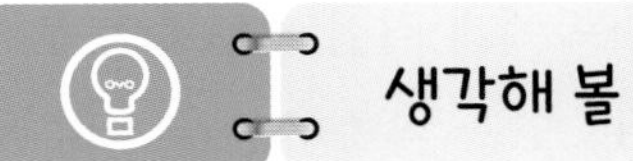

생각해 볼 문제

1. 사회복지 대상으로 가족은 어떤 의미를 지니나요?

2. 가족복지가 필요하게 된 이유에 대해 살펴보고, 이에 대해 친구들과 의견을 나누어 보세요.

3. 가족복지의 개념 및 목표가 무엇인지 설명해 보세요.

4. 가족복지의 대상 영역에 무엇이 있는지 설명해 보세요.

5. 가족복지의 접근 방법에는 무엇이 있으며 어떠한 접근 방법이 보다 적절한지 생각해 보세요.

제2부

가족복지의 정책 및 실천

제4장

가족복지 정책

가족복지 정책은 가족복지를 실천하는 거시적 · 제도적 방법으로 기본적으로 해당 국가의 가족복지를 향상시키기 위하여 제도화하고 시행하는 정부의 복지 정책을 의미한다. 가족복지 정책은 가족복지를 현장에서 실천하는 제도적·법적인 틀을 제시하고, 다른 영역과의 상호관계를 통하여 가족복지의 효율성을 높이는 정책이라 할 수 있다. 이 장에서는 복지국가와 가족 정책의 관련성, 가족복지 정책의 개념 및 유형, 대상을 알아보고, 우리나라 가족복지 정책의 현황에 대해 살펴보고자 한다.

1. 복지국가와 가족 정책의 관계

복지국가는 최소한의 공공부조, 사회보험 및 사회서비스 제공 등 복지 개입을 통해 개개인 삶의 독립성을 보장하고 행복 증진에 기여하는 국가를 말한다. 가족은 복지국가 정책에 따른 서비스 수혜의 가장 중요한 대상이라 할 수 있다. 가족은 구성원 개개인의 보호를 위한 최소 단위인 동시에 복지국가가 제공하는 서비스 통로이다. 복지국가가 지향하는 사회복지 정책의 근간은 가족을 대상으로 설정하므로 복지국가에서 수립되는 복지 정책이 가족 정책과 밀접한 관련성을 지닌다.

과거 산업사회에서는 남성은 노동시장 영역을 담당하고 여성은 가사와 자녀양육 영역을 담당하는 등 남녀 간 성별 분업이 엄격히 이루어졌다. 따라서 당시 시대의 가족 정책은 성별 분업에 기반을 둔 핵가족을 정상가족으로 전제하였고, 가족에 대한 최소한의 개입을 통한 정상가족의 해체 방지를 위한 것이었다. 이후 여성의 경제활동 참여 및 다양한 가족의 증가 등 사회 변화에 따라 가족돌봄 문제가 누구에 의해 해결될 것인가에 대한 가족 정책 패러다임의 필요성이 요구되는 가운데, 가족돌봄의 주체가 가족만이 아닌 가족과 사회로 전환되기에 이르렀다(송다영, 정선영, 2013). 복지국가는 국가가 가족의 복지를 위해 정책적으로 개입하여 이를 보장함을 기본 원칙으로 한다는 점에서 가족복지 정책과 매우 밀접한 관련성을 지닌다. 가족에 대한 국가의 역할과 개입은 가족 정책으로 구현되는 데 있어, 개별 국가에 따라 가족 구성원의 삶이 상이할 수 있다.

Esping-Andersen(1990, 1999)은 복지국가의 변화와 전망을 진단하면서 가족이 복지국가 재편의 핵심이라고 보았다. 그는 후기 산업사회의 노동시장과 가족의 변화에 대한 문제해결 전략으로 복지서비스의 탈가족주의화를 제시하였다. 탈가족주의화는 그동안 가족이 맡고 있던 양육과 돌봄의 몫을 국가나 시장으로 이전하는 것을 의미한다. 그는 국가와 시장경제, 가족 간 관계에 따른 복지국가 체제를 가족 내 책임성을 강조하는 가족주의(familism)와 가족에 대한 사회적 책임을 강조하는 탈가족주의(de-familisation)의 개념을 통해 자유주의, 조합주의, 사회민주주의 복지국가 체제로 분류하여 제시하였다.

〈표 4-1〉 Esping-Andersen의 복지국가와 가족 정책의 관계성

복지국가 체제	가족복지 유형	국가의 역할과 개입	해당 국가
자유주의	가족주의	국가 개입 최소화 가족, 가족 스스로의 책임과 전통적 가족 기능을 강조	미국, 영국, 캐나다, 호주 등
조합주의	이원적 가족주의	국가가 상당 부분 개입하나 가족이 보호와 양육 기능 책임 주체로 역할 강화	독일, 프랑스, 오스트리아, 이탈리아 등
사회민주주의	탈가족주의	국가가 가족에게 부양과 양육의 책임을 전가하지 않음	스웨덴, 노르웨이, 덴마크, 네덜란드, 핀란드 등

출처: Esping-Andersen, G. (1999). *Social Foundation of Postindustrial Economics*.

2. 가족복지 정책의 개념 및 유형

1) 가족복지 정책의 개념

가족의 복지에 대한 정책은 가족 정책(family policy) 및 가족복지 정책(family welfare policy)으로 구분할 수 있다. 이들 개념은 학자 간 명확한 합의가 이루어지지 않은 채 혼용되고 있다. 그럼에도 이들 정의에 대해 살펴보면 다음과 같다. 가족 정책은 '국가가 가족의 기능이나 역할에 의도적으로 영향을 미침으로써 원하는 방향의 변화를 가져오려는 체계적 개입 계획'을 의미한다. 반면, 가족복지 정책은 '가족의 복지를 실천하기 위해 국가가 가족을 위해 행하는 정책'이라 할 수 있다.

가족 정책은 많은 경우 가족의 요구와 문제를 해결하기 위한 가족복지 정책과 동일시되어 왔는데, 일상에서 이를 구분하는 데 큰 의미를 부여하지 않는 편이다. 그러한 배경에는 복지의 의미를 확대 규정하게 된 현대사회의 특

성이 전제되는데, 실제 가족 삶의 영역 전반이 복지 정책의 영역이 된 사회에서는 명확하게 '가족 정책'과 '가족복지 정책'을 구분하기란 쉽지 않기 때문이다(이진숙, 신지연, 윤나리, 2010). 가족(복지) 정책에 대한 개념 정의는 학자에 따라 다양한데 이를 살펴보면 〈표 4-2〉와 같다.

〈표 4-2〉 가족(복지) 정책의 개념

학자	내용
Kamerman & Kahn (1978)	정부가 가족에 대하여 행하는 의도적인 모든 활동. 가족에게 영향을 주기 위한 제도적 개입. 가족의 문제에 대하여 제도적, 환경적, 거시적으로 접근하는 것
Moen & Schorr (1987)	가족을 위한 일련의 목표를 실현하기 위해서 국가나 기타 사회제도가 의도적으로 만든 프로그램이나 정책
Zimmerman (1995)	가족복리(family well-being)의 목적을 가지고, 가족이 경험하게 되는 여러 문제들에 대처하기 위한 일련의 상호 연관된 정책 선택. 개인이 아닌 '가족 구성원으로서의 개인', 즉 '가족 자체'에 초점
Gauthier (1999)	가족 정책을 협의 및 광의로 나누어 정의함. 협의의 가족 정책은 가족의 소득 유지, 모성 보호, 아동 보호, 노인 보호 등을 포함하며, 광의의 가족 정책은 가족법, 각종 사회복지서비스, 기타 공공 정책을 포함
Muncie et al. (1997)	가족생활에 영향을 주는 정부의 활동
조홍식 외 (2017)	가족복지에 관심을 두고 정부가 의도적으로 취하는 조치나 행동. 개인을 다루더라도 가족과 연계해서 다루는 정책. 가족구성원을 대상으로 그들의 복리를 증진하기 위한 수단으로써의 제반 정책들을 포함하는 개념으로 규정
최경석 외 (2006)	가족구성원과 가족이라는 하나의 단위에서 표출되는 욕구를 지원, 보충, 대체하는 국가 개입적 활동. 가족의 복지 증진이라는 정책목표를 가지고 가족 전체 및 가족구성원이라는 차원에서 발생하는 욕구 충족을 위해 행하는 국가의 모든 정책

가족 정책은 가족에 미치는 모든 정책이며, 가족복지 정책은 가족 정책의 하위 영역으로 '가족의 복지를 실천하기 위한 거시적 · 제도적 국가 정책'으로 가족에 긍정적 영향을 미치는 정책이라 할 수 있다. 가족복지 정책은 '가족의 복지 증진'이라는 정책목표를 가지고 '가족 전체' 및 '가족구성원'이라는 차원에서 발생하는 욕구 충족을 위해 행하는 국가의 정책으로 정의할 수 있다. 가족복지 정책은 가족을 대상으로 하며, 가족구성원과 가족이라는 하나의 단위에서 표출되는 욕구를 지원 · 보충 · 대체하는 기능을 담당함으로써 가족에게 긍정적인 영향을 미치도록 하는 국가 개입적 활동으로 이해된다.

2) 가족(복지) 정책의 유형

가족 정책에 대한 이해를 도모하고 가족복지 정책의 지향성을 설정하는데 있어 가족 정책의 유형을 살펴보는 것이 적절하다. 그동안 가족 정책을 다양한 관점에서 개념화 및 유형화하려는 시도가 계속되었는데, 다음에서 Kamerman과 Kahn, Harding, Gauthier 등의 유형화를 살펴보고자 한다.

(1) Kamerman과 Kahn의 유형화

Kamerman과 Kahn(1978)은 넓은 의미로 가족 정책을 '정부가 가족에 대하여 행하는 의도적인 모든 활동'이라 정의하였다. 그들은 가족 정책을 세 가지 차원, 즉 ① 관점으로서의 가족 정책(family policy as perspective), ② 사회 정책의 한 분야로서의 가족 정책(family policy as a field), ③ 수단으로서의 가족 정책(family policy as an instrument)으로 제시하였다. 이를 세부적으로 살펴보면 다음과 같다.

- **관점으로서의 가족 정책**: 가족복지를 다른 정책 결정 및 결과를 평가하는 데 주요한 관점으로 작용토록 하는 정책을 의미한다. 즉, 모든 사회 정책에서 가족에게 미치는 효과와 영향력이 고려되어야 한다고 가정한

다. 이에 따르면 가족 정책은 여타 사회 정책이 추구해야 할 당위적 목표가 되며, 가족이 모든 사회 정책의 형성과 결정, 집행의 중심에 핵심 단위로서 차지하게 된다.

- 사회 정책의 한 분야로서의 가족 정책: 가족 정책을 사회문제를 해결하기 위한 사회 정책의 한 분야로 보아 사회 정책의 하위 영역으로 간주한다. 다시 말해, 가족 정책은 가족과 관련하여 일정한 목표를 설정해 놓은 사회의 한 분야에 해당되는 정책이라 할 수 있다. 그 예로 근로여성 및 아동 보육에 어려움을 가진 양육자들에게 도움을 주고자 하는 영유아보육제도, 거동이 불편한 재가노인을 대상으로 하여 가족의 돌봄 부담을 덜어 주기 위한 재가서비스 등이 이에 해당된다.
- 수단으로서의 가족 정책: 가족 정책을 일종의 다른 사회 정책의 목적 달성 수단으로 보는 것으로 다른 사회 정책의 목표와 도구로 가족 정책이 활용되는 것을 의미한다. 그 예로 가족 정책은 더 많은 자녀의 출산을 권장하는 인구학적 목적을 달성하는 도구로 사용될 수 있다. 가족 정책은 사회의 목표를 성취하기 위한 하나의 통제 수단으로서 가족이나 가족구성원에게 특정 행위를 요구하는 정책으로 정의될 수 있다.

또한 Kamerman과 Kahn(1978)은 서구 가족 정책을 비교 · 분석하여 명시적 가족 정책(explicit family policy)과 묵시적 가족 정책(implicit family policy)으로 분류하였다.

- 명시적 가족 정책: 가족원 개인, 개인의 가족역할 혹은 전체로서의 가족 단위를 위한 특정 목적을 성취하기 위해 의도적으로 고안한 정책과 프로그램이다. 예로 인구 정책, 자녀 있는 가족에게 일정 소득수준을 보장하기 위해 고안된 소득보장 정책, 취업부모를 위한 고용 관련 급여, 모자 보건 정책, 아동 보호 정책 등이 포함된다.
- 묵시적 가족 정책: 가족과 직접 관련되지 않으나 다른 영역에서 행한 정

책들을 포함하는데, 다른 정책을 수행 시 가족영향 평가를 고려하거나 때로는 가족을 통한 사회통제로서 가족 정책이 이루어진다. 예로 조세 정책, 이민 정책, 도로와 건물 배치, 공장 설치 등이 가족의 삶에 영향을 주는 경우이다.

〈표 4-3〉 Kamerman과 Kahn의 가족 정책 유형

정책	프로그램	
고용	고용과 양육제도	• 모성, 부성지원 정책
		• 피고용자 급여
소득	조세제도	• 세율 차등 적용, 피부양자 면제, 빈곤층 면세, 근로소득공제
	가족급여제도	• 피부양자수당, 식권제도
사회서비스	보육제도	• 보육서비스
	모성건강, 아동건강	• 모성휴가, 학교보건
	주택정책	• 주택임대
	특수가족을 위한 정책	• 빈곤가족의 급여, 특별요구를 가진 아동지원서비스

(2) Harding의 유형화

Harding(1996)은 가족의 책임을 국가가 통제 · 지원하는 방식과 수준에 따라 일곱 가지 유형의 모델을 제시하였다. 이 모델은 국가와 가족의 실질적 역할분담 방식에 따라서 가족 정책을 다양하고 세부적으로 분류할 수 있으며, 한 국가의 가족 정책에 관한 전반적인 성격을 이해할 수 있는 틀을 제공해 준다(최경석 외, 2006).

〈표 4-4〉 Harding의 가족 정책 모델

유형	특징	가족통제 정도
권위주의 모델	• 국가는 특정 선호하는 가족 유형과 가족 행위를 장려하고 여타의 것을 금지하는 통제 정책을 펼침 • 개인과 가족의 개별적 욕구나 선택은 무시됨	통제적 ↑
특정 영역에서 가족 책임의 강제	• 특정 영역에 있어서 가족생활을 통제	
긍정적 인센티브 사용한 조정	• 국가가 선호하는 가족행동 패턴을 조장하기 위해 조세나 급여체계 등의 경제적 유인책을 병행함	
제한적 가정에서 적용	• 구체적인 어떤 행동 유형을 통제하지 않음 • 암묵적으로 정책에서 어떤 가족 유형을 가정함으로써 결과적으로 특정 가정 유형을 조장함	
가족 대체/지원	• 가족행위에 대해 의도적으로 영향을 미치고자 하는 국가 정책은 없음. 현존 가족역할이나 행위가 지속되기를 바람 • 다만, 가족이 실패할 경우 이를 지원하거나 혹은 대체하는 서비스를 제공	
수요와 욕구에 반응	• 국가는 특정 가족 유형에 대한 가정이나 선호가 없으며, 가족 변화에 따라 나타나는 가족 욕구에 수동적으로 반응 • 가족 유형에 상관없이 모든 가족들이 필요한 서비스를 이용할 수 있음	
자유방임 모델	• 가족은 개인의 자유 영역이고 사적 선택 영역으로 간주 • 국가는 가족생활에 대해 어떠한 영향력을 행사하지 않음 • 가족에 대한 정책목표는 없으며 선호가족 유형이나 행위, 가치, 성도덕 등은 존재하지 않음. 가족 정책은 '무정책'이 정책임 • 국가는 가족을 매개하지 않고 단지 개인으로서 사회구성원과 관계함	↓ 방임적

(3) Gauthier의 유형화

Gauthier(1999)는 저출산, 인구고령화, 한부모가족 증가, 여성의 노동시장 참여 확대 등 인구사회학적 변화에 대한 국가 개입이 가족복지 정책을 통해 이루어진다고 하였다. 그는 서구 선진국이 가족 정책을 어떻게 추진해 왔는가를 현금 급여, 노동 관련 급여, 보육시설, 낙태 및 피임에 관한 법률 등을 이용하여 분석하고, 가족친화적/정부비 개입 모델, 전통주의적 모델, 가족친화적/출산장려주의 모델, 성평등주의 모델로 유형화하였다.

〈표 4-5〉 Gauthier의 가족 정책 모델

유형별	정책적 관심	정책 프로그램	해당 국가
가족친화적/정부 비개입 모델	• 국가가 가족을 지원할 책임을 인정하나, 최소한 국가 개입을 선호 • 요보호가족 중심 개입, 전통 가족형 선호, 자립 강화	낮은 수준의 모성 휴가, 보육지원 등	미국, 영국
전통주의적 모델	• 전통적 남성부양가족제도 유지가 정책의 관심 • 국가의 가족지원에 대한 지원은 중간 정도 • 전통적 가족 유형 지지, 전통적 성역할 구분을 선호	취업모 세제지원, 휴가 급여, 아동보육 정책 부진	독일
가족친화적/출산장려주의 모델	• 저출산 문제가 주요 정책 관심 • 출산장려 정책 • 대가족을 바람직하게 생각하나 출산에 대한 개인 자율권 보장하는 원칙	자녀수당, 모성휴가, 보육시설 지원 등	프랑스
성평등주의 모델	• 남녀평등 증진이 주요 목표 • 취업부모에 대한 국가지원	부모 휴가, 자녀 간병 휴가, 아동수당 등	덴마크, 스웨덴

(4) 가족 욕구에 따른 유형화

가족이 지닌 욕구를 경제적, 건강, 양육 및 보호, 주거, 심리 · 정서적, 건강 가족 조성 욕구로 구분하여 가족 정책의 범위를 살펴보면 〈표 4-6〉과 같다.

〈표 4-6〉 가족 욕구에 따른 가족 정책의 범위

가족 욕구	가족 정책 범위
경제적 욕구	• 사회보험, 공공부조, 가족수당, 세금감면, 주택관련 지원 등
건강 욕구	• 건강보험 및 관련 프로그램 등
양육 및 보호 욕구	• 아동수당, 육아휴직, 양육비지원, 보육서비스, 모자보건, 가족간병/휴가, 부양지원서비스 등
심리 · 정서적 욕구	• 가족상담 및 치료서비스, 가족폭력 및 학대지원서비스, 부부상담, 기타 대인서비스 등
건강가족 조성 욕구	• 건강가족에 대한 사회적 규범, 관련된 법, 제도(건강가정기본법 등)

3. 가족복지 정책의 대상

가족복지 정책의 대상은 국가와 가족의 입장에서 본 가족의 욕구와 가족 문제라고 할 수 있다. 가족의 욕구가 충족되지 않을 때 가족 문제가 사회문제가 되므로 욕구와 문제는 밀접한 관련이 있다. 그러므로 가족복지 정책의 대상은 가족의 구조와 기능 그리고 가족생활주기에 따라 다양하게 나타날 수 있는 가족이 지닌 욕구와 문제로서 가족구조, 가족 기능, 가족생활주기의 세 가지 기준으로 분류할 수 있다(이영실 외, 2013).

1) 가족구조에 따른 분류

최근 여성의 경제활동 참여 증가로 돌봄 영역에서의 변화와 함께 다양한 유형의 가족이 나타나고 있다. 한부모가족, 재혼가족, 동거가족, 생활공동체, 1인 가구 등 다양한 가족 형태가 증가하고 있는데, 이는 경제적 불안정으로 인해 발생한 현상이기도 하지만, 개인화된 삶을 지향하는 가치관의 변화로 나타난 현상이기도 하다(송다영, 정선영, 2013). 현재 다양한 가족구조를 반영한 가족복지 정책으로는 한부모가족 및 조손가족에 대한 한부모가족지원 정책이 있으며, 점차 증가하고 있는 다문화가족에 대한 다문화가족지원 정책도 가족구조에 따른 가족복지 정책이라고 할 수 있다.

2) 가족 기능에 따른 분류

전통적으로 가족이 부양과 돌봄의 기능을 제공해 왔으나 다양한 가족 유형의 등장으로 이러한 가족 기능의 변화가 요구되고 있다. 즉, 부양과 돌봄의 책임이 가족이 전담하는 형식에서 가족과 사회가 분담하는 형식으로 변화하고 있는 것이다(송다영, 정선영, 2013). 가족 기능 측면에서의 가족 정책은 학자에 따라 〈표 4-7〉과 같이 분류하고 있다.

〈표 4-7〉 학자별 기능별 가족 정책 내용

학자	기능별 가족 정책
Bogenschneider (2008)	• 가족의 형성과 해소에 관련된 정책(결혼, 이혼, 출산 입양 등) • 자녀 및 가족을 위한 경제적 부양에 관련된 정책 • 자녀양육에 관련된 정책 • 노인이나 장애를 가진 가족구성원을 위한 위한 돌봄 정책
Gauthier (1999)	• 직접적 현금지원 정책(아동수당, 가족수당, 주거수당 등) • 간접적 현금지원 정책(세제 혜택) • 부모권을 지원하는 정책(모성휴가, 부성휴가, 육아휴직 등) • 노동권을 지원하는 정책(보육시설 및 서비스)
성정현 외 (2014)	• 경제적 기능에 따른 정책(사회보험, 공공부조, 가족수당, 조세감면 등) • 노동력 재생산의 기능에 따른 정책(임신 및 출산 급여와 휴가, 아동수당, 육아휴직, 양육비지원, 보육서비스, 부모휴가, 가족간호휴가, 노인 · 아동 · 장애인 부양지원 서비스 등) • 정서적 기능에 따른 정책(가족상담 및 치료서비스, 가정폭력 지원 서비스, 부부상담 등) • 사회 유지 및 통제의 기능에 따른 정책[가족 관련 법(상속, 이혼 및 재혼, 입양 등)]

이영실 외 (2013)	• 빈곤가족 • 학대가족 • 알코올중독이나 약물중독가족 • 청소년비행가족 • 실직으로 인한 소득 상실로 경제적 측면에서 기능상의 결손으로 결손을 경험하는 가족 • 병리, 장애로 인한 심리적 및 의료적 문제를 겪고 있는 가족

3) 가족생활주기에 따른 분류

가족생활주기에 따라 가족은 다양한 변화와 문제 또는 위기를 경험한다. 부부만의 시기, 자녀 출산 및 양육기, 미취학 아동기, 학령기, 청소년기, 청년기, 장년기, 노년기 등 가족생활주기에 따라 가족구성원 개개인은 물론 가족 전체가 당면하는 복지 욕구는 다양하며, 이에 따라 복지 개입을 달리하는 경우를 말한다.

가족발달주기에 따른 접근은 우리나라의 가족복지 정책에서 찾아볼 수 있다. 여성가족부의 다문화가족지원 정책을 보면 결혼준비기에서부터 가족관계 형성기, 정착 및 자녀양육기, 역량강화기 등 다문화가족의 발달주기에 따라 맞춤형 서비스를 제공하고 있다(박미은, 신희정, 이혜경, 이미림, 2012).

4. 한국 가족복지 정책의 현황

우리나라 가족복지의 주무부처는 여성가족부로 가족복지 정책은 건강가정기본계획을 근간으로 하고 있다. 건강가정기본계획은 5년마다 가족복지 정책 분야의 기본계획 수립 등 우리나라 가족복지 정책 기반을 조성하는 역할을 담당하고 있다. '제1차 건강가정기본계획(2006~2010)'은 '가족 모두가 평등하고 행복한 사회'라는 비전하에 수립되었는데, 그 목표는 가족과 사회

정책비전

모든 가족이 함께 행복한 사회 구현

정책목표

▷다양한 가족의 삶의 질
▷남녀 모두 일 · 가정 양립 실현

정책과제

1. 가족관계 증진을 위한 서비스 기반 조성	1-1. 맞춤형 가족교육지원 1-2. 가족상담 활성화 1-3. 가족여가활동 확대
2. 가족 유형별 맞춤형 서비스지원 강화	2-1. 맞벌이 가족지원 2-2. 한부모가족지원 2-3. 다문화가족지원 2-4. 취약 · 위기 가족지원
3. 정부-가족-지역사회 연계를 통한 돌봄지원 강화	3-1. 아이 키우기 좋은 여건 조성 3-2. 돌봄 부담 해소를 위한 지역사회 조성 3-3. 가족돌봄 여건 조성
4. 남성과 여성, 기업이 함께하는 일 · 가정 양립 실천	4-1. 일 · 가정 양립 제도 정착 4-2. 남성의 일 · 가정 양립지원 강화 4-3. 기업의 일 · 가정 양립 실천 촉진
5. 생애주기별 출산친화적 사회문화 조성	5-1. 고비용 결혼문화 개선 5-2. 임산부 배려문화 조성 5-3. 행복한 육아문화 확산 5-4. 양성평등 가족문화 조성
6. 가족환경 변화에 대응한 정책 추진체계 강화	6-1. 가족 정책 법 · 전달체계 강화 6-2. 가족 정책 전달체계 강화 6-3. 새로운 가족환경 변화에 선제적 대응

[그림 4-1] 가족 정책의 비전, 정책목표, 정책 과제

출처: 여성가족부(2016). 제3차 건강가정기본계획(2016~2020), p. 19.

에서의 남녀 간 및 세대 간 조화 실현, 가족 및 가족구성원의 삶의 질 증진이었다. '제2차 건강가정기본계획(2011~2015): 2015 가족 행복 더하기'는 '함께 만드는 행복한 가정, 함께 성장하는 건강한 사회'라는 비전하에, 정책목표를 '개인과 가정의 전 생애에 걸친 삶의 질 만족도 제고'와 '가족을 위한, 가족을 통한 사회적 자본 확충'에 두었다.

'제3차 건강가정기본계획(2016~2020)'은 '모든 가족이 함께 행복한 사회 구현'이라는 비전 아래, '다양한 가족의 삶의 질 향상'과 '남녀 모두 일·가정 양립 실현'을 정책목표로 제시하고 있다. 핵심 6대 정책 과제로 ① 가족관계 증진을 위한 서비스 기반 조성, ② 가족 유형별 맞춤형 서비스지원 강화, ③ 정부-가족-지역사회 연계를 통한 돌봄지원 강화, ④ 남성과 여성, 기업이 함께하는 일·가정 양립 실천, ⑤ 생애주기별 출산친화적 사회문화 조성, ⑥ 가족환경 변화에 대응한 정책 추진체계 강화를 제시하였다.

1) 가족복지 관련 법

일반적으로 현대 국가는 가족의 복지 향상을 위해 이를 실정법상 명시하고 있다. 우리나라 역시 가족복지에 관한 법적 근거를 갖고 있는데, 가장 근간이 되는 것은 「건강가정기본법」(2004)이다. 이후 「한부모가족지원법」(2007) 및 「가족친화 사회환경의 조성 촉진에 관한 법률」(2007)과 「다문화가족지원법」(2008) 등이 제정되어 보편적 가족 정책의 틀을 마련하였다. 이 외에도 「헌법」을 비롯하여 「민법」, 「가족관계의 등록 등에 관한 법률」에서 가족복지와 관련한 포괄적 규정을 하고 있다.

(1) 건강가정기본법

「건강가정기본법」은 건강한 가정생활의 영위와 가족의 유지 및 발전을 위한 국민의 권리·의무와 국가 및 지방자치단체 등의 책임을 명백히 하고, 가정 문제의 적절한 해결방안을 강구하며 가족구성원의 복지 증진에 이바지할 수 있는 지원 정책을 강화함으로써 건강가정 구현에 기여하는 것을 목적으로 한다. 이 법에서 국가 및 지방자치단체는 건강가정을 위하여 필요한 제도와 여건을 조성하고 이를 위한 시책을 강구·추진하여야 하며, 시책을 강구함에 있어 가족구성원의 특성과 가정 유형을 고려하여야 함을 제시하고 있다. 또한 민주적인 가정 형성, 가정친화적 환경 조성, 양성 평등한 가족가치 실현 및 가사노동의 정당한 가치평가를 위하여 노력하여야 함을 명시하고 있다.

(2) 한부모가족지원법

「한부모가족지원법」은 한부모가족이 안정적인 가족 기능을 유지하고 자립할 수 있도록 지원함으로써 한부모가족의 생활 안정과 복지 증진에 이바지함을 목적으로 한다. 이 법에서 국가와 지방자치단체는 한부모가족의 복지를 증진할 책임을 지며, 한부모가족의 권익을 지원하기 위하여 노력하여야 함을 제시하고 있다. 또한 한부모가족에 대한 사회적 편견과 차별을 예방하고, 사회구성원이 한부모가족을 이해하고 존중할 수 있도록 교육 및 홍보 등 필요한 조치를 할 수 있다고 명시하고 있다.

(3) 가족친화 사회환경의 조성 촉진에 관한 법률

「가족친화 사회환경의 조성 촉진에 관한 법률」은 가족친화 사회환경의 조성을 촉진함으로써 국민의 삶의 질 향상과 국가 사회의 발전에 이바지함을 목적으로 한다. 여기서 '가족친화 사회환경'이란 일과 가정생활을 조화롭게 병행할 수 있고 아동양육 및 가족부양 등에 대한 책임을 사회적으로 분담할 수 있는 제반 환경을, '가족친화제도'란 탄력적 근무제도, 자녀의 출산·양육 및 교육지원제도, 부양가족지원제도, 근로자지원제도를 의미한다.

- 탄력적 근무제도: 시차출퇴근제, 재택근무제, 시간제 근무 등
- 자녀의 출산·양육 및 교육지원제도: 배우자 출산휴가제, 육아휴직제, 직

장보육지원, 자녀교육지원 프로그램 등

- 부양가족지원제도: 부모 돌봄 서비스, 가족간호휴직제 등
- 근로자지원제도: 근로자 건강 · 교육 · 상담 프로그램 등

이 법에서 국가와 지방자치단체는 가족친화 사회환경의 조성을 위하여 필요한 종합적인 시책을 수립 · 시행하여야 하며, 이에 수반되는 예산상의 조치를 취하도록 노력하여야 함을 제시하고 있다. 한편, 사업주의 책무와 관련하여 가족친화제도의 도입 · 확대 등 가족친화 직장환경의 조성과 가족친화제도의 운영에 있어 근로자 참여를 촉진하기 위하여 노력하여야 함을 명시하고 있다.

(4) 다문화가족지원법

「다문화가족지원법」은 다문화가족 구성원이 안정적인 가족생활을 영위하고 사회구성원으로서의 역할과 책임을 다할 수 있도록 함으로써 이들의 삶의 질 향상과 사회통합에 이바지함을 목적으로 한다. 또한 국가와 지방자치단체는 다문화가족 구성원이 안정적인 가족생활을 영위할 수 있도록 필요한 제도와 여건을 조성하고 이를 위한 시책을 수립 · 시행하여야 한다고 명시하고 있다.

(5) 대한민국 헌법

일반적으로 「헌법」은 한 나라에서 최상위의 법 규범으로서 국민의 권리 · 의무 등 기본권에 관한 내용과 국가기관 등 통치기구의 구성에 대한 내용을 담고 있다. 대한민국 「헌법」 제10조에서는 '모든 국민은 인간으로서의 존엄과 가치, 행복을 추구할 권리를 가진다.'고 하였다. 제11조에서는 '모든 국민은 법 앞에 평등하다. 누구든지…… 모든 영역에 있어서 차별을 받지 아니한다.'고 규정하여, 가족 형태에 관계없이 국가와 사회가 인간다운 생활을 보장하도록 명시하고 있다. 특히 제36조에서는 '개인의 존엄과 남녀의 평등을

기초로 유지되어야 하는 혼인과 가족생활은 국가의 보장을 받으며 모성과 보건도 보호를 받는다.'고 규정하여 가족에서의 양성 평등과 모성에 대한 국가의 책임을 강조하고 있다.

(6) 민법(가족법)

「헌법」 상에 나타난 국가의 가족 보호 의무를 구체화한 법은 「민법」의 「가족법」이라고 할 수 있다. 「민법」은 가족과 관련한 명시적 법은 아니나 혼인관계, 친자관계, 상속관계 등을 규정하고 있어 가족 및 이의 관계에 관련하는 법이다. 일반적으로 「가족법」은 「민법」의 제4편 「친족법(親族法)」과 제5편 「상속법」을 통칭하며, 이 외에 가족관계의 등록 등에 관한 법률이 포함될 수 있다. 「친족법」은 친족의 정의와 범위 등을 규율하는 좁은 의미의 「친족법」, 가족관계를 규율하는 좁은 의미의 「가족법」, 「혼인법」, 「친자법(親子法)」, 「후견법」, 「부양법」 등으로 구성된다. 「상속법」은 재산상속 · 유언 · 유류분(遺留分)에 관하여 규정한다. 「가족법」은 1969년부터 시행되었으며 친족의 정의와 범위, 약혼과 사실혼, 혼인과 이혼, 친생자, 부양, 상속과 유언 등 가족제도의 기본 골격을 규정하고 있다.

과거 한국의 「가족법」은 부계중심의 가부장제 가족제도의 원리에 근거하고 있어 개인의 존엄과 양성평등의 원칙에 위배되는 규정들이 존재하여 여성계를 비롯하여 「가족법」 개정 논의가 지속해 왔었다. 그리고 2000년 동성동본 불혼 규정, 여성의 재혼금지 조항이 폐지되었고, 부계중심의 호주제가 2008년부터 폐지되었다. 개정 「민법」에서 자녀는 아버지의 성과 본을 따르는 것을 원칙으로 하되, 부모 협의에 따라 어머니의 성을 따를 수 있고 필요시 법원 허가를 받아 자녀의 성과 본을 변경할 수 있도록 규정하고 있다.

(7) 가족관계의 등록 등에 관한 법률

「가족관계의 등록 등에 관한 법률」은 호주제 폐지에 따른 대체법으로 2008년부터 시행되었으며 국민의 출생 · 혼인 · 사망 등 가족관계의 발생 및 변동사항에 관한 등록과 그 증명에 관한 사항을 규정함을 목적으로 한다. 이전 호적은 가족관계등록부로 변경되었는데, 이는 개인별로 편제하여 개인의 존엄성과 양성평등의 「헌법」 이념을 구현하는 결과를 가져오는 데 기여하고 있다.

2) 가족복지 전달체계

가족복지 전달체계란 가족복지 정책 혹은 서비스를 수급자나 이용자에게 원활하게 전달하기 위해 마련된 조직체계라고 할 수 있다.

(1) 공공 부문

우리나라는 가족 정책 전담부서 없이 보건복지부가 중심이 되어 여성부에서 관련 업무를 다루어 오다가 2005년 여성부가 여성가족부로 개편되어 가족복지 정책의 주무부서로서 역할을 맡게 되었다. 이와 함께 보건복지부에서는 직·간접적으로 가족복지에 영향을 미치는 업무를 담당하고 있다.

① 여성가족부

2001년 여성부가 출범한 이후 2005년 여성가족부로 명칭 변경을 하면서 우리나라에서 이른바 명시적 가족 정책이 등장하게 되었다. 2008년 여성가족부가 여성부로, 보건복지부가 보건복지가족부로 변화하였으며, 2010년 다시 여성가족부, 보건복지부 체제로 재편되면서 '가족 단위 복지' 업무는 여성가족부 소관이 되었다.

여성가족부 조직에서 현재 가족을 중추적으로 담당하는 부서는 청소년가족정책실의 가족정책관이다. 가족정책관 내에는 가족정책과, 가족지원과, 가족문화과, 다문화가족과가 있으며, 이들 과에서 가족 정책 관련 제반 업무를 담당하고 있다. 가족정책과에서는 건강가정기본계획의 수립, 조정, 중앙부처 및 지방자치단체 가족 정책의 협의·조정 총괄을 비롯하여 가족상담·

교육 프로그램 개발 및 보급, 민주적이고 양성 평등한 가족 문화 확산 등의 업무를 수행하고 있다. 가족지원과에서는 아이돌봄서비스 등 가족양육 지원, 한부모 및 조손가족, 미혼모 등 요보호가족지원, 양육비 이행 관련 업무를 담당한다. 가족문화과에서는 가족친화 사회 환경 관련 법령의 관리 · 운영, 가족친화기업 등의 인증 · 관리, 가족친화 사회 환경 관련 실태조사 및 계획의 수립 · 시행, 가족친화 직장 · 마을환경조성지원, 고비용 혼례 문화 개선에 관한 사항, 민주적이고 양성평등한 가족 문화의 확산 및 건전가정의례의 보급에 관한 사항, 아이돌봄서비스 등 가족의 자녀양육지원 등의 업무를 맡고 있다. 다문화가족과에서는 중앙부처 및 지방자치단체의 다문화가족지원 정책 총괄, 다문화가족 정책위원회 실무위원회의 운영, 다문화가족 관련 조사 · 연구 및 법령의 관리 · 운영, 다문화가족지원센터의 운영지원, 다

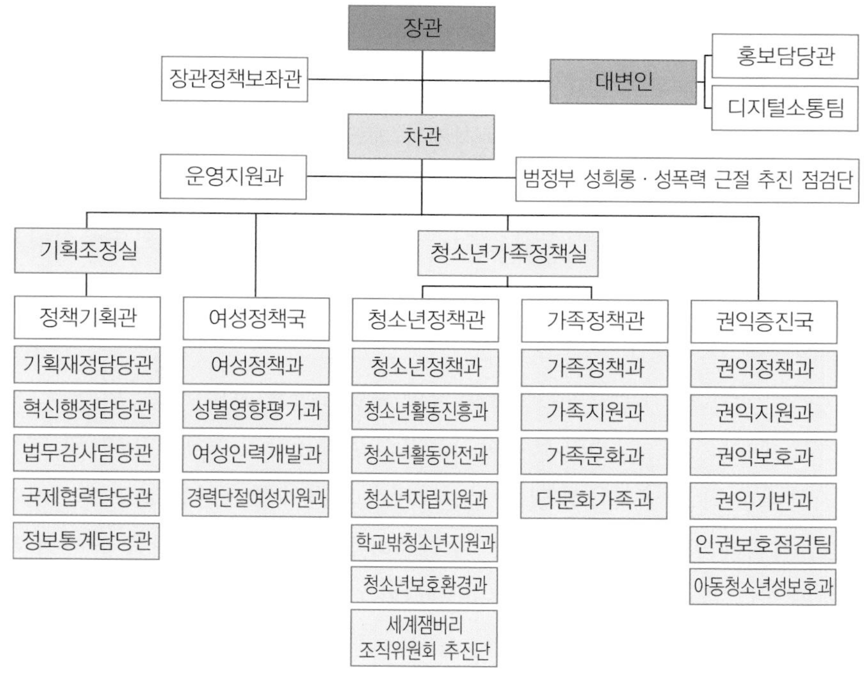

[그림 4-2] 여성가족부 조직도

출처: 여성가족부 홈페이지(http://www.mogef.go.kr)

문화가족의 자녀양육지원에 관한 사항, 결혼이민자의 경제 · 사회적 자립지원, 다문화가족 정책의 홍보, 다문화 이해 교육에 관한 사항, 다문화가족 종합정보 전화센터의 운영지원, 국제결혼 건전화와 결혼이민자 인권 보호 관련 대책의 수립 · 시행, 결혼중개업 관리에 관한 법령의 관리 · 운영, 결혼중개업 등록 · 신고의 관리 및 피해 예방, 국제결혼 예정자의 사전 준비 지원 관련 업무를 수행한다.

② 보건복지부

보건복지부는 노령, 장애, 질병 등 사회적 위험으로부터 국민을 보호하고 일자리와 균등한 사회참여 기회를 제공하며, 평생복지를 위한 생애주기별 맞춤형 보건복지 정책으로 국민의 삶의 질을 향상시키는 임무를 수행한다. 보건복지부는 현재 명시적으로 가족을 대상으로 하거나 가족복지를 목표로 하는 정책업무를 담당하는 부서는 없지만, 직 · 간접적으로 가족복지에 영향을 미치는 업무를 담당하고 있다. 2019년 현재 아동, 노인 대상 업무를 인구정책실 소관으로 하여 인구아동정책관 산하에 출산정책과, 아동복지정책과 등이 있고 노인정책관 산하에 노인정책과, 노인지원과 그리고 보육정책관 산하에 보육정책과 등이 있다. 이는 보건복지부 주관 개별 가족구성원으로서 아동, 노인 관련 정책을 가족 정책이 아닌 인구정책 관점에서 접근하는 움직임으로 해석할 수 있다.

보건복지부는 2013년 '국민행복을 향한 맞춤복지'를 표방하였는데, 이는 국민에게 체감도 높은 맞춤형 보건복지서비스를 제공하기 위해 '칸막이'와 일선 '복지깔때기' 해소의 시급성 및 복지전달체계 개편의 중요성을 강조하는 것이었다. 지역사회의 경우 행정 중심 '주민센터'를 복지 중심의 '맞춤형 복지 허브기관'으로 개편하여 행정기관뿐만 아니라 민간자원 연계를 통해 필요한 서비스를 통합 제공(one-stop & multi-services)하는 체계를 갖추어 나가려고 노력하였다. 이러한 복지전달체계 개편은 가족복지 전달체계 활성화에 기여할 것으로 기대된다. 구체적 관련 사례 내용은 'L씨 가정 위기 사례'와 같다.

[그림 4-3] 보건복지부 조직도

출처: 보건복지부 홈페이지(http://www.mohw.go.kr)

관련 사례

□ L씨 가정 위기 사례

- 아빠: 55세 실직 후 알코올 의존증
- 엄마: 47세 잦은 가출, 알코올 의존증, 전염성 질환, 백내장
- 아들: 12세 지적장애 3급
- 딸: 8세 지적장애 3급

○ 전주에 살고 있는 한 가정이 있다. 아버지와 아머니 모두 알코올 의존 상태이며, 어머니의 습관적 가출, 자녀학대, 이상행동, 전염성 질환 등으로 가족 모두 건강 문제가 심각한 상황이었으며, 두 자녀 모두 지적장애 3급으로 어머니 행동 모방, 양육 및 교육 문제가 심각한 상황이었다.

□ '통합적 사례 관리' 결과

○ 사례 관리팀은 가족의 여러 문제를 해결하기 위해 활용가능한 공공-민간 자원을 효율적으로 연계하였다.

- 우선 사례 관리 목표를 가족 기능의 회복에 두고 부부의 정신적·신체적 치료 및 자녀 양육문제 해결을 위해 민-관의 다양한 자원을 총동원하였다.
- 지역 민간병원 및 국립정신병원을 연계하여 알코올중독·행동장애 등 정신적 문제에 대한 치료를 받을 수 있도록 하고,
- 아동보호전문기관을 통하여 부모 아동학대 예방교육을 실시하였다.
- 또한 주민센터와 연계하여 이장, 이웃 주민과 좋은 유대관계를 맺을 수 있도록 하여 정서적으로 안정적인 환경을 만들어 주고,
- 주 사례 관리자의 수시 방문을 통해 부부 알코올 절제 교육을 하고, 지속적인 상담 및 관리를 실시하였다.
- 이후 어머니는 여성취업센터와 연계하여 직업 및 자립 교육을 받을 수 있도록 지원하여, 대상 가정의 안정적인 생활환경을 조성하였다.

출처: 보건복지부(2013). 국민행복을 향한 맞춤복지, pp. 4-5.

현 정부는 '내 삶을 책임지는 국가'라는 국정 목표 하에 '모두가 누리는 포용적 복지국가'를 중요한 국정 전략으로 추진하고 있다. '포용적 복지국가'는 어느 계층도 소외됨이 없이 경제성장의 과실과 복지를 고루 누리면서 개인이 자신의 역량과 잠재력을 최대한 발휘할 수 있는 나라를 말한다. 이는 우리 사회를 50년 이상 이끌어온 선(先)성장 · 후(後)복지 패러다임에서 벗어나, 성장, 고용, 복지가 선순환하는 포용적 복지 패러다임으로 전환하는 것이 필요하다는 인식에서 비롯됐다. 이러한 전략 하에 2017년 건강보험 보장성 강화대책, 제1차 기초생활보장 종합계획, 아동수당 도입 계획, 기초연금 · 장애인연금 인상 계획, 치매국가책임제 등 주요 정책이 발표되었다. 포용적 복지국가에서는 개인이 인간으로서의 가치를 존중받고 국가와 사회의 발전에 기여하게 될 것으로 포용적 복지전략은 우리 사회의 격차 문제를 해결하고, 소득주도 성장을 견인함으로써 사람 중심 경제의 완성에도 기여할 것으로 기대된다.

(2) 민간 부문

민간 부문 전달체계는 공공 부문의 가족복지 전달체계 안에서 사각지대 문제 해소에 기여하고 급변하는 사회에서 발생하는 가족 문제에 역동적으로 개입할 수 있다는 점에서 의미가 있다. 우리나라 가족복지 관련 사업을 행할 목적으로 설치된 기관으로는 건강가정지원센터와 다문화가족지원센터, 가족센터(건강가정 · 다문화가족지원센터 통합서비스 운영기관), 사회복지관이 대표적이다. 주요 가족복지 전달체계로서 건강가정지원센터, 다문화가족지원센터, 가족센터의 사업은 여성가족부 주관 영역에 속한 반면, 지역복지관은 보건복지부 전달체계로 존재하고 있다.

① 건강가정지원센터

건강가정지원센터는 2004년 처음 3개소 시범사업으로 운영된 이후 2013년 전국 151개소 가 설치되었다. 2016년부터 건강가정지원센터 및 다문화가족지원센터간 통합서비스가 실시되기 시작하여 2019년 183개소가 건

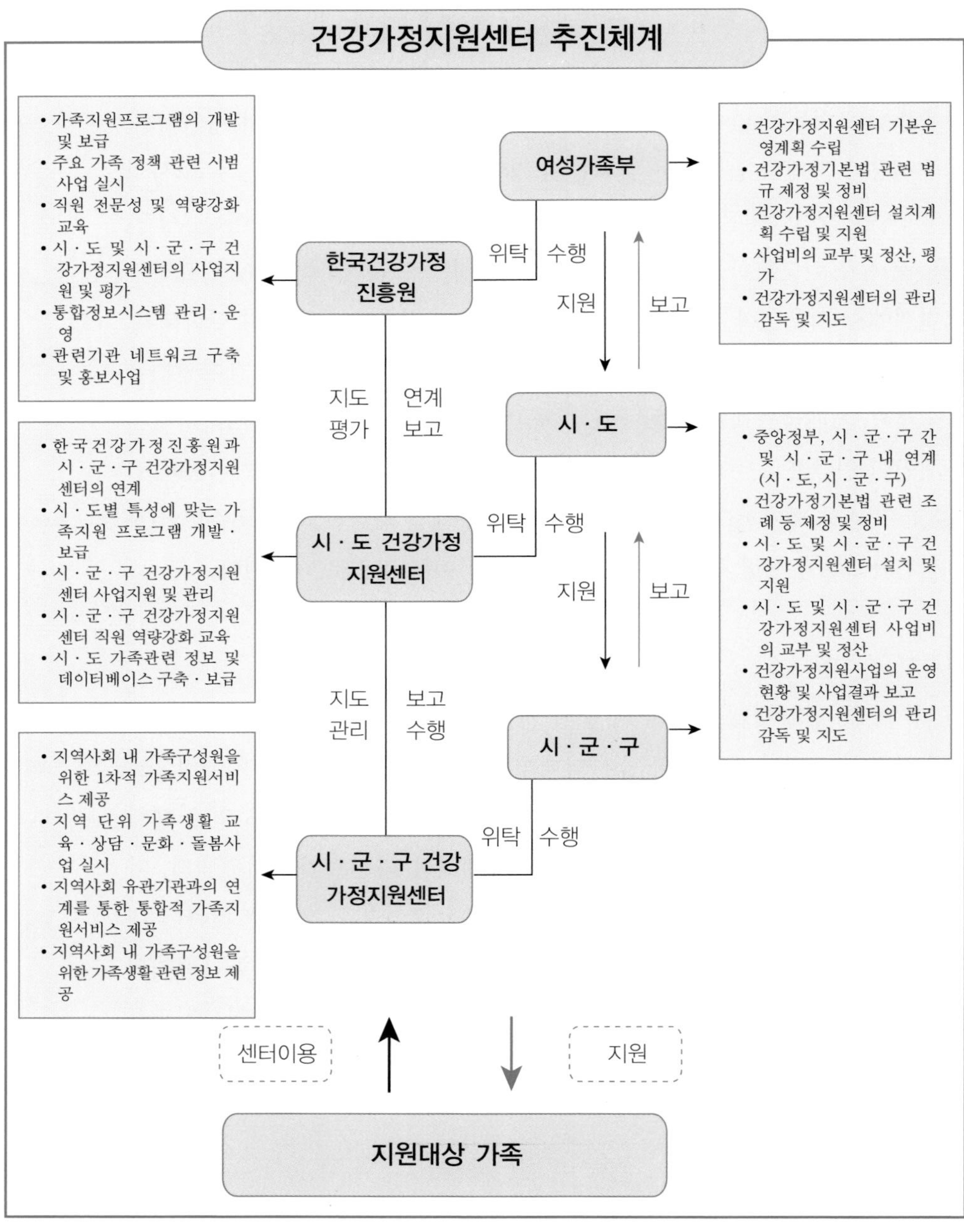

[그림 4-4] 건강가정지원센터 추진체계

출처: 여성가족부(2019). 2019년 가족사업안내(제1권), p. 218.

강가정 · 다문화가족지원센터로 운영되고 있으며, 건강가정지원센터는 24개소가 있다. 건강가정지원센터의 설치 목적은 수요자 중심의 서비스 전달체계를 갖추고 지역주민의 특성을 고려한 맞춤형 가족지원서비스를 제공함으로써 가족의 안정성 강화 및 가족관계 증진에 기여하기 위함이다. 건강가정지원센터의 추진체계는 여성가족부, 시 · 도 및 시 · 군 · 구, 한국건강가정진흥원, 건강가정지원센터를 통해 이루어지고 있다.

한국건강가정진흥원은 사업지원기관으로서 가족지원프로그램의 개발 및 보급, 주요 가족 정책 관련 시범사업 실시 등을 맡고 있다. 시 · 도 건강가정지원센터는 시 · 도별 특성에 맞는 가족지원 프로그램 개발 보급, 시 · 군 · 구 건강가정지원센터 사업지원 및 관리 등의 역할을 수행하며, 공통사업으로 인적자원 역량강화(교육지원), 특성화사업 및 정책지원(사업지원), 네트워크 활성화(연계), 홍보 등이 실시되고 있다.

〈표 4-8〉 시 · 도 건강가정지원센터 공통사업

구분 영역	시 · 도 센터 공통사업	설명
인적자원 역량강화 (교육지원)	시 · 군 · 구 센터 직원 교육	광역 단위 상담직원 교육, 직원 워크숍 등 연간 5과목 또는 30시간 이상
	시 · 군 · 구 센터 활동가 교육	센터에서 활동하는 인력 교육 연간 5과목 또는 30시간 이상
특성화사업 및 정책지원 (사업지원)	시 · 도별 특성에 맞는 프로그램 개발	광역 단위 특성에 맞는 시범사업 운영 및 매뉴얼 개발
네트워크 활성화 (연계)	광역 단위 업무협의회	중앙과 시 · 군 · 구 센터의 연계 역할 시 · 군 · 구 센터 지원방문, 모니터링 등
	유관기관 연대 사업	유관기관의 발굴과 사업 연계
홍보	광역 단위 홍보	• 캠페인성 홍보사업 등
	시 · 군 · 구 센터 홍보지원	• 시 · 군 · 구 연계 홍보 활동 • 홍보매체 개발 및 활용

출처: 여성가족부(2019). 2019년 가족사업안내(제1권), p. 233.

〈표 4-9〉 시 · 군 · 구 건강가정지원센터 공통사업

영역 \ 구분	시 · 군 · 구 센터 공통사업	설명
가족돌봄 나눔 * 세 가지 사업 중 두 가지 선택	모두가족 봉사단	• 기존의 가족봉사단의 활동 내용을 '돌봄'을 주제로 전환하여 운영
	모두가족 품앗이	• 전업주부와 맞벌이 주부가 함께 운영하는 품앗이, 남성이 참여하는 품앗이 등 다양한 그룹 운영
	아버지-자녀가 함께하는 돌봄 프로그램	• 아빠와 자녀가 함께하는 돌봄 프로그램 운영
가족교육	생애주기별 가족교육	• 가족 내에서 발생하는 문제를 예방하고 가족 구성원의 역량을 강화시키기 위한 부모, 부부, 조부모, 자녀 등 가족을 대상으로 한 생애주기별 다양한 교육 • 예비/신혼기 · 중년기 · 노년기 부부교육 등 • 예비부모교육, 영유아기 · 아동기 · 청소년기 자녀를 둔 부모교육 등
	남성 대상 교육	• 아버지 교육, 찾아가는 아버지 교육, 남성 대상 자기돌봄 교육 등
가족상담	가족(집단)상담	• 생애주기에 따라 발생되는 가족 내 다양한 갈등과 문제의 해결을 위한 상담사업 • 개인을 대상으로 하는 개별적 접근과 가족구성원이 함께 참여하는 가족 단위의 통합적 접근을 포함 • 가족 단위의 면접 상담 유도 • 연간 상담실적이 100명 이하인 센터는 가족집단상담을 연간 2건 이상 반드시 포함
가족문화	가족사랑의 날	• 수요일, 가족이 모두 함께하는 프로그램
	가족친화문화 프로그램	• 가족캠프, 가족축제, 가족체험 활동 등
지역사회 연계	지역사회 협의체 참여, 협약 및 연계사업	• 지역사회 협의체, 유관 기관 네트워크 활용 및 참여

출처: 여성가족부(2019). 2019년 가족사업안내(제1권), pp. 229-230.

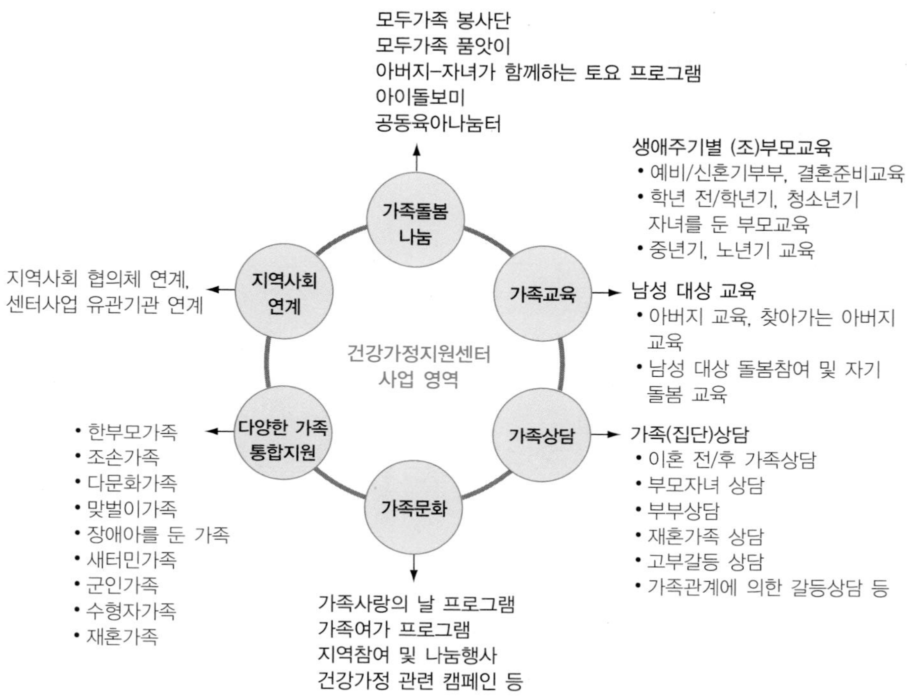

[그림 4-5] 시 · 군 · 구 건강가정지원센터 사업 영역

출처: 건강가정지원센터 홈페이지(http://www.familynet.or.kr)

시 · 군 · 구 건강가정지원센터는 지역사회 내 가족구성원을 위한 1차적 가족지원서비스를 제공하는 곳으로, 공통사업으로 가족돌봄나눔, 가족교육, 가족상담, 가족문화, 지역사회 연계 등이 실시되고 있다.

② 다문화가족지원센터

다문화가족지원센터는 2006년 결혼이민자가족지원센터의 명칭으로 21개소 개설되었으며, 2008년 다문화가족지원센터로 명칭이 바뀌었다. 2016년부터 건강가정지원센터 및 다문화가족지원센터간 통합서비스가 실시되기 시작하여, 2019년 183개소가 건강가정 · 다문화가족지원센터로 운영되고 있으며, 다문화가족지원센터는 44개소가 있다. 다문화가족지원센터의 설치목

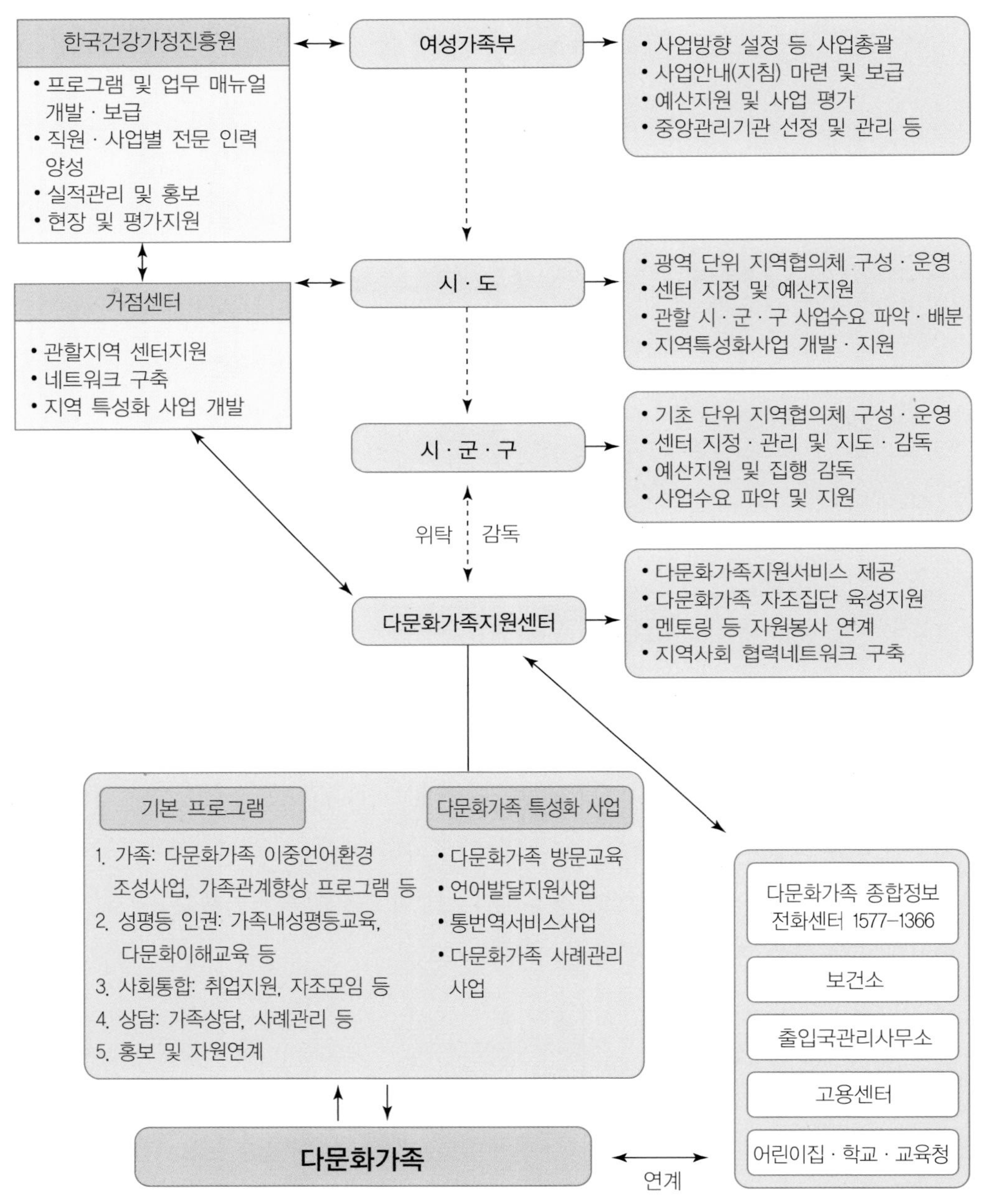

[그림 4-6] 다문화가족지원센터 추진체계

출처: 여성가족부(2019). 2019년 가족지원사업안내(제1권), p. 149.

적은 다문화가족의 안정적인 정착과 가족생활을 지원하기 위해 가족 및 자녀 교육 · 상담, 통 · 번역 및 정보 제공, 역량강화지원 등 종합적 서비스를 제공하여 다문화가족의 한국 사회 조기 적응 및 사회적 · 경제적 자립지원을 도모하기 위함이다. 다문화가족지원센터의 추진체계는 여성가족부, 시 · 도 및 시 · 군 · 구, 다문화가족지원센터 등이 중심이 되어 이루어지고 있다. 기본 사업으로 가족 프로그램, 성평등 프로그램, 인권 프로그램, 사회통합 프로그램, 상담 프로그램, 홍보 및 자원연계 등이 진행되고, 특성화사업으로 자녀 언어발달지원사업, 결혼이민자 통 · 번역서비스사업 등이 주요 사업으로 수행되고 있다.

〈표 4-10〉 다문화가족지원센터 프로그램

구분	공통필수	선택(예시)	비고
가족	• 다문화가족 이중언어 환경조성 프로그램 (연간 10시간) • 다문화가족 학령기 자녀 입학 및 입시 정보 제공(부모 대상, 연간 4시간) ※ 상 · 하반기 각 1회	• 가족의사소통 프로그램 • 가족관계향상 프로그램 • 결혼과 가족의 이해 • 가족의 의미와 역할 • 아버지교육 • 부모-자녀관계 및 자긍심향상 프로그램 • 자녀교육 프로그램 • 부모 역할교육, 자녀건강지도 • 자녀생활지도 • 자녀성장지원사업 등	연간 필수 14시간, 선택 26시간 이상 (이중언어코치 배치 센터는 공통필수 중 이중언어환경조성 프로그램 160시간 이상)
성평등 · 인권	• 가족 내 성평등 교육 • 다문화이해교육 • 인권감수성 향상교육	• 이주여성 대상 프로그램 • 이주여성과 한국인 배우자 대상 프로그램 등 • 다문화가족 관련법과 제도 • 이주민과 인권	20시간 이상 실시

사회 통합	• 취업기초소양교육 • 구직자 발굴시 e새일 시스템과 연계된 워크넷 등록 및 새일센터로 적극 연계 • 새일센터의 결혼이민자 대상 직업교육훈련 개설 시 적극 협조(교육과정 설계 · 모집 등)	-	e새일시스템과 연계된 워크넷 등록 및 새일센터 연계(10건 이상)
	• 다문화가족 나눔봉사단 소양교육(4시간 이상) • 다문화가족 나눔봉사단 활동	• 한국 사회 적응교육 • 소비자·경제교육 • 학업지원반 운영 및 연계 • 다문화가족 자조모임 • 다문화인식개선 • 결혼이민자 멘토링 프로그램 • 결혼이민자 정착단계별 지원 패키지프로그램(=결혼이민자 자립지원 패키지 프로그램) 등 - (미래 찾기, 길 찾기 등 미래설계 프로그램 중 선택) * 건가·다가 통합서비스 운영기관은 공통필수 사업으로 실시	15시간 이상 실시(봉사자 소양교육 필수 4시간 포함)
상담	가족상담	• 개인상담 • 집단상담 • 사례관리 • 위기가족 긴급지원 • 외부상담기관 연계 등	연간 80회기 이상
홍보 및 자원연계	• 지역사회 홍보 • 지역사회네트워크 • 홈페이지 운영 등		

출처: 여성가족부(2019). 2019년 가족사업안내(제1권), pp. 166-167 내용을 표로 작성함.

③ 건강가정 · 다문화가족지원센터

그동안 건강가정지원센터, 다문화가족지원센터에서 가족 유형별로 이원화 되어 있는 가족지원서비스가 이루어져 왔다. 점차 통합서비스의 필요성이 제기됨에 따라 가족의 유형에 상관없이 다양한 가족에 대한 보편적이고 포괄

〈표 4-11〉 가족센터 사업 영역 및 기본사업

사업 영역	기본사업	비고
가족관계	부모역할지원[임신출산(부모)지원, 영유아기 부모지원, 학부모지원, 혼례가치교육, 아버지 역할지원], 부부역할지원(부부갈등예방 · 해결지원, 노년기부부지원), 이혼 전 · 후 가족지원, 다문화가족 관계향상 지원, 다문화가족 이중언어 환경 조성, 다문화가족 자녀성장지원, 가족상담	교육, 상담(정보제공 및 초기상담), 문화프로그램 등
가족돌봄	가족역량강화지원, 다문화가족 방문서비스	교육, 상담(정보제공 + 초기상담 → 전문상담) 돌보미 파견, 사례관리 등
가족생활	맞벌이가정 일가정양립지원, 다문화가족 초기정착지원, 결혼이민자 통번역지원, 결혼이민자 취업지원	교육, 상담, 정보제공, 문화프로그램 등
가족과 함께 하는 지역공동체	가족봉사단(다문화가족나눔봉사단), 공동육아나눔터(가족품앗이), 다문화가족 교류 · 소통공간 운영, 가족사랑의 날, 결혼이민자 정착 단계별 지원 패키지, 인식개선 및 공동체의식, 가족친화문화프로그램	모임, 활동, 문화프로그램 등

(가) ※ ＿＿＿＿＿: 밑줄의 3개 사업은 다문화가족지원 프로그램 중 우선적으로 시행
(나) ※ 사업 영역별 기본사업 외의 건가 또는 다가사업, 지역특성화사업 등 운영 가능
나. (서비스 방법) 영역에 맞는 기본사업은 지역적 여건, 특성, 수요에 따라 운영
다. 교육·상담·정보제공·사례관리·문화프로그램 등을 연계하여 센터에서 자율적으로 선택 가능 (단, 단기성 또는 행사성 사업, 직접적인 현금·현물지원 사업 지양)
라. 가족의 유형에 상관없이 모든 가족에게 수요에 맞는 서비스를 지원하되, 가족의 특성별로 특화된 별도 프로그램 운영 가능
마. 지역 내 유관기관(어린이집, 학교, 기업, 청소년상담센터, 가정폭력상담소 등)과 네트워크 구축·연계 운영 강화
바. (서비스 시간) 서비스 이용 제고를 위해 서비스 제공 시간을 주중, 야간, 주말 등 다양화하여 운영
출처: 여성가족부(2019). 2019년 가족사업안내(제1권), p. 89.

적인 서비스를 제공하는 건강가정 · 다문화가족지원센터가 운영되고 있다. 2014~2015년에 통합서비스 시범사업이 22개소로 시작되었고 점차 확대되어 2019년 183개소의 통합서비스를 지원하는 건강가정 · 다문화가족지원센터가 있다.

센터의 회원은 대한민국 국민, 결혼이민자, 다문화가족자녀(중도입국자녀 포함), 북한이탈주민, 기타 등이 해당된다. 건강가정 · 다문화가족지원센터는 가족관계, 가족돌봄, 가족생활, 가족과 함께하는 지역공동체를 사업 영역으로 하고 있으며, 각 사업영역별 기본사업을 수행하고 있다.

④ 사회복지관

우리나라 사회복지관은 1906년 원산 인보관 운동에서 사회복지관 사업이 태동된 이래 1921년 서울에 태화여자관이 설립된 것이 최초였다. 1976년 한국 사회복지관연합회 설립 당시 22개소의 사회복지관이 설치된 이래 2018년 466개소로 확대되었다. 사회복지관은 사회복지서비스 욕구를 지닌 지역사회주민을 대상으로 보호서비스, 재가복지서비스, 자립 능력 배양을 위한 교육훈련 등의 서비스를 제공하고, 가족 기능 강화 및 주민상호간 연대감 조성을 통해 각종 지역사회 문제를 예방 · 치료하는 종합적인 복지서비스 전달기구로서 지역사회 주민의 복지증진을 위한 중심적 역할을 수행한다. 사회복지관은 사업 대상을 복지 욕구를 가지고 있는 모든 지역 주민으로 하지만, 국민기초생활수급자 및 차상위계층, 장애인, 노인, 한부모가족 및 다문화가족 등에게 우선적으로 서비스를 제공하도록 되어 있다. 사회복지관은 복지서비스 체계 등과의 연계 업무가 매우 중요한데, 사회복지관의 전달체계를 살펴보면 [그림 4-7]과 같다.

사회복지관의 사업은 크게 사례관리, 서비스 제공, 지역조직화 기능으로 분류되는데, 이 중 서비스 제공 기능에서 가족 기능 강화 사업이 사회복지관에서 실시하는 주요 가족복지 관련 서비스라 할 수 있다.

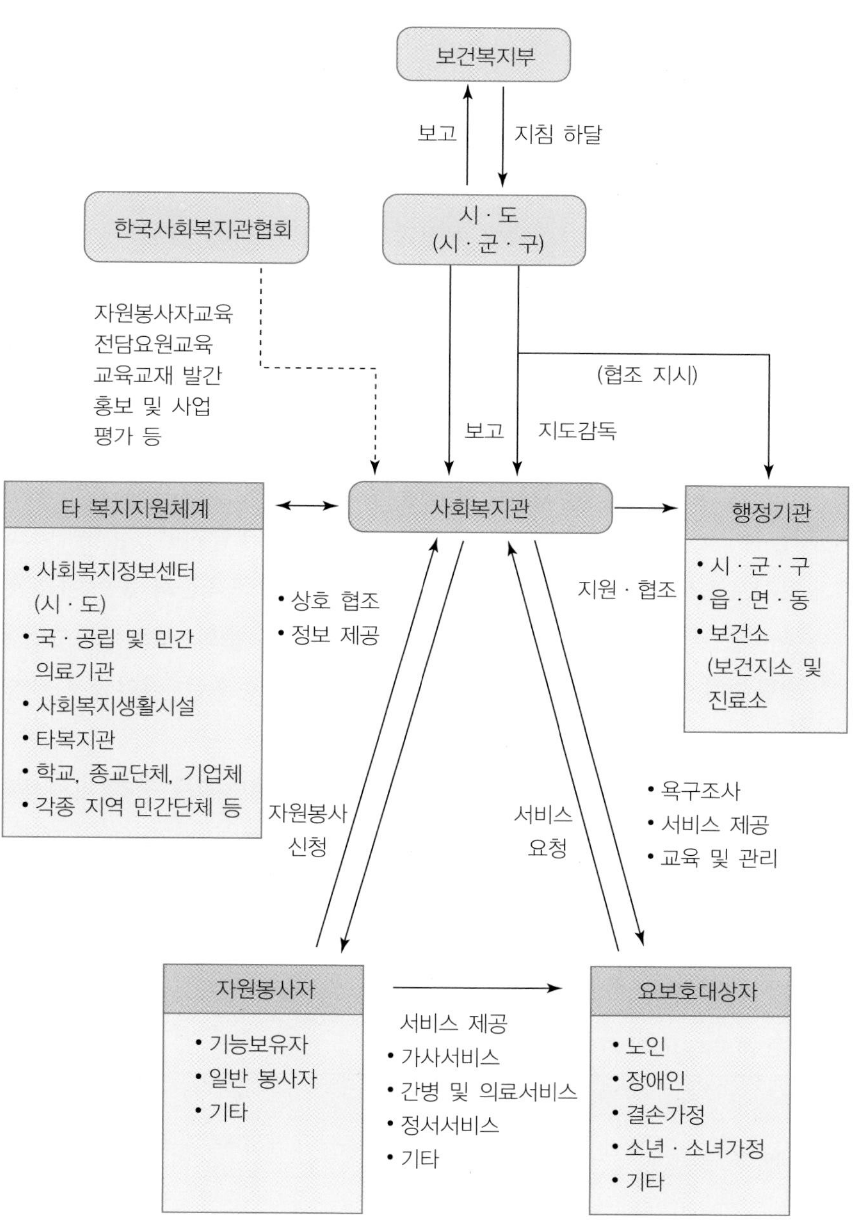

[그림 4-7] 사회복지관 전달체계도

출처: 보건복지부(2012). 2012 사회복지관 운영관련 업무처리 안내, p. 31.

- 사례관리: 복합적 욕구를 가진 클라이언트를 대상으로 일정한 절차와 방법으로 공공 및 민간의 급여, 서비스, 자원 등을 맞춤형으로 연계·제공하는 것을 의미한다. 사례관리기능 사업으로는 ① 사례발굴, ② 사례개입, ③ 서비스 연계 사업 분야가 있다.
- 서비스 제공: 클라이언트에게 직접적인 전문서비스가 제공되는 영역으로, ① 가족 기능 강화 사업, ② 지역사회보호, ③ 교육문화, ④ 자활지원 등 기타 사업 분야가 있다. 이 중 가족복지와 밀접한 분야라 할 수 있는 가족 기능강화 분야를 살펴보면, 가족관계증진, 가족 기능보완, 가정 문제해결·치료, 부양가족지원, 다문화가족, 북한이탈주민 등 지역 내 이용자 특성을 반영한 사업이 해당된다. 지역사회보호 분야로 급식서비스, 보건의료서비스, 경제적 지원, 일상생활지원, 정서서비스, 일시보호서비스, 재가복지봉사서비스가 있다. 교육문화 분야에는 아동·청소년 사회교육, 성인기능교실, 노인여가·문화, 문화복지사업이 해당된다. 자활지원 등 기타 사업으로는 직업기능훈련, 취업알선, 직업능력 개발, 그 밖의 특화사업이 있다.
- 지역조직화: 지역조직화 기능에 있어서 ① 복지네트워크 구축(지역사회연계사업, 지역욕구조사, 실습지도 등), ② 주민조직화(주민복지증진사업, 주민조직화 사업, 주민교육 등), ③ 자원 개발 및 관리(자원봉사자 개발·관리, 후원자 개발·관리 등) 사업 분야가 해당된다.

〈표 4-12〉 사회복지관의 사례관리기능 사업

사업 분야	내용
사례발굴	지역 내 보호가 필요한 대상자 및 위기 개입대상자를 발굴하여 개입계획 수립
사례개입	지역 내 보호가 필요한 대상자 및 위기 개입대상자의 문제와 욕구에 대한 맞춤형 서비스가 제공될 수 있도록 사례개입
서비스 연계	사례개입에 필요한 지역 내 민간 및 공공의 가용자원과 서비스에 대한 정보 제공 및 연계, 의뢰

출처: 보건복지부(2019). 2019 사회복지관 운영관련 업무처리 안내, p. 13.

〈표 4-13〉 사회복지관의 서비스제공기능 사업

사업 분야	내용
가족기능 강화	• 가족관계증진사업: 가족원 간의 의사소통을 원활히 하고, 각자의 역할을 수행함으로써 이상적인 가족관계를 유지함과 동시에 가족의 능력을 개발 · 강화하는 사업 • 가족기능보완사업: 사회구조 변화로 부족한 가족기능, 특히 부모의 역할을 보완하기 위하여 주로 아동 · 청소년을 대상으로 실시되는 사업 • 가정문제해결 · 치료사업: 문제가 발생한 가족에 대한 진단 · 치료 · 사회복귀 지원사업 • 부양가족지원사업: 보호대상 가족을 돌보는 가족원의 부양부담을 줄여 주고 관련 정보를 공유하는 등 부양가족 대상 지원사업 • 다문화가정, 북한이탈주민 등 지역 내 이용자 특성을 반영한 사업
지역사회 보호	• 급식서비스: 지역사회에 거주하는 요보호 노인이나 결식아동 등을 위한 식사제공서비스 • 보건의료서비스: 노인, 장애인, 저소득층 등 재가복지사업 대상자들을 위한 보건 · 의료 관련 서비스 • 경제적 지원: 경제적으로 어려운 지역사회 주민들을 대상으로 생활에 필요한 현금 및 물품 등을 지원하는 사업 • 일상생활지원: 독립적인 생활능력이 떨어지는 요보호 대상자들이 시설이 아닌 지역사회에 거주하기 위해서 필요한 기초적인 일상생활 지원서비스 • 정서서비스: 지역사회에 거주하는 독거노인이나 소년소녀가장 등 부양가족이 없는 요보호 대상자들을 위한 비물질적인 지원서비스 • 일시보호서비스: 독립적인 생활이 불가능한 노인이나 장애인 또는 일시적인 보호가 필요한 실직자 · 노숙자 등을 위한 보호서비스 • 재가복지봉사서비스: 가정에서 보호를 요하는 장애인, 노인, 소년 · 소녀가정, 한부모가족 등 가족기능이 취약한 저소득 소외계층과 국가유공자, 지역사회 내에서 재가복지봉사서비스를 원하는 사람에게 다양한 서비스 제공
교육문화	• 아동 · 청소년 사회교육: 주거환경이 열악하여 가정에서 학습하기 곤란하거나 경제적 이유 등으로 학원 등 다른 기관의 활용이 어려운 아동 · 청소년에게 필요한 경우 학습 내용 등에 대하여 지도하거나 각종 기능 교육 • 성인기능교실: 기능 습득을 목적으로 하는 성인사회교육사업 • 노인 여가 · 문화: 노인을 대상으로 제공되는 각종 사회교육 및 취미교실 운영사업 • 문화복지사업: 일반주민을 위한 여가 · 오락 프로그램, 문화 소외집단을 위한 문화 프로그램, 그 밖에 각종 지역문화행사사업
자활지원 등 기타	• 직업기능훈련: 저소득층의 자립능력배양과 가계소득에 기여할 수 있는 기능훈련을 실시하여 창업 또는 취업을 지원하는 사업 • 취업알선: 직업훈련 이수자, 기타 취업희망자들을 대상으로 취업에 관한 정보제공 및 알선사업 • 직업능력개발: 근로의욕 및 동기가 낮은 주민의 취업욕구 증대와 재취업을 위한 심리 · 사회적인 지원 프로그램 실시사업 • 그 밖의 특화사업

출처: 보건복지부(2019). 2019 사회복지관 운영관련 업무처리 안내, pp. 18-19.

〈표 4-14〉 사회복지관의 지역조직화기능 사업

사업 분야	내용
복지네트워크 구축	• 지역 내 복지기관 · 시설들과 네트워크를 구축함으로써 복지서비스 공급의 효율성을 제고하고, 사회복지관이 지역복지의 중심으로서의 역할을 강화하는 사업 • 관련 사업: 지역사회연계사업, 지역욕구조사, 실습지도
주민조직화	• 주민이 지역사회 문제에 스스로 참여하고 공동체 의식을 갖도록 주민 조직의 육성을 지원하고, 이러한 주민협력강화에 필요한 주민 의식을 높이기 위한 교육을 실시하는 사업 • 관련 사업: 주민복지증진사업, 주민조직화사업, 주민교육
자원 개발 및 관리	• 지역주민의 다양한 욕구 충족 및 문제해결을 위해 필요한 인력, 재원 등을 발굴하여 연계 및 지원하는 사업 • 관련 사업: 자원봉사자 개발 · 관리, 후원자 개발 · 관리

출처: 보건복지부(2019). 2019 사회복지관 운영관련 업무처리 안내, p. 20.

이상에서 살펴본 바와 같이 우리나라의 가족복지서비스는 건강가정지원센터 및 다문화가족센터, 이의 통합서비스 기관으로서의 건강가정 · 다문화가족지원센터, 그리고 사회복지관을 중심으로 이루어지고 있다. 향후 가족복지서비스를 보다 효율적으로 추진하기 위해서는 유사사업의 통 · 폐합 및 기능 조정이 필요하다. 기존 건강가정지원센터의 사업 확장성이 한계에 이르는 상황이고 다문화가족지원센터 사업의 경우 건강가정지원센터 사업과 비교할 때 이른바 '상대적 과잉'이 존재하는 반면, 현실에서는 대체로 하나의 법인 · 조직이 두 센터를 함께 운영하는 상황에서 통합의 필요성이 논의되어 왔다. 이러한 맥락에서 건강가정지원센터 및 다문화가족지원센터를 포괄적 가족지원서비스를 제공하는 건강가정 · 다문화가족지원센터로 재편되어 오고 있다.

그동안 사회복지관은 이미 발생한 가족문제 해결 및 긴급지원서비스, 돌봄노동 등 직접서비스, 서비스 제공 장소로서 가정중심 서비스를 제공하는 반면, 건강가정지원센터 내지 다문화가족지원센터는 교육 · 문화 · 상담 등 가족문제 예방서비스, 상담을 통한 연계서비스, 서비스 제공 장소로서 센터

중심 서비스를 제공하는 역할 분담의 공유가 있었다. 그러나 오늘날 만성적 고용불안, 저출산 · 고령화로 대변되는 인구학적 변동, 신사회적 위험 등장 등으로 인해 가족문제 흐름을 '예방 → 발생 → 해결'이라는 도식에 따라 더 이상 이해하기 어려운 여건이 조성되고 있다(이영실 외, 2013). 따라서 가족 서비스 전달체계의 일원화를 위해 여성가족부 중심으로 운영되는 건강가정지원센터 및 다문화가족지원센터가 건강가정 · 다문화가족지원센터로 전환되어 통합서비스가 이루어지는 가운데, 이의 센터 및 보건복지부 주관하에 있는 사회복지관에서의 가족복지 관련 업무가 연계 또는 통합되는 정책 변화가 필요하다.

생각해 볼 문제

1. 가족복지 정책의 개념 및 유형에 대해 정리해 보세요.

2. 가족복지 전달체계를 공공 부문과 민간 부문으로 나누어 설명해 보세요.

3. 건강한 가정, 행복한 사회를 위해 우리나라 가족복지 정책에 반영되었으면 좋을 내용을 친구들과 함께 이야기해 보세요.

제5장

가족복지실천

사회의 변화와 함께 가족은 그 형태의 다양성에서뿐만 아니라 기능적인 측면에서 복합적이고 다면적인 방향으로 변화해 왔다. 가족을 둘러싼 변화는 가족구성원의 복리증진에 이바지할 수 있는 가족복지의 실천과 통합적 지원이 필요하다. 가족복지실천은 가족구성원과의 관계를 형성하기 위한 직접적 서비스 기술과 지역사회의 자원 발견, 다른 기관과의 연계 등과 관련된 간접적 서비스 기술을 필요로 한다.

이 장에서는 가족복지실천의 필요성과 방법을 알아보고, 가족구성원들이 가정과 사회생활에 성공적으로 적응할 수 있도록 도와주는 가족복지실천 과정에 대해 살펴보고자 한다. 그리고 가족의 역동성에 개입하기 위한 접근으로 가족치료 기법과 가족복지 프로그램에 대해 설명하고자 한다.

1. 가족복지실천의 이해

1) 가족복지실천의 필요성

한국 사회에서의 가족복지실천은 주로 저소득층이나 취약 가족의 기능회복에 초점을 둔 잔여적 복지를 지향해 오고 있다. 잔여적 복지의 지향은 가족 전체를 대상으로 하는 서비스에 제한적이고 사전 예방 및 체계적인 관리 또한 미흡할 수밖에 없는 한계가 있다. 이러한 한계를 극복하기 위해서는 가족복지의 다양한 수요에 대응할 수 있는 통합적 · 포괄적인 관점의 효율적인 복지서비스를 제공하는 가족복지실천의 방안들이 요구된다.

사회복지사가 가족의 욕구 및 문제에 개입하려고 할 때 가족기반 실천의 필요성은 다음과 같다(서울시복지재단, 2005). 첫째, 가족이라는 하나의 단위에서 가족구성원을 대상으로 가족의 사정과 치료를 하는 경우 가족구성원의 개입을 유도할 뿐만 아니라, 중도에 포기하는 경우도 줄일 수 있다. 둘째, 문제상황에 있는 아동의 문제를 해결할 때 가족에 초점을 두고 개입하는 경우 그 아동뿐만 아니라 다른 아동 또는 그 부모 또한 해결 · 예방할 수 있는 기회를 가질 수 있다. 셋째, 가족중심의 사례관리를 하는 경우 지역 사회에서 일반적으로 접하게 되는 가족의 위기와 관련한 다양한 문제를 인지하게 되고, 그 결과 효과적으로 도움을 줄 수 있는 방법을 모색할 수 있다. 넷째, 가족 단위의 개입은 아동학대 또는 아동행동의 문제해결을 위한 부모 훈련 교육 참여의 가능성을 높인다.

2) 가족복지실천 방법

가족복지실천의 주된 방법으로 가족사회사업과 가족치료가 있다. 가족사회사업은 가족 주변 환경의 다양한 문제해결에 그리고 가족치료는 가족 내부 관계의 문제를 해결하는 데 장점을 갖고 있다. 서울시복지재단(2009)은 사회복지관에서 가족 문제를 해결하기 위해 주로 사용되는 가족복지실천의 방법으로 가족중심의 사례관리, 가족치료, 가정생활교육, 가족복지 프로그램 등을 설명하고 있다. 그 내용은 다음과 같다.

첫째, 가족중심의 사례관리는 사회와의 관계적 맥락에서 자원을 연계하고 관리하여 가족의 잠재된 역량을 개발함으로써 가족 기능을 원활히 수행할 수 있도록 돕는 방법이다. 가족중심의 사례관리는 세 가지 접근으로 이루어지는데 역할중심, 자원 획득, 역량강화의 접근이다. 역할중심의 접근은 가족의 욕구에 대응할 수 있는 서비스들을 조정하고 통합하는 데 중심을 둔다. 자원 획득의 접근은 가족의 욕구에 부합하고 문제를 돕는 자원을 동원하고 연계 및 조정하는 데 초점을 둔다. 그리고 역량강화의 접근은 가족이 스스로 욕구를 확인하고 자원을 찾고 동원하는 능력을 증진하는 데 있다(한인영 외, 2015).

둘째, 가족치료는 가족 단위로 가족구성원들 간의 상호작용 관계를 변화시키고자 하는 전문적 개입 활동이다. 가족치료는 개인보다는 가족 전체에 초점을 두면서 가족의 역동성에 개입하여 가족 관계와 상황을 개선하도록 돕는다. 가족치료의 접근 방법에는 경험적 가족치료, 구조적 가족치료, 전략적 가족치료, 해결중심 가족치료 등이 있다.

셋째, 가정생활교육은 가족구성원으로서 개인과 가족 전체가 성장·발달에 필요한 능력을 배양함으로써 가족과 관련된 문제를 예방하고 대응하는 것이다. 개인과 가족의 욕구에 근거하여 가족생애주기에 걸쳐 접하는 다양한 문제들을 다루고, 개인과 가족의 잠재력을 증진하는 것이 목적이다.

넷째, 가족복지 프로그램은 가족의 문제와 욕구에 근거하여 특정한 목표를 성취하기 위한 활동이다. 일반적으로 사회복지기관에서 가족복지서비스로 제공되고 있는 것들을 대부분 지칭한다.

2. 가족복지실천 과정

1) 인테이크 단계

가족복지실천의 초기 단계는 인테이크(intake, 접수)이다. 이 과정은 가족구성원 중의 한 사람이 요청하거나 기관의 사회복지사 등 전문가가 의뢰(referral)하여 이루어진다. 사회복지사는 가족의 문제와 욕구를 지닌 가족구성원이 기관을 방문하였을 때 개입 과정에서 다룰 클라이언트의 문제와 욕구를 파악한다. 이때 사회복지사는 클라이언트의 동기 수준을 파악하는 것이 중요하다. 사회복지사와 클라이언트의 관계 유형은 방문형, 불평형, 고객형의 세 가지 범주로 구분할 수 있다.

첫째, 방문형 관계는 클라이언트 자신이 스스로 치료를 원해서 온 것이 아니라, 다른 사람의 요청에 의해 온 것이기 때문에 자신에게는 문제가 없다고 생각한다. 이 관계 유형의 특징은 고민과 갈등만 있고 변화와 해결에 대한 기대나 소원이 적다는 것이다. 이 경우 사회복지사는 클라이언트를 손님처럼 친절하고 따뜻하게 대하고 비자발적인 결정이지만 갈등을 최소화하려는 긍정적인 노력임을 인정해 주고 긍정적 요인을 찾아 칭찬해 준다.

둘째, 불평형 관계는 클라이언트가 다른 사람을 위한 목표를 가지고 상담에 참여한다. 이들은 자신이 다른 사람의 문제로 인한 피해자라고 여기며, 자신은 변하려 하지 않고 다른 사람이 변화하기를 원한다. 이 경우에 사회복지사는 클라이언트에게 이해와 공감을 표시하고, 클라이언트가 잘하고 있는 점을 칭찬한다. 그리고 가족구성원에 관하여 기대하는 변화에 대해 관찰 또는 생각하는 과제를 주도록 한다.

셋째, 고객형 관계는 클라이언트가 자신의 문제를 시인하고 언어적 또는 비언어적 표현으로 문제를 해결하려는 자세를 보인다. 그렇기에 이 유형은 긍정적이고 협력적인 관계가 되기 쉽다. 따라서 사회복지사는 클라이언트가 잘하고 있는 점에 대해 많이 칭찬해 주고 지지와 격려를 표해 주는 것이 중요하다. 그리고 클라이언트가 변화할 준비가 되어 있다는 것을 고려하여 사회복지사는 클라이언트에게 클라이언트의 문제해결 의지와 장점을 잘 연결시켜 행동과제를 주며, 클라이언트가 다른 행동을 수행했을 때 달라지는 변화를 관찰하는 과제를 줄 수 있다(송정아, 최규련, 2007; Berg, 1992).

사회복지사는 인테이크 과정에서 클라이언트와 계약을 수립해야 한다. 계약 중 가장 중요한 것은 사회복지사와 클라이언트가 만남을 통해서 만들어 내는 변화를 명확히 서술하는 것이다. 이것을 명확히 이해시키지 않으면 과업을 달성할 확률이 적다. 이러한 계약은 개입 방법의 효율성과 클라이언트에게 일어나는 변화를 사정할 수 있으며, 클라이언트에게도 변화를 판단하는 기준이 된다. 목표 설정을 사정하기 위한 기준의 설정은 그것 자체만으로도 가족에게 변화의 의미를 가질 수 있다. 이 외에도 면담의 횟수와 간격, 클라이언트의 기대에 대한 문제들은 계약협상 동안 결정되어야 한다.

인테이크 과정에서 사회복지사가 과업을 달성하기 위해 고려해야 할 점은 가족에 초점을 두고 가족과 신뢰관계를 형성하는 것이다.

(1) 가족에 초점 두기

가족을 하나의 '단위'로 보고 전체적인 가족 체계에 초점을 두어야 한다. 사회복지사는 가족 내부 구성원 간의 관계 혹은 가족과 외부 환경의 관계에 초점을 두고 가족구성원을 현재 문제에 포함시킨다. 가족의 문제에 대하여 가족구성원마다 다르게 인식하고 있을 수 있으므로 가능한 한 가족구성원 모두에게 무엇이 문제인지를 말하게 하고 각 가족이 문제를 어떻게 보는지의 차이와 가족구성원 간의 제휴관계를 파악한다. 가족에 초점을 둔다는 것은 모든 가족구성원의 중요성을 인식해야 한다는 의미이며 가족의 상황, 관심, 자원에 대한 총체적 관심을 필요로 한다.

(2) 관계 형성하기

초기면접에서 관계 형성은 친밀감이 중요하다. 친밀감이란 인간적 관계의 존경, 신뢰 그리고 심리적 편안함의 상태를 의미한다. 사회복지사는 상담을 통해 가족들이 긴장하지 않고 편안한 마음으로 자신의 문제를 이야기할 수 있도록 도와야 한다. 이때 가족구성원과의 관계 형성을 위해 합류가 필요하다. 합류(joining)란 가족구성원이나 가족체계와의 관계를 맺고자 하는 행동이며, 가족을 받아들이고 가족에게 적응하며 가족의 신뢰를 얻는 것을 의미한다. 가족구성원과의 이러한 상호작용을 통하여 상호 협력하고 가족의 과업을 달성하기 위해 필요한 정보를 얻거나 가족을 사정하게 된다. 이때 사회복지사는 상호관계를 유지하는 것과 동시에 가족의 구조를 객관적이고 주체적인 입장에서 살피면서 가족구성원과의 관계를 이끌어가는 위치에 있어야 한다.

2) 사정 단계

사정은 클라이언트의 상태 및 상황(건강, 심리사회적 기능, 인지 능력, 재정, 환경, 사회적 지지, 욕구 등)을 사정도구를 통해 구체화하는 과정이다(Holt, 2000). 가족사정(family assessment)은 가족을 하나의 단위로 보고 가족 내부의 요인 그리고 이들 양자 간의 상호작용을 파악하기 위해 자료를 수집·분석하고 종합하여 그 가족에 대한 개입을 계획하는 일련의 과정이라 할 수 있다(조흥식, 김인숙, 김혜란, 김혜련, 신은주, 2013). 이러한 자료수집과 사정작업은 사례를 다루는 과정에서 지속적으로 이루어지지만 특히 이 단계에서 집중적으로 이루어진다.

사정의 목적은 클라이언트가 원하지만 갖지 못한 욕구가 무엇인지 그리고 클라이언트의 능력 부족 때문에 충족되지 못하는 것은 무엇인지를 찾아내는 데 있다. 사정 단계에서는 가족의 다양한 문제와 욕구, 약점, 강점뿐만 아니라 가용한 자원에 대해 가능한 한 포괄적이고 총체적인 관점에서 사정을 실시하는 것이 중요하다(정순둘, 2005).

(1) 사정 방법

가족사정을 위해 주로 활용되는 방법은 면접과 관찰 그리고 클라이언트의 욕구사정을 위한 도구의 사용이다.

① 면접

면접(interviewing)은 가족사정을 위한 가장 기본적인 방법이다. 사회복지사는 기본적 상담기술을 활용해 가면서 가족을 원조하고 자료를 수집하는 데 초점을 둔다. 면접 과정은 상담과정 전반에 영향을 미치므로 편안하고 개방된 분위기에서 클라이언트와 긍정적 관계의 기초를 형성하는 것이 중요하다. 사회복지사와 클라이언트 사이의 인간적 · 감정적 교류가 유지되도록 신뢰를 형성해야 하며, 초기의 신뢰관계는 진행 과정에 필요한 협력관계를 수립하고 유지하는 밑거름이 된다. 사회복지사는 면접 과정에서 생태도와 가계도를 활용하거나 또는 검사지 및 질문지 등을 활용하면서 진행할 수 있다. 도구의 활용은 말을 잘하지 않은 가족구성원을 상대로 인터뷰를 진행할 때 유용하다(조홍식 외, 2017).

② 관찰

관찰은 비언어적인 형태의 자료를 수집할 때 유용한 방법이다. 관찰을 통해서 가족구조와 기능, 역할 수행, 관계를 비롯한 가족구성원 간의 상호작용과 가족 특성의 정보를 자연스럽게 수집할 수 있다.

관찰은 수집하려는 정보의 종류에 따라 자연스러운 관찰과 구조화된 관찰로 구분할 수 있다. 면접상황에서 가족구성원 간의 역동성을 자연스럽게 관찰할 수도 있지만 가족의 역할과 권력, 의사소통 등을 살펴보기 위해 구조화된 관찰 방법을 사용할 수 있다. 구조화된 관찰의 대표적인 방법에는 실연화(enactment)와 가족조각(family sculpture)이 있다. 실연화는 가족의 문제를 언어화하여 설명하는 방법과는 달리 행동을 중시한다. 사회복지사는 가족의 실제 상호작용 유형을 파악하기 위해 갈등 상황을 실연하도록 지시한다. 실연화는 가족의 의사소통이나 힘의 관계를 포함한 가족관계의 방법, 문제 등을 사정하는 데 도움을 준다. 또한 사정에 그치지 않고 문제를 적절하게 해결하는 방법을 찾거나 새로운 방법을 배우게 한다는 치료적 의미를 가지고 있다. 가족조각은 가족구성원 한 명이 가족 개개인의 신체적인 공간을 자신의 이미지에 따라 배열하는 신체적 표현을 통하여 가족관계를 나타내는 무언의 동작 표현이다. 현실의 공간에 몸짓과 표정을 활용해서 특정한 대인관계에 대한 자신의 인식이나 감정을 표현할 수 있다. 가족조각은 눈에 보이지 않는 것을 보이게 하는 강력한 사정도구이다.

③ 검사지 및 질문지

면접 및 관찰과 더불어 검사지나 질문지는 유용하게 사용되는 도구이다. 가족사정 과정에서 가족이 처한 상황과 문제에 따라 다양한 검사지 혹은 질문지를 사용하는 것이 가능하다. 심리, 정신건강 영역에서 가족이 생활사건에서 경험하는 스트레스의 수준을 측정하기 위해 가족생활사건 및 변화척도(Family Inventory of Life Events and Changes: FILE)를 사용할 수 있고, 우울증을 진단하는 도구로서 CES-D(Center for Epidemiologic Studies Depression Scale)를 사용할 수 있다. 또한 가족, 사회관계 영역에서 부부관계의 만족 정도를 파악하기 위해 부부관계 만족도 척도(Marital Satisfaction Scale)를 사용할 수 있고, 대인관계에서의 심리적 안정성 평가, 대인관계의 질 등에 대한 평가를 위해 애착관계 척도(Attachment Relationship Scale)를 사용할 수 있다('부록' 참조). 사회관계망에 대한 평가가 필요한 경우 사회적 지지행동 척도(Social Support Behavior Scale) 등을 사용할 수도 있다(한국노년학포럼, 2010).

(2) 사정 내용

① 자아존중감

자아존중감(self-esteem)이란 한 개인이 형성하고 습관적으로 유지하는 자신에 대한 평가이다(Coopersmith, 1967). 본인 스스로에게 자신은 가치있는 존재이며, 필요하고 원하는 것을 주장할 자격이 있으며, 살면서 경험하는 성취를 즐길 수 있는 권리와 행복할 수 있다는 믿음을 의미한다. 모든 인간은 생존을 위하여 어느 정도의 자아존중감을 필요로 하며 인간의 내면에서 자기 자신을 인식하고 인정하며 정당화하기 위하여 의식적 · 무의식적으로 노력한다. 자아존중감은 성장기에 부모와의 관계 속에서 형성되며 의사소통 유형과도 관계가 있다.

자아존중감이 높은 사람은 원만함, 정직성, 책임감, 정열, 활력, 많은 관심, 자신의 능력에 대한 신뢰감이 있으며, 스스로 결정하고, 자신의 가치에 감사하며, 동시에 타인의 가치를 인정하고 존중한다. 한편, 자아존중감이 낮은 사람은 불안감과 외로움, 소외감을 가지고 있으며 자기확신이 낮은 편이다. 그들은 객관적으로 정보를 탐구하거나 결정하지 못하며 감정적으로 판단하고 행동하는 경향이 있다(Becvar & Becvar, 1988).

사회복지사는 가족구성원이 자아존중감을 회복하기 위해 서로의 경험과 기억들을 표현해 가면서 자신의 가치를 새롭게 인식할 수 있도록 도와주어야 한다.

② 가족 규칙

가족 규칙이란 가족 내에서 가족구성원들의 행동이나 관계를 통제하는 영향력이 강한 행동규범이다. 가족구성원들에게 행동규범을 지나치게 규제하는 규칙은 생각이나 행동에 제한을 갖게 하여 반발이나 분노를 일으키는 부정적 결과를 보이기도 한다. 따라서 가족구성원들에게 적절한 행동의 범위, 권리와 책임 등에 관한 적절한 합의가 이루어질 수 있는 가족 규칙을 만

드는 것이 무엇보다 중요하다. 이러한 측면에서 Satir는 가족 규칙이 만들어지는 과정, 그 과정에서 누가 영향력을 행사하고, 그 규칙을 어길 때 가족 구성원들이 어떻게 반응하지를 아는 것이 중요하다고 보았다(Becvar & Becvar, 1988).

사회복지사는 가족의 느낌, 생각, 대화에 합류함으로써 자연스럽게 가족 규칙을 갈등 해결에 최대한 발휘할 수 있도록 변화시킨다. 그리고 가족의 구조나 기능을 보다 기능적으로 변화시키는 적극적 역할을 담당해 나간다(Minuchin, 1974).

③ 의사소통

의사소통의 본래 뜻은 '상호 공통점을 나누어 갖는다.'로 라틴어 communis(공통, 공유)에서 나온 말이다. 두 사람 또는 그 이상의 사람들 사이에서 일어나는 의사의 전달과 상호교류가 이어진다는 뜻을 가진 의사소통은 어떤 개인 또는 집단이 개인 또는 집단에 대한 정보, 감정, 사상, 의견 등을 전달하고 그것을 받아들이는 과정이다. 의사소통은 언어적 또는 비언어적 메시지를 통해 가족구성원 간에 정보를 상호교류하는 것으로 가족의 기능을 이해하는 데 중요하다.

의사소통은 기능적 의사소통과 역기능적 의사소통으로 구분할 수 있다. 기능적 의사소통은 메시지가 분명하고 직접적이며, 결과와 의도가 일치하는 수평적 의사소통이다. 이러한 일치형 의사소통은 관계가 편안하고 정직하며 자존심에 대한 위협이 거의 없다. 또한 자기가 하고 있는 일에 대해 알고 그 결과를 받아들일 준비가 되어 있다. 한편, 역기능적 의사소통이란 메시지가 간접적이고 애매하며 비판적인 의사소통이다.

Satir는 역기능적 의사소통 유형을 회유형(placating), 비난형(blaming), 초이성형(computing), 산만형(distracting)의 네 가지로 구분하였다. 회유형은 상대가 화내지 않도록 하기 위해 무슨 일이건 상관없이 상대방의 기분을 맞추려고 애쓰며 아첨하는 유형이다. 비난형은 상대의 결점을 발견하고 비판함

의사소통 실험

이 활동은 자신의 의사소통 유형을 확인함과 동시에 일치형 의사소통을 배우게 하는 데 도움이 된다.

1. 네 명이 한 팀을 이룬다.
2. 네 명이 번갈아 가며 역기능적 의사소통 유형인 회유형, 비난형, 초이성형, 산만형 중 한 개를 택하여 의사소통을 한다.
3. 역기능적 의사소통을 모두 시도한 후, 그 과정에서 느낀 감정을 이야기해 본다.
4. 자신이 가장 익숙했던 의사소통 유형은 어떤 것이었는지 생각해 본다.
5. 마지막으로 각자 일치형 의사소통을 연습해 본다.

출처: 정문자(2003). 사티어 경험적 가족치료.

[그림 5-1] 역기능적 의사소통 유형을 표현하는 자세와 동작

으로써 자신을 강한 것같이 여기게 하는 유형이다. 초이성형은 위협이 있어도 호언장담으로 자신의 가치를 세우려고 노력한다. 어떠한 감정도 나타내지 않고 매우 정확하고 이성적이며 냉정하고 차분한 유형이다. 산만형은 위협을 무시하고 마치 위협이 존재하지 않는 것처럼 행동함으로써 주의를 혼란시키는 유형이다. 행동과 말은 다른 사람의 행동이나 말과는 무관하며 아무 곳에도 초점이 없다(Becvar & Becvar, 1988).

이와 같은 정보를 통하여 사회복지사는 가족들의 의사소통 패턴이나 구조 혹은 방식을 파악해 나간다. 그리고 가족구성원 간에 두려워하고 있는 것은 무엇인지, 수평적 의사소통을 가로막는 요인이 무엇인지를 알아야 한다.

④ 가족결속력과 가족적응력

가족결속력(family cohesion)이란 가족구성원들이 서로에게 갖고 있는 정서적 유대감을 의미한다. 가족결속력이 적절할수록 가족은 독립성을 유지한 상태에서 서로에 대해 친밀감을 가지며 자율적이다. 한편, 가족적응력(family adaptability)이란 가족체계가 스트레스 상황에 반응하여 힘의 구조나 역할관계, 관계의 규칙을 변화시킬 수 있는 능력을 의미한다. 적절한 수준의 가족적응력을 가지면 스트레스 상황에 잘 적응할 수 있지만, 지나치게 경직된 가족은 가족 내부 혹은 환경의 변화에도 기존의 문제해결 방식을 그대로 활용하기 때문에 적응하기 어렵다.

Olson, Russell, Sprenkle(1983)은 가족역동성을 설명해 주는 여러 개념을 통합하여 가족 기능의 순환모델(Circumplex Model: CM)을 개발하였다. [그림 5-2]와 같이 순환모델은 결속력과 적응력이 서로 교차하는 두 축으로 표현된다. 가로축의 결속력은 과잉분리, 분리, 연결, 밀착 수준으로 나누고, 세로축의 적응력은 혼동, 융통적, 구조적, 경직적 수준으로 나눈 후, 서로 조합하여 가족 유형을 총 열여섯 가지로 분류하였다. 두 가지 차원 모두 균형을 이룬 가족이면 균형을 이룬 가족, 한 가지 차원이 균형을 이룬 가족이면 중간 범위의 가족, 두 가지 차원 모두 균형을 이루지 못한 가족이면 극단적 가족

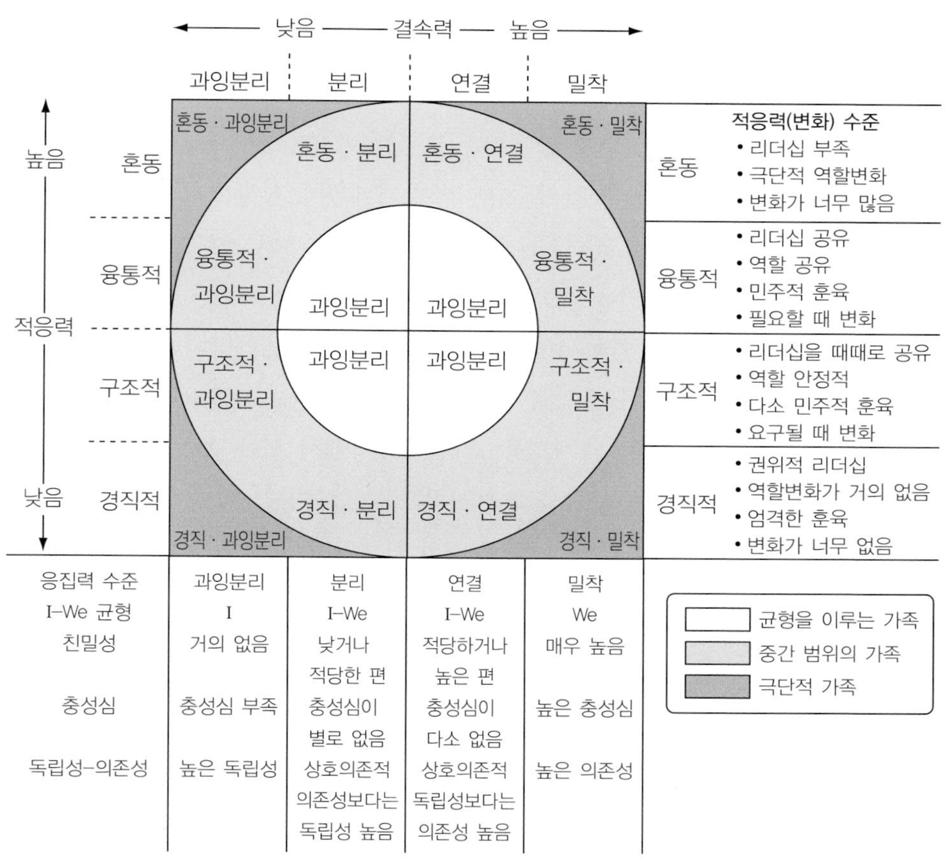

[그림 5-2] 가족 기능의 순환모델

출처: Olson et al. (1983). Circumplex model of marital and family system. *Family Process, 22*, 69.

이라 하여 세 종류의 가족체계 유형을 설정하였다. 이 모델에 따르면 결속력과 적응력 차원에서 균형을 이룬 가족은 극단적 가족보다 모든 가족생활주기를 거치는 동안 건강하고 잘 기능하는 데 반하여, 극단적인 가족체계는 역기능적이기 쉽다. 결속력 차원의 균형은 가족구성원들에게 가족에 대한 친밀감을 제공하며, 적응력 차원의 균형은 변화가 필요할 때 안정감을 유지하면서 변화할 수 있도록 한다.

(3) 사정도구

① 가계도

가족사정에서 가장 먼저 활용되는 도구는 가계도(genogram)이다. 가계도는 가족구성원에 관한 정보와 그들 간의 관계를 도식화하여 시각적으로 접근 가능하도록 안내해 준다. 가계도는 특정 기간 동안 가족의 역사와 그 과정에 있었던 주된 사건을 파악하는 데 용이하다. 핵가족이나 원가족의 역사, 가족이 기능하는 데 있어서 각 성원의 위치, 연합의 방법이나 갈등 해결의 방법 등 다양한 정보를 얻을 수 있으며, 가족구성원의 모습을 새로운 시점에서 볼 수 있도록 한다. 가계도를 그리는 과정에서 모든 가족구성원이 참여하도록 격려해야 하며 부담을 느끼지 않도록 배려하는 일이 중요하다. 가계도를 완성한 후에는 가족에 대한 각자의 견해와 느낌을 서로 나눌 수 있도록 도와야 한다([그림 5-3] 참조).

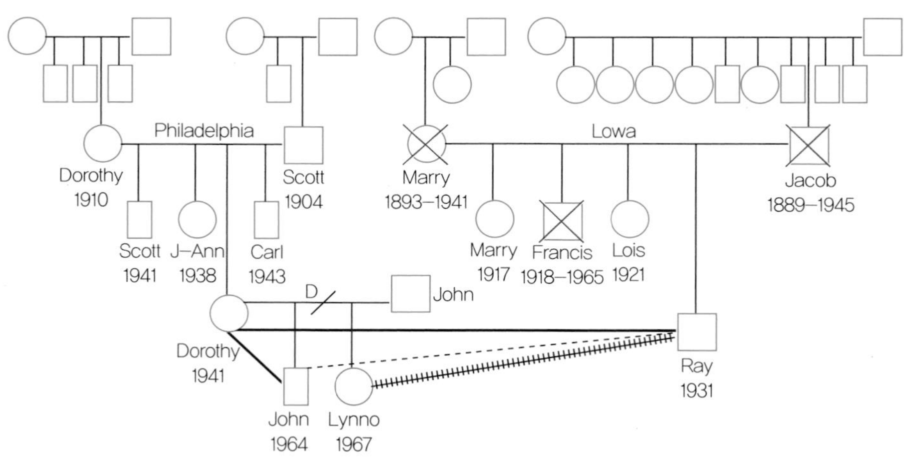

[그림 5-3] 가계도(레이와 도로시 가족)

출처: Becvar & Becvar (1988). *Family Therapy: A Systemic Integration*.

② 생태도

생태도는 가족과 환경체계 간의 관계를 이해하기 위한 도구이다. 생태도는 일상적으로 상호작용하는 요소들, 그리고 클라이언트의 생활에 어떤 일이 진행되고 있는지에 대한 이해를 위해 클라이언트의 가까운 주변 환경을 지도처럼 그리는 것이다. 완성된 생태도는 가족과 주변 환경체계 간의 자원 교환, 에너지 흐름, 스트레스와 관련된 자료, 갈등 등을 시각적으로 파악하게 해 준다.

생태도 작성은 사회복지사가 인터뷰를 통해 직접 그리는 것과 클라이언트가 생태도 작성에 함께 참여해 그리는 것 두 가지가 있다. 클라이언트를 생태도 작성에 참여시키는 것은 그 가족의 가족 기능 향상을 위해 끌어들일 수 있는 자원이 무엇인지에 대한 논의를 가능하게 하여 개입계획을 수립하는 데 도움이 된다(조홍식 외, 2017).

생태도를 작성하는 과정은 다음과 같다. 첫째, 생태도의 중심이 되는 중앙에 원을 그린다. 원 안에는 클라이언트와 함께 동거하는 가족을 중심으로 가계도를 작성하여 넣는다. 둘째, 클라이언트의 가족생활에 영향을 미치는 환경체계를 중심 원의 주변에 배치한다. 셋째, 환경체계를 나타내는 원 안에는 해당 체계의 명칭과 관련된 정보를 적어 준다. 마지막으로 가족체계를 포함한 모든 체계 간의 상호교류, 즉 관계의 성격과 자원의 흐름을 기호로 표시한다([그림 5-4] 참조).

③ 가족생활력표

가족생활력표는 가족구성원의 삶에 있어 중요한 사건이나 시기별로 중요한 문제들을 표나 그래프로 작성하는 방법이다. 연대기 순으로 가족의 다양한 시기에 관련된 자료들을 조직화하여 표현한다. 이러한 과정은 클라이언트의 현재 기능 수행에 영향을 미치는 발달단계상의 특정 시기에 대한 생활경험을 이해하는 데 도움을 준다(〈표 5-1〉 참조).

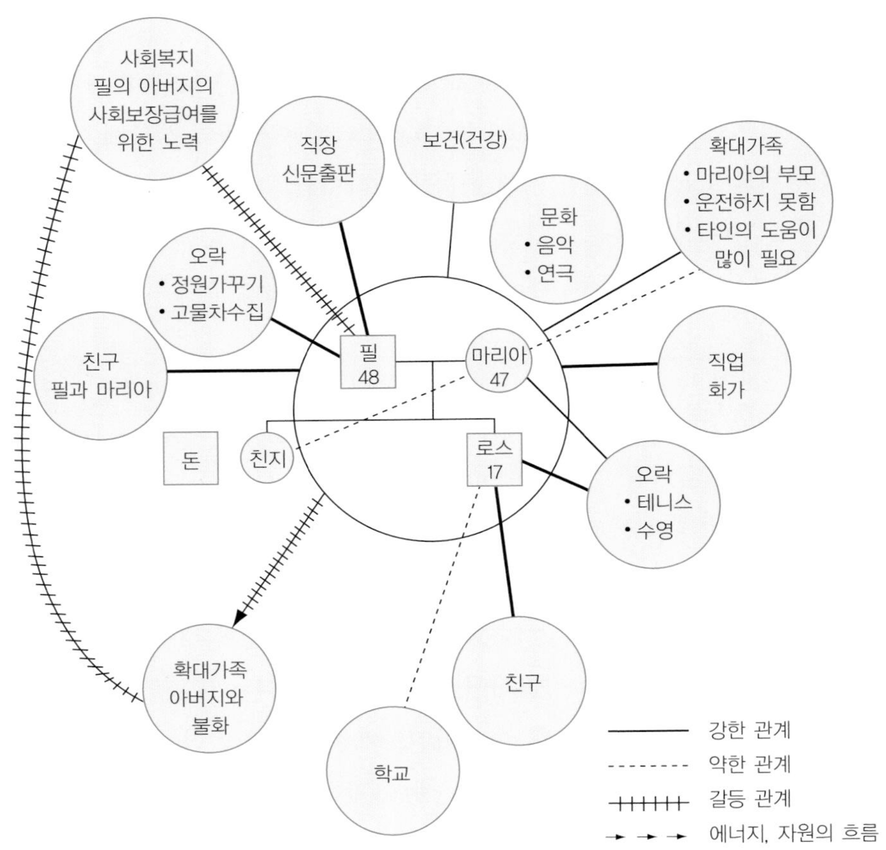

[그림 5-4] 생태도

출처: 조홍식 외(2017). 가족복지학, p. 111.

④ 사회관계망

사회관계망(social network)은 개인, 가족의 사회적 지지체계를 사정하는 도구이다. 인간은 독립적으로 존재할 수 없기 때문에 생존과 성장 · 발달의 필수 조건으로 수많은 사람과의 관계 속에서 유대를 맺게 된다. 사회적 지원은 사회적 관계에서 소속 및 지원을 주고받는 사람들 간의 사회적 교류와 상호성을 의미한다. 사회적 지원의 구조적인 측면은 사회적 관계의 크기, 다른

〈표 5-1〉 가족생활력표

연도	연령	주거지	가족상황	학교	건강	활동	문제
2002	출생 연월일 2002. 2. 18.	서울	부 37 모 36		정상		
2003	1						
2004	2						

사람과 만나거나 모임에 참석하는 빈도를 측정함으로써 평가할 수 있는 관계의 틀을 의미한다. 이러한 구조적 측면이 양적 특성을 파악할 수 있다면, 기능적 측면을 통해서는 클라이언트의 지원체계가 구체적으로 어떤 자원을 교환하며, 교환되는 자원을 통해 클라이언트의 욕구가 어느 정도 충족되는지를 측정할 수 있다. 가족구성원의 사회관계망을 도표로 작성하는 것은 사회적 지지들을 제공하는 관계들의 양적 · 질적인 측면을 파악하고 지속적인 사정과 개입계획을 세우는 데 도움을 준다.

사회관계망은 클라이언트 또는 가족과 관계망 안에 있는 사람들 간의 관계, 물질적 · 정서적, 정보적 지지, 원조의 방향, 친밀성 그리고 근접성과 접근의 빈도 등을 표시함으로써 지지체계에 대한 정보를 전체적으로 파악할 수가 있다(〈표 5-2〉 참조).

〈표 5-2〉 사회관계망

클라이언트		생활영역	물질적 지지	정서적 지지	정보/효과	비판	원조의 방향	친밀성	얼마나 자주 보는가	얼마나 오래 보는가
		1. 동거가족 2. 다른 가족 3. 직장/학교 4. 조직 5. 친구 6. 이웃 7. 전문가 8. 기타	1. 거의 없음 2. 간혹 있음 3. 거의 항상 있음	1. 거의 없음 2. 간혹 있음 3. 거의 항상 있음	1. 거의 없음 2. 간혹 있음 3. 거의 항상 있음	1. 거의 없음 2. 간혹 있음 3. 거의 항상 있음	1. 양방향 2. 당신이 그들에게 방향 3. 그들이 당신에게 방향	1. 친밀하지 않음 2. 보통으로 친함 3. 매우 친밀함	0. 보지 않음 1. 몇 회/년 2. 매달 3. 주말 4. 매일	1. 1년 미만 2. 1~5년 3. 5년 이상
이름	번호									
	1									
	2									
	3									
	4									
	5									
	6									
	7									
	8									
	9									
	10									
	11									
	12									
	13									
	14									
	15									

출처: 장인협, 오세란 역(1996). 사회지지체계론, p. 98.

3) 개입 단계

개입 단계는 사정을 통해 드러난 문제에 대한 상담 목표를 설정하고 대안을 모색하여 개입하는 과정이다. 사회복지사가 일반적으로 사용할 수 있는 개입기술은 크게 직접서비스와 관련된 기술과 간접서비스와 관련된 기술로 나누어 볼 수 있다. 직접서비스와 관련된 기술은 클라이언트와의 관계를 형성하는 과정에서 필요한 기술에 해당하며, 간접서비스와 관련된 기술은 서비스 제공을 위한 다른 기관과의 연계 등과 관련된 기술에 해당한다. 상담과 치료는 클라이언트에 대한 직접적 서비스 기능을 말한다(정순둘, 2005).

(1) 직접적 개입을 위한 기술

① 주의집중 및 경청

경청이란 상대방의 말과 비언어적인 표현에 주의를 기울임으로써 클라이언트의 생각이나 감정을 잘 파악하고 반응하는 것이다. 면담에서 클라이언트가 말하는 언어적인 표현을 클라이언트가 의도한 대로 이해하는 것은 쉬운 일이 아니다. 우리가 사용하는 언어는 같은 발음이라도 여러 가지의 의미를 지니고 있기 때문이다. 그래서 상황을 고려하여 주의를 기울여 들어야만 클라이언트의 말을 바로 이해하게 된다. 클라이언트의 말을 잘 듣기 위해서는 비언어적 의사전달까지 정확하게 이해하여야 한다. 비언어적 의사전달이란 얼굴 표정, 자세, 몸짓 등인데 이런 통로를 통한 의사소통을 같이 이해해야 클라이언트의 말을 진실하게 들을 수 있다.

② 가족 합류

사회복지사는 가족구성원이나 가족체계와 관계를 맺고자 할 때 가족에 합류해야 한다. 가족체계 내의 일탈에 저항하는 기제의 경계를 받으므로 가족에 합류하기 위해서는 먼저 가족의 조직과 유형을 수용하고 융합해 나가야 한다. 사회복지사는 가족들의 생각과 감정들을 존중하고 지지해 주면서 자연스럽게 갈등 해결이나 개인의 성장을 촉진할 수 있도록 변화시켜 나가야 한다. 가족에 합류하여 신뢰를 형성하지 못한다면 가족체계의 상호교류 규칙을 재구조화하기란 어렵다. 치료의 초기 과정을 단축시키고 합류를 촉진하기 위한 방법에는 유지, 추적, 모방의 기술이 있다(Minuchin & Nichols, 2013).

- 유지: 가족이 지니고 있는 기존의 구조를 유지하도록 존중하는 것으로, 의도적으로 가족구조를 지지해 주는 기법이다. 그리고 가족구성원 각자의 장점과 잠재 능력을 확인하고 지지해 줌으로써 가족 내에서 가족구성원의 위치를 강화하는 것이다.
- 추적: 가족이 진술한 내용을 확대시켜 문제의 핵심을 유도해 내는 기법이다. 가족의 의사소통과 행동을 제한하지 말고 그대로를 계속하도록 권장한다. 이 과정에서 반복, 질문, 관심을 표현하는 말로 의사소통의 방향을 조정해 나간다.
- 모방: 가족구성원과의 유사성을 증가시켜 가족들에게 친근감을 느끼게 하는 것이다. 사회복지사는 가족이 의사소통하는 속도, 행동, 태도, 몸짓 등을 유사하게 모방함으로써 가족의 정서적 영역에 적응하게 된다.

(2) 간접적 개입을 위한 기술

① 지역사회 자원 찾기

자원을 찾는다는 의미는 클라이언트에게 유용한 서비스와 프로그램의 위치를 찾아내는 것을 의미한다. 또한 그 자원에 접근하기 위한 정보를 저장하고 자원의 특성을 기록해 놓는 것이다. 자원 찾기는 사회복지서비스에서 정보와 의뢰 서비스를 위해 자원 목록을 만들고 필요한 정보를 저장하는 것과 비슷한 기능을 가진다.

자원을 찾기 위한 목록을 만들 때는 우선 중요한 기관들의 특성에 대해 파악해야 한다. 〈표 5-3〉과 같이 목록은 기관의 기능, 제공하는 서비스, 서비스를 받기 위한 자격 조건, 서비스 이용 요금, 서비스의 이용을 위한 대기 기간, 기관의 분위기 등의 정보를 파악하여 파일의 형태로 저장한다(정순둘, 2005). 뿐만 아니라 서비스 시스템 속에서 주요 서비스 제공자에 대한 파악 또한 필요하다. 서비스 제공자가 갖고 있는 전문 자격증과 제공 가능한 서비스 등에 대해 알고 있어야 이를 통해 필요한 도움을 요청할 수 있다.

〈표 5-3〉 자원기관의 정보 양식

기관명	
주소지	
서비스 지역	
이용 시간	
교통편	
제공 서비스	
자격 조건	
이용 요금	
대기 기간	
기관의 분위기	
접촉할 사람	
코멘트	

출처: 정순둘(2005). 사례관리실천의 이해, p. 120.

② 서비스 연계

가족복지서비스 실천에서 클라이언트를 서비스에 연계(linkage)한다는 의미는 클라이언트가 가용한 자원을 찾게 되거나 수혜를 받게 되는 과정이라고 할 수 있다. 연계란 서비스가 제대로 제공되고 있는지, 또 클라이언트가 원하는 도움이 실제로 주어지고 있는지를 확인하는 것이다. 사회복지사는 연계를 위해 지역사회서비스 기관들, 서비스 절차, 프로그램, 정책 등에 대한 충분한 지식을 갖고 있어야 하며, 새로운 정보가 갱신되어 있어야 한다. 나아가 다양한 서비스 기관과 함께 일할 수 있는 관계를 가지고 있어야 하며, 서비스 결과를 모니터링할 수 있도록 상대 기관과 관계 형성이 되어 있어야 한다(정순둘, 2005).

연계에는 공식적 네트워크와 비공식적 네트워크가 존재한다. 비공식적 네트워크는 공식적 네트워크와는 달리 클라이언트의 삶에 있어 이미 존재하고 있는 구성원들로 이루어진 사회적 지원망을 의미한다. 사회적 지원망은 가족, 친구, 이웃 등의 비공식적 도움을 제공할 수 있는 지지체계를 비롯하여, 공식적인 도움을 제공할 수 있는 기관이나 전문가 등의 지지체계도 포함한다.

③ 지지체계의 개발

사회복지사는 클라이언트를 위해 지지체계를 재편성하고 새로운 자원을 개발하는 노력이 필요하다. 기존에 도움을 주고 있는 지지체계가 적절한 도움을 주지 못할 경우 기존의 지지체계가 바르게 기능을 할 수 있도록 도와준다. 하지만 실제로 사회복지사가 포함시킨 성원이 클라이언트의 지지망에 포함되는 것을 거부당하는 경우가 있다. 이 경우는 거부하는 가족구성원들과 협상이 이루어져야 한다. 역기능적인 지지체계를 재편성하는 일은 클라이언트의 입장에서는 새로움에 대한 두려움, 새로운 관계에 대한 부담감 등으로 인해 역기능을 초래할 수도 있다. 사회복지사가 역기능적 지지체계에 대해 새로운 지지체계를 개발하는 방법으로 자원봉사자를 연결하거나 클라이언트가 자조집단에 참여하여 집단 성원들과 연결되도록 하는 것도 해당한다. 뿐만 아니라 클라이언트와 가까운 거리에 거주하는 이웃이 자원이 되도록 요청하는 방법이 있다. 도움을 청해 보지 않았다면 이웃에게 자원이 되도록 요청하는 것도 한 방법이다.

4) 종결 단계

가족복지실천의 마지막 단계인 종결은 클라이언트의 문제가 객관적으로 해결되거나 클라이언트의 문제가 상담자의 능력을 벗어난다고 판단될 때 이루어지는 것이 일반적이다. 가족들과의 종결은, 첫째, 가족의 문제가 성공적으로 해결된 경우, 둘째, 계약을 수립할 때 종결 시점을 계획한 경우, 셋째, 사회복지사의 노력에도 가족 문제에 대한 진전이 보이지 않는 경우, 넷째, 가족구성원의 비협조적 태도 또는 저항이 너무 심해 진행하기 어려운 경우 등에 이루어진다. 종결의 유형이 어떠하든 사회복지사는 가족과 그동안의 과정을 검토하고 초기에 세웠던 목표나 기대가 어느 정도 달성되었는지를 평가해야 한다. 다른 기관이나 상담자에게 의뢰할 때에는 클라이언트에게 충분히 설명하고, 클라이언트의 동의가 있으면 전문적 관계의 종결을 의미하는 전환 의식을 거친 후 의뢰하는 것이 바람직하다(김선희 외, 2005).

종결을 잘 다루기 위한 지침 중 하나는 종결 과정 자체를 하나의 진행 단계로 다룸으로써 클라이언트가 종결문제를 중요시하도록 돕는 것이다. 종결은 대개 구두로 이루어지지만, 초기 계약 과정에서와 마찬가지로 종결 평가서를 작성하는 것이 좋다. 이때 사회복지사가 종결 단계에서 구체적으로 평가해야 할 사항은 다음과 같다(김혜경 외, 2014).

- 현재 문제 상태가 어떠한가?
- 가족개입 이후 어떠한 변화가 있었는가?
- 개입 과정에서 가족구성원들이 각각 어떤 역할을 수행하였는가?
- 유사한 문제가 생긴다면 가족은 이를 어떻게 다룰 것인가?
- 문제에 대한 가족의 생각은 어떻게 달라졌는가?
- 종결에 대해 가족구성원들은 어떻게 느끼는가?
- 가족개입이 다시 필요하다고 느끼는 요인은 무엇인가?

3. 가족치료 기법

가족치료는 개인을 둘러싼 환경요소 가운데 특히 '가족'을 치료적 매개로 사용하면서 가족의 역동성에 개입하기 위한 치료적 접근법이다. 가족치료에서는 가족을 하나의 체계로 보며, 그 체계 속의 상호 교류양상에 개입함으로써 개인의 증상이나 행동에 새로운 변화가 일어나도록 한다. 가족치료는 인간문제 원인을 가족구성원들의 상호작용적 맥락에서 이해하고 가족구성원의 관계를 변화시킴으로써 인간문제를 해결하고자 한다. 다시 말해서, 가족치료는 가족진단을 기초로 가족 문제를 해결하여 정상적 기능을 수행할 수 있도록 원조하는 전문적 개입 활동이다. 대표적인 가족치료 모델의 특성과 기법을 살펴보면 다음과 같다.

1) 경험적 가족치료

경험적 가족치료는 개인보다는 가족체계를 다루며, 개인 성장에 관한 목표는 가족 단위를 강화하려는 목표와 일치한다. 치료의 기본 가정을 보면 첫째, 개인의 성장과 변화하려는 느낌, 변화할 수 있다는 느낌에 기초한다. 둘째, 모든 인간은 그들이 발전하는 데 필요한 자원을 가지고 있다. 셋째, 가족이란 모든 사람과 모든 것에 의해 영향을 주고받는 체계다. 넷째, 개인과 치료자의 신념이 치료에서 가장 중요한 도구이다. 경험적 가족치료의 목표는 가족으로 하여금 안정되게 하는 것이 아니라 성장하도록 하는 것이다. 좀 더 완숙한 존재가 되기 위하여 개인 내면에 있는 자신의 욕구를 충족시킬 수 있는 잠재력을 높이는 것이다. 경험주의적 접근의 대표적 치료자는 Satir와 Whitaker다. Satir는 가족 문제의 근원을 인간의 자아존중감, 의사소통 및 대처유형, 가족규칙 그리고 지역사회와의 연계성에서 보았다. Whitaker가 지향하는 가족치료의 방향은 개인의 성장을 위해서는 가족의 통합이 필요하다는 것과 모든 가족구성원의 자발성과 창의성을 증가시켜 결과적으로 문제해결을 돕게 하는 것의 두 가지 목적을 잘 조화시키는 것이다. 경험적 가족치료의 주요 치료기법으로는 원가족 삼인군 치료, 가족 재구성, 가족조각 등이 있다(정문자, 2003).

(1) 원가족 삼인군 치료

원가족 삼인군(primary triad)이란 부모와 한 명의 자녀로 구성된 집단을 의미한다. 한 개인이 타인과 관계를 맺기 전에는 자신의 지각에 따라 사고하고 느끼며 행동한다. 하지만 두 사람이 만나서 한 쌍을 이루게 되면 세 가지 단위의 지각과 의사소통이 존재하게 된다. 즉, 두 개의 단일군(monad)과 한 개의 이인군(dyad)이 된다. 원가족 삼인군 치료의 목적은 역기능적인 원가족 삼인군 가족(어머니, 아버지, 아동)관계에서 유래된 쟁점들을 현재의 상황에서 이해하게 하는 것이며, 이 쟁점들을 현재의 삶에 대한 방해물이 아닌 긍정적인 것으로 부각시킴으로써 원가족 삼인군을 치유하는 것이다.

(2) 가족 재구성

가족 재구성(family reconstruction)이란 클라이언트 원가족의 심리적 · 상황적 · 역사적 맥락을 재현시켜 과거에 가졌던 생각과 감정 그리고 이루지 못한 기대와 열망을 다루어 줌으로써 원가족과 연관된 생각과 상황들을 새로운 관점에서 재통합하도록 하는 것이다. 아동들은 부모와의 관계를 통해 생존을 위한 대처기제를 학습하게 된다. 인간의 대처행동상의 문제는 과거에 화해되지 않은 부모와 자녀 간의 경험과 관련이 있다. 따라서 재현 과정을 통해 어린 시절에 있었던 의혹 또는 문제 상황을 마치 퍼즐 조각을 맞추듯이 발견하는 것이다. 그러고 나서 현실의 관점에서 왜곡된 부분을 인식하고 성인의 시각에서 부모를 바라보는 것이다. 이것은 과거에 그렇게 대처할 수밖에 없었던 것들을 현재에는 자유의지에 따라 선택적으로 대처할 수 있는 능력으로 바꿈으로써 가능해진다.

(3) 가족조각

가족조각(family sculpture)이란 특정 시점을 선택하여 그 시점에서의 인간관계, 타인에 대한 느낌과 감정을 동작과 공간을 사용하여 표현하는 비언어적인 기법이다. 가족조각은 한 가족구성원이 다른 가족구성원에 대하여 느끼는 내적 정서 상태를 자세와 동작 및 소도구를 사용하여 공간적으로 나타내는 것이다. 가족조각은 가족구성원 각자가 자신의 내면적 감정을 접함으로써 실제 자신에 대해 알고 느끼며 새로운 대처 방법을 생각해 보도록 하는데 그 목적이 있다. 이 기법은 언어 능력이 제한되어 있는 가족, 어린 아동이 있는 가족 또는 말이 너무 많거나 없는 가족에게 매우 유용하게 사용될 수 있다.

Satir와 Baldwin(1983)은 가족조각에 있어 역기능적 의사소통 유형을 사용하였는데, 구체적으로 가족구성원들에게 역기능적인 의사소통의 네 가지 유형(비난형, 회유형, 초이성형, 산만형)을 소개하고, 각 유형의 특정적인 신체적 자세를 연습하게 한 후에 가족구성원들이 비언어적인 방법과 신체적 동작으로 표현을 하도록 한다. 조각을 실시할 때는 등장인물이 사용할 의자, 책상

그림 설명: 가족구성원이 자세와 동작을 통해 의사소통을 표현하는 조각 장면

과 같은 간단한 가구와 소품이 필요하다. 예를 들면, 가족구성원이 직접 몸을 움직이는 데 거부감을 갖고 있는 경우 가족구성원을 상징할 수 있는 인형, 빈 의자, 옷 등의 소품을 이용할 수 있다(정문자, 2003).

2) 구조적 가족치료

구조적 가족치료는 전체 가족구조 속에서 부분끼리의 관계, 전체와 부분 사이에 존재하는 관계에 초점을 둔다. Minuchin(1974)은 가족을 치료할 때 그 가족을 정상가족이라고 가정하고, 가족 문제는 가족구성원들이 바람직하지 못한 상호작용 구조를 계속 유지하는 경우 발생한다는 입장을 취한다. 가족의 상호작용 구조가 변화하면 가족구성원들의 지위가 달라져 결국 각 개인의 경험도 변화한다. 구조적 가족치료의 목표는 가족구성원 개인의 증상 또는 문제에 대해 가족구성원 간의 역기능적 상호교류 유형을 변형시켜 가족구조를 재구조화하는 것이다. 즉, 가족의 각 하위체계의 경계선을 분명히 하여 가족관계의 역동성을 기능적으로 만들어서 가족구성원의 개별화와 상호성을 증진시킨다. 구조적 가족치료의 토대가 되는 주요 기법에는 실연화(actualizing), 경계선 만들기(boundary making) 등이 있다.

(1) 실연화

실연화는 가족에게 가족구성원 간의 상호작용을 실제로 재연시키는 것이다. 가족구성원들의 역기능적 상호작용을 분명하게 보기 위해 '지금 여기(here and now)'에서 가족들에게 실제 상호작용을 연기하도록 요구한다. 실제로 배역을 설정하여 역할 연기를 하는 것은 가족구조를 이해하는 데 상당한 효과가 있다. 가족들이 겪고 있는 문제를 실연화를 통해 직접 경험하면서 가족이 서로 관여하게 된다. 실연화에서는 우선 가족구성원의 상호작용을 관찰함으로써 어떤 역기능적인 부분에 초점을 맞출 것인지 결정한다. 그 다음은 사회복지사가 가설로 세운 역기능적인 상호작용을 중심으로 가족구성원이 실연화하여 역기능적인 상호작용을 밝힌다. 마지막으로 사회복지사가 주목한 역기능적인 부분에 대하여 지금까지 가족이 사용한 방법과는 다른 새로운 상호작용을 재연시킨다(김유숙, 2014).

(2) 경계선 만들기

경계선이란 가족구조 내에서 부부, 부모, 형제간에 얼마나 관여하고 있는지를 측정하는 데 활용되는 도구이다. 가족구성원들이 각자의 역할과 책임을 수행하기 위해서는 이러한 경계선이 명확하고 분명해야 한다. 사회복지사는 자녀들 사이의 개별화를 강조하고, 부모는 자녀의 발달단계에 맞는 요구를 하며, 자녀의 행동에 적절한 보상을 할 수 있도록 도와야 한다. 경계선은 다음과 같이 분류할 수 있다.

- 명확한 경계선: 가족구조 내의 경계가 분명하면서도 융통성이 있다. 가족구성원들이 서로 지지적이고 상호 간에 자율성을 존중한다. 또한 가족 내 의사소통이 원활하고, 가족의 안정을 유지하며, 변화 또는 도전에 잘 적응하며 대처한다.
- 경직된 경계선: 가족 내의 경계가 경직된 상태로 경계가 지나치게 분명해서 상호교류를 하지 않는다. 가족은 극도로 자율적이고, 독립적이며, 충성심과 소속감이 부족하다. 자신의 문제에만 몰두하고, 다른 가족의 지지를 요청하는 능력이 부족하다. 의사소통의 어려움이 있고, 가족의 보호기능 수행이 힘들다.
- 밀착된 경계선: 가족구성원들 사이에 경계선이 대체로 미분화되어 있다. 가족구성원 사이의 경계가 희미하고, 거리감도 거의 없고, 강한 소속감 때문에 자율성이 방해를 받으며, 문제해결을 위한 자발적 대처가 부족하다. 한 가족구성원의 행동은 즉각 다른 가족구성원에게 큰 영향을 준다. 즉, 한 사람의 긴장은 경계를 넘어 쉽게 다른 하위체계로 빨리 전해진다.

3) 전략적 가족치료

전략적 가족치료는 치료자가 문제에 알맞은 개입을 창출하는 기법으로 치료자가 가족의 문제를 해결하기 위한 전략을 세운다는 데 특징이 있다. 전략적 가족치료는 Haley의 접근 방법, MRI의 의사소통적 접근 방법, 밀란 학파의 접근 방법이 대표적이다. 치료자는 인간의 행동이 왜 일어났을지에는 관심이 없으며 문제행동의 변화에만 초점을 둔다. 치료자는 가족구성원들의 성찰, 인식의 변화보다 문제행동을 유지시켜 주는 상호작용 위계질서와 권력관계의 변화에 초점을 둔다. 전략적 가족치료의 목표는 가족이 지닌 문제를 해결하고 문제에 대한 행동 반응을 변화시키는 것이다. 치료자는 문제를 해결하려고 할 때 명확한 목표를 세우고 그 목표를 달성하기 위하여 전략을 세우는 데 주력한다. 일반적으로 전략적 가족치료의 기법은 간접적이다. 전략적 가족치료자가 자주 쓰는 주요 기법으로는 역설적 지시, 지시기법, 시련기법 등이 있다.

(1) 역설적 지시

역설적 지시(paradoxical directives)는 클라이언트에게 문제행동을 유지하거나 강화하는 행동을 수행하도록 처방함으로써 증상을 변화시키고 중단시키는 기법이다. 역설적인 지시는 증상에 대한 의미를 변화시키는 데 목적이 있다. 사회복지사가 가족들이 이미 하고 있는 어떤 일과 행동을 하라고 지시한다면 그들은 속박 상태에 들어가게 된다. 이 경우 가족이 역설적 지시를 따르게 되면 명령대로 수행한 것이 되며, 이에 저항한다면 개선하는 쪽으로 변화하게 된다. 예를 들면, 우울해하는 클라이언트에게 일정 시간 동안 우울한 행위를 계속하도록 권유한다. 그리고 사회복지사는 클라이언트가 우울하기를 중단하면 그러한 진보에 당황하는 모습을 보이도록 한다. 즉, 오랜 관계 맥락 속에 깊이 새겨진 습관적이고 무의식적인 문제행동을 의식적으로 지속·강화하게 하면, 클라이언트 스스로 그에 대한 새로운 의미를 부여하게 되어 행동을 자발적으로 변화시키게 되는 것이다. 이 기법은 극단적인 강력한 개입 방법이므로 경험이 많은 전문가가 클라이언트의 변화 가능한 관계 및 목표를 분명히 설정한 후에 합리적으로 계획을 세워 신중하게 사용하는 것이 바람직하다.

(2) 지시기법

지시기법이란 직·간접적으로 가족에게 내리는 일종의 주문이다. 가족에게 직접적으로 과제를 지시하기도 하지만 대화하는 중에 치료자가 억양이나 몸짓, 침묵 등을 통해 간접적으로 지시를 줄 수도 있다. 어떤 행동에 대해 과제를 수행하도록 지시할 경우 중요한 것은 가족의 전 구성원이 과업에 참여하도록 하는 것이다. 그리고 이러한 지시는 명확하고 쉽게 실천할 수 있는 것에서부터 시작하여야 한다. 치료자는 가족구성원이 자신의 과업 결과를 재검토하게 하며, 과업에 대한 이해도를 높이게 해야 한다.

(3) 시련기법

시련기법은 변화를 원하는 사람에게 증상보다 더 고된 체험을 하도록 과제를 주어 증상을 포기하도록 하는 것이다. 고된 체험의 과제는 증상에 따른 고통보다 좀 더 괴로운 것이어야 하며, 그 과업이 사람들에게 도움이 되는 것이 좋다. 시련기법에서는 고된 체험의 과제를 직접적인 방법으로 줄 수도 있으며, 역설적 개입을 통해 줄 수도 있다. 또한 재규정과 직면기법을 통해 고된 체험을 하도록 한다.

4) 해결중심 가족치료

기존의 가족치료 모델이 문제에 초점을 둔 문제해결 접근이라면, 해결중심 가족치료는 문제가 해결된 상황에 초점을 두고 해결책을 구축하는 접근법이다. 해결중심 가족치료의 목표는 가족구성원들이 자신의 생활을 보다

만족스럽게 하기 위해 현재 하고 있는 것과 다르게 생각하거나 행동하도록 하여 현재 가족이 가지고 있는 문제를 해결하고자 하는 데 있다. 이는 모든 사람은 이미 자신의 문제를 해결할 능력을 갖고 있다는 입장이다. 따라서 현재 가족이 가지고 있는 문제에 대한 해결방안과 관련된 치료 목표를 클라이언트 스스로 설정하도록 돕는 것이 중요하다. 클라이언트가 잘 사용하지 못하는 해결 능력을 찾아 주고, 그들의 문제를 스스로 다룰 수 있도록 도와주는 것이다. 예를 들면, 클라이언트가 우울, 과식, 음주, 비난 등과 같은 비효과적인 반응을 극복하는 경우에 자신의 행동을 주의 깊게 살펴봄으로써 예외적인 상황들을 스스로가 발견하도록 해 준다(De Shazer, 1985). 해결중심 가족치료자가 자주 쓰는 기법으로는 재정의, 다양한 질문 기술, 비밀 격려 노트 등이 있다.

(1) 재정의

사람들은 종종 현재 무슨 일을 진행하고 있는지, 무엇을 기대하는지에 대한 혼합된 의사표현을 전달하면서 모순을 지각할 때가 있다. 재정의(reframing)란 가족구성원들이 평소 문제라고 생각했던 내용들을 새로운 방식으로 재정의하여 다시 생각해 볼 수 있도록 하는 것이다. 가족구성원과 갈등을 경험하는 경우 그 원인 혹은 사건들에 대하여 지나치게 부정적으로 생각하기보다는 그 이면의 긍정적 측면에 주목하도록 한다. 예를 들면, 결혼한 딸에 대한 지나친 간섭 때문에 딸이 친정어머니와의 관계에서 갈등을 경험할 경우, 그 간섭을 딸에 대한 애정과 관심, 염려로 재정의함으로써 친정어머니에 대한 생각을 긍정적인 관점으로 전환하도록 기법을 사용할 수 있다. 이 단계에서 가족의 현실에 대한 기존의 인식이 변화되고, 새로운 관계와 구조가 발전될 수 있다.

나의 단점을 장점으로 재정의하기
이 활동은 자신에 대해 가지는 부정적인 생각을 긍정적인 관점으로 변화시키는 데 도움이 된다. 1. 4~6명이 한 조를 이룬다. 2. 자신에 대해 생각해 보는 시간을 가진 후, 종이에 자신의 단점 다섯 가지를 적는다. 3. 각자 적은 내용을 바탕으로 자신의 대표적인 단점을 돌아가면서 발표하고 칠판에 적는다. 4. 칠판에 쓴 대표적인 단점의 내용들을 조원들과 함께 장점으로 바꾸어 본다. 5. 마지막으로 자신의 단점을 모두 장점으로 바꾸어 본 후, 그 과정에서 느낀 생각을 이야기해 본다.

출처: 한국직업능력개발원 · KMA(2017). 가족상담 NCS학습모듈, pp. 39-42.

(2) 다양한 질문 기술

면접을 할 때 질문을 얼마나 잘하는가에 따라서 변화에 대한 해결책이 쉽게 나타날 수 있다. 해결중심적 가족치료에서는 문제해결 방안을 구축하는 데 유용한 질문들을 개발하였다. 대표적으로 기적질문, 예외질문, 척도질문, 대처질문 등이 있다(Berg, 1992).

① 기적질문

기적질문(miracle question)은 클라이언트의 목표를 발견하여 목표 설정의 틀을 짜기 위한 방법이다. 기적질문에 대한 클라이언트의 대답은 목표 수립뿐만 아니라 치료자와 클라이언트의 관계를 결정하는 단서가 되기도 한다. "만약 당신이 오늘 밤 주무시는 동안 기적이 일어난다고 가정해 보세요. 기적이 일어나 문제가 해결된다면 내일 아침에 잠에서 깨었을 때 기적이 일어났다는 것을 어떻게 알 수 있을까요?"라고 묻는다. 클라이언트가 이 질문에 구체적이고 행동적인 용어로 대답할수록 문제해결을 향한 단계에 가까워진다. 즉, 기적질문은 클라이언트로 하여금 문제보다는 해결을 발전시킬 수 있도록 하는 질문이다.

② 예외질문

예외질문(exception finding question)은 아주 작을지라도 예외적인 상황이 일어난다고 가정하고 "과거에 또는 최근 몇 주 사이에 문제가 없었던 때가 있나요?" "당신이 ~하지 않는다면, 상대는 당신이 무엇을 다르게 한다고 알아차릴 것 같습니까?"라고 묻는다. 가족이 현재 가지고 있는 문제를 갖지 않았던 때에는 지금과 어떻게 달랐는지를 탐색하고 예외를 확장하기 위해 가족이 무엇을 할지에 대한 단서를 찾도록 한다.

③ 척도질문

척도질문(scaling question)은 클라이언트의 동기, 진전, 확신, 자존감, 상담 이전의 변화 등에 대한 상태를 탐색할 때 사용할 수 있다. "1에서 10까지의 숫자가 있습니다. 10은 문제가 해결될 수 있다는 아주 강한 자신감을 의미하고, 1은 자신이 전혀 없음을 의미한다면, 당신은 오늘 몇 단계에 있다고 말하겠습니까?"라고 묻는다. 클라이언트가 답하는 숫자가 낮더라도 긍정적으로 대응해 준다. "그러면 그 예외인 날의 숫자가 되기 위해서는 무엇을 해야 하나요?" "당신이 말한 5에서 6으로 숫자를 올리려면 어떻게 해야 할까요?"라고 묻는다.

④ 대처질문

대처질문(coping question)은 클라이언트가 심한 절망감에 빠져 있을 때 유용하게 사용할 수 있다. 클라이언트가 "저는 너무나도 힘들게 살아왔기 때문에 아무런 희망도 없습니다."라고 한다면, 치료자는 "당신은 지금까지 힘든 날을 살아오셨군요. 어떻게 여기까지 오도록 대처해 오셨나요?"라고 묻는다.

(3) 비밀 격려 노트

비밀 격려 노트란 극단적 상황에서 위기에 처한 클라이언트에게 도움이 된다. 이는 클라이언트로 하여금 어떤 특별한 의미가 있어 위로가 될 만한 사람을 마음속에 그리게 한다든지, 긍정적인 의미의 문구가 담긴 쪽지를 몸에 지니고 다니게 함으로써 불안함을 줄여 주는 효과적인 기법이다.

4. 가족복지 프로그램

가족복지 프로그램은 가족의 문제와 욕구에 근거하여 특정 목표를 성취하기 위한 활동들의 구조적 집합체다. 프로그램이 클라이언트와 가족의 문제 해결과 욕구 충족을 돕기 위해서는 그들의 전체적인 문제에 대해 정확히 이해하고 관심을 이끌어낼 수 있는 실행 가능한 프로그램을 설계하여야 한다. 프로그램의 계획과 설계에 대한 주요 내용은 다음과 같다.

1) 프로그램 계획과 설계

(1) 프로그램의 목표 설정

프로그램은 특정의 목적과 목표를 가지고 있다. 이러한 목적과 목표는 프로그램이 지향하는 의도를 말한다. 프로그램의 목적과 목표는 일련의 활동을 투입한 결과로서, 클라이언트들의 행동 특성이 변화되는 것으로 성과가 나타난다.

프로그램의 목적은 기관의 설립 이념과 목적으로부터 논리적으로 유추되며 프로그램의 궁극적 지향점을 제시해 준다. 한편, 프로그램 목표는 프로그램 목적으로부터 논리적으로 분화된다. 프로그램 목적이 측정되기 어려운 상태로 진술된 것이라면, 프로그램 목표는 구체적으로 측정 가능한 형태로 진술된다. 이러한 측면에서 프로그램 목표는 프로그램 목적의 측정지표라고 할 수 있다. 모든 프로그램의 목표는 클라이언트 중심이 되어야 한다. 또한 평가는 프로그램 목표가 어느 정도 달성되었는지에 관한 자료 수집과 분석 과정이기 때문에 매우 구체적이고 분명하게 진술되어야 하며, 측정 가능한 형태이어야 한다(황성철, 2009). 목표를 수립할 때 고려해야 할 요소로는 명료성, 측정가능성, 성취가능성, 결과지향성, 시간 기준이 있다. 이 다섯 가지 요소를 목표 설정을 위한 SMART 원리라고 한다.

목표 설정을 위한 다섯 가지 요소: SMART 원리
• Specific(명료성): 정확히 무엇을 달성하려는가?
• Measurable(측정가능성): 목표 달성 여부를 어떻게 판단할 것인가?
• Attainable(성취가능성): 해낼 수 있는 일인가?
• Result-oriented(결과지향성): 클라이언트의 변화에 초점을 두는가?
• Time-bound(시간 기준): 언제쯤 목표를 달성할 것인가?

출처: 서울시복지재단(2009). 사회복지관 프로그램 매뉴얼 가족복지사업: 가족중심, p. 174.

프로그램 기획의 효과성을 위해서는 결과 목표(달성해야 할 결과)와 과정 목표(결과가 달성되도록 하는 방법) 두 가지가 수립되어야 한다. 결과 목표는 프로그램의 목적이나 기대치를 의미하며, 과정 목표는 목적을 달성하는 데 사용되는 수단이라 할 수 있다.

(2) 세부 프로그램의 수립

① 대상자 선정

가족복지 프로그램 설계에 있어 누가 서비스의 대상자가 될 것인지를 결정하는 것은 중요한 과제 중 하나다. 서비스 대상자를 선정할 때 중요하게 고려되어야 할 사항은 대상자 선정이다. 대상자가 합리적으로 선정되었다 하더라도 프로그램을 위한 자원은 한정적이기 때문에 서비스를 가장 필요로 하는 집단에 서비스를 제공하는 것이 필요하다.

② 수행 인력 구성

프로그램을 수행하기 위해서는 프로그램 담당자가 있어야 한다. 또한 프로그램을 효과적으로 수행하기 위해서는 프로그램 담당자뿐만 아니라 슈퍼바이저, 준전문인력, 자원봉사자의 활용이 필요하다. 그리고 이들이 함께 팀체계나 협력체계를 구축하여 프로그램을 추진한다.

③ 예산 수립

예산은 일정 기간 동안 조직의 재정계획을 말하는데 조직의 목표 달성을 위한 활동을 금전적으로 표시하는 것이다. 프로그램 예산은 실제적으로 프로그램이 시행되기 위해 필요한 수입과 지출을 구체화한 재정계획이라 할 수 있다. 예산에는 인건비, 관리비, 사업비, 기자재 구입비, 운영비 등이 포함된다.

2) 프로그램의 실제

(1) 가족복지 프로그램의 유형

가족을 중심으로 한 가족복지 프로그램은 가족관계 및 가족 기능을 유지 · 강화시키는 것을 주목적으로 한다. 프로그램의 유형으로 가족관계 증진, 가족 기능 보완, 가족 문제 예방 및 치료, 부양가족지원 프로그램 등이 있다.

〈표 5-4〉 가족복지 프로그램 유형

유형	내용	단위 프로그램
가족관계 증진	가족구성원 간의 의사소통을 원활히 하고 기대되는 역할을 수행함으로써 이상적인 가족관계를 유지함과 동시에 가족의 능력을 개발 · 강화하는 프로그램	• 교육 및 훈련 프로그램: 가족교육, 부모교육, 가족역할훈련, 대인관계훈련, 의사소통 향상 교육 • 상담 프로그램: 부부상담, 부모상담, 가족상담, 심리검사
가족 기능 보완	사회구조 변화로 부족한 가족 기능, 특히 부모역할을 보완하기 위하여 주로 아동 · 청소년 대상으로 실시되는 프로그램	• 아동 대상 프로그램: 방과 후 아동보호 및 보육 • 청소년 대상 프로그램: 공부방 및 도서관 운영(학습 및 독서지도 프로그램), 사회성 향상, 감성교육, 심성발달 프로그램, 진로 탐색 및 지도, 학교사회사업
가족 문제 예방 및 치료	가족단위 또는 가족구성원 개인의 문제발생 예방을 목적으로 하는 사업 및 문제가 발생한 가족구성원에 대한 진단 · 치료 · 사회복귀 지원 프로그램	• 신체장애 관련 프로그램: 특수아동 조기교육, 음악 · 놀이 · 미술 등 특수치료, 중도장애인집단 프로그램, 장애인 사회적응 • 정신장애 관련 프로그램: 정신보건서비스, 알코올 및 약물 치료, 정신장애인서비스 • 청소년 관련 프로그램: 청소년 범죄예방 사업, 학교부적응 학생지도, 징계 청소년 프로그램 • 위기가정 관련 프로그램: 이혼, 해체위기 가정, 재혼가정 • 아동학대 · 성폭력 · 가족폭력 관련 프로그램
부양가족 지원	요보호 가족구성원을 돌보는 가족구성원의 부양부담을 줄여 주고 관련 정보를 공유하는 등 부양가족 대상 지원 프로그램	• 치매노인 가족지원, 장애인 가족지원, 만성 질환자 부양가족 모임, 장애아동 부모상담, 부양가족지원 프로그램

출처: 태화기독교사회복지관(2003). 태화 프로그램 매뉴얼: 가족기능강화사업중심.

(2) 가족복지 프로그램 사례

가족구성원 간의 의사소통을 원활히 하고 가족관계를 증진시키기 위해 실제 진행되고 있는 프로그램 사례로 '가족의 건강성 증진을 위한 통합 프로그램'을 소개하고자 한다. 이 프로그램은 사회복지관이나 건강가정지원센터에서 지역사회의 가족을 대상으로 실시하여 가족해체를 예방하고 가족의 건강성 증진을 도와주기 위한 프로그램이다(최선희 외, 2005). 이 프로그램의 목적은 부모, 자녀를 포함한 가족 전체의 삶의 질을 향상시키고 밝고 행복한 사회를 만들고자 하는 데 있다. 프로그램의 목표, 대상, 실시 구조, 프로그램 단계는 다음과 같다.

① 목표

목표	세부목표
1. 가족구성원 간의 효과적인 의사소통 방법을 습득한다.	• 명확하고 직접적인 의사소통 방법을 습득한다. • 상대방의 말을 경청하는 기술을 습득한다. • 비언어적 메시지를 파악할 수 있도록 한다.
2. 가족구성원 간 유대관계를 증진시킨다.	• 가족 간 자율성을 인식하도록 한다. • 가족구성원 간에 역할 유연성을 갖도록 한다. • 가족 간 친밀한 관계를 형성하도록 한다.
3. 가족구성원 간 문제해결 능력을 향상시킨다.	• 문제에 대해 정확하게 인식할 수 있도록 한다. • 가족내외의 적절한 자원을 탐색할 수 있도록 한다. • 대인행동을 계획하고 실행할 수 있도록 한다.

② 대상

대상	산출근거
일반대상	○○구 내 가족 세대 수
위기대상	일반대상 중 학령기 이상의 자녀를 둔 가족 세대 수
표적대상	위기대상 중 ○○동에 거주하는 학령기 이상의 자녀를 둔 가족 세대 수
클라이언트 수	표적대상 중 본 프로그램 신청 가족 세대 수

③ 실시 구조

기간	6주	간격	주 1회
소요시간	매회 90분	횟수	6회
지도자	주지도자 1명, 보조지도자 1명 관찰자 및 기록자 2명	장소	교육실
인력구성	지도자의 역할 및 과업		
주지도자	• 프로그램 계획서/세부지도안 작성 • 프로그램 전체 진행 • 담당자 준비회의 주관 • 보조인력자 업무분담 및 조정 • 대상자 관리 • 예산편성 및 집행 • 프로그램 평가회의 주관		
보조 지도자	• 프로그램 보조 진행 • 담당자 준비회의 참여 • 대상자 관리 • 예산 집행 • 프로그램 진행사항 관찰		
프로그램 매개체	• 과제제시 및 수행 • 설문지/척도집 • 참여자 보상물 등		

④ 프로그램 단계

단계	회기	목표	회기명	내용
초 기 단 계	1	• 프로그램에 대한 이해와 동기를 부여한다. • 집단원들 간의 관계 형성을 도모한다.	반갑 습니다	- 오리엔테이션: 일정소개, 사전 검사지 작성 - 몸풀기 게임: 가족표지판 만들기, 사인 받기 게임, 별칭쓰기 게임 - 우리가족 소개하기: 찰흙으로 가족작품 만들기, 질문하기

<table>
<tr><td rowspan="4">중기단계</td><td>2</td><td>의사소통</td><td>• 명확하고 직접적인 의사소통 방법을 습득한다.
• 상대방의 말을 경청하는 기술을 습득한다.
• 비언어적 메시지를 파악할 수 있도록 한다.</td><td>꽃보다 아름다운 말</td><td>- 퀴즈 열전: 퀴즈 맞추기
- 가족나무 만들기: 일상용어, 희망용어 알아보기
- '너와 나 이야기', '나 전달법', '너 전달법' 익히기</td></tr>
<tr><td>3</td><td rowspan="2">정서적 유대관계</td><td>• 가족 간 자율성을 인식하도록 한다.
• 가족구성원 간에 역할 유연성을 갖도록 한다.</td><td>갈대는 부러지지 않아</td><td>- 과제수행 발표하기: '가족나무 꽃잎 붙이기'
- 맞아! 맞아! 베스트 3: '나의 역할이 힘들다고 느껴질 때' 차트 내용 맞추기
- 규칙카드 만들기: 가족구성원 각자 지킬 수 있는 규칙 정하기</td></tr>
<tr><td>4</td><td>• 가족 간 친밀한 관계를 형성하도록 한다.</td><td>손잡고 랄랄라</td><td>- 오리엔테이션: 일정 및 주의사항 공지
- 과자로 만든 가족사진: 과자를 이용한 가족사진 만들기
- 우리 가족 요리 콘테스트: 가족이 함께 준비해 온 음식 발표하기
- 철인 5종 경기: 2인3각, 단체 줄넘기, 작은집 사람들, 동굴탈출, 상자 쌓기 5코스 통과하기
- 포크댄스</td></tr>
<tr><td>5</td><td>문제해결능력</td><td>• 문제에 대해 정확하게 인식할 수 있도록 한다.
• 가족내외의 적절한 자원을 탐색할 수 있도록 한다.
• 대인행동을 계획하고 실행할 수 있도록 한다.</td><td>머리를 모아 모아</td><td>- 나의 마니또: 마니또 발표하기
- 가족신문 만들기: 가족이 함께 일상생활을 바탕으로 신문 제작하기
- 가족회의하기: 신문기사 중 안건을 선정하여 토론하기</td></tr>
</table>

종결단계	6	• 배운 것을 적용하고 마무리한다. • 서로에게 칭찬을 해주고 자신감을 갖는다.	행복이 방울방울	- 칭찬합시다: 가족구성원 중 칭찬자에게 상장 수여하기 - 영상물 시청하기: 인터뷰와 각 회기별 영상물 시청하기 - 소감문 발표하기: 가족의 소감 발표하기 - 수료식 및 기념 촬영 - 검사지 작성

출처: 최선희 외(2005). 건강가정 실천프로그램 매뉴얼 I, pp. 198-200.

생각해 볼 문제

1. 가족복지실천 과정에 대해 순서대로 정리해 보세요.

2. 역기능적 의사소통의 유형(회유형, 비난형, 초이성형, 산만형)을 친구들과 번갈아 가며 시도해 보고 그 과정에서 느낀 감정을 함께 이야기해 보세요.

3. 가족치료 모델 중 한 개의 모델을 선택하여 본인 가족을 분석하고 분석 후의 소감을 이야기해 보세요.

4. 가족의 기능을 강화하기 위해 어떤 프로그램들이 개입될 수 있는지 그 방법을 생각해 보세요.

제3부

가족복지의 실제

제6장 폭력가족

제7장 한부모가족

제8장 재혼가족

제9장 입양가족

제10장 노년기 가족

제11장 다문화가족

제12장 빈곤가족

제6장

폭력가족

오늘날 한국 사회에서는 가정폭력이 빈번하게 발생하고 있다. 한 가정을 이루어 나가면서 가장 안전한 장소로 인식되는 가정에서의 폭력은 단순히 개인이나 가족의 문제로 지나치기에는 심각한 편이다. 가정폭력을 가족구성원끼리 해결하거나 그대로 참고 견뎌야 하는 경우, 시간이 흐를수록 그 정도는 더욱 심해지며, 피해자는 말할 것도 없고 가해자조차 정상적 가족생활을 할 수 없게 되며, 외부 도움 없이는 가족생활을 지속하기 어려운 상황에 이르게 될 수 있다. 가정폭력은 지속적으로 반복되고 심화되면서 가족해체를 가져오는 심각한 사회문제로 세대를 통한 폭력의 확대 재생산이 될 가능성이 높다는 점에서 우리 사회가 반드시 해결해야 할 과제이다. 이 장에서는 가족폭력에 대한 이해, 피해자 유형별 폭력가족을 알아보고, 폭력가족 관련 정책 및 실천 그리고 폭력가족을 위한 복지방안 등을 살펴보고자 한다.

1. 폭력가족에 대한 이해

1) 폭력가족의 개념

(1) 가정폭력의 정의

인간은 출생과 함께 전 생애에 걸쳐 인격체로서 존엄과 가치를 부여받으며 행복을 추구할 권리를 가진다. 또한 동시에 평등할 권리를 가지며, 일반적으로 어느 가정에 소속되고, 한 가족의 구성원이 된다. 행복한 가정, 평화로운 가정은 인류의 소망이며 이상이다. 그러나 실제로는 행복하고 평화로워야 할 가정생활이 가족 간 폭력으로 인해 고통과 공포에 휩싸이는 경우도 적지 않다.

폭력(violence)이란 여러 목적으로 다른 사람에게 의도적인 힘(force)을 사용하는 것으로, 가정폭력(family violence)은 폭력이 1차 집단인 가정 내 구성원들 사이에서 발생하는 것을 의미한다. 가정폭력의 법적 근거를 살펴보면, 「가정폭력 방지 및 피해자 보호 등에 관한 법률」(제1조)에서는 '가족구성원 중의 한 사람이 다른 구성원에게 신체적 · 정신적 또는 재산상 피해를 가져오는 모든 행위'라고 규정하고 있다. 여기서 가족구성원은 배우자 또는 배우자관계에 있었던 자, 자기 또는 배우자와 직계존비속 관계에 있거나 있었던 자, 계부모와 자의 관계 또는 적모와 서자의 관계에 있거나 있었던 자, 동거하는 친족관계에 있는 자를 의미한다.

가정폭력은 가족구성원 사이에서 폭력이란 수단을 가지고 상대방을 억압하고 통제하는 상황을 지칭하며, 신체적 · 정신적 또는 재산상의 피해를 가져오는 모든 행위를 뜻한다. 가정폭력은 폭력 행위자와 폭력 대상자에 따라 부부폭력(남편에 의한 아내 폭력, 아내에 의한 남편 폭력), 부모의 자녀에 대한 폭력, 자녀의 노부모에 대한 폭력 등 가족구성원 간 폭력을 포함한다. 부부폭력(conjugal-violence)은 배우자폭력(domestic violence)으로, 배우자가 다

참고사항 폭력의 유형

일반적으로 가정폭력은 신체적 폭력을 떠올리지만 정서적 폭력, 언어적 폭력, 경제적 폭력, 성적 폭력, 방임 등 다양하다.

〈표 6-1〉 폭력의 유형

신체적 폭력	때림, 발로 참, 밀침, 머리 잡아당김, 짓누름, 목을 조름, 물건으로 때림, 흉기로 위협하기(물건을 부숨, 끓는 물이나 찬물 뿌림, 담뱃불 들이댐, 침 뱉음), 감금이나 신체적 고통을 주는 고문행위, 그 밖의 일방적인 폭력행위
정서적 폭력	두려움, 불안, 공포로 몰아넣는 행위, 잠을 못 자게 하기, 가족이나 친구로부터 고립시키기, 무시하거나 사람들 앞에서 창피주기, 협박
경제적 폭력	일을 못하게 함, 경제권을 통제하기(생활비, 용돈을 주지 않음, 지출내용을 세세히 체크함), 강제로 돈을 가져감, 재산을 임의 처분하는 행위, 무계획한 빚을 되풀이해서 냄
성적 폭력	강제로 성행위 강요, 물건이나 흉기를 사용한 강제적인 성적 학대, 원치 않는 성적 행동을 강제하는 행위, 다른 이와의 성행위 강요 및 노출, 일반적으로 정서적 학대를 병행하여 나타남
방임	제때 끼니를 주지 않는 행위, 불결한 생활환경에 장시간 방치하는 행위, 교육을 시키지 않는 행위, 치료가 필요할 때 치료를 해 주지 않는 것, 아파도 병원에 데려가지 않는 행위, 문을 잠가놓고 나가는 행위 등 무시하거나 무관심하게 대하는 행위

른 배우자에게 해를 가져오는 원인이거나 원인이 될 수 있는 신체적 공격이나 해를 가져온다고 생각되는 비신체적 공격 행동을 말한다. 일반적으로 남편에 의한 아내폭력이 많은 편으로, 아내학대(wife-abuse), 아내구타(wife-battering), 아내폭행(wife-assault) 등의 용어가 혼용되고 있다.

부모의 자녀에 대한 폭력은 부모가 자녀에게 폭력을 행하는 것으로, 자녀폭력가족은 부모가 자녀에게 폭력을 행하는 가족을 일컫는다. 자녀폭력은 일반적으로 아동학대 개념에서 이해될 수 있다. Kempe와 Helfer(1974)는 아동에게 생긴 골절, 경막하혈종, 맞아 생긴 모든 상처에서부터 성장발육 부진에 이르는 모든 증상을 '매맞는 아이증세(battered child syndrome)'라고 정의하였다. 「아동복지법」(제3조)에서 아동학대는 '보호자를 포함한 성인이 아동의 건강 또는 복지를 해치거나 정상적 발달을 저해할 수 있는 신체적 · 정신적 · 성적 폭력이나 가혹행위를 하는 것과 아동의 보호자가 아동을 유기하거나 방임하는 것'으로 규정하고 있다.

노부모폭력은 자녀가 노부모에게 폭력을 행하는 것, 노부모폭력가족의 경우 가족 내 노부모에게 폭력이 행해지는 가족을 일컫는다. 노부모폭력은 일반적으로 노인학대 개념과 연관되어 이해될 수 있다. 영국의 노인학대 구호단체인 Action on Elder Abuse(1995)는 노인학대를 '모든 관계에서 발생되는 노인에게 해나 장해를 일으킬 수 있는 단일한 혹은 반복적인 행동 혹은 적절한 행동의 부족'으로 정의하였다. 「노인복지법」(제1조의 2)에서는 노인학대를 '신체적 · 정신적 · 성적 폭력 및 경제적 착취 또는 가혹행위를 하거나 유기 또는 방임하는 것'으로 규정하고 있다.

(2) 폭력가족의 정의

폭력가족은 가족구성원 간 폭력이 행해지고 있는 가족으로 일부 가족구성원이 피해자인 동시에 다른 가족구성원은 가해자가 되는 상황에 있는 경우이다. 폭력가족은 폭력 대상에 따라 배우자폭력, 자녀폭력, 노부모폭력 등으로 구분될 수 있다.

2) 가정폭력의 원인

가정폭력의 원인은 부부간 말다툼과 사회경제적 지위의 불평등, 술이나 약물 복용, 직장에서 경험한 스트레스나 좌절감, 분노나 고립의 표출, 가부장적 권위를 행하는 것을 당연시하는 생활태도, 의사소통 유형, 부부간 권력 불균형, 재산 관리 갈등, 가정폭력의 대물림 등 다양하다. 가족폭력의 원인은 개인적 · 가족적 · 사회적 요인으로 나누어 볼 수 있는데, 이들 요인은 개별적이거나 복합적으로 작용한다.

(1) 개인적 요인

가정폭력이 유발되는 개인적 요인은 크게 가해자 관련 특성 및 피해자 관련 특성으로 구분할 수 있다. 먼저, 가정폭력의 원인이 되는 가해자 관련 특성으로는 성격적 결함, 자라온 배경, 음주, 알코올중독, 약물중독, 부정적 자아관, 개인의 열등감과 낮은 자존감, 가족구성원에 대한 잘못된 기대나 인식, 잘못된 의사소통, 자녀양육(노부모 부양) 지식 또는 기술 등 관련 지식의 부족, 양육(부양) 미숙, 능력 결여, 스트레스, 분노조절 능력 부족, 충동조절 장애, 성격장애, 병적 의심과 질투, 알코올이나 약물 의존 등이 있다. 그리고 피해자 관련 특성으로는 기질적 문제, 발달상 결함, 원치 않는 출생, 과잉행동 등이 있을 수 있고, 지나친 의존성(장애, 질병, 치매 등으로 인한 수발, 경제적 비용 등 부양 가족구성원에게 과중한 부담이 발생하는 경우)으로 가족폭력이 유발될 수 있다.

(2) 가족적 요인

가정폭력이 유발되는 가족적 요인의 경우 다양한 측면에서 살펴볼 수 있는데, 가족 내부의 갈등이나 스트레스, 역기능적 대화 등 의사소통 문제, 가족구성원 간 상호작용, 신뢰감 부족, 사회적 및 경제적 자원 빈약, 가부장적 성역할 태도 등 전통적 규범의 가족 문화, 폭력의 세대 간 전수, 가족의 지역적 · 사회적 고립 등이 해당된다. 특히 부부 갈등 및 불화, 부부의 폭력적 갈등 상황은 자녀폭력이 발생할 수 있는 환경을 조성할 뿐 아니라 성장 이후 자녀가 다시 폭력가정을 만들 수 있는 가능성을 높일 수 있다. 어려서 부모의 학대를 경험했거나 부모의 배우자학대를 관찰한 경험이 있는 경우는 그렇지 않은 경우보다 폭력을 행사할 확률이 높다. 결국 가정폭력은 학습을 통해 다시 폭력을 유발하는 악순환을 반복하게 만든다. 가족부양자가 직장을 잃거나 재정적 어려움에 처한 경우, 심각한 질병을 앓고 있거나 가족 중 갑자기 죽거나 이혼하는 등 심각한 스트레스를 경험하는 경우도 이에 해당된다. 이 외에도 많은 자녀 수, 가족구성원 수, 가족해체 등도 가족폭력의 원인이 될 수 있다.

(3) 사회적 요인

가정폭력을 유발하는 사회적 요인 역시 다양하다. 격심한 빈부 격차, 만연된 실업 등 사회에서 유발된 긴장 내지 사회적 스트레스가 많은 경우, 허용적 폭력에 대한 사회적 가치와 규범이 있는 경우, 잘못된 가치관(남편의 아내에 대한 통제 및 우월성, 아동을 부모의 소유물로 여김, 가정폭력을 가정 내 사생활이나 부부싸움, 자녀훈육 등으로 인식 등), 그리고 탁아 및 돌봄 등에 대한 사회제도적 지원 미비 등이 가정폭력의 사회적 요인일 수 있다.

3) 가정폭력의 특성 및 영향

(1) 가정폭력의 특성

가정폭력은 폭력의 주체와 대상이 가족이라는 이유 때문에 피해자의 고통이 일반 사회폭력 피해자의 고통에 비해 훨씬 높다. 가정폭력의 가장 큰 문제는 그것이 친밀한 관계 안에서 무의식적으로 일어나고, 오랜 세월 지속적으로 반복되면서 그 정도가 갈수록 심화된다는 점이다. 가정폭력은 은폐성, 지속성, 중복성, 순환성(세대전수성) 등의 특성을 지닌다.

- 은폐성: 가정은 사적 영역으로 가족 외 다른 이가 관여할 수 없다는 인식이 지배적인 경우 폭력이 가정 외부로 잘 드러나지 않는 문제를 지니게 된다.
- 지속성: 폭력은 경미한 수준에서 매우 심각한 수준에 이르기까지 확대되는 경향이 있다. 폭력은 한 번에 그치는 것이 아니라 지속적으로 이루어

짐으로써 장기간에 걸쳐 폭력이 나타날 수 있다. 행위가 초기에는 가벼운 구타에서 시작, 시간이 흐를수록 심각한 수준으로 변화되기도 한다.

- 중복성: 폭력은 가정 내 한 대상뿐만 아니라 중복되는 경향이 있다. 폭력 대상자는 배우자, 자녀, 부모 등 다양할 수 있으며 동물에게도 폭력이 가해질 수 있다.
- 순환성(세대전수성): 가정폭력 경험은 1차 집단인 가정이 최초 폭력 학습의 장이 되어 대물림되는 특성을 지닌다. 가해자는 어렸을 때 폭력 피해자일 수 있고, 피해자는 미래의 가해자 내지 피해자가 될 가능성이 있다. 즉, 폭력가족 내 가해자는 피해자를 만들고, 피해자는 가해자가 되는 악순환의 고리를 지니는데, 이것이 끊이지 않고 계속 이어지는 경우 폭력의 사이클이 형성될 가능성이 높다. 가정폭력을 겪거나 보며 자란 아이들은 학교폭력과 같은 또 다른 폭력의 피해자나 가해자가 되고, 훗날 성인이 되어 스스로 가정폭력의 가해자가 되는 '폭력의 악순환'으로 이어진다. 부부 갈등 및 불화, 부부의 폭력적 갈등 상황은 자녀학대가 발생할 수 있는 환경을 조성할 뿐 아니라 성장 후 자녀가 다시 폭력가정을 만들 수 있는 가능성을 높인다.

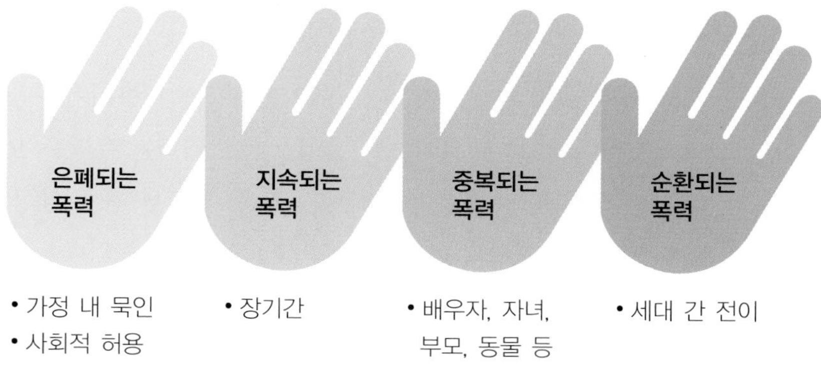

[그림 6-1] 가정폭력의 특성

출처: 가정폭력 예방 보라데이(http://www.lookagain.kr)

(2) 가정폭력의 영향

① 개인에게 미치는 영향

가정폭력은 피해자에게 신체적 영향뿐만 아니라 심리적으로나 정신적으로 부정적인 영향을 미치게 된다.

- 신체적 영향: 폭력 피해자는 간단한 타박상을 비롯하여 골절상, 고막 터짐, 사지 통증, 신경통, 만성 두통, 만성적인 피로, 소화불량 또는 위장장애, 악성빈혈, 심장질환, 불면증, 섭식장애 등 다양한 증상이 나타난다.
- 심리적 영향: 폭력 피해자는 불안감, 수치심, 부끄러움, 공포심, 죄의식, 우울, 무기력, 분하고 억울함, 증오심, 적개심, 두려움 등 심리적 불안과 외부를 통제할 수 있는 사회적 기능이 감퇴되는 등의 부정적 심리 상태를 경험하게 된다. 대표적 증상은 학습된 무기력으로 이들은 사람들이 생각할 수 있는 대응책을 제대로 생각해 내지 못하고 폭력상황 속에 적응해 가는 경향을 보이기도 한다. 폭력이 피해자들의 동기를 감소시켜 수동적으로 만들고, 자신의 노력으로는 모든 것이 해결될 수 없다는 생각 때문에 자신을 무력하게 인지하도록 만들어 우울증을 겪게 하는 것이다.
- 사회적 영향: 폭력 피해자는 폭력 사실이 다른 사람에게 알려지는 것이 두려워 사람들과의 만남을 피하고 사회적으로 고립되는 특성을 보인다. 이와 같은 사회 적응 장애의 형태로는 가출, 친밀한 관계 형성 곤란, 사회적 고립, 직장생활의 어려움, 직업 상실 등을 들 수 있다.

② 가족에 미치는 영향

가정폭력은 가족해체의 주요 원인이 될 수 있다. 예를 들어, 배우자폭력이 발생하면 단순히 부부간 문제를 넘어 자녀에 대한 폭력으로 이어지며, 폭력으로 인한 부부관계 상실은 가족해체에 이르게 할 수 있다.

③ **사회에 미치는 영향**

가정폭력은 개인뿐만 아니라 가족과 사회에 부정적 폐해를 가져온다는 점에서 단순한 개인이나 가족만의 문제에 국한되지 않으며, 사회 건강성을 해치는 명백한 사회문제이다. 가정폭력은 청소년비행의 주요한 원인이 되는데, 어릴 때 겪은 가정폭력 경험은 청소년의 학교폭력 가해행동에 직·간접적인 영향을 미친다. 가정 내 폭력이 근절되지 않는 한 학교폭력 문제를 해소하는 데 한계가 있다(이지현, 2014).

2. 폭력가족의 실태

우리나라 폭력가족의 실태는 여성가족부가 3년마다 실시하는 전국 가정폭력 실태조사 결과를 통해 살펴볼 수 있는 바, 2016년 가정폭력 실태조사(여성가족부, 2016) 결과를 통해 부부폭력, 자녀폭력, 노부모폭력에 대한 실태를 알아볼 수 있다. 또한 자녀폭력이나 노부모폭력은 아동보호전문기관이나 노인보호전문기관에 학대 신고된 사례를 분석한 아동학대 현황보고서, 노인학대 현황보고서 결과를 참고할 필요가 있다.

1) 부부폭력

2016년 가정폭력 실태조사(여성가족부, 2016)에 따르면, 지난 1년간 부부폭력 발생률은 14.1%로 신체적 폭력 3.7%, 정서적 폭력 12.5%, 경제적 폭력 2.5%, 성학대 2.2%, 통제 37.7% 등으로 나타났다. 여성피해자(12.1%)가 남성피해자(8.6%)보다 높게 나타났으며, 가해 역시 남성(11.6%)이 여성(9.1%)보다 높게 나타났다. 여성의 경우, 신체적 폭력 피해는 3.3%, 정서적 폭력

〈표 6-2〉 지난 1년간 부부폭력률(전체) (단위: %)

구분	전체	여성			남성		
		피해	가해	상호폭력	피해	가해	상호폭력
부부폭력률	14.1	12.1	9.1	6.5	8.6	11.6	6.2
신체적 폭력	3.7	3.3	1.9	0.9	1.6	2.1	0.6
경한 폭력	3.6	3.2	1.8	0.9	1.6	2.1	0.6
중한 폭력	0.4	0.5	0.2	-	0.1	-	-
정서적 폭력	12.5	10.5	8.4	6.2	7.7	10.5	5.9
경제적 폭력	2.5	2.4	1.1	0.3	0.8	1.5	0.4
성적 폭력	2.2	2.3	0.3	0.1	0.3	1.8	0.1

주: 1) 백분율은 3,961명(응답자 수)을 기준으로 가중치를 부여하여 추정함
2) 분석에서 무응답은 제외함
3) 부부폭력률은 신체적, 정서적, 경제적, 성적 폭력 중 하나라도 경험한 비율임
4) 유형별 폭력률은 각 유형에 해당하는 폭력행동들 중 하나라도 경험한 비율임. 신체적 폭력률은 경한 신체적 폭력이나 중한 신체적 폭력 행동 중 하나라도 경험한 비율임

출처: 여성가족부(2016). 2016년 가정폭력 실태조사 연구, p. 73.

10.5%, 경제적 폭력 2.4%, 성적 폭력 2.3%였다. 남성의 경우, 신체적 폭력 피해는 1.6%, 정서적 폭력 7.7%, 경제적 폭력 0.8%, 성적 폭력 0.3%였다.

폭력으로 인한 신체적 상해는 14.5%, 정신적 고통은 33.8%로 나타났으며, 폭력 피해에 대한 대응으로는 '그냥 있었다'(66.6%)가 제일 높았고, '자리를 피하거나 집 밖으로 나갔다'(24.1%)는 응답이 그다음으로 많았는데, 도움요청은 1.0%에 불과하였다. 도움요청 대상은 '가족, 친척'이 12.1%, '이웃, 친구'는 10.3%에 해당하였고, '경찰'은 1.7%, '여성긴급전화(1366)'는 0.6%, '상담소 및 보호시설'은 0.6%에 불과하였다. 경찰에 도움을 요청하지 않은 이유로는 '폭력이 심각하지 않다고 생각해서'가 41.2%였고, '집안일이 알려지는 것이 창피해서'라는 응답은 29.6%로 나타났다.

2) 자녀폭력

우리나라 가족 내 자녀폭력 발생률은 적지 않은 편으로 2016년 가정폭력 실태조사(여성가족부, 2016)에 따르면 지난 1년간 자녀폭력 발생률은 27.6%였다. 유형별 자녀폭력 비율을 살펴보면 정서적 폭력이 25.7%로 가장 높은 편이었고, 신체적 폭력(7.3%), 방임(2.1%) 등의 순으로 나타났다.

2017년 전국 아동학대 현황보고서(보건복지부, 중앙아동보호전문기관, 2018)에서는 지난해 전국 아동보호전문기관에 접수된 학대신고 34,169건 중 65.5%(22,367건)가 아동학대 사례로 판정되었다. 아동학대 사례 유형별 건수를 살펴보면 중복학대가 10,875건(48.6%)으로 가장 많았고, 그다음으로 정서학대(21.1%), 신체학대(14.7%), 방임(12.5%), 성학대(3.1%) 순으로 나타났다.

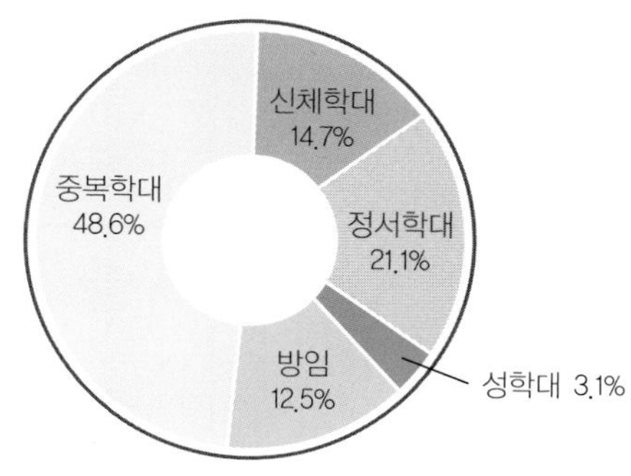

[그림 6-2] 아동학대 사례 유형(중복학대 별도 분류)

출처: 보건복지부, 중앙아동보호전문기관(2018). 2017년 전국 아동학대 현황보고서, p. 129.

가정 형태별로는 친부모가족이 55.8%로 가장 많았고, 한부모가족에 해당하는 부자가정 12.2%, 모자가정 11.8%, 미혼부모가정 1.6%로 전체 가족의 25.6%에 해당되었다. 이 외에도 친부모가족 외 형태(36.1%), 대리양육 형태(1.4%)와 기타(0.6%)가 있다.

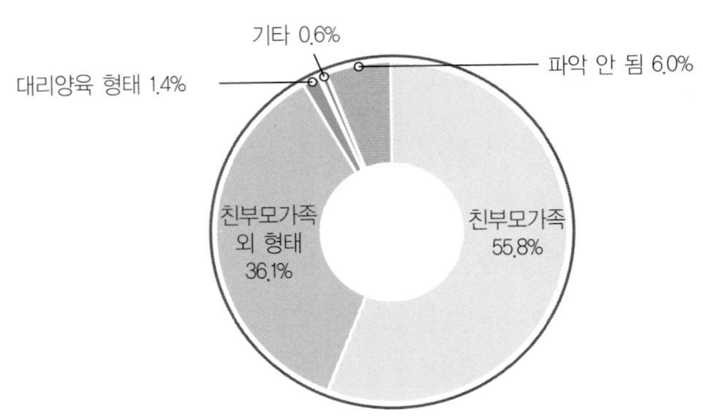

[그림 6-3] 피해아동 가족 유형

출처: 보건복지부, 중앙아동보호전문기관(2018). 2017년 전국 아동학대 현황보고서, p. 116.

〈표 6-3〉 피해아동 가족 유형

(단위: 건, %)

친부모 가족	친부모가족 외 형태								대리양육 형태				기타	파악 안 됨	계
	부자 가정	모자 가정	미혼 부·모 가정	재혼 가정	친인척 보호	동거 (사실혼 포함)	소년 소녀 가정	소계	가정 위탁	입양 가정	시설 보호	소계			
12,489	2,732	2,632	361	1,318	487	532	16	8,708	38	56	217	311	137	1,352	22,367
(55.8)	(12.2)	(11.8)	(1.6)	(5.9)	(2.2)	(2.4)	(0.1)	(36.1)	(0.2)	(0.3)	(1.0)	(1.4)	(0.6)	(6.0)	(100.0)

출처: 보건복지부, 중앙아동보호전문기관(2018). 2017년 전국 아동학대 현황보고서, p. 115.

3) 노부모폭력

2016년 가정폭력 실태조사(여성가족부, 2016)에 따르면, 노인의(배우자 제외) 학대피해율은 7.3%였으며, 신체적 학대(0.4%), 정서적 학대(6.5%), 경제적 학대(1.5%), 방임(1.4%) 등의 순으로 나타났다. 주 가해자는 아들·딸이 69.5%로 가장 많은 비율을 차지하였고, 사위·며느리(20.2%), 손자·손녀(7.0%) 순으로 나타났다. 여성노인의 경우 아들(43.6%), 며느리(23.5%), 딸(16.2%) 순으로, 남성노인의 경우 아들(51.9%), 며느리(16.1%), 딸(2.9%) 순으로 나타났다. 폭력을 경험한 노부모는 가해자와 동거하는 경우가 28.6%, 따로 살고 있는 경우는 71.4%로 나타났다. 폭력 발생 이유로 '해당 가족원의 나에 대한 부양부담'이 36.4%로 가장 많은 비율을 차지하였고, '해당 가족원의 스트레스로'(29.4%), '이유를 모름'(15.6%), '해당 가족원이 내가 좋은 부모가 아니었다고 생각해서'(10.4%) 순으로 나타났다.

2018년 노인학대 현황보고서(보건복지부, 중앙노인보호전문기관, 2018)에 따르면, 학대 유형 중 정서적 학대가 3,508건(42.9%)으로 가장 많았으며, 다음으로 신체적 학대 3,046건(37.3%), 방임 718건(8.8%)을 차지하였다. 이 세 유형의 학대 건수는 전체 학대 건수의 89%에 해당하는 수치로 노인학대 건수의 대부분을 차지하고 있다. 그 밖에 경제적 학대 381건(4.7%), 자기방임 240건(2.9%), 성적 학대 228건(2.8%), 유기 55건(0.7%) 순으로 나타났다.

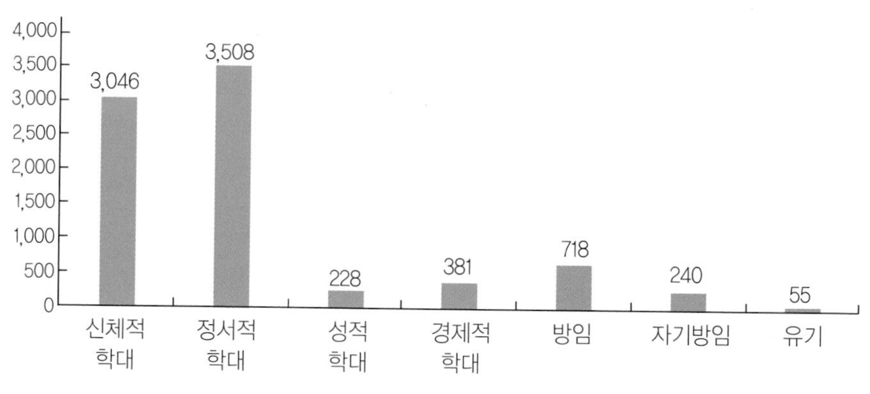

[그림 6-4] 노인학대 유형

출처: 보건복지부, 중앙노인보호전문기관(2018). 2018년 노인학대 현황보고서, p. 81.

학대행위자 대부분은 가족으로 아들이 가장 큰 비중을 차지하였다. 전체 학대행위자 중 아들이 37.2%로 가장 높은 비율을 차지하였으며, 다음으로는 배우자(27.5%)와 딸(7.7%)이 뒤를 이었다. 또 학대행위자의 연령대를 살펴본 결과 60대 이상 학대행위자가 44.5%(60대 14.5%, 70세 이상 30.0%)로 노

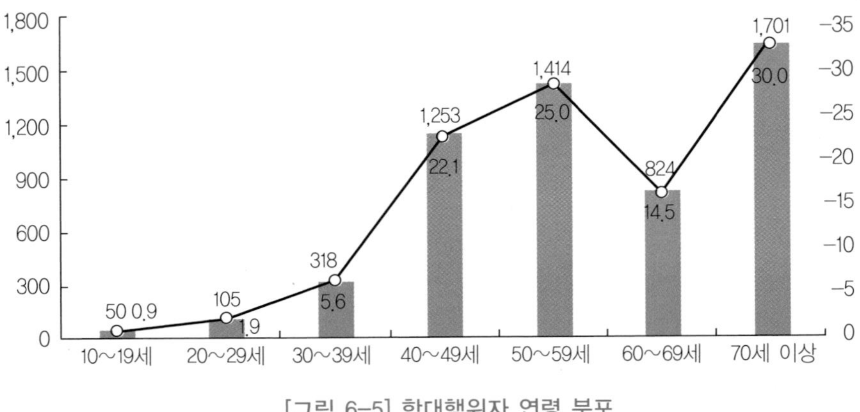

[그림 6-5] 학대행위자 연령 분포

출처: 보건복지부, 중앙노인보호전문기관(2018). 2018 노인학대 현황보고서, p. 65.

(老)-노(老)학대에 대한 비율이 상당 부분 차지하였다. 또 학대피해노인 중 치매노인이 증가되고 있는 바, 치매 진단을 받았거나 치매가 의심되는 사례는 2013년 831건에서 2018년 1,207건으로 45.2% 증가하였다.

3. 폭력가족의 정책 및 실천

1) 폭력가족 관련 정책

(1) 폭력가족 지원 관련 법

1980년대 가정폭력이 사회문제로 대두되기 시작하면서 범국가적 차원의 대응방안이 마련되어 왔다. 이러한 노력은 1995년에 「여성발전기본법」에 가정폭력 예방에 관한 규정을 마련하는 데 도움을 주었고, 1997년 말 제1차 여성정책기본계획에 가정폭력이 주요 정책 과제로 설정되도록 하였다. 「여성발전기본법」은 2014년 전부 개정되면서 「양성평등기본법」으로 법명이 바뀌었으며 제30조에 국가와 지방자치단체는 가정폭력을 방지하고 피해자를 보호하며 이를 위하여 필요한 시책을 강구해야 함을 강조하고 있다.

폭력가족 관련 법적 근거는 「가정폭력방지 및 피해자 보호 등에 관한 법률」 및 「가정폭력범죄의 처벌 등에 관한 특례법」으로 1998년 7월 1일부터 시행되었다. 이들 법은 가정폭력을 예방하고 피해자를 보호하며, 가정폭력범죄를 행한 자에 대하여 환경 조정과 성행 교정을 위한 보호 처분을 함으로써 가정폭력범죄로 파괴된 가정의 평화와 안정을 회복하고 건강한 가정을 육성함을 목적으로 하고 있다.

자녀폭력에 있어서는 「아동학대 범죄의 처벌 등에 관한 특례법」(2014. 1. 28. 제정/2014. 9. 29. 시행)에 근거한다. 이 법은 아동학대범죄의 처벌 및 그 절차에 관한 특례와 피해아동에 대한 보호절차 및 아동학대행위자에 대한 보호 처분을 규정함으로써 아동을 보호하여 아동이 건강한 사회구성원으로 성장하도록 함을 목적으로 하고 있다(제1조). 그리고 아동학대행위자가 아동에게 중상해를 입히거나 상습적으로 아동학대범죄를 저지른 경우 검사가 법원에 친권상실을 청구할 수 있도록 규정하였다(제9조). 또한 노인폭력(학대) 관련법은 「노인복지법」에서 찾을 수 있는데, 이 법에서는 '노인학대란 노인에 대하여 신체적 · 정신적 · 정서적 · 성적 폭력 및 경제적 착취 또는 가혹행위를 하거나 유기 또는 방임을 하는 것'으로 규정하고 있다.

(2) 폭력가족 관련 정책 내용

2013년 6월 여성가족부는 보건복지부, 경찰청 등 8개 관계부처와 합동으로 '가정폭력방지 종합대책안'을 발표했다. 정부는 가정폭력의 주요 원인으로 꼽히는 4대 중독을 조기에 발견하고 치료효과를 극대화하기 위해 알코올, 인터넷, 도박, 마약 등 중독에 대한 선별검사도구 및 의 · 과학 기반의 중독예방 지침을 개발 · 보급하기로 했다. 가정폭력 예방교육도 강화되어 2014년부터 가정폭력예방교육 의무기관이 기존 각급학교에서 국가기관과 지자체, 공공기관으로 확대되었다. 아동학대자는 형 또는 보호 처분이 끝난 뒤부터 10년간 어린이 관련 기관 취업이나 운영을 제한하고, 불법체류 이주여성이 가정폭력 피해를 신고하면 수사기관의 출입국관리소 통보를 면제해

주기로 했다. 가정 내 노인학대에 대해서도 긴급구조를 위한 전문기관의 현장방문 때 경찰관 동행 의무화를 추진하는 등 노인학대의 예방과 피해자 보호를 강화하기로 하였다.

2018년 11월 여성가족부, 법무부, 경찰청 등 관계부처 합동 브리핑을 열고 '가정폭력 방지대책'을 발표했다. 심각해지는 가정폭력 범죄에 선제적으로

〈표 6-4〉 가정폭력 방지대책: 현행 및 개선방안

	현행	개선
피해자 안전 및 인권보호	가 · 피해자의 '분리'만 가능	'현행범 즉시 체포' 추가
	긴급임시조치 위반 시 과태료 부가	가해자 '유치장 유치' 방안 추진
	접근금지 등 임시조치 위반 시 과태료부과	징역 또는 벌금 부과로 제재 강화
	접근금지는 거주지 · 직장 등 '장소' 기준	피해자 혹은 가정구성원 등 '사람' 기준
	피해자 보호 명령은 퇴거 등 격리, 전기통신 접근금지, 친권행사 제한	자녀 면접교섭권 제한 추가
	112 시스템 신고이력 보관기간 1년	APO 시스템과 연계, 신고이력 3년 보관
가해자 처벌 강화 및 재범 방지	주거침입 등은 포함되지 않음	• 유죄 신고시 수강 · 이수명령 병과 신설 • 주거침입, 퇴거불응, 주 특수주거 침입 및 미수범, 카메라 등 촬영 범죄 추가
피해자 지원		• 피해자 보호시설 퇴소 시 자립지원금 지급 • 일센터 등과 연계, 자립지원 프로그램 운영 • 폭력피해 이주여성 전문상담소 신설
예방 및 인식 개선		• 가족 내 성차별 개선 등 교육 콘텐츠 및 성평등 교육 강의안 개발을 통한 교육 강화 • 가족상담전화(가족콜) 신규 운영

출처: 관계 부처 합동(2018). 가정폭력 방지대책 발표자료.

대응하여 시급히 개선 · 보완해야 할 피해자 안전 및 인권 보호, 가해자 처벌 및 재범 방지, 피해자 지원, 예방 및 인식 개선 네 영역을 중심으로 '가정폭력 방지대책'의 주요 과제를 수립했다. 피해자의 신변보호를 위한 응급조치 유형에 '현행범 체포'를 추가하여 현장출동 경찰의 초동조치를 강화하고, 상습·흉기사범은 원칙적으로 '구속영장' 청구 등의 대처를 엄중히 하며, 피해자가 자립 역량 부족으로 가정폭력의 굴레를 벗어나지 못하는 상황을 막기 위해 전문 자립지원 프로그램을 신설 · 운영하는 등의 대책을 공표했다. 이를 통해 보다 적극적인 가정폭력 피해자 보호 및 가해자 처벌 등을 강화함으로써 보다 실효성 있는 가정폭력 예방 및 방지가 이루어지도록 하였다.

① 폭력가족지원

현재 폭력가족 관련 정책 실행에 있어서 가정폭력 피해회복 및 재발 방지, 무료법률구조사업, 가정폭력 피해자 치료 보호 등이 있다.

❑ 가정폭력 피해회복 및 재발 방지

가정폭력 피해회복 및 재발 방지에 있어서 가정폭력 가해자 교정 및 치료 프로그램, 가정폭력 피해자 치료 및 회복 프로그램이 있다.

- **가정폭력 가해자 교정 및 치료 프로그램**: 상습, 반복, 대물림되는 특성이 있는 가정폭력 가해자들의 성행교정을 통한 가정폭력 재발 방지를 목적으로 한다. 이의 지원 내용으로 전문가상담, 심리치료 등을 위한 강사료 및 상담료/집단상담 등을 위한 장소 및 기자재 임차료, 재료비/부부캠프 운영을 위한 숙식비, 교통비 등이 있다. 지원 대상은 가정폭력 가해자 교정 · 치료 프로그램 운영 기관으로 선정된 가정폭력상담소다.
- **가정폭력 피해자 치료 및 회복 프로그램**: 가정폭력 피해자 및 동반 아동의 치유를 통한 자존감 회복 및 온전한 사회인으로의 복귀 도모를 목적으로 한다. 이의 지원 내용은 전문가상담, 심리치료 등을 위한 강사료 및

상담료/집단상담 등을 위한 장소 및 기자재 임차료, 재료비/심신회복 캠프 운영을 위한 숙식비, 교통비 등이다. 지원 대상은 가정폭력 피해자 치료·회복 프로그램 운영 기관으로 선정된 가정폭력 피해자 보호시설, 가정폭력상담소 등이 해당된다.

❑ 무료법률구조사업

폭력 피해여성은 여성폭력에 대한 사회적 무관심, 낮은 사회경제적 지위에 있는 경우가 적지 않다. 이로 말미암아 법률지식의 부족, 소송에 따른 시간적 여유 부족 등으로 자신의 권익을 지키지 못하는 인권 사각지대에 놓여 있다. 이에 무료법률구조사업은 가정폭력 피해여성에 대하여 무료로 법률구조를 해 줌으로써 기본적 인권 옹호 및 여성권익을 신장하고자 함을 목적으로 한다. 이 사업에는 무료 민사·가사 소송대리(가정폭력 피해여성 무료 법률상담, 법률구조 필요 인정 시 법률구조신청에 의해 소송대리), 형사무료변호, 면접, 전화, 사이버, 출장, 서신상담 등의 법률상담이 있다. 이 외에도 법률계몽사업으로 텔레비전, 라디오, 신문, 잡지 등 대중매체를 통해 피해여성에 대한 무료법률구조사업 홍보 활동, 생활법률 강연 및 이동법률상담, 무료 대서 등이 이루어지고 있다.

❑ 가정폭력 피해자 치료 보호

가정폭력 피해자 치료 보호는 폭력 피해자 중 정신적·신체적 피해로 치료 보호가 있어야 하는 자에 대해 치료비를 지원한다. 치료 보호 내용에는 보건에 관한 상담 및 지도, 신체적·정신적 피해에 대한 치료, 임산부 심리 안정을 위한 각종 치료 프로그램의 시행 등 정신치료, 임산부 및 태아 보호를 위한 검사 및 치료, 가정폭력 피해자 가정의 신생아에 관한 의료 등이 해당된다.

❑ 기타

이 외에도 가정폭력 피해자에 대한 의료비지원이 있으며 주거지원사업이 이루어지고 있다. 주거지원사업은 피해여성 주거 및 자립지원을 위해 그룹홈 형태의 임대주택을 제공하는 것이다.

② 가정폭력상담

가정폭력을 예방하고 가정폭력 피해자를 보호함으로써 건전한 가정을 유지하고 가정해체를 방지하고자 가정폭력상담소가 운영되고 있다. 주요 업무는 가정폭력의 신고접수 및 상담, 피해자 임시 보호 또는 의료기관이나 가정폭력 피해자보호시설로의 인도, 행위자에 대한 고발 등 법률적 사항에 관한 자문을 얻기 위한 대한변호사협회나 대한법률구조공단 등에 필요한 협조와 지원의 요청, 가정폭력의 예방 및 방지에 관한 홍보, 기타 가정폭력 및 피해에 관한 조사・연구, 지역사회 캠페인, 지역신문, 생활정보지, TV, 반상회보 등을 활용한 홍보 활동 등이다.

③ 가정폭력 피해자 보호

가정폭력 피해자 보호를 위해 가정폭력 피해자 시설이 운영되고 있다. 가정폭력 피해자 시설은 「가정폭력방지 및 피해자 보호 등에 관한 법률」(제7조의2)에 근거하여 단기 보호, 장기 보호, 외국인 보호, 장애인보호시설 등으로 구분된다.

- 단기보호시설: 피해자 등을 6개월의 범위에서 보호하는 시설, 3개월 범위 내 한 차례 연장 가능
- 장기보호시설: 피해자 등에 대하여 2년 범위에서 자립을 위한 주거편의 등을 제공하는 시설
- 외국인보호시설: 배우자가 대한민국 국민인 외국인 피해자 등을 2년 범위에서 보호하는 시설

- 장애인보호시설: 「장애인복지법」 적용을 받는 장애인인 피해자 등을 2년 범위에서 보호하는 시설

가정폭력 피해자 보호시설에서는 숙식 무료 제공, 법률 및 심리상담, 치료지원, 심리 · 정서적 지원(개인상담, 심신단련 프로그램, 권리 찾기 교육, 인간관계훈련 등), 수사 · 법적 지원(수사의뢰, 수사동행, 법률상담, 소송지원 등), 의료지원(치료동행, 치료비지원, 의료기관 연계 등), 자립지원(취업알선, 직업훈련연계, 퇴소 후 거주지 알선 등), 동반아동지원(학교문제지원: 전학문제, 지도교사 면담 등), 학습 · 놀이지도, 아동상담 등을 제공한다.

④ 여성긴급전화 1366 서비스

여성긴급전화 1366은 가정폭력 · 성폭력 · 성매매 등으로 긴급한 구조 · 보호 또는 상담을 필요로 하는 여성이 언제라도 전화로 피해상담을 받을 수 있도록 365일 24시간 운영하여 여성인권을 보호함을 목적으로 한다. 주요 서비스로 전화권역(시 · 도)별 설치 · 운용, 피해자 1차 긴급상담, 서비스 연계(예: 의료기관, 상담기관, 법률구조기관, 보호시설) 등 위기개입 서비스가 제공된다. 특히 이주여성 긴급전화는 1577-1366으로 따로 설치되어 있다.

⑤ 기타

이 외에도 아동보호전문기관(1577-1391), 노인보호전문기관(1577-1389), 청소년상담지원센터(1388), 대한법률구조공단(132), 한국가정법률상담소(1644-7077), 경찰(여성폭력상담전화, 여성상담실) 등이 있다.

2) 폭력가족을 위한 실천

가정폭력은 가족 전체에 치명적 영향을 준다는 점에서 가족 단위의 개입이 필요하다. 부부폭력의 경우 자녀 학대나 방임이 동시에 발생하는 경향이

있고, 부모의 폭력을 경험한 자녀들은 형제자매나 미래의 배우자에게 폭력을 행할 수 있다. 가정폭력가족 중에는 가족분리가 최선인 경우가 있는 반면, 폭력이 없는 부부관계의 재확립을 지원하는 적절한 서비스를 통해 어려움을 극복하여 가족이 다시 함께 살기를 희망하는 경우가 있다. 따라서 폭력가족에 대한 정확한 문제 사정과 이들 가족의 역량강화를 위한 적절한 개입과 함께 가족 전체를 대상으로 서비스가 실시되어야 한다(김연옥 외, 2005).

(1) 폭력가족 대상 상담

① 피해자상담

가족폭력 피해자인 경우 대부분 우울증 또는 공황장애 등을 겪으며, 약물치료 및 인지행동치료 등의 꾸준한 치료가 필요하다. 인지행동치료는 피해자의 인지 과정을 살핌으로써 이의 바탕이 되는 행동양식을 수정하는 과정을 갖도록 한다. 해당 내담자의 문제가 되는 생각과정, 인지 과정을 고치고, 이로 인해 문제가 되는 행동을 줄여 가며, 결과적으로 사회적 상황에 대처하는 능력, 즉 사회적 기술을 습득하고 극대화해 가는 효과를 갖도록 한다.

② 가해자상담

가정폭력 가해자들은 폭력 피해자가 자신을 화나게 만들었기 때문에 때릴 수밖에 없었고, 참을 만큼 참았지만 도저히 어쩔 수 없어서 때렸다고 주장한다. 가해자들이 주장하는 분노 원인에는 폭력 피해자가 자신을 무시하고 모욕적 언사를 하며, 자신의 말을 안 듣는다는 것 등이다. 이러한 분노의 표현방식은 분노감정 자체가 폭력행동을 유발하는 게 아니라 가해자들 스스로 분노의 표출방식으로 폭력을 '선택'하는 것이다. 따라서 가정폭력을 근본적으로 해결하기 위해서는 폭력을 행하는 가해자의 변화가 절실하다. 가해자의 폭력 근절과 변화를 위한 프로그램이 요구되는 피해자 중심의 접근은 한계가 클 수밖에 없고, 가정폭력 가해자에 대한 치료적 접근이 이루어지지 않는다면 가해자 폭력행위의 재발 중단을 낙관할 수 없으므로 피해자의 안전을 보장할 수 없다.

가해자상담은 가정폭력 행위자의 폭력에 대한 인식을 개선하고, 폭력성을 교정하여 폭력재발을 방지하며, 궁극적으로 부부관계를 비롯하여 가족원 간 관계 개선을 도모하는 데 그 목적을 두고 있다.

가정폭력 피해자상담의 목표

가정폭력 피해자상담은 피해를 극복할 수 있는 심리적 · 의료적 · 법적 지원을 통하여 가정폭력 문제해결과 내담자의 자존감을 회복하도록 돕는 데 그 목적이 있다.

1) 가정폭력에 대한 왜곡된 인식과 피해 그리고 상처로 힘들어하는 내담자를 믿어 주고 지지해 줌으로써 자아존중감 회복을 돕는다.
2) 자신이 경험한 가정폭력에 대한 느낌과 생각을 객관적으로 성찰할 수 있도록 돕는다.
3) 폭력에 대한 대처능력을 향상하도록 돕는다.
4) 의료적 · 법적 · 심리적 정보를 효율적으로 안내하고 제공한다.
5) 필요한 경우 피신처 보호시설 등에 연계한다.

가정폭력 피해자상담 진행 과정

피해자상담은 초기, 중기, 후기로 구분되며, 총 12회기 내외로 이루어진다.

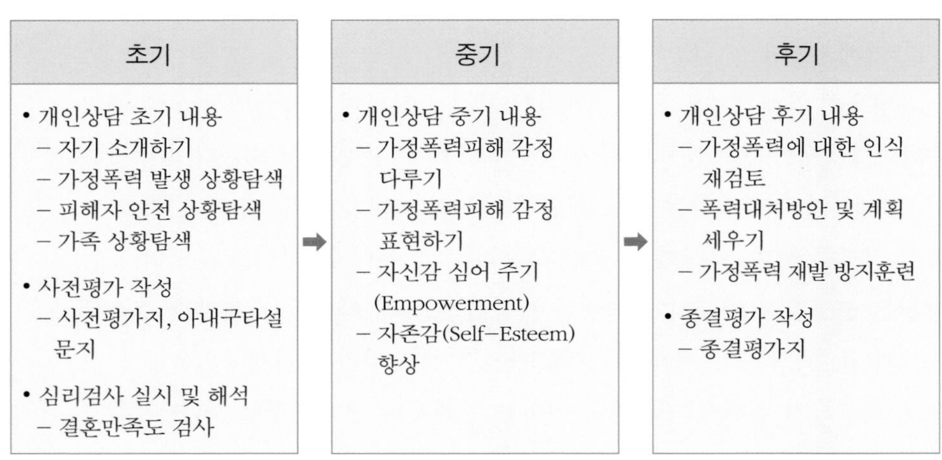

[그림 6–6] 가정폭력 피해자를 위한 상담

출처: 한국여성상담센터 홈페이지(http://www.iffeminist.or.kr)

〈표 6-5〉 가정폭력 가해자상담 내용

1. 사전면접(1회기)
2. 가정폭력 이해(2회기)
• 폭력 유형, 원인 알아보기
3. 정신건강의 회복(3~4회기)
• 스트레스 증상 및 극복하기(행동요법)
• 스트레스와 우울극복 연습
• 분노 관리기술 익히기
4. 평등관계에 대한 이해(5~7회기)
• 통제에 대한 이해
• 상호존중 방법 연습
• 권력 나누고 평등관계 실천
5. 평등관계 방해요인 알아보기(8~9회기)
• 나와 아내의 가치 알아보기
• 전통적 성역할 태도 바꾸기
• 갈등 해결방안 모색하기(의사소통기술)
• 상호존중 방법 연습
6. 평등관계 기술습득 및 강점 강화(10회기)
• 나와 아내의 권력 유형 알아보기
• 자아존중감 회복과 강점 강화

출처: 월계우리가족상담소(2015). 내부자료.

③ 부부상담

부부상담은 가정폭력으로 인해 부부관계에 위기를 맞은 부부에게 관계 재정립과 갈등 해소를 목적으로 한다. 가정폭력 가해자와 피해자는 폭력에 대한 사과와 용서를 통해 서로 간 상처를 치유하고 부부간 효과적인 대화방식을 훈련하게 된다.

④ 집단상담

단지 폭력이 없는 가족 간의 관계가 아니라, 서로에 대한 이해와 수용 그리고 갈등 해결을 통해 폭력이 존재하지 않는 가족관계로 발전시키는 것을 목적으로 한다.

(2) 폭력가족지원 프로그램

일반적으로 폭력가족 내 가해자와 피해자의 문제 상황에 신속히 개입하기 위해 위기지원이 필요하다. 가정폭력 전문상담소에서 이루어지는 지원 프로그램의 경우, 가정폭력 위기지원, 가정폭력예방, 심리검사 등이 대표적이다.

(3) 폭력가족 자조집단

가정폭력 피해여성이 서로에게 심리적 지원을 제공하며 건강한 삶을 만들어 가도록 도움을 주는 자조집단 형성이 바람직하다. 자조집단을 통해 가정폭력 피해여성의 역량강화가 가능할 수 있다. 자조집단은 소속감을 제공하며 구성원들에게 도움을 받을 수 있는 기회뿐만 아니라 도움을 줄 수 있는 기회를 제공한다. 문제행동을 가진 대부분의 사람은 도움을 받을 수 있는 친구나 친지가 거의 없는 등 사회적으로 고립되어 있는 편이다. 가정폭력 피해자들로 이루어진 자조집단은 유사 경험을 한 다른 구성원들과 교류함으로써 비교적 단시간 내에 도움을 주고받을 수 있는 지지체계로 기능할 수 있다.

〈표 6-6〉 가정폭력 전문상담소 프로그램

가정폭력예방

세부 프로그램명	내용
가정폭력예방교육	아동, 청소년, 성인을 대상으로 가정폭력예방교육 실시
가정폭력예방캠페인	지역주민 대상으로 폭력의 심각성을 알리고 가정폭력의 올바른 이해 및 대처방법을 안내
상담, 심리검사	개인적 문제, 관계갈등이 있는 사람들을 대상으로 실시

가정폭력 위기지원

세부 프로그램명	내용
상담 (개별, 가족, 부부)	전화, 내방, 사이버를 활용한 가정폭력심리상담, 정보 제공
심리검사 (개별, 가족, 부부)	가정폭력으로 인해 어려움이 있는 개인, 부부대상으로 적절한 심리검사도구를 활용해 건강한 성장 도움 및 자기인식 강화
미술치료	가정폭력 피해자녀와 피해성인을 대상으로 심리치유 회복
가정폭력 피해자 집단상담	피해자의 심리 및 폭력에 대한 인식 점검, 자기이해, 부부갈등의 요인과 영향 탐색, 가계도 분석, 무력감과 자아존중감 회복, 미래설계
가정폭력 가해자 집단상담	가해자의 심리 및 폭력에 대한 인식 점검, 자기이해, 부부갈등 요인과 영향 탐색, 가계도 분석, 분노조절, 비폭력대화기술 습득
가정폭력 가해자 교정치료 프로그램 (여성가족부, 복권기금, 서울시 지원사업)	여성가족부, 복권기금, 서울시 지원사업으로 운영되는 사업(개별상담, 부부상담, 집단상담, 부부 캠프, 자조집단 시행)
부부캠프	명상, 숲치유, 춤세러피, 심리극 등을 통한 부부관계회복 프로그램(1박 2일)
자조모임	심신건강의 회복 성장을 위한 자조모임
피해자 보호시설 인도/의료/법적 지원	피해자 보호시설 이용상담, 가족폭력이혼소송관련 상담, 의료기관 연계, 법률상담 연계 등

심리검사

검사명	내용
아동종합심리검사	K-WISC-III, HTP, KFD, SCT 등 지능 및 심리특성검사
MMPI-2	다면성 인성검사(성격특성 및 임상진단용 검사)
애니어그램	성격유형검사
SCT	문장완성을 통한 심리검사

출처: 월계우리가족상담소 홈페이지(http://www.가정폭력.kr/program/)

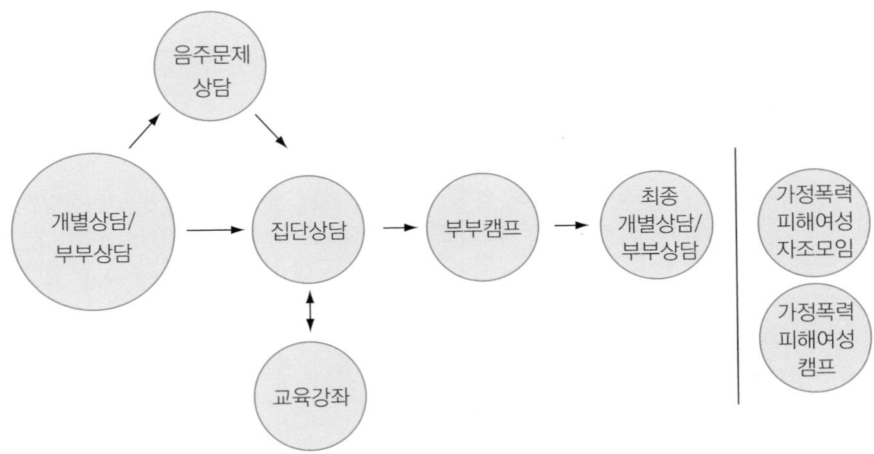

[그림 6-7] 한국가정법률상담소 가정폭력 상담 프로그램

출처: 한국가정법률상담소 홈페이지(http://www.lawhome.or.kr)

4. 폭력가족을 위한 복지방안

'가화만사성(家和萬事成)'은 집안이 화목하면 모든 일이 잘 이루어진다라는 의미를 뜻하는 한자성어로, 모든 일은 가정에서부터 비롯된다는 말이다. 가정은 국가의 근본을 이루는 기본 단위로서 건강한 가정이 많은 나라가 건강한 국가를 형성할 수 있다. 폭력가족을 위한 대처방안은 가정폭력의 발생 원인 파악, 진단과 치료, 예방, 처벌 등이 적절히 이루어져야 한다. 우리 사회의 폭력가족을 예방하고 치료하기 위한 다양한 복지방안을 살펴보면 다음과 같다.

1) 폭력가족지원을 위한 전문서비스 강화

(1) 폭력 피해자에 대한 보호 및 지원

폭력 피해자의 정신적 치료, 건강 보호, 위기개입 서비스, 지속적 사례관리, 상담 및 교육 프로그램 제공, 집단 프로그램 실시(강점기반, 역량강화 등) 그리고 자립 · 자활지원이 필요하다. 특히 폭력 피해가족원에 대한 상담 및 전문적 서비스, 개별치료, 집단 프로그램, 치유캠프 실시, 멘토링 서비스, 방과 후 프로그램 제공 등이 이루어져야 한다.

(2) 폭력 행위자에 대한 교정 및 치료

분노와 공격성, 스트레스 해소 방법에 대한 무지가 폭력성을 노출하는 원인이 될 수 있는데, 분노 나타내기, 갈등과 화(火) 다스리기 훈련, 스트레스 상담 등이 필요하다. 폭력 행위자의 가부장적인 사고와 왜곡된 사고를 수정하고 가족원 간 대화 훈련을 통해 효과적인 의사소통을 할 수 있도록 도와야 한다. 피해자 상처공감 훈련을 통해 폭력 행위자는 폭력이 배우자나 자녀 등 가족원에게 얼마나 부정적 영향을 주는지 인지함으로써 폭력행위를 교정하는 데 도움받을 수 있다. 가정폭력의 잠재적 위험(예: 실업, 저소득, 심한 스트레스, 부부갈등, 사회적 고립) 내지 폭력 행위자 특성(알코올 · 약물 오남용, 성학대 등)에 따라 개인 및 집단별로 가정폭력 예방과 치료 활동을 병행하는 것이 중요하다. 폭력 행위자에 대한 교정 및 치료를 위한 맞춤형 상담, 교육 프로그램 실시와 함께 지속적인 모니터링이 바람직하다.

(3) 가족상담 및 치료 서비스 제공

자녀와 부모, 부부상담 등 가족상담을 통해 가정폭력이 발생되는 원인과 과정을 이해하도록 하고 가족관계 치유와 회복에 도움이 되도록 한다. 또한 가정폭력에 대한 원인 치료를 함으로써 가정폭력이 반복되지 않고 다음 세대로 대물림되지 않도록 지원하여야 한다.

2) 가정폭력 관련 제도 개선

폭력가족에 적절히 개입하기 위해 가정폭력 관련 제도가 개선되어야 한다. 이를 위해 첫째, 가정폭력에 대한 초기 대응 강화, 위기개입의 확대 실시가 필요하다. 가정폭력 사건 접수 시 경찰관 출동을 의무화하고 전문상담가 동행을 통한 초기지원이 강화되어야 한다. 위급 상황인 경우, 일시격리 보호 및 입원치료, 법률지원, 가정폭력 전담경찰관 배치를 통한 신속한 보호 · 지원이 필요하다.

둘째, 가정폭력 현장에서 가해자의 현행범 체포를 비롯 접근금지 등 임시조치를 어긴 가해자를 최대 징역형에 처하는 방안, 접근금지 내용을 장소에서 사람으로 바꾸는 방안, 자녀 면접교섭권 제한과 가정폭력범죄에 주거침입이나 퇴거불응죄, 불법촬영 등을 추가하는 것이 필요한데, 관련 법 개정을 통해 실효성 있게 가정폭력 대처가 이루어져야 한다.

셋째, 보호 처분, 친권제한, 신고의무자 범위 확대, 상담원 신변안전 확보 등 법적 · 제도적 기반 마련이 요구된다. 또한 폭력 피해자 지원시설 확충, 종사자 자질 향상 및 전문성 강화 등이 이루어져야 할 것이다. 특히 경찰, 검찰 등 형사사법기관에 대한 교육을 통해 피해자 관점에서 사건이 처리되도록 지원하는 것이 바람직하다. 이 외에도 가정폭력을 효과적으로 제어하고 현장조치를 강화하기 위하여 신고 단계에서부터 경찰이 가정폭력에 적극적으로 대처하는 것이 필요하다. 또한 가정폭력에 대한 실무 매뉴얼 및 체계적 대응이 가능하도록 구체적인 대응지침이 마련되어야 한다(최선화 외, 2018).

3) 가정폭력지원서비스 협력체계 구축

가정폭력지원서비스 관련 기관 간 협력 · 연계를 통해 대상가족에게 가정폭력 문제의 조기 개입과 효과적인 서비스 제공이 가능하다. 협력 및 연계 활동은 클라이언트의 복합적 욕구 충족과 역량강화를 위한 다양하고 포괄적인 서비스를 제공하고 서비스 연속성을 확보하게 한다. 이를 위해서 기관 간의 상호이해와 정보공유, 협력을 위한 협의체 결성 및 명료한 책무 규정이 필요하다. 가정폭력상담소와 알코올상담센터를 예로 들 수 있는데, 이들은

기타 관련 기관:
노인보호전문기관(1577-1389),
건강가정지원센터(1577-9337),
범죄피해자지원센터,
원스톱지원센터 등

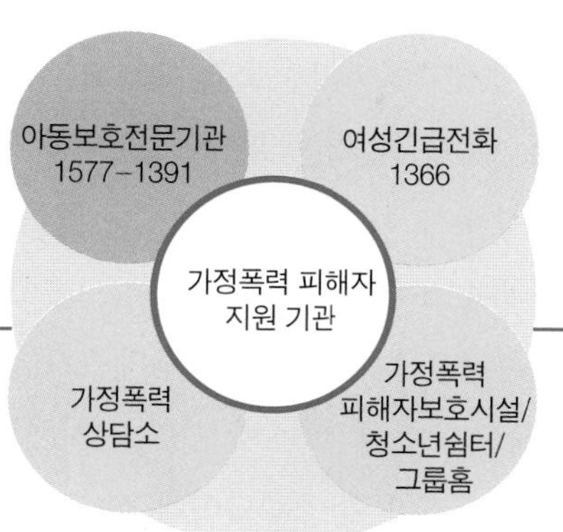

- 365일 24시간 위기 개입 상담(초기지원)
- 긴급피난처 운영: 7일 이내 긴급보호
- 지역관련 기관 연계(쉼터, 법률, 의료 등)

- 평일 9:00~18:00 정기적인 상담
- 가해자 교정 및 치료 프로그램 운영(지정기관)
- 피해자 치료 및 회복 프로그램 운영
- 가정폭력전문상담원양성교육(지정기관)
- 부부 및 집단 상담
- 지역 관련기관 연계(쉼터, 법률, 의료 등)

- 지속적인 상담, 법률, 의료 지원 서비스
- 자녀와 함께 생활(의식주 무료 제공)
- 학습지원(비밀 전학 등)
- 자립지원(취업 연계, 직업훈련 등)

[그림 6-8] 가정폭력 피해자 지원 기관 연계

기관 간 협력사업을 통해 음주문제를 지닌 가정폭력 행위자와 피해자를 대상으로 상담서비스를 제공하고 자녀들을 위한 예방 프로그램을 실행한다(김연옥 외, 2005).

4) 가정폭력 예방을 위한 노력

가정폭력 예방을 위해서는, 첫째, 가부장적인 사고방식, 가정폭력을 허용하는 사회문화적 규범과 가치의 변화가 이루어져야 한다. 이를 위해 평등한 부부 인식 제고, 분노, 공격성, 스트레스 해소 및 관리, 효과적으로 대화하기, 칭찬하기 등 관련 교육이 필요하다. 둘째, 가정폭력 홍보 및 예방 교육 실시, 부모 및 아동 대상 가정폭력 예방 프로그램 개발 · 보급이 필요하다. 이를 위해 전문강사인력 확충, 생애주기별 맞춤형 교육교재 개발 및 의무교육 대상이 아닌 일반국민을 대상으로 찾아가는 예방교육이 확대되도록 한다. 검찰,

법원 등 형사사법기관의 직무교육과정 등에 '가정폭력 인권교육' 과목을 개설하고 경찰서 · 지구대 · 파출소를 대상으로 인식 개선 및 대응절차 교육 강화가 필요하다. 셋째, 폭력 상황에 있는 위기가족 조기발견 및 맞춤형 지원이 필요하다. 경제적 어려움 등 가족 내 문제를 진단하고 관련 지원서비스(예: 구직 활동 내지 소득지원, 교육지원, 알코올중독치료, 긴급 돌봄 등)가 제공되도록 한다. 가족갈등 예방을 위해 생애주기별 · 가족 특성별 가족관계 개선 교육 역시 고려될 수 있다. 넷째, 일 · 가정 양립을 위한 가족친화적 기업문화 및 사회문화 조성이 활성화되어야 한다. 이 외에도 가정폭력 전문상담가 관련 기관(예: 학교나 복지기관) 배치 및 학교사회사업 도입 등이 필요하다.

참고사항 가정폭력 예방을 위한 지침

- 어떠한 상황에서도 폭력은 사용하지 맙시다(화 조절하기, 스트레스 관리하기, 대화 나누기).
- 자녀들에게 매를 들기 전에 다시 한 번 생각합시다.
- 평소 폭력적인 말과 행동을 삼가고 칭찬 한마디의 기적을 만듭시다.
- 남이 폭력을 사용하는 것을 보면 제지합시다.
- 가까운 경찰서와 가정폭력 상담기관의 전화번호를 메모해 둡시다.
- 심각한 폭력이 일어나는 위기 상황인 경우 바로 112로 신고합시다.
- 누구나 폭력상황을 신고할 수 있습니다.
- 경찰은 가정폭력 신고가 들어오면 즉각 출동합시다.
- 의사나 간호사는 가정폭력 피해자를 위한 적절한 조치를 취해 줍시다.
- 가정 내 폭력을 호소하는 친구에게는 상담기관을 안내해 줍시다.
- 가족 간의 대화를 통해 서로 존중하고 이해하도록 노력합시다.

1. 가족폭력의 개념과 특성은 무엇인지 정리해 보세요.

2. 가족 내 폭력을 예방하기 위한 방안에는 어떤 것이 있을지 생각해 보세요.

3. 폭력에 노출된 가족에게 가장 필요한 프로그램은 무엇인지 친구들과 함께 이야기해 보세요.

4. 가족폭력이 초기부터 잘 드러나 개입될 수 있도록 가족폭력의 은폐를 막기 위한 방법에 대해 생각해 보세요.

제7장

한부모가족

최근 이혼, 사별, 별거나 미혼모·부 등으로 발생하는 한부모가족이 증가하고 있다. 한부모가족은 경제적 어려움과 자녀양육, 사회적 편견 등의 어려움을 겪는 경우가 많은데, 이에 대처하고 적응할 수 있도록 전문적이고 체계적인 서비스 지원이 필요하다. 이 장에서는 한부모가족의 개념, 유형 등을 통해 한부모가족의 이해를 도모하고 한부모가족의 실태, 한부모가족 관련 정책 및 실천, 한부모가족을 위한 복지방안에 대해 살펴보고자 한다.

1. 한부모가족에 대한 이해

1) 한부모가족의 개념

오늘날 한국 사회는 핵가족의 보편화, 단독가구 및 1세대 가구의 증가, 이혼 및 재혼의 증가로 가족 형태가 다양하게 변화하고 있다. 이 가운데 한부모가족은 이혼, 별거, 사별, 사생아 출산, 유기 등에 의해 발생하며, 최근 이혼율 증가에 따라 한부모가족은 급증하고 있는 추세이다. 일반적으로 한부모가족은 부모 한 명과 그 자녀(들)로 이루어진 가족을 의미한다. 즉, 한부모가족은 부 또는 모 중의 한 사람이 단독으로 부모의 역할을 수행하는 가족을 지칭한다. 한부모가족은 영어로는 single-parent family, one parent family, lone-parent, fatherless(motherless) family 등으로 사용된다. 한국어로는 한부모가족, 모자가정/부자가정, 편친가족, 모자세대/부자세대, 결손가족 등이 사용되었다. 그러나 이러한 용어 대신 한부모가족은 '한'이 '하나로도 충분하고 온전하다'의 의미를 지닌다는 점에서 상용화되기 시작하였고 오늘날 통용화되었다(권진숙, 김정진, 김성경, 신혜령, 박지영, 2006).

2) 한부모가족의 유형

한부모가족은 '법률상(de jure)' 한부모와 '사실상(de facto)' 한부모로 구분될 수 있다. 법률상 한부모는 이혼, 사별, 이혼 등의 사유로 배우자가 없는 경우에 해당되는데, 이는 한부모가족 발생 원인에 따른 분류라 할 수 있다. 사실상 한부모는 배우자가 현존하나 유기, 장기 가출, 노동 능력이 없어 한쪽 배우자가 단독으로 부모의 역할을 수행하는 경우에 해당된다(이성희, 전길양, 한은주, 조경욱, 2012).

우리나라는 저소득층 한부모가족을 지원하기 위해 「한부모가족지원법」에 근거하여 다음에 해당하는 세대주인 개인이 18세 미만(다만, 취학 후에는 22세 미만)의 자녀를 양육하는 가정으로 정하고 있으며, 청소년 한부모의 경우 24세 이하의 모 또는 부로 규정하고 있다. 이 법에서는 보호대상자 중 아동의 연령을 초과하는 자녀가 있는 한부모가족의 경우 그 자녀를 제외한 나머지 가족구성원을 보호 대상자로 하고 있다.

- 배우자와 사별 또는 이혼하거나 배우자로부터 유기(遺棄)된 자

- 정신이나 신체의 장애로 장기간 노동 능력을 상실한 배우자를 가진 자
- 교정시설 · 치료감호시설에 입소한 배우자 또는 병역복무 중인 배우자를 가진 자
- 미혼자(사실혼 관계에 있는 자는 제외됨)
- 배우자의 생사가 분명하지 아니한 자
- 배우자 또는 배우자 가족과의 불화 등으로 인하여 가출한 자
- 국내에 체류하고 있는 외국인 중 대한민국 국민과 혼인하여 대한민국 국적의 아동을 양육하고 있는 자
- 부모로부터 사실상 부양을 받지 못하는 아동과 그 아동을 양육하는 조부 또는 조모

한부모가족의 경우 모자가족이라 함은 모가 세대주(세대주가 아니더라도 세대원을 사실상 부양하는 자를 포함)인 가족을 의미하며, 부자가족이라 함은 부가 세대주(세대주가 아니더라도 세대원을 사실상 부양하는 자를 포함)인 가족을 의미한다.

참고사항 이혼가족 및 미혼한부모가족 개념

1. 이혼가족

이혼은 법률상으로 완전 유효하게 성립한 혼인을 결혼 당사자들이 모두 생존한 동안 그 결혼 관계를 협의 또는 재판상 절차를 거쳐 해소시킴으로써 혼인으로 인하여 발생했던 일체의 효과를 소멸시키는 것이다. 이혼은 가족의 핵을 이루는 부부가 어떤 이유로든 가족의 공동생활을 하지 못하고 결혼과 가족의 관계를 해소시키는 가족생활 사건이라 할 수 있다. 이혼가족이란 이혼으로 인하여 형성된 가족을 의미, 이혼 전 가족에 비해 축소된 형태를 지닌다. 이혼의 유형은 협의이혼 및 재판이혼으로 구분된다. 협의이혼은 당사자 간 이혼할 것을 협의하여 부부가 함께 가정법원에 가서 판사로부터 협의이혼의사 확인을 받아 신고하는 방법으로 가족관계 등록 등에 관한 법률에 따라 이혼확인서를 제출함으

로써 그 효력을 발생한다. 재판이혼은 배우자 쌍방이 이혼에 대한 합의가 이루어지지 않아, 배우자의 한쪽이 제기한 이혼소송에 따라 법률이 정하는 이혼원인이 있다고 인정되는 경우 가정법원의 조정을 거쳐 이혼소송을 청구하여, 법정에서의 판결에 의해서 성립되는 이혼 형태이다. 민법 제840조에 명시되어 있는 재판상 이혼 원인에 관한 사항은 다음과 같다.

- 1호: 배우자의 부정한 행위
- 2호: 악의의 유기
- 3호: 배우자 또는 그 직계존속으로부터 심히 부당한 대우를 받았을 때
- 4호: 자기의 직계존속이 배우자로부터의 심히 부당한 대우를 받았을 때
- 5호: 배우자의 생사가 3년 이상 분명하지 아니한 때
- 6호: 기타 혼인을 계속하기 어려운 중대한 사유가 있을 때

사실혼은 법적 절차를 거치지 않고 남녀가 함께 혼인생활을 하는 것으로, 사실혼의 해소는 이혼신고 없이도 부부 사이에 헤어지자는 합의가 있거나 부부 중 일방이 상대방에게 헤어질 것을 통보함으로써 가능하다. 사실혼의 해소는 남녀가 임의로 만나 임의로 헤어질 뿐 공식 기록으로 등록하는 것이 아니므로 대상 포착의 어려움을 지닌다.

2. 미혼한부모가족

미혼한부모는 미혼모 내지 미혼부가 자녀를 양육하는 경우를 일컫는다. 미혼모의 사전적 정의는 합법적이고 정당한 결혼절차 없이 아기를 임신 중이거나 분만한 여성을 의미하며, 법률상 정의는 정당한 혼인관계에 의하지 않고 성관계를 통해 자녀를 분만한 여성을 의미한다. 미혼부란 미혼모와 달리 상대적으로 낯선 용어로 결혼을 하지 않은 몸으로 자녀가 있는 남자를 의미한다. 외국의 경우 single parent 또는 single mother 등의 용어를 사용하고 있다. 미혼모(부)가족이란 미혼 상태에서 여성이나 남성이 자녀로 구성된 가족이다. 미혼모가족은 미혼여성이 임신을 하여 자녀를 출생시킴으로써 자녀를 구성한 경우로, 가족 형태는 모자가족에 속한다. 미혼부가족은 미혼남성이 자녀를 양육하는 경우로, 가족 형태는 부자가족에 속한다.

2. 한부모가족의 실태

1) 한부모가족 형성요인

통계청(2017)의 인구총조사 자료에 따르면 전국 한부모가구는 1985년 848천 가구에서 2000년 1,124천 가구, 그리고 2015년 1,608천 가구로 증가하였다. 총가구에서 한부모가구가 차지하는 비율은 큰 변화를 보이진 않지만, 1985년부터 1995년까지 소폭 감소하다 이후 증가 추세를 나타내고 있다. 한편, 전체 가구 수 중 한부모가구 유형에서 차이를 보인다. 사별 한부모가구는 1985년 52.2%에서 2010년 29.7%로 급격히 감소한 반면, 이혼 한부모가구는 1985년 5.9%였던 것이 2010년 32.8%로 급증하였다.

〈표 7-1〉 한부모가족 형성요인별 현황 (단위: 천 가구, %)

연도	총 가구 수	한부모가구					한부모가구 비율
		사별	이혼	미혼	유배우	계	
1985	9,571	443(52.2)	50(5.9)	101(11.9)	254(30.0)	848(100)	8.9
1990	11,355	498(56.0)	79(8.9)	85(9.6)	227(25.5)	889(100)	7.8
1995	12,958	526(54.8)	124(12.9)	94(9.8)	216(22.5)	960(100)	7.4
2000	14,312	502(44.7)	245(21.9)	122(10.9)	252(22.5)	1,124(100)	7.9
2005	15,887	501(36.6)	399(29.1)	142(10.4)	328(23.9)	1,370(100)	8.6
2010	17,339	474(29.7)	523(32.8)	185(11.6)	413(25.9)	1,594(100)	9.2

출처: 여성가족부(2017). 2017년 한부모가족지원사업안내, p. 16.

2) 한부모가족의 현황

(1) 전체 가구 대비 한부모가족

「한부모가족지원법」에서 우리나라 한부모가족은 가족구성상 부모 한쪽으로만 구성된 가족은 물론, 가족 기능상 한쪽이 단독으로 부모 역할을 수행하는 경우를 포함한다. 한부모가족의 형태는 한부모가 누구인가에 따라 모자가구, 부자가구로 구분될 수 있다. 2017년 전국 한부모가구는 1,533가구로 이중 모자가구가 74.4%(1,141가구), 부자가구가 25.6%(392가구)로 모자가구 비율이 압도적으로 많은 편이다. 한부모가구의 18세 이하 막내 자녀가 있는 비율을 살펴보면, 전체 한부모가구의 27.7%였으며, 부자가구(37.2%)가 모자가구(24.5%)에 비해 높은 편으로 나타났다.

〈표 7-2〉 전국 한부모가족 현황(2017년) (단위: 천 가구)

세대 구성	전체	막내 자녀 연령 구분	
한부모가구	1,533 (100.0%)	18세 이하	425(27.7%)
		19세 이상	1,108(72.3%)
부+미혼자녀	392 (25.6%)	18세 이하	146(37.2%)
		19세 이상	246(62.8%)
모+미혼자녀	1,141 (74.4%)	18세 이하	279(24.5%)
		19세 이상	862(75.5%)

출처: 여성가족부(2019). 2019년 한부모가족지원사업안내, p.15 재구성.

(2) 저소득층 한부모가족

「한부모가족지원법」과 「국민기초생활보장법」 등에 의한 지원 대상인 저소득 한부모가구는 2014년 19만 2,244세대(484,232명)에서 2017년 18만 1,023세대(449,469명)로 감소 추세를 보이는데, 이중 모자가족(141,207세대)이 부자가족(38,880세대) 및 조손가족(936세대)보다 상대적으로 많은 편이다.

〈표 7-3〉 저소득 한부모가족 현황(전체)

(단위: 세대, 명)

연도	계		모자가족		부자가족		조손가족	
	세대	세대원	세대	세대원	세대	세대원	세대	세대원
2014	192,244	484,232	147,592	371,367	43,617	110,297	1,035	2,568
2015	192,387	482,710	147,926	370,872	43,460	109,386	1,001	2,452
2016	187,341	468,414	145,258	362,137	41,627	103,966	956	2,311
2017	181,023	449,469	141,207	350,674	38,880	96,575	936	2,220

출처: 여성가족부(2019). 2019년 한부모가족지원사업안내, p. 15.

3) 한부모가족의 문제

(1) 경제적 문제

모자가족의 경우 남성배우자가 부재하므로 모자가족 형성 이전보다 낮은 경제 수준으로 생활하기 쉽다. 편모들은 생계유지비 및 자녀양육을 위해 직업을 찾으려 하나 노동시장 내 성차별로 인해 취업이 어렵고, 취업을 한다고 해도 특별한 직업 기술이 없는 한 임시 일용직이나 단순노동 직종에 종사하는 경우가 많아 임금 또한 낮은 편이다. 모자가족은 소득액이 낮음에도, 친인척의 도움을 받는 경우가 거의 없으며 외부지원체계가 거의 없는 상태이므로 빈곤가족이 될 가능성이 많다.

2018년 한부모가족 실태조사(여성가족부, 2018) 결과에 따르면 한부모가족의 월평균소득은 219.6만 원으로 전체 가구 소득 대비 56.5% 수준이다. 보유 순자산은 8,559만 원에 해당되어 전체 가구 순자산 대비 25.1%에 불과하여 열악한 경제상황에 처해 있음을 알 수 있다. 취업률은 84.2%로 한부모가 되기 1년 전 61.1%에 비하여 높은 편이었다. 근로소득이 비교적 낮아 근로빈곤층 특성을 보였고, 근무시간이 길어 일·가정 양립이 어려운 것으로 나타났다. 상용 근로자 비율이 52.4%로 나타났는데, 2015년도 상용 근로자 비율 48.0%와 비교할 때 고용안정성이 다소 개선된 것으로 보인다.

한부모가 된 후 달라진 점을 살펴보았는데, 혼자 부모 역할을 감당해야 하는 부담이 제일 높았고, 집안일 부담감의 증가 그리고 미래에 대한 부담감 증가, 그 뒤로 경제적 어려움이 높은 비율을 보였다. 특히 학력이 낮거나 소득수준이 낮은 집단, 기초생활 수급자 등에서 주로 어려움을 호소하였다. 한편 '집안일 부담 증가'의 경우 부자가족이 어려움을 상대적으로 크게 느낀 반면, 나머지 영역은 모자가구 등의 어려움이 더 크게 나타났다.

한부모들이 현재 생활하는 데 가장 필요한 지원은 경제적인 것이었다. 한부모의 65.7%가 '생계비, 양육비 등 현금지원'이라고 응답하였고, '시설 및 임대주택 등 주거지원'(13.5%), '아이와 부모 건강을 위한 의료지원'(5.7%), '아이돌봄 관련 서비스 지원'(5.5%), '직업훈련, 취업 · 학업 계속 지원'(3.5%), '사회적 인식/차별 개선'(3.4%) 순이었다.

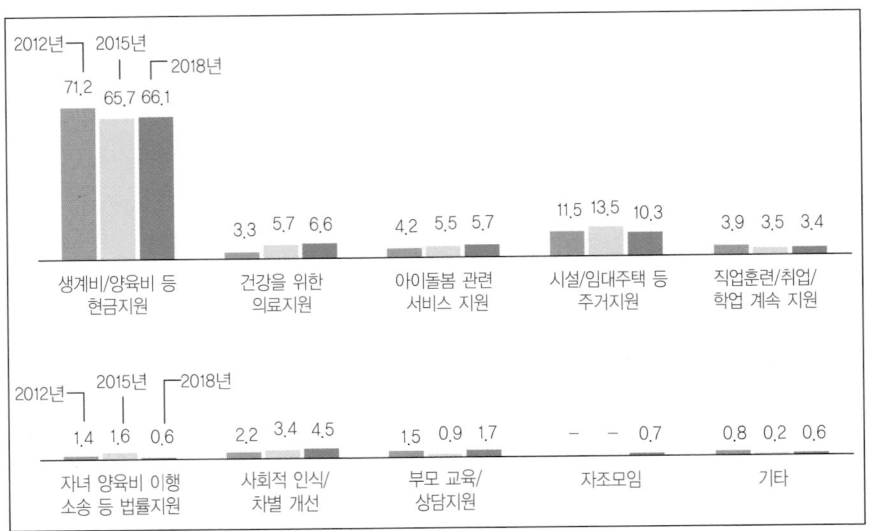

[그림 7-1] 필요하다고 느끼는 지원(1순위)

출처: 여성가족부(2018). 2018년 한부모가족 실태조사, p. 413.

지역사회 거주 미혼모 조사(한국여성정책연구원, 한국미혼모지원네트워크, 2010)에 따르면 74.4%가 36개월 미만 영유아를 양육하며, 경제활동참여율은 출산 전 92.3%에서 출산 후 58.4%로 감소하였다. 소득은 100만 원 미만이 43.2%, 소득 없음이 21.8%로 경제적 상황이 열악한 편이다. 기초생계 수혜비율은 54.7%로, 자녀월령이 높을수록 수급자 비율이나 수급비가 감소하였다. 자녀월령이 18개월 미만인 경우 수급비 중간 값은 63만 원이었고, 18~36개월 미만은 50만 원, 36개월 이상은 32만 원이었다. 미혼모는 노인 및 장애인과 달리 기초생계수급기간이 지속적이지 않고 어린 자녀양육 시기로 한정되므로 상대적으로 경제적 어려움에 노출되기 쉽다.

(2) 자녀양육 및 교육 문제

한부모가족은 한부모와 자녀 외에 다른 가족구성원이 동거하지 않거나 한부모가 취업하여 자녀돌봄 서비스가 필요하지만 적절한 시간과 비용에 맞는 장소를 찾기가 쉽지 않다. 2018년 한부모가족 실태조사(여성가족부, 2018)에 결과에 따르면, 가족은 양육비 및 교육비용 부담이 가장 큰 어려움으로 나타났다. 자녀양육과 관련하여 어려움을 경험하고 있는 비율은 미취학 자녀를 둔 한부모의 82.3%, 초등학생 자녀를 둔 한부모의 80.8%, 중학생 이상의 자녀를 둔 한부모의 84.5%로 중학생 이상 자녀를 양육하는 한부모들이 자녀양육 관련 어려움을 가장 높게 경험하는 것으로 나타났다.

한부모가족의 자녀는 학업성취가 저하되기 쉬운데, 이는 급작스러운 가족환경 변화와 부모의 관심 소홀이 원인일 수 있다. 또한 한부모의 과중한 근로 및 가사 노동에 따른 시간 부족으로 자녀는 부모의 보호로부터 방임되기 쉬울 뿐 아니라 학대 상황에 노출될 가능성이 있다. 저소득층 한부모가족의 경우 경제적 어려움과 주위로부터의 낮은 지원과 연관하여, 훈육수단으로 체벌을 더 많이 사용하는 경향이 있다. 이러한 경제적 어려움, 정서적 문제 등과 관련하여 적절한 지원이 부족한 가운데 한부모가족의 자녀는 학교부적응, 비행 등 어려운 상황에 처할 가능성이 있다.

(3) 심리 · 정서적 문제

한부모는 배우자의 부재로 인해 오는 고독감, 역할 수행상 혼란, 애정 결핍, 자신감 결여, 무력감, 사회적 위축감, 감정표현 수용의 좌절, 대인관계에의 변화, 한부모가족에 대한 사회적 낙인의 두려움 등을 경험할 수 있다. 특히 여성은 자아정체감이 가족 내 역할로 한정되어 사회화된 경우가 적지 않아 배우자가 없음으로 인해 남성보다 어려움을 경험하며 생활 적응에 보다 많은 시간이 소요될 수 있다. 한부모가족의 자녀는 한쪽 부모의 부재로 인한 심리적 갈등과 정서적 불안을 경험하기 쉬우며, 사회성이 부족하고, 교우관계에서 문제가 발생할 가능성이 있다. 그 결과 한부모가족 자녀는 욕구불만, 심리적 고독감, 애정결핍 등을 느끼기도 한다. 2018년 한부모가족 실태조사(여성가족부, 2018)에 따르면, 한부모가족은 정신건강상 어려움을 지니는데, 우울 장애 유병률은 15.5%였고, 이들 대부분은 혼자 참는 경우(47.1%)가 많은 반면, 의료기관의 치료나 지역사회 전문가와의 상담 등 전문적인 서비스를 받는 경우는 1.3%로 매우 낮은 편이었다.

(4) 역할재조정 문제

한부모가족은 배우자 또는 한쪽 부모의 부재에 따른 역할과 지위 변화에 적응해야 하는데, 대부분 한부모는 직장과 가사, 자녀양육 등을 양립하는 데 어려움을 갖는다. 한부모가정 자녀들은 부모의 생활 적응상 어려움, 가사일을 비롯하여 감정적 · 실제적 지지에 대한 증가된 욕구 등으로 인해 '역할혼란(role disturbance)'을 느끼는 등 부정적 영향을 받을 수 있다. 또한 부나 모의 역할을 대신해야 한다는 의무감으로 인한 갈등과 부모의 부재로 야기되는 심리적 · 정서적 불안감 속에서 생활을 재조정하는 데 어려움을 겪는다.

(5) 대인관계 문제

한부모는 배우자만을 잃는 것이 아니라 배우자와 관련된 사회관계망도 잃게 되는 경향이 있다. 따라서 그들은 배우자 부재로 인한 상실감과 소외감으로 주변 사람들과의 인간관계가 어려워져 무력한 상태에 이를 수 있다. 반대로, 과잉행동을 하거나 타인에 대한 불분명한 분노감이나 적대감을 경험하기도 한다. 또한 한부모가족은 결손가족이라는 사회적 편견으로 인해 어려움을 겪는다. 한부모가족이 사회적 편견을 경험하게 되면 심리적으로 위축되고 고독감을 느끼는데, 이는 사회 활동에 참여하거나 대인관계를 형성하는 과정에서 부정적 영향을 주며 적응에 보다 어려움을 갖게 하기 때문이다. 특히 가족, 친구, 동료들로부터 지지를 얻지 못할 경우 더욱 고립되기 쉬우며 비공식적 관계망과의 단절은 한부모가족의 사회적 기능 수행에 또한 부정적 영향을 미치게 된다.

(6) 청소년 미혼부모의 교육 기회 제한 문제

청소년 미혼부모, 특히 미혼모는 임신 및 양육으로 교육 기회가 제한된다. 청소년 미혼모의 교육권 보장에 대한 실태조사(국가인권위원회, 2008)에서 청소년 미혼모 가운데 87.6%는 학업을 지속하기를 원하고 있는 것으로 나타났다. 그 이유로는 '고등학교를 졸업하고 싶어서', '학력에 대한 사회적 인식 때문에', '그냥 공부를 하고 싶어서', '더 나은 미래를 위해' 등이 있다. 교육 기회의 상실은 한부모들이 사회 · 경제적으로 보다 어려운 상황에 놓이게 하며 그들의 생활 안정과 자립을 저해할 수 있다.

3. 한부모가족의 정책 및 실천

1) 한부모가족 관련 정책

(1) 한부모가족지원 관련 법

한부모가족을 보호 · 지원하기 위한 제도적 발전을 살펴보면, 「모자복지법」이 1989년에 제정되었고 2002년에 「모 · 부자복지법」으로 명칭이 변경되면서 남성이 세대주인 부자가정에 대한 지원을 시작하였다. 「모 · 부자복지법」은 2007년에 「한부모가족지원법」으로 보다 발전적으로 개정되었다. 즉, 모자가족, 부자가족을 한부모가족으로 통칭하게 되었으며, 조손가족 또한 보호 대상으로 포함하였다. 「한부모가족지원법」은 한부모가족이 안정적인 가족 기능을 유지하고 자립할 수 있도록 지원함으로써 한부모가족의 생활 안정과 복지 증진에 이바지함을 목적으로 하는데, 미혼모의 사회재활을 위한 숙식 제공, 직업 지도, 생활지원서비스에 관한 규정을 하고 있다. 「건강가정기본법」에서 국가 및 지방자치단체는 미혼모가정 등 사회적 보호를 필요로 하는 가정에 대한 적극적 지원을 명시하고 이혼 예방 및 이혼가정지원 등에 관한 내용을 다루고 있다. 「양성평등기본법」은 국가 및 지방자치단체는 한부모 등 취약계층 여성과 그 밖에 보호가 필요한 여성의 복지 증진을 위하여 필요한 조치를 하여야 한다고 명시하고 있다. 「양육비 이행확보 및 지원에 관한 법률」에서는 미성년 자녀를 직접 양육하는 부 또는 모가 미성년 자녀를 양육하지 아니하는 부 또는 모로부터 양육비를 원활히 받을 수 있도록 양육비 이행확보 등을 지원하여 미성년 자녀의 안전한 양육 환경을 조성함을 목적으로 하고 있다.

(2) 한부모가족 정책 내용

① 저소득 한부모가족지원

정부의 저소득 한부모가족지원정책은 크게 보건복지부의 국민기초생활보장제도 및 여성가족부의 복지급여 등의 다양한 급여 · 서비스로 구분된다. 국민기초생활보장제도는 저소득 한부모가족을 포함한 기준 중위소득 이하의 모든 가구에게 생계급여, 의료급여, 주거급여, 교육급여, 해산급여, 장제급여, 자활급여 등을 지원하는 제도이다. 여성가족부는 저소득 한부모가족을 대상으로 복지급여, 복지자금 대여, 한부모가족복지시설지원, 가족역량강화지원사업 등 다양한 소득 · 주거 · 정서적 지원을 제공하고 있다. 국민기초생활보장제도는 빈곤가족에서 자세히 다루므로 이 장에서는 「한부모가족지원법」에 근거한 저소득층 한부모가족지원 서비스에 초점을 두고 살펴보도록 한다.

❑ 복지급여

복지급여는 저소득 한부모가족, 조손가족 및 청소년 한부모가족을 대상으로 한다. 2019년 아동양육비는 만 18세 미만 자녀가 있는 경우, 월 20만 원을 지급하며, 조손 및 만 25세 이상 미혼 한부모가족의 경우 5세 이하 아동을 양육하는 경우 월 5만 원을 추가 아동양육비로 지급한다. 또한 중학생 및 고등학생 자녀가 있는 경우 학용품비, 시설 입소한 경우 일정액의 생활보조금이 지급된다.

참고사항

〈표 7-4〉 2019년도 한부모가족지원법 지원 대상 가구 소득인정액 기준

(단위: 원/월)

구분		2인	3인	4인	5인	6인
2019년 기준 중위소득		2,906,528	3,760,032	4,613,536	5,467,040	6,320,544
〈참고〉 생계급여수급자 (기준 중위소득 30%)		871,958	1,128,010	1,384,061	1,640,112	1,896,136
한부모 및 조손가족	기준 중위 소득 52%	1,511,395	1,955,217	2,399,039	2,842,861	3,286,683
	기준 중위 소득 60%	1,743,917	2,256,019	2,768,122	3,280,224	3,792,326
청소년 한부모가족	기준 중위 소득 60%	1,743,917	2,256,019	2,768,122	3,280,224	3,792,326
	기준 중위 소득 72%	2,092,700	2,707,223	3,321,746	3,936,269	4,550,792

출처: 여성가족부(2019). 2019년 한부모가족지원사업안내, p. 3.

❑ 저소득 한부모가족 주거지원 서비스

저소득층 한부모가족 · 미혼가족 · 조손가족의 가족 기능 유지를 위해 생활 안정 및 자립기반을 조성하며 이들의 복지 증진에 기여하고자 설립된 다양한 형태의 한부모가족복지시설이 있다. 한부모가족복지시설에는 기본 · 공동 · 자립생활지원 형태의 모부자가족복지시설, 기본 · 공동생활지원 형태의 미혼모자가족복지시설, 일시지원복지시설, 한부모가족복지상담소 등이 있다. 2018년 12월 기준 생활시설 123개소, 이용시설 5개소로 총 128개소가 운영되고 있다. 한부모가족복지시설은 입소자의 심리 · 정서적 전문 상담 및 치료지원을 제공하여 가족생활의 안정과 조기 자립을 돕고 있다. 한부모가족복지시설은 모든 신규 입소자를 대상으로 심리검사를 실시하고, 검사 결과에 따라 전문적인 상담 · 치료기관 및 병원 연계, 집단상담 및 치료, 가족치유 캠프 등을 지원한다.

❑ 청소년 한부모자립지원

청소년 한부모가족의 경우 아동양육비(월 25만 원), 검정고시 학습비(학원 수강 시 연 154만 원 이내), 고등학생 교육비(수업료 및 입학금 전액 지원), 자립촉진수당(기초수급자 월 10만 원), 자산형성계좌 지원(월 5~20만 원/2010년도 가입자에 한함, 2011년 이후 신규지원 불가) 등이 지원된다. 또한 권역별 미혼모 · 부자지원기관 운영을 통해 미혼모 · 부의 임신 · 출산 · 자녀양육을 위한 초기 위기지원, 상담 및 정보제공 등이 이루어지고 있다.

❑ 저소득 한부모 등 취약가족지원

취약가족지원 서비스로 복지자금 대여, 가족역량강화지원사업이 있다. 복지자금 대상자는 저소득 한부모가족으로서 근로 능력 및 자립 의지가 뚜렷하고 사업계획의 타당성이 인정되어 시 · 군 · 구청장이 대여 대상자로 결정한 자이다. 복지자금의 융자 목적은 자립을 위한 창업 및 사업 운영에 필요한 자금으로, 생활가계자금, 주택전세자금, 학자금 등의 용도로는 융자가 불

〈표 7-5〉 한부모가족복지시설 개요

시설유형		시설 수 (121개소)	입소대상 및 기능	입소기간 (연장가능기간)	입소 정원
모자가족 복지시설 (47)	기본생활 지원	42	만 18세 미만의 자녀를 양육하는 무주택 저소득 모자가족	3년(2년)	1,057세대
	공동생활 지원	3	독립적인 가정생활이 어렵고 일정기간 공동으로 가정을 이루어 생활하면서 자립을 준비하고자 하는 모자가족	2년(1년)	45세대
	자립생활 지원	2	만 18세 미만의 자녀를 양육하는 무주택 저소득 모자가족, 모자지원시설에서 퇴소한 모자세대로서 자립준비가 미흡한 모자가족	3년(2년)	41세대
부자가족 복지시설 (4)	기본생활 지원	2	만 18세 미만의 자녀를 양육하는 무주택 저소득 부자가족	3년(2년)	40세대
	공동생활 지원	2	독립적인 가정생활이 어렵고 일정기간 공동으로 가정을 이루어 생활하면서 자립을 준비하고자 하는 부자가족	2년(1년)	15세대
	자립생활 지원	–	기본생활지원형에서 퇴소한 부자세대로서 자립준비가 미흡한 부자가족	–	–
미혼모자 가족복지 시설 (58)	기본생활 지원	20	미혼의 임신여성 및 출산 후(6월 미만) 보호를 요하는 여성	1년(6월)	754명
	공동생활 지원	39	2세 미만의 영유아를 양육하는 미혼모	2년(1년)	233세대
		2	출산 후 해당아동을 양육하지 아니하는 미혼모	2년(6월)	10명
일시지원 복지시설 (11)		11*	배우자의 학대로 인하여 아동의 건전 양육과 모의 건강에 지장을 초래할 우려가 있는 모와 아동 *휴식시설 1개소 포함	6월(6월)	382명
한부모가족 복지상담소 (5)		5	한부모가족에 대한 위기 · 자립상담 및 문제해결 지원	이용시설	

출처: 여성가족부(2019). 2019년 한부모가족지원사업안내, p. 17.

가하다.

가족역량강화지원사업의 경우 취약 한부모가족 역량강화 서비스, 위기가족지원 서비스, 조손가족 통합지원 서비스가 있다. 취약 한부모가족 역량강화 서비스의 지원 대상은 저소득 한부모가족으로, 지원 내용으로는 심리·경제적 자립을 위한 상담, 교육 프로그램 및 자조집단 운영 등을 통한 지속적 사례관리, 자립·자활을 위한 직업훈련, 창업 컨설팅 및 아이돌봄서비스 관련 비용지원, 정보 제공 및 지역사회 자원 활용·연계가 있다. 위기가족지원 서비스(가족보듬)는 성폭력, 학교폭력, 자살(시도), 재난 등 상황적 위기로 인해 정신적 외상을 경험한 것으로 판단되는 개인 및 그 가족들을 대상으로 한다. 그 지원 내용으로는 긴급위기지원, 가족 기능회복지원(심리·정서지원, 가족돌봄지원), 가족역량 증진지원(교육 및 집단 프로그램, 가족치유 캠프 및 자조집단 운영 지원/법률지원, 의료지원, 복지서비스 등 연계 서비스)이 있다. 조손가족 통합지원 서비스(조손가족 희망사다리)는 65세 이상 가구주 또는 그의 배우자와 만 18세 미만 손자녀가 생계·주거를 함께하는 저소득 조손가족을 대상으로 한다. 지원 내용으로 학습·정서지원, 생활가사지원, 교육·문화 프로그램 및 자조집단 운영지원, 주거환경개선지원, 유관기관(심리상담, 의료기관, 보건소, 장학재단 등) 연계지원 등이 있다.

② 양육비 이행지원 법률구조서비스

양육비 이행지원 법률구조서비스는 한부모가족 대상 자녀양육비 상담, 양육비 이행 청구소송 등 무료법률지원을 통해 아동의 양육받을 권리 보호 및 자녀의 안정적인 양육 환경 조성에 기여함을 목적으로 하고 있다. 현재 한부모가족 자녀양육비 청구소송지원(법률상담, 소송서류 작성, 소송대리 등), 미혼부 상대 자녀 인지청구 소송지원(유전자 검사 및 소송지원 등), 자녀양육비 이행확보 지원(강제집행, 이행명령, 감치처분 신청 등) 등이 이루어지고 있다. 이의 지원신청은 대한법률구조공단(국번 없이 132), 한국가정법률상담소(1644-7077), 대한변협법률구조재단(02-3476-6515)을 통해 가능하다. 법원연계 이혼위기가족 회복지원사업은 이혼위기 가족을 대상으로 무료상담서비스를 제공하여 신중한 이혼의사 결정과 아동의 건전한 성장지원을 목적으로 한다. 이의 지원으로 상담서비스(법원이혼 신청가정 상담 및 조정, 자녀심리치료 등 심리지원, 부부 집단상담, 자녀양육 및 친권자 결정 협의서 작성 안내, 비양육부모의 아동면접권, 양육비분담 결정 등 지원), 교육서비스(부부 및 부모 교육), 문화서비스(부부 캠프, 가족 캠프 등)가 있다.

2) 한부모가족을 위한 실천

(1) 한부모가족을 위한 실천원리

이성희(2008)는 한부모가족이 자신의 미래를 자유롭게 선택하며 스스로 결정을 내릴 수 있는 능력을 부여하여 자립할 수 있도록 돕는 것이 한부모가족을 지원하기 위한 실천의 기초라고 하였다. 또한 한부모가족을 위한 여섯 가지 실천 원리(① 적극적으로 참여하도록 돕기, ② 한부모가족에게 권한 부여하기, ③ 중요한 가족구성원들과 관계하여 참여시키기, ④ 지역사회 자원과 연결하기, ⑤ 작은 변화를 지지하기, ⑥ 기대와 자기효능감을 향상시키기)를 제시하였다. 이들 원리는 사회복지사가 한부모가족들을 도울 수 있는 전문가로서의 신념, 역할을 어떻게 수행해야 할 것인가에 관한 지침으로 활용할 수 있다.

- 적극적으로 참여하도록 돕기: 사회복지사는 한부모가족에게 지지 · 이해 · 공감을 통해 긍정적인 라포를 형성해야 한다. 또한 사회복지사는 권위적인 태도로 일관하지 않아야 하며, 참여를 통한 변화를 기대할 수 있도록 그들을 존중하고 적절한 실천기술을 적용해야 한다.
- 한부모가족에게 권한 부여하기: 한부모가족 스스로의 능력을 강화시켜 권한을 부여함으로써 자기결정을 존중하는 것은 매우 중요하다. 이는 개인의 고유성과 존엄성, 클라이언트의 자기결정에 관한 가치를 강조하는 것으로, 사회복지사는 한부모가족을 '위해서 하는 것'이 아니라 그

가족이 생활하는 데 필요한 기술을 촉진하고 가족에게 동등한 지위를 부여함으로 가족들과 '함께 일해야' 한다. 이를 통해 한부모가족의 역량이 보다 강화될 수 있다.

- 중요한 가족구성원들과 관계하여 참여시키기: 한부모가족의 경우, 보통 원가족 및 전 배우자 등 가족구성원들과의 관계가 경직되어 있고, 협력이 어려운 경우가 많다. 그럼에도 사회복지사는 한부모가족의 체계 변화를 위해 가족구성원들을 실천 과정에 개입시키고, 협력을 요청해야 한다. 이를 통해 가족구성원과의 관계 향상 및 자원 확보 등을 이끌 수 있으며, 한부모가족의 스트레스를 경감시키고 장애 요인 및 정신적 외상(trauma) 등을 극복할 수 있게 돕는다.
- 지역사회 자원과 연결하기: 다수의 한부모가족은 사회적 관계망이 단절·축소되는 경우가 많고 새로운 가족구조에 적응하는 데 어려움을 겪기 쉽다. 따라서 사회복지사는 한부모가족의 상황에 적절한 지역사회 자원을 찾아 연계해야 할 필요가 있다. 특히 사회복지사는 자원할당자 역할을 통해, 적극적인 아웃리치 활동뿐 아니라 지역사회망 형성 또한 관심을 갖고 클라이언트와의 효과적인 연계를 위해 노력해야 한다.
- 작은 변화를 지지하기: 대부분의 한부모는 혼자라는 부담감에 의해 에너지가 소진된 경우가 많다. 이에 사회복지사는 큰 변화를 통한 개선을 유도하기보다는 작지만 의미있는 행동을 관찰하고 그 변화를 지지하는 것에 초점을 맞추어야 한다. 또한 스스로 주체적으로 변화할 수 있도록 자율성을 강조하여, 그들이 변화하고자 하는 희망의 주인공이 될 수 있도록 돕는다.
- 기대와 자기효능감을 향상시키기: 한부모가족은 흔히 불안정감, 무능감, 무력감 등의 부정적인 감정에 노출되는 경우가 많고, 지지를 받더라도 쉽게 변화되지 않기도 한다. 그러나 끊임없이 그들과 소통하며 자긍심을 갖도록 지지함으로써 긍정적인 에너지 증가, 나아가 자기효능감 향

상 및 성공적인 성취감을 통해 행동이 변화될 수 있도록 돕는다.

(2) 한부모가족 프로그램

한부모가족 프로그램의 목적은 한부모가족이 현재 처한 상황과 자신의 역할을 올바르게 인식하여 정서적으로 서로 독립되고, 본인과 자녀를 보호·관리하여 행복한 가족으로 상호작용하면서 신체적·정신적·사회적으로 건강하게 생활할 수 있도록 돕는 데 있다. 이성희(2008)는 한부모가족 통합 프로그램의 목표로 여섯 가지를 제시하였다.

- 한부모가족 개개인이 자신에 대해 가족 내 중요한 사람이라는 점을 인식함
- 부나 모는 책임성 있게 자기관리와 자녀 보호를 함
- 부나 모는 가족 내 긍정적 역할의 모델이 됨
- 자녀의 능력 개발을 위해 부모 역할의 중요성을 이해하고 받아들임
- 바람직한 의사소통과 문제해결 방법을 익힘
- 가족구성원 상호 간 건강하고 지지적 관계를 구축하고 유지함

건강가정지원센터 및 사회복지관에서 한부모가족을 대상으로 다양한 프로그램을 실시하고 있는데 이곳에서 이루어지는 관련 프로그램을 예시하면 다음과 같다.

〈표 7-6〉 S시 S구 건강가정지원센터 한부모가족지원 프로그램

상담 프로그램	사업명: 가족상담 사업 대상: 가족갈등이나 문제가 있는 가족 누구나 사업 기간: 연중 사업 내용: 상시상담 중 이혼 후 혹은 별거가정 등 가족들을 대상으로 면접상담을 신청할 경우 개인 및 가족상담 진행

문화 프로그램	사업명: '서로에게 힘이 되는 초대' 가족캠프 사업 대상: 한부모가족 10가족 이상 사업 주기: 1회 사업 내용: 가족힐링 및 부모자녀관계 개선을 통한 가족친밀감을 높이기 위한 1박 2일 캠프 진행
기타 프로그램	사업명: '서로에게 힘이 되는 초대' 한부모가족 자녀 정서지원 멘토멘티 사업 대상: 한부모가족 자녀와 대학생 각 9명 사업 주기: 그룹별 5회기 이상 사업 내용: 정서중심 멘토멘티 활동

〈표 7-7〉 성산종합사회복지관 한부모 여성가족 역량강화 프로그램

목표	주요 프로그램 내용
1. 동아리 활동을 통한 지속적인 자조와 역량강화를 도모하여 한부모여성의 지역사회 참여를 증진한다.	• 동아리 활동 • 동아리 발대식 • 동아리별 야유회/M.T/영화관람 • 사회기술향상 집단 프로그램 • 리더십 특강 • 또래 공부방 1일 교사 활동 • 전시회 및 발표회 실시 • 개별사례관리
2. 이야기치료를 활용한 자조모임을 통해 한부모여성의 역량강화 및 사회 인식을 개선하고 지역사회 변화를 이끄는 역할모델이 된다.	• 이야기치료 프로그램 I: 새로, 다시쓰기 • 이야기치료 프로그램 II: 함께 표현하기 • 새로 다시 쓰는 한부모 이야기 『우리 그래도 괜찮아』 출판 • 힘찬 가족 인식 개선 캠페인 • 관련기관 네트워크 구축 및 회의 • 빈곤 한부모여성을 위한 실무자 워크숍 개최
3. 지역 저소득 여성 한부모를 대상으로 라디오방송 제작 및 방송을 위한 전문 교육을 통해 한부모가족의 역량을 강화하고 지역사회 참여를 증진한다.	• 라디오방송 교육 및 실습 • 라디오방송 녹음 • 한부모여성 세미나 • 미디어 인터뷰 및 강사파견 활동 • 실무자 네트워크 • 가족통합사례관리

출처: 서울특별시, 서울시복지재단(2009). 2009년 서울시 종합사회복지관 평가결과 보고서, pp. 240-241.

〈표 7-8〉 월계종합사회복지관 이혼가족지원 프로그램

<table>
<tr><th>세부 사업</th><th colspan="2">목표</th><th>프로그램 내용</th></tr>
<tr><td>상담</td><td colspan="2">심리적 문제해결</td><td>관내상담 실시
(개인내적, 자녀양육 등 전화상담, 대면상담)</td></tr>
<tr><td>자조모임</td><td rowspan="4">가족의 역량 증진으로 심리 · 사회적 자립도모</td><td>성인 지지체계 및 자치 능력 강화 사회적 관계망 형성</td><td>자치 활동, 정보제공 및 공유
월 2회 지역사회 내 소년소녀가장 2명 밑반찬 나눔 활동 진행
각 자조모임 간 지지체계 확립</td></tr>
<tr><td>부모교육</td><td>부모로서의 역량강화 및 개인 및 자녀 이해 증진</td><td>자녀양육을 하고 있는 이혼가정의 부모를 대상으로 부모교육 실시
• 1회기: 오리엔테이션 및 부모 역할에 대한 이해
• 2회기: 개인스트레스 점검 및 양육 태도 점검
• 3회기: 자녀이해 및 자녀지도교육
• 4회기: 적용 및 실제적인 양육기술 습득, 시연 등</td></tr>
<tr><td>자녀 집단 프로그램</td><td>홀로서기에 대한 올바른 이해 및 문제해결 능력 향상</td><td>• 1회기: 서로에 대해 알아보아요
• 2회기: 감정에 직면하기
• 3회기: 가족의 변화 이해하기
• 4회기: 변화에 대처하기
• 5회기: 문제해결기술 익히기1
• 6회기: 문제해결기술 익히기2
• 7회기: 분노조절1
• 8회기: 분노조절2
• 9회기: 가족에 초점두기
• 10회기: 자존감 높이기</td></tr>
<tr><td>가족 나들이</td><td>가족관계 증진</td><td>• 가족관계 증진을 위한 나들이 시행(가족미션 활동, 여름활동 체험 진행 등)
• 외부자원 연계로 연 2회 진행</td></tr>
<tr><td>홍보 및 협의체 활동</td><td colspan="2">한부모가족에 대한 사회복지현장의 전문성 강화</td><td>• 지역사회 유관기관 사업홍보 및 연계 강화
• 관련 연구 활동 진행 및 연구보고서 발간</td></tr>
</table>

출처: 월계종합사회복지관(2015). 내부자료.

참고사항 한부모가족 프로그램 사례

• 태화기독교종합복지관의 '굿맘(Good Mom)'

여성 한부모와 그 가족의 욕구에 따른 맞춤형 서비스를 지원하여 여성 한부모 가족의 관계를 건강하게 회복하고, 그 기능을 강화한다.

이용 대상	국민기초생활수급 또는 중위소득 기준 60% 이내 여성 한부모 15명
이용 안내	매월 둘째 주 토요일 10:00~12:00 / 매월 넷째 주 월요일 19:00-21:00
이용 절차	전화접수 및 내방 → 초기상담 → 서비스신청서 작성 및 제출 → 참여 결정
프로그램 내용	① 자랑스런 우리 엄마: 자조모임(연 8회), 책모임(연 8회), 부모교육(연 4회), 여가활동(연 2회) ② 성장하는 우리 아이: 자녀 집단활동(연 4회) ③ 회복하는 우리 가족: 가족 나들이(연 2회), 여름가족캠프(1박2일), 송년행사(연 1회)

출처: 태화기독교사회복지관 홈페이지(http://www.taiwha.or.kr)

4. 한부모가족을 위한 복지방안

1) 한부모가족의 서비스 지원 확대

(1) 자립·경제적 지원

한부모가족의 안정적인 자녀양육을 위해서는 양육비 인상 등 경제적 지원이 필요하다. 그동안 이혼·미혼 한부모가족의 자녀양육비지원이 함께 살고 있지 않는 다른 부모로부터 이루어져야 함에 미진한 면이 많았다. 따라서 이혼·미혼 한부모가 비양육 부모로부터 양육비를 쉽게 받을 수 있도록 상담, 소송, 채권추심 등의 원스톱 종합서비스가 보다 활성화되어야 한다. 이와 관련하여 2015년부터 정부에서는 양육비 확보를 위한 '양육비 이행관리원'을 설립하여 양육비이행지원 서비스를 실시하고 있다.

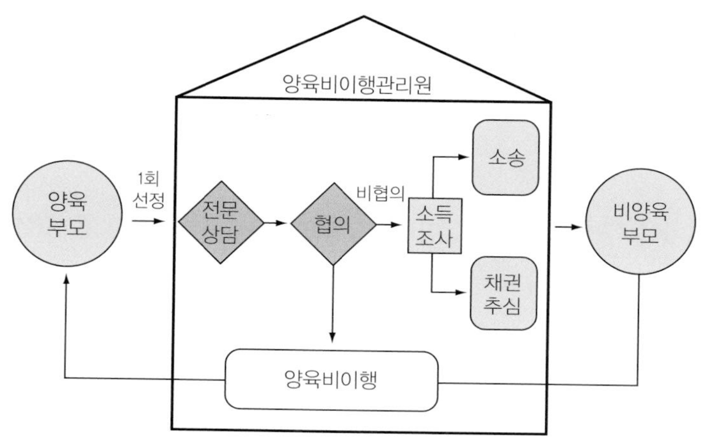

[그림 7-2] 양육비이행 원스톱 종합서비스

출처: 여성가족부 홈페이지(www.mogef.go.kr)

한부모가족의 경제적 어려움을 완화시키기 위해서는 자립, 자활 및 고용지원 또한 중요하다. 이를 위해 특화된 직업훈련 및 자립 프로그램 실시, 취업연계 및 취업알선 서비스 확대, 취업교육기간 중 생활이 가능하도록 교육비 및 생계비지원, 자립저축 계좌 마련이 필요하다. 또한 복지자금 한도 증액 및 대상 확대, 시설퇴소 시 초기 자립지원, 양육비 및 학비 보조의 확대 등이 이루어져야 한다. 향후 국민연금제도 내에 한가족 수당 내지 한부모 연금 등의 제도화가 고려될 수 있다.

(2) 자녀양육 및 교육지원

한부모가족 아동에 대한 복지 수준을 제고하고 복지 대상자를 확대해야 한다. 한부모가족에 대한 자녀양육비 및 교육비지원이 현실화되어야 하며, 대상 아동의 확대가 요구된다. 또한 한부모 대상의 자녀양육, 교육 상담 및 정보 제공, 관련 프로그램 확대가 필요하다. 한부모의 양육상 어려움을 감안하여 다양한 보육서비스 지원이 제공되어야 한다. 재가 한부모는 취학 전 자녀에 대한 돌봄시간 확대가 요구된다. 경제적 어려움으로 주말에도 일을 해야 하는 한부모의 자녀를 대상으로 '토요학교' 운영 등이 적극 추진되는 것이 바람직하다.

(3) 심리 · 정서적 지원

한부모가족 구성원의 건강, 직장 및 학교 적응 문제, 질병 등 위기를 극복할 수 있도록 체계적이고 종합적인 가족상담 및 치료서비스에 대한 지원체계가 강화되어야 한다. 또한 한부모가족을 위한 심리 · 정서적 지원 관련 프로그램 제공이 필요한데, 여기에는 부모 대상 상담 및 프로그램, 아동 대상 심리적 개입, 부모-자녀 프로그램, 미혼부모 및 원가족 상담, 이혼위기가족 지원 상담 및 프로그램 등이 해당된다. 또한 한부모가족의 구성원 간 관계 개선을 위한 가족심리치료, 가족참여 등 한부모가족 역량강화 프로그램 제공, 자조집단 활성화가 이루어져야 한다. 아울러 한부모가족 생활 관련 정보 지침 매뉴얼 개발 및 제공, 상담전문인력의 확충 및 상담기구의 활성화가 요구된다.

(4) 주거서비스 지원

무주택 저소득 한부모가족을 대상으로, 주택 제공 및 주거비지원 등 주거서비스 지원이 실효성 있게 실행되어야 한다. 주택 제공은 한부모가족끼리 집단 거주토록 하지 않고, 각 지자체가 일반 주거지역에 주택을 1~2채 구입 또는 임대하여 제공토록 함으로써 '낙인'을 최소화하여야 한다. 이외에 한부모가족 관련(소규모) 시설 확충, 무주택 저소득 한부모가족을 위한 임대주택 서비스 지원, 주거안정지원비, 대출요건 완화를 통한 주거자금 대여, 이혼가족의 경우는 주거사용권 인정 등이 고려된다.

2) 한부모가족 유형별 특화 지원

(1) 부자가족을 위한 지원

부자가족의 경우 홈헬퍼 및 가사양육 멘토 파견서비스가 필요하다. 이는 정보부족, 모(母)의 역할 수행 부재 등으로 의식주와 관련된 가족의 보호기능이 매우 열악한 부자가정의 생활 안정화를 도모하기 위한 방안이다. 또한 부자가정 한부모의 자녀양육 관련 자조집단 결성 및 지원도 병행될 필요가 있다.

(2) 미혼부모 가족을 위한 지원

청소년 미혼부모의 경우 학습권 보장이 필요하다. 이와 관련하여 미혼모시설이나 양육모 그룹홈에 대안학교 설치, 지역사회에 거주 미혼부모를 위한 일대일 가정교사 및 교육지원, 자퇴나 휴학 강요 방지 등이 요구된다. 미혼부모의 경우 자신과 관련된 복지서비스에 대해서 알지 못하는 경우가 많은데, 다양한 복지서비스의 정보 제공 및 실시가 필요하다. 이 외에도 미혼부모 및 원가족에 대한 상담, 미혼임산부 및 미혼부모에 대한 직장에서의 차별 금지 등이 이루어져야 한다.

3) 예방적 복지방안 및 인식 개선

한부모가족을 위한 여러 복지방안도 중요하지만, 가장 중요한 것은 한부모가족의 생성을 예방하는 일이라 할 수 있다. 이를 위해 가족의 중요성에 대한 인식 제고, 가족의 경제력 강화, 건전한 성문화 조성 및 성교육 실시, 건강증진 및 사고예방 등이 필요하다. 또한 가족상담 활성화 및 전문상담기관 확장 그리고 이혼, 미혼부모 예방교육 실시가 이루어져야 한다. 이와 더불어 한부모가족에 대한 사회적 인식의 전환이 필요하다.

참고사항 한부모가족에 대한 건강가정적 시각

- 한부모가족은 외형상 같아 보일지라도 가족기능이나 특성, 사회경제적 수준 등에서 다양한 차이를 보이며 행복하고 만족스러운 생활을 하는 한부모가족도 적지 않다.
- 한부모가족도 가족기능을 잘 수행한다면 건강한 가정이다.
- 잘 기능하는 한부모가족은 잘 기능하는 양부모가족의 특성과 같다.
- 건강한 한부모가족의 자녀들은 적응력이 높다.
- 잘 적응하는 한부모는 자녀에게 모범적인 역할 모델이 될 수 있다.
- 재혼을 서두르기보다는 먼저 한부모가족의 안정성을 유지하기 위해 노력하는 것이 바람직하다.
- 현재 어려움을 겪는 한부모가족이라도 가족구성원의 노력과 상황, 시간의 변화에 따라 행복하고 건강한 가정으로 성장할 수 있다.

출처: 한국건강가정진흥원(2013).

생각해 볼 문제

1. 한부모가족의 개념과 유형을 정리해 보세요.

2. 한부모가족 중, 최근 부자가구가 증가하는 이유는 무엇인지 생각해 보세요.

3. 한부모가족이 겪는 현실적 문제를 구체적으로 이야기해 보고, 실질적 복지방안에 대해 이야기해 보세요.

4. 한부모가족에 대한 긍정적 인식을 확산하기 위해 어떠한 노력이 필요할지 생각해 보세요.

제8장

재혼가족

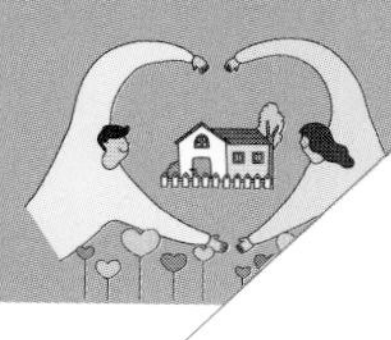

어릴 적『콩쥐팥쥐』『신데렐라』『백설공주』와 같은 동화 이야기를 듣고 자란 사람들은 계모를 사악하다고 믿는 부정적인 선입견을 가지고 있다. 이 때문에 재혼가족을 바라보는 곱지 않은 시선과 그들은 행복하지 못할 것이라는 이미지가 강하다. 사회는 재혼가족에 대한 선입견을 줄이고 또 하나의 가족 유형으로 바라보면서 그 속에 존재하는 정서적 · 심리적 다양성을 인정하고 필요한 지원을 하는 것이 중요하다. 이 장에서는 재혼가족의 개념과 발달단계를 이해하고 재혼가족의 현황과 문제에 대해 살펴보며 그들을 위한 개입서비스를 고찰한다. 그리고 재혼가족에 대한 정책적 · 실천적 대책에 대해 알아보고자 한다.

1. 재혼가족에 대한 이해

1) 재혼가족의 개념

재혼가족은 부부 중 한 사람 혹은 두 사람이 이전에 결혼을 했다가 이혼 혹은 사별을 겪고 난 뒤, 결혼을 통해 새롭게 형성된 가족을 말한다. '재혼(再婚)'의 재(再)는 '다시'란 의미로, 먼저 결혼을 잘못했거나 무효화하거나 없앤다는 의미가 담겨 있기 때문에 최근 들어 새혼가족이라는 용어를 사용하기도 한다. '새혼'은 새로운 배우자를 만나 새롭게 시작한다는 의미에서 문제중심적 시각보다는 새로운 적응과 발달의 측면을 강조하려는 의미가 담겨 있다. Ihinger-Tallman과 Pasley(1995)에 의하면, 재혼가족은 배우자 한쪽이나 양쪽 모두가 재혼 이상의 결혼으로 자녀가 있거나 없으면서 하나의 가구를 유지하는 남편과 아내로 구성된 가족으로 정의된다. 재혼가족이란 용어는 'blended family', 'comblined family', 'merged family', 'reconstituted family', 'remarried family', 'step family' 등 다양하게 표현된다. 국내에서는 재혼가족의 다른 명칭으로 '의붓가족', '계부모가족', '재결합가족', '혼합가족' 등을 혼용하고 있다.

혼합가족(blended family), 재구성된 가족(reconstituted family)이란 이미 한 번 또는 그 이상 결혼하여 가정을 이룬 한 사람 혹은 두 사람이 다른 배우자와 새롭게 가정을 재구성한다는 측면에서 서로 다른 형태의 결합을 강조한다. 한편, 계부모가족(step family)은 재혼가족을 자녀의 입장에서 본 용어다. 계부모가족은 재혼가족을 형성한 상태에서 전 배우자와의 사이에서 출생한 전혼자녀가 있거나 혹은 계자녀가 적어도 한 명 이상 있는 경우를 의미한다. 계부모가족은 배우자 한쪽 혹은 양쪽이 초혼이 아닌 가운데 새로운 배우자를 만나 가족을 이룬 형태이며, 이들 중 이미 한 배우자 이상이 자녀를 두고 있는 상태에서 새로운 가족으로 구성되어 계부모와 계자녀, 부모자녀의 관계가 형성되는 가족 형태이다(김미옥, 2014).

2) 재혼가족의 유형

재혼가족의 유형은 재혼부부의 결혼 상태, 자녀 유무, 양육권 유무, 재혼부부와 전 배우자 가구와의 관계 등을 고려하여 구분한다. Clingempeel과

Segal(1987)은 재혼부부 각각의 전혼자녀와 양육권 유무를 기준으로 재혼가족을 아홉 가지 구조적 유형으로 분류하였다(〈표 8-1〉 참조). 첫째, 무자녀 재혼가족이란 둘 다 자녀가 없는 경우로 초혼가족과 유사하며 계부모가족에서 제외된다. 둘째, 비동거 계모가족은 재혼한 남성이 자녀가 있으나 함께 살지는 않는 경우이다. 셋째, 동거 계모가족이란 재혼한 남성이 자녀가 있고 함께 살고 있는 경우이다. 넷째, 비동거 계부가족은 재혼한 여성이 자녀가 있으나 함께 살지는 않는 경우이다. 다섯째, 비동거 계부모가족이란 부부 모두 재혼 이전에 자녀가 있으나 함께 살고 있지 않는 경우이다. 여섯째, 혼합계모형 계부모가족은 부부 둘 다 재혼 이전에 자녀가 있으나 남성의 자녀하고 함께 사는 경우이다. 일곱째, 동거 계부가족은 재혼한 여성이 자녀가 있고 함께 사는 경우이다. 여덟째, 혼합계부형 계부모가족은 부부 모두 재혼 이전에 자녀가 있으나 여성의 자녀하고 함께 사는 경우이다. 마지막으로, 동거 계부모가족은 부부 모두 재혼 이전에 자녀가 있고 함께 사는 경우이다.

〈표 8-1〉 재혼가족 구조적 유형

<table>
<tr><th colspan="3" rowspan="3">아내의 전혼자녀와 양육권
남편의 전혼자녀와 양육권</th><th colspan="3">아내의 전혼자녀 유무</th></tr>
<tr><th rowspan="2">전혼자녀 없음</th><th colspan="2">전혼자녀 있음</th></tr>
<tr><th>양육권 없음</th><th>양육권 있음</th></tr>
<tr><td rowspan="3">남편의 전혼자녀 유무</td><td colspan="2">전혼자녀 없음</td><td>무자녀 재혼가족</td><td>비동거 계부가족 (nonresidential stepfather family)</td><td>동거 계부가족 (residential stepfather family)</td></tr>
<tr><td rowspan="2">전혼자녀 있음</td><td>양육권 없음</td><td>비동거 계모가족 (nonresidential stepmother family)</td><td>비동거 계부모가족 (nonresidential stepparent family)</td><td>혼합계부형 계부모가족(mixed stepparent family)</td></tr>
<tr><td>양육권 있음</td><td>동거 계모가족 (residential stepmother family)</td><td>혼합계모형 계부모가족(mixed stepparent family)</td><td>동거 계부모가족 (residential stepparent family)</td></tr>
</table>

출처: Clingempeel & Segal(1987). *Remarriage and Stepparenting Today: Current Research and Theory.*

이처럼 복잡한 재혼가족 유형에 대한 이해가 필요한 이유는 유형에 따라 재혼가족이 기능과 역동성, 직면하는 문제 등이 서로 다르기 때문이며 이러한 다양함을 고려할 때 효과적인 서비스가 가능하기 때문이다.

3) 재혼가족의 신화와 고정관념

Hetherington과 Kelly(2002)에 따르면, 재혼 후에 초혼의 실패를 만회하려는 비현실적인 기대감 또는 재혼가족에 대한 환상이 커지게 되면 결혼생활이 또다시 위험에 처할 가능성이 높다. 재혼가족에 대한 위험한 환상은 현실과 동떨어진 기대나 잘못된 생각을 의미한다. 재혼가족이 겪는 위험한 환상에는 핵가족신화, 보상신화, 즉각적인 사랑에 대한 기대, 신데렐라에 대한 환상이 포함된다(이원숙, 2013; Wesley et al., 1995).

(1) 핵가족신화

핵가족신화는 재혼가족과 핵가족이 동일하게 기능할 것이라는 환상이다. 많은 재혼가족은 새로이 형성된 가족이 맨 처음의 자기 가족과 같을 것이라는 잘못된 생각을 가지고 있다. 이러한 신화를 믿는 사람들은 계부모가족 사이에 애정과 신뢰가 형성되어 부부간에는 사랑과 친밀감을 느끼며 자녀는 부모를 존경할 것이라고 기대한다. 하지만 재혼가족에서 친밀한 가족관계를 유지하는 일은 쉽지가 않다. 가족구성원 간의 관계에 대한 불확실로 인해 스트레스를 느낄 수도 있고, 친부모에 대한 관심을 낯선 의붓 형제와 나눠야 한다는 점에서 자녀는 상실감과 분노를 느낄지도 모른다. 따라서 재혼가족의 목표는 과거 가족과 새로운 가족 간의 차이점보다는 새로이 형성된 가족이 갖는 독특한 특성을 경험하게 되는 것에 가치를 더 부여하여야 한다.

(2) 보상신화

보상신화는 전 배우자에 대한 결함과 불만족을 새 배우자를 통해 만족시키려 하는 정신적인 보상에서 발생한다. 전 배우자가 갖추지 못했던 친절함, 상냥함, 민감함, 책임감, 진실성 등을 새 배우자로부터 기대한다. 하지만 이러한 기대 때문에 어려운 문제에 처할 수도 있다. 예를 들면, 새 배우자가 아이들에게 친부보다 더 나은 삶을 보장해 줄 수 있다는 기대 때문에 새 배우자에 대한 실망과 좌절을 더 크게 느끼는 경우이다. 다시 말하면, 전 배우자에 대한 보상으로 새 배우자에게 모든 것을 기대하고 무언가 더 해 주길 바랄 때 실망감은 커지고 문제가 발생된다는 사실을 명심해야 할 것이다.

(3) 즉각적인 사랑에 대한 기대

즉각적인 사랑에 대한 기대는 재혼이라는 제도가 부모라는 자격을 자연스럽게 동반한다는 믿음 때문에 계부모는 친밀감과 권위를 즉각적으로 갖게 될 것이라는 환상에 빠지는 것을 말한다. 재혼한 부모들은 무의식적으로 이러한 기대를 따르게 되고, 그들 자신이 자녀와의 관계를 잘 다룰 것이라는 신념을 강화시킨다. 그러나 가족을 구성하는 요소들 중에는 수많은 역사적인 사건, 수많은 친밀한 기억과 자기들만 아는 재미있는 이야기가 포함된다. 정상적으로는 수년, 아니 수십 년이 걸릴 일을 단 몇 달 안에 이룬다는 것은 불가능하다. 실제로 새로운 아버지를 맞이하는 것과 같이 자신이 만들어 가는 관계가 아닌 그냥 주어지는 관계에 적응하기란 힘들다. 따라서 친밀감과 사랑을 형성하기 위해서는 서로 인내하며 노력하는 가운데 시간을 두고 좋은 경험들을 차곡차곡 쌓아가야 하는 것이다.

(4) 신데렐라 동화 속의 계모에 대한 환상

신데렐라 동화 이야기에 등장하는 '나쁜' 계모에 대한 환상은 현실과 동떨어진 기대나 잘못된 생각을 불러온다. 신데렐라 동화에서 계모는 신데렐라에게 온갖 집안일을 시키면서 자기가 데려온 친딸은 편한 생활을 누리게 한다. 이와 같이 부모를 '좋은' 부모와 '나쁜' 부모로 나누는 일은 아동의 환상 속에서 나타나는 보편적인 현상이다. 선과 악으로 나누는 이분법적 사고는 재혼가족을 부정적 측면에 주목하게 만들고 그 속의 개인들에 대해 편견을 가지고 반응하게 만든다. '나쁜' 계모에 대한 문화적 편견 때문에 지역사회에서 재혼가족의 자녀에게 동정심이 유발되면 계모가 설 자리는 더 힘들어질 수밖에 없고, 좋지 않은 시선을 받는 어찌할 수 없는 위치에 처하게 된다.

4) 재혼가족의 발달

발달적 관점은 초혼핵가족의 기준에서 재혼가족을 보는 것이 아니라, 근본적으로 재혼가족은 초혼가족과 다르며, 독특한 관계와 상호작용의 유형을 가진다는 전제가 있다. 이 관점은 재혼가족의 병리적 현상에 기여하는 요인들에 관심을 두기보다는 건강한 발달에 기여하는 요인들에 주안점을 두고 있다(김연옥, 2004). Papernow(1993)는 재혼가족의 발달단계를 자신의 임상경험을 토대로 크게 '초기 단계', '중간 단계', '말기 단계'로 구분하였다. 그리고 초기 단계는 환상(fantasy), 혼돈(immersion), 자각(awareness)의 단계로 세분하고, 중간 단계는 동원(mobilzation), 행동(action)으로, 말기 단계는 접촉(contact), 해소(resolution)로 세분하여 총 7단계로 구분하였으며, 각 단계별로 계부모가족이 수행해야 할 과제를 제시하였다([그림 8-1] 참조).

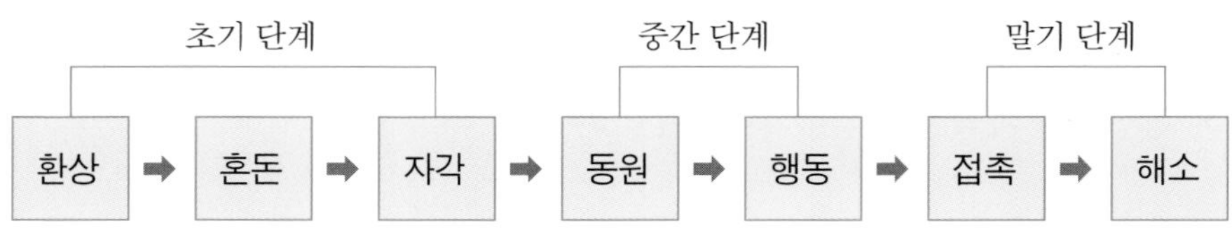

[그림 8-1] Papernow의 재혼가족 발달단계

출처: Papernow, P. (1993). *Becoming a Stepfamily: Patterns of Development in Remarriage Families*. NY: Gardner.

건강한 부부나 가족은 이러한 단계를 잘 이행하여 가족 기능을 최대화하고 행복을 추구하는 방향으로 나아가지만, 그렇지 않고 단계별 발달 수행에 실패하면 가족 기능에 문제가 생기고 불완전하여 해체에 이르게 된다. 재혼가족이 형성되는 초기 단계는 환상, 혼돈, 자각의 단계이다. 이 단계는 실제적 접촉을 통해 현실적인 기대감과 함께 시작한 재혼생활에 대해 현실적 인식을 갖게 되는 단계이다. 초기 단계에서는 가족구성원이 당면한 도전과 딜레마를 정확히 인식하기, 자신을 이해해 주는 사람을 주변에서 확보하기, 가족구성원과 신뢰를 바탕으로 하는 일대일의 시간 보내기, 친부모를 도와주는 계부모로서 역할하기 그리고 친부모, 계부모와 전혼자녀 모두의 욕구 파악하기 등이 중요한 과제이다. 중간 단계는 동원과 행동의 단계이다. 이 단계는 재혼가족이 전 단계에서 인식된 변화의 필요성을 실제 행동으로 옮겨 변화를 일으키는 단계이다. 중간 단계에서는 공평하고 건설적으로 싸우는 법 배우기를 비롯하여 새로운 가족의 규칙과 전통 세우기, 가족행사 계획하기 등이 주요 과제이다. 마지막으로, 말기 단계는 접촉과 해소의 단계이다. 이 단계는 재혼가족구성원 사이에 친밀감과 애착이 발달하고 새롭게 형성된 가족관계가 더욱 강화되는 단계이다. 계부모가족을 굳히는 단계에서는 성숙한 계부모로서의 역할을 확인하고, 가족생활주기 후반에 다시 나타나는 충성심 갈등을 적극적으로 줄이며, 계부모가족이 '우리'라는 의식을 느끼게 하는 가족만의 시간을 가질 것 등이 필요하다.

2. 재혼가족의 실태

1) 재혼가족의 현황

재혼은 이혼율이 감소하면서 함께 감소하는 추세이다. 〈표 8-2〉에서 보는 바와 같이 남자의 경우 초혼이 21만 6,300건으로 전체 혼인의 84.0%, 재혼은 4만 1,100건으로 16.0%를 차지하고 있다. 한편, 여자의 경우 초혼이 21만 300건으로 전체 혼인의 81.6%, 재혼은 4만 6,700건으로 18.1%를 차지하고 있다. 남녀 모두 초혼인 경우는 20만 건으로 전체 혼인의 77.6%를 차지하였고, 남녀 모두 재혼인 경우는 3만 700건으로 전체 혼인의 11.9%를 차지하고 있다. 이는 우리 사회에서 결혼 10쌍 중 2명 이상이 재혼임을 의미하는 것이다(통계청, 2019b).

〈표 8-2〉 혼인종류별 건수 및 구성비 (단위: 천 건, %)

		2008	2009	2010	2011	2012	2013	2014	2015	2016	2017	2018	구성비
계*		327.7	309.8	326.1	329.1	327.1	322.8	305.5	302.8	281.6	264.5	257.6	100.0
남자	초혼	270.2	255.8	273.0	277.4	275.9	273.8	257.9	256.4	238.1	222.5	216.3	84.0
	재혼	57.2	53.8	53.0	51.6	51.1	48.9	47.5	46.4	43.3	41.7	41.1	16.0
여자	초혼	264.5	250.7	268.5	272.6	270.5	268.4	251.5	250.0	232.4	216.8	210.3	81.6
	재혼	62.8	58.8	57.5	56.4	56.5	54.3	53.9	52.7	48.9	47.4	46.7	18.1
남(초)+여(초)		249.4	236.7	254.6	258.6	257.0	255.6	239.4	238.3	221.1	206.1	200.0	77.6
남(재)+여(초)		15.0	13.9	13.9	13.9	13.5	12.8	12.0	11.7	11.1	10.5	10.2	4.0
남(초)+여(재)		20.6	19.0	18.3	18.7	18.9	18.2	18.4	18.0	16.7	16.2	15.9	6.2
남(재)+여(재)		42.1	39.8	39.1	37.7	37.6	36.1	35.5	34.7	32.1	31.1	30.7	11.9

출처: 통계청(2019b). 2018년 혼인 · 이혼통계, p. 5.

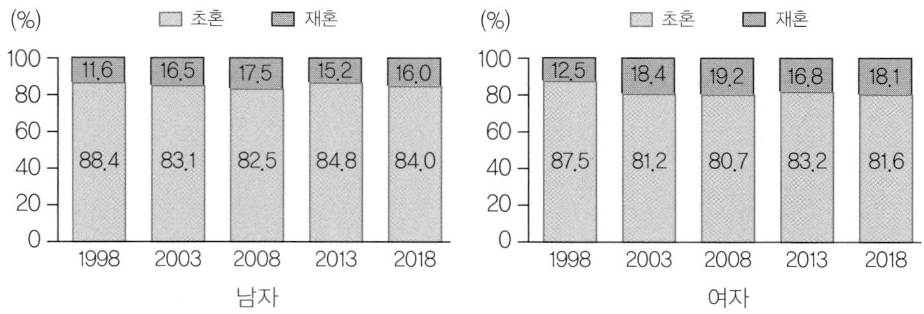

[그림 8-2] 혼인종류별 구성비

출처: 통계청(2019b). 2018년 혼인 · 이혼통계, p. 5.

혼인연령을 살펴보면, 2018년 기준으로 평균 초혼연령은 남자 33.2세, 여자 30.4세로 10년 전에 비해 남자는 1.8세, 여자는 2.1세 상승하였다. 남녀의 주 혼인연령은 30대 초반인 것으로 나타났다. 한편, 평균 재혼연령은 남자 48.9세, 여자 44.6세로 나타났으며, 10년 전에 비해 남자는 3.9세, 여자는 4.3세가 상승하였다(〈표 8-3〉, [그림 8-3] 참조).

〈표 8-3〉 평균 초혼 및 재혼연령 (단위: 세)

		2008	2009	2010	2011	2012	2013	2014	2015	2016	2017	2018
초혼연령	남자	31.4	31.6	31.8	31.9	32.1	32.2	32.4	32.6	32.8	32.9	33.2
	여자	28.3	28.7	28.9	29.1	29.4	29.6	29.8	30.0	30.1	30.2	30.4
재혼연령	남자	45.0	45.7	46.1	46.3	46.6	46.8	47.1	47.6	48.2	48.7	48.9
	여자	40.3	41.1	41.6	41.9	42.3	42.5	43.0	43.5	44.0	44.4	44.6

출처: 통계청(2019b). 2018년 혼인 · 이혼통계, p. 6.

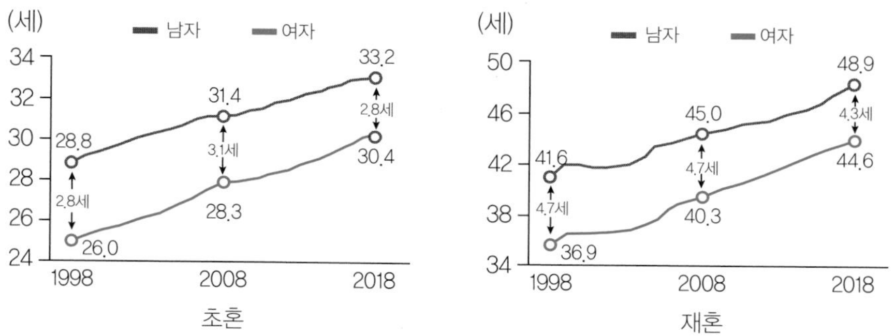

[그림 8-3] 성별 평균 초혼 및 재혼연령 추이

출처: 통계청(2019). 2018년 혼인 · 이혼통계, p. 7.

2) 재혼가족의 문제

재혼가족은 가족의 구조, 기능, 역사적 측면에서 초혼가족과 다르다. 따라서 많은 변화를 경험하고, 많은 상실에 적응해야 하는 취약함이 있다. Wesley 등(1995)은 재혼가족에 관한 문제를 가족구조의 복합 충성심에 대한 갈등, 경계 혼란과 경계 침투성 그리고 독특한 발달과업을 중심으로 살펴보았다.

(1) 구조의 복합성

재혼가족에 관한 중요한 논점은 구조의 복합성 문제이다. 재혼가족의 구조는 복잡하고 그 경계도 모호하기 때문에 재혼가족의 역할에 대한 정의 또한 모호하다. 이러한 경계모호성은 가족구성원 자격에 대한 명확성의 부족으로 가족 스트레스의 증가나 전반적인 가족역기능과 관련이 있는 것으로 나타났다. 예를 들면, 재혼가족은 새로 들어온 부모를 어떻게 부를 것인가와 같은 문제로 혼란을 겪는다. 계모를 어떻게 불러야 한다는 일반적인 동의가 없기 때문에 많은 경우 이러한 문제들은 혼란스럽고 감정이 개입되어 해결되기가 어렵다. 또한 양육권이 없는 부모의 권리, 의무, 기회에 대한 일반적인 동의가 없기 때문에 자녀의 학교생활에 대해 부부 중 누가 감독권을 가지는지, 누가 교사와의 모임에 참석할 것인지 등의 의사결정을 해야 한다.

(2) 충성심에 대한 갈등

재혼가족은 과거의 가족과 새로 생긴 가족에 대한 감정 사이에서 충성심에 대한 심리적 갈등을 갖는다. 한 가족구성원이 누군가에게 강한 애정적 감정을 느끼고, 이것이 또 다른 누군가에게 가지는 애정적 감정을 방해하는 경우 이를 분리된 충성심(divided loyalty)이라고 한다(Ihinger-Tallman & Pasley, 1995). 분리된 충성심은 분노, 배반감, 질투, 죄책감 등의 복잡한 정서가 수반된다. 재혼가족에서 경험하는 정서인 충성심의 갈등은 부모와 자녀 입장에서 그 양상이 다르게 나타난다. 예를 들면, 재혼가족에서 경험하게 되는 정서인 충성심의 갈등은 자녀를 두 번 좌절하게 한다. 처음에는 자기가 부모 이혼의 원인이었다는 것 또는 최소한 그것을 막지 못했다는 것에 대한 죄책감에, 두 번째는 부모의 재혼을 용인했다는 것에 대한 죄책감에 시달리게 된다. 한편, 양육권을 가진 부모는 친자녀와 새 배우자 사이에서 감정의 분리된 충성을 느끼며, 계자녀와 동거하는 계부모는 자신의 친자녀와 계자녀 사이에서 충성심에 대한 갈등을 겪는다.

(3) 경계 혼란과 경계 침투성

계부모가족의 경계 혼란은 초혼에서 찾아볼 수 없었던 가족 지위에 따른 권리와 의무의 혼란을 필연적으로 초래한다(Hobart, 1988). 새로 결혼한 재혼가족에게 있어 이러한 경계 혼란은 다시 가족지위의 불균형을 낳아서 '우리 자녀'와 '남편의 자녀' 또는 '부인의 자녀'가 서로 다른 지위를 갖게 될 수 있고, 이것은 재혼가족의 큰 불만 요인이 된다. 예를 들면, 재혼가족의 자녀들은 자기 집에 새로 들어온 가족구성원들과 침실과 같은 공간을 나누어 쓰도록 강요받기도 하고, 자신의 친부모를 낯선 아이들과 공유하게 된다는 것이다. 재혼가족들이 원활히 기능하는 데는 경계를 구축하는 것이 필수적인 과업이다. 이러한 과업의 달성이야말로 재혼부부를 심리적으로 건강하게 만드는 주요 특성이다. 하지만 가족구조의 변화에 대해 경계가 지나치게 경직되어 있거나 자녀를 배제하면 자녀는 부모로부터 거부당한 느낌을 받게 된다.

(4) 독특한 발달과업

많은 경우 계부모가족은 이혼 또는 사별을 겪고 이루어진다. 따라서 재혼 전 가족에 대한 생각을 단기간에 떨치는 일은 쉬운 일이 아니다. 여기서 적응하기 위한 첫 번째 과업은 구성원들의 상실감에 대한 극복이다. 가족구성원들이 '한때 가족이었던 것'과 '잘 될 수도 있었던 가족'에 대한 미련에 끝매듭을 짓는 것이다(Visher & Visher, 1979). 두 번째 과업은 일상생활을 규제하는 간단한 규칙에 대해 협상하는 것이다. 부모는 가족의 규칙과 규제를 시행할 방법에 대해 자녀에게 솔직하고 신속한 동의를 얻어야 한다. 예를 들면, 누가 책임을 질 것인가, 권위를 어떻게 운영할 것인가 등의 문제이다. 가령, 계부모가 자녀에게 '무엇을 하라'고 시킬 권리를 가진다는 사실을 아이들이 받아들이는 것은 어려운 일이다. 따라서 이러한 일에 대해 함께 상담하고 협상해 나가는 것이 중요하다.

3. 재혼가족의 정책 및 실천

1) 재혼가족 관련 정책

(1) 재혼가족 관련 법

「건강가정기본법」에서는 가정은 개인의 기본적인 욕구를 충족시키고, 사회통합을 위하여 기능할 수 있도록 유지·발전되어야 한다는 기본 이념 아래 재혼가족 등과 같이 사회적 도움이 필요한 가정을 지원하고, 가족구성원의 복지증진에 이바지할 수 있는 지원을 해야 한다고 명시하고 있다. 개정 「민법」(2005. 3.)이 통과되면서 호주를 중심으로 가족의 관계를 등록하는 호주제도가 폐지되고 2008년 1월 1일부터 가족관계등록부로 대체되었다. 신설된「민법」에 근거하여 재혼가정의 자녀는 법원 허가를 받아 새아버지 성을 따를 수 있고, 미혼모의 자녀는 부모의 협의하에 기존에 쓰고 있는 성과 본을 계속 사용할 수 있다. 현재 아버지의 성과 본을 따르게 되어 있는 부성강제주의에서 벗어나 혼인신고 시 부부의 합의에 따라 어머니의 성과 본을 따를 수도 있게 된 것이다.

(2) 재혼가족 정책 내용

① 친양자 입양과 면접교섭권

이혼 후 자녀를 직접 양육하지 않는 부모도 자녀와 상호 면접교섭을 할 수 있는 권리가 있다(「민법」 제837조의2 제1항). 면접교섭에는 직접적인 만남, 서신교환, 전화통화, 선물교환, 일정기간의 체재(예: 주말 동안의 숙박) 등 다양한 방법이 활용될 수 있다. 하지만 이혼한 부모가 재혼해서 자녀를 친양자로 입양한 경우에는 친생부모의 면접교섭권은 더 이상 인정되지 않는다. 그 이유는 친양자는 재혼한 부부의 혼인 중의 출생자로 보아 입양 전의 친족관계가 종료되기 때문이다.

② 자녀의 성변경 제도

재혼해서 함께 살고 있는 새아버지의 성과 자녀의 성이 다른 경우 「민법」 개정을 통해 자녀의 성과 본을 재혼한 배우자의 성과 본으로 변경할 수 있다. 자녀의 성과 본을 변경하는 것에는 두 가지 방법이 있다. 첫 번째는 가정법원에 자녀의 성과 본의 변경심판을 청구하는 것이다. 법원은 자녀의 복리를 위하여 필요하다고 판단될 때에는 새아버지의 성과 본으로 변경하는 결정을 한다. 두 번째는 재혼한 배우자가 자녀를 친양자로 입양하면서 입양신고를 할 때 재혼한 배우자의 성과 본으로 바꾸어 신고하는 것이다.

2) 재혼가족을 위한 실천

(1) 재혼가족 관련 프로그램

① 재혼 준비교육 프로그램

재혼생활을 시작하려는 사람과 재혼가족을 대상으로 한 가족생활 교육은 성공적 재혼생활을 위한 체계적 준비를 돕는 교육적 개입으로, 재혼가족의 문제 발생을 예방할 수 있다는 점에서 치료적 개입보다 효과적이다.

재혼생활에서 겪게 되는 문제들이 초혼생활과는 다르므로 재혼 당사자인 개인이나 가족을 대상으로 하는 재혼 및 재혼가족에 대한 준비교육이 필요하다. 재혼 준비교육 프로그램의 목적은 재혼가족을 형성할 개인이나 예비부부가 재혼가족생활에 대하여 정확하게 이해하며, 현실적인 기대를 갖고 재혼가족생활에서 야기될 수 있는 문제에 대한 사전 논의를 통해 성공적인 재혼생활을 준비하도록 돕는 것이다. 〈표 8-4〉는 '준비된 재혼, 또 다른 행복'이라는 재혼 준비교육 프로그램의 사례이다. 이 프로그램은 재혼가족에 대한 정확한 이해와 함께 합리적이고 현실적인 기대를 갖도록 계획되었으며, 자신의 과거생활에 대해 객관적으로 평가하고 상실감을 극복하여 자존감을 향상시키는 데 중점을 두었다. 또한 재혼생활에서의 주요한 문제들에 대하여 사전 점검하는 기회와 활동을 제공함으로써 재혼에 따른 생활 변화를 긍정적으로 수용하는 것을 목적으로 구성되어 있다.

〈표 8-4〉 재혼 준비교육 프로그램 '준비된 재혼, 또 다른 행복'

<table>
<tr><td rowspan="6">제1단계
재혼
바로보기</td><td>목표</td><td colspan="4">1. 재혼가족의 특징에 대해 전반적으로 이해한다.
2. 재혼생활을 위한 자신의 준비상태를 점검한다.</td></tr>
<tr><td rowspan="5">프로그램</td><td colspan="2">내용</td><td>시간</td><td>준비물</td></tr>
<tr><td>도입</td><td>1. 프로그램에 대한 전반적인 소개
2. 자기소개의 시간</td><td>5분
10분</td><td>이름표</td></tr>
<tr><td>강의 및 작업</td><td>1. 작업1: 재혼에 대해 바로 알기
2. 강의1: 재혼과 초혼의 차이점
3. 작업2: 비디오 시청 〈일반인들의 생각〉,[1)] 재혼에 대한 고정관념, 재혼생활의 긍정적인 측면에 대해 알아보기, 재혼 준비 시 고려할 영역 점검하기
4. 휴식
5. 작업3: 자신의 재혼준비 상태 점검하기, 재혼준비교육의 필요성 강조하기</td><td>20분
10분
40분

10분
30분</td><td>worksheet

비디오
worksheet
간단한 다과
재혼준비척도
worksheet</td></tr>
<tr><td>종결</td><td>1. 요약하기
2. 소감 및 프로그램에 대한 기대 발표</td><td>10분</td><td>worksheet</td></tr>
<tr><td colspan="4"></td></tr>
<tr><td rowspan="5">제2단계
새로운
관계를
위한
홀로서기</td><td>목표</td><td colspan="4">1. 이혼이나 사별로 인한 상처를 극복하고 긍정적인 자존감을 찾는다.
2. 자신의 과거생활을 객관적으로 재평가한다.</td></tr>
<tr><td rowspan="4">프로그램</td><td colspan="2">내용</td><td>시간</td><td>준비물</td></tr>
<tr><td>도입</td><td>1. 두 번째 모임에 참여한 것을 격려
2. 지난 시간 내용 확인 및 오늘의 내용 소개</td><td>5분
10분</td><td>이름표</td></tr>
<tr><td>강의 및 작업</td><td>1. 작업 1: 자신의 일대기 돌아보기
2. 작업 2: 상처 극복하기
3. 비디오 클립 〈이혼자 인터뷰〉[2)] 감상 및 소감 나누기
4. 휴식
5. 강의1: 감정적 상처 극복과 자존감</td><td>30분
30분
10분
10분
10분</td><td>worksheet

비디오
간단한 다과</td></tr>
</table>

단계	구분	세부	내용	시간	준비물
			6. 강의2: 상처 극복에 도움이 되는 10가지 7. 작업3: 나에게 상장 주기	10분 20분	worksheet worksheet
		종결	1. 요약 및 정리 2. 다음 시간 내용 소개	10분 5분	worksheet
제3단계 재혼가족에서의 배우자 역할준비하기	목표		1. 재혼가족에서의 배우자 역할에 대한 자신의 기대를 파악하고 이와 관련된 감정과 욕구를 명료하게 표현하는 것이 필요함을 인식한다. 2. 성공적인 재혼가족생활을 위하여 부부간의 친밀성과 유대감 및 의사소통이 중요함을 인식한다.		
	프로그램		내용	시간	준비물
		도입	지난 시간 내용 확인 및 오늘의 내용 소개	5분	이름표
		강의 및 작업	1. 작업1: 비디오 시청 〈재혼 성공 비결 배우기〉[3] 2. 작업2: 재혼에 대한 자신의 기대 확인하기 (또는 '서로를 알기' 게임)	30분 30분	비디오, 필기도구 worksheet
		종결	1. 요약 및 정리 2. 성공적인 재혼을 위한 나의 다짐 작성하기	5분 30분	worksheet 배경음악, 편지봉투
제4단계 재혼가족에서의 부모역할 점검하기	목표		1. 재혼가족에서의 부모자녀관계와 계부모자녀관계의 중요성과 특징을 이해한다. 2. 재혼가족에서의 부모역할과 계부모역할에 대해 현실적으로 기대한다. 3. 재혼가족에서의 부모역할에 대해 긍정적인 태도를 갖는다. 4. 친부모역할과 계부모로서의 역할수행을 위한 각오를 다진다.		
	프로그램		내용	시간	준비물
		도입	1. 교육 참여를 격려하고 교육내용 소개 2. 현재 자신의 자녀상황과 자녀문제와 관련하여 희망하는 재혼형태에 대하여 이야기 나누기	5분 15분	worksheet
		강의 및 작업	1. 작업1: 비디오 시청 〈재혼가족 에피소드〉[4] 2. 작업2: 재혼 후 자녀문제와 관련된 자신의 기대 확인하기 3. 휴식 4. 강의1: 재혼가족의 성공과 새부모역할, 전혼자녀에 대한 부모역할의 중요성, 재혼가족에서의 자녀출산 5. 작업3: 재혼가족에서의 부모역할 장점 찾아보기 6. 작업4: 재혼가족에서의 부모역할을 위한 각오 다지기	40분 20분 5분 15분 10분 20분	비디오, 필기도구 간단한 다과 worksheet worksheet 배경음악

		종결	1. 사후검사지와 전체 프로그램 평가지 작성 2. 소감 발표와 다 함께 노래 부르기 3. 공지사항 안내와 유인물 배부		사후검사지 프로그램 평가지

주: 1) 〈일반인들의 생각〉은 거리에 나가 일반인들에게 재혼 하면 떠오르는 것, 재혼자를 볼 때 느끼는 점, 가까운 사람과 재혼에 대한 찬반여부 등을 인터뷰하여 재혼에 대한 고정관념을 제시한 내용으로 구성

2) 〈이혼자 인터뷰〉는 이혼을 한 남녀에게 이혼 후 가장 힘들었던 점, 그러한 어려움을 극복한 방법 그리고 과거 결혼생활에서 후회되는 점이나 배운 점을 인터뷰한 내용으로 구성

3) 〈재혼 성공 비결 배우기〉는 재혼한 부부들을 대상으로 그들이 재혼을 결심한 동기, 재혼해서 좋은 점과 힘든 점이나 기대에 맞지 않은 점, 재혼을 원만히 해 주는 요소 그리고 재혼을 고려하는 사람들에게 해 주고 싶은 조언들을 인터뷰한 내용으로 구성

4) 〈재혼가족 에피소드〉는 다양한 재혼가족 유형에서 부모-자녀 관계를 둘러싸고 전형적으로 나타나기 쉬운 상황을 묘사하는 총 여섯 가지 에피소드를 만화 형식으로 구성

출처: 정현숙 외(2000). 재혼준비교육프로그램 개발 및 평가. 대한가정학회지, 38(5), pp. 6-7.

② 재혼가족 기능 향상 프로그램

재혼은 다양한 적응 문제를 경험하기 때문에 많은 준비계획이 필요하나, 재혼가족을 지원하는 사회복지적 개입은 저조한 편이다. 재혼가족을 지원하기 위해서는 재혼가족의 특성을 고려한 재혼가족 기능 향상 프로그램이 필요하다. 김연옥(2004)의 연구에 따르면, 재혼가족은 크게 증가하고 있으나 재혼생활에 대해 알려진 바가 거의 없다는 점, 재혼자들의 재혼에 대한 준비가 거의 이루어지지 않는다는 점, 대신에 재혼에 대한 비현실적인 환상이 크게 존재한다는 점이다. 따라서 재혼가족을 지원하는 기능 향상 프로그램은 재혼의 현실적 실체를 인식시켜야 한다.

참고사항 재혼가족 기능 향상 프로그램 요건

1. 초혼핵가족 중심주의에서 벗어나 초혼가족과 다른 재혼가족의 특성이 문제가 아닌 정상임이 강조되어야 한다.
2. 재혼가족 유형을 고려하여야 한다.

3. 재혼가족 모두에 대한 평등한 시각을 견지하여야 한다.
4. 재혼가족의 환상에 도전하여야 한다.
5. 부부관계를 다룸에 있어서 재혼에 대한 남녀 간의 기대감 차이를 중요하게 다루어야 한다.
6. 계부모-계자녀 관계에서 중요한 것은 '엄마', '아빠'를 강요하기보다 '친구'관계로 시작하는 것이 바람직하다는 것이 강조되어야 한다.
7. 계부모에게 정서적 환기의 기회를 제공하여야 한다. 즉, 계부모 스스로가 갇혀 있는 계부모에 대한 사회의 부정적 인식으로부터 자유롭게 해 주어야 한다.
8. 재혼가족의 발달단계에 따라 프로그램의 초점이 달라져야 한다.
9. 재혼가족의 발달단계를 고려하여야 한다.

출처: 김연옥(2004). 재혼가정의 가족기능향상프로그램 개발을 위한 시론적 연구, 한국사회복지학, 56(2), pp. 227-230.

(2) 재혼가족 상담

재혼생활의 문제를 돕기 위해서는 재혼가족을 대상으로 상담 및 가족치료 등의 방법을 사용한다. 재혼가족을 위한 상담에서 문제해결에 가장 중요한 개입은 자신의 경험에 대한 지지와 인정, 무력감 회복, 그리고 부부관계의 강화 측면이라 할 수 있다. 가족치료는 문제의 원인을 개인적 요인에서 찾는 것이 아니라 문제를 가족구성원 간의 관계에서 찾고 해결하고자 하는 집단 치료의 한 방법이다. 따라서 치료를 통해 자녀와 관련된 문제에 개입하는 경우 치료 과정에 새 배우자와 더불어 전 배우자, 조부모 혹은 다른 중요한 사람을 포함시키는 것이 중요하다. 사회복지사는 이 과정에서 가족의 역할 수행과 익숙해진 습관의 반복에 중점을 두고 가족구조를 조정하는 역기능적 패턴을 바꾸기 위해 관리자와 같은 역할을 수행한다.

Goldenberg와 Goldenberg(1998)는 재혼가족 상담의 주제로 상실을 받아들이기, 차이점 수용하기, 충성심 문제해결하기, 친생부모 인정하기, 두 가구에 소속되기, 가족정체성 발달시키기, 경계문제 극복하기, 부모 역할 공유하기 등의 다양한 범주를 언급하면서 사회복지사의 역할에 대해 〈표 8-5〉

와 같이 설명하고 있다(이원숙, 2013).

〈표 8-5〉 재혼가족의 상담 주제와 사회복지사의 역할

주제	사회복지사의 역할
상실 받아들이기	재혼가족은 사별 혹은 이혼을 통한 관계의 상실에서 유래하며, 이전의 가족에서 가졌던 희망과 꿈을 포기했던 경험이 있다. 재혼가족이 통합되기 위해서는 과거 가족관계의 상실을 다루고 심리적으로 과거와 분리하고 새로운 미래관계를 지향한 삶을 재정립하도록 해야 한다.
차이점 수용하기	재혼가족은 가족역사와 전통 그리고 가족생활주기가 각기 다른 구성원으로 되어 있다. 이에 따라 대인 간 갈등을 가져올 수 있는 차이점을 협상하고 새로운 가족체계를 구축하도록 해야 한다.
충성심 문제 해결하기	재혼가족에서는 부모자녀관계가 부부관계를 선행하기 때문에 자녀에 대한 애정과 새로운 배우자에 대한 애정 사이에 충성심 갈등을 느낄 수 있다. 재혼 초기에는 계부모가족에 대한 충성심이 친부모에게로 향하게 되면서 충성심 갈등을 경험한다. 이 경우 재혼가족의 구성원이라는 점에서 정체성을 발달시키도록 한다.
친생부모 인정하기	동거하지 않는 친생부모를 인정하는 것이다. 친생부모의 지속적 접촉은 아동이 계부모관계를 형성하는 능력을 도울 수 있다. 이에 따라 계부모와 친생부모 사이의 적대적 관계를 피하도록 한다.
두 가구에 소속되기	아동은 규칙과 기대 그리고 양육방식이 다른 두 가구의 구성원이 될 수 있다. 전 배우자들이 우호적으로 구체적 사항을 타협할 수 있다면, 아동이 양쪽 부모와 접촉을 유지할 수 있도록 해야 한다.
가족정체성 발달시키기	재혼가족의 통합, 특히 계부모자녀의 친밀감과 애정은 시간이 걸린다는 것을 인식할 필요가 있다. 가족끼리 함께할 시간을 만들어 보고 생활 속에서 노력하는 방법을 모색하도록 한다.
경계문제 극복하기	전혼의 부부체계에서 성공적으로 분리하고, 재혼한 부부가 그들의 가구를 중심으로 경계를 형성하는 것은 쉽지 않다. 재혼가족이 새로운 역할과 규칙이 작동할 수 있는 새로운 경계를 구축하도록 한다.
부모 역할 공유하기	재혼가족은 새 배우자와 전 배우자 그리고 그 가족들이 교류할 수 있도록 경계를 가지고 개방체계를 유지하여야 한다. 이혼한 부부가 감정적으로 멀어지는 정서적 이혼을 극복하고 감정적 앙금들이 남지 않도록 협조적인 부모 역할을 공유하는 것이 바람직하다.

출처: 이원숙(2013). 가족복지론, pp. 364-365.

(3) 재혼가족 자조집단

재혼한 사람들 간의 자조집단은 상호 정보를 교환하고 감정을 공유하는 사회적 안전망이다. 온라인과 오프라인을 이용한 모임을 구성하고 지역구성원 간의 상호 지지적인 관계를 갖도록 돕는다. 자조집단 구성원들은 재혼가족에서 발생할 수 있는 문제를 해결할 수 있도록 서로를 지지할 수 있다. 그들은 자신의 문제가 자기 가족만의 문제가 아님을 이해하고, 유사한 상황에 처한 다른 가족이 대처하는 방법을 보면서 문제해결의 실마리를 제공받을 수 있다. 재혼부부 대상 자조집단 모임은 10명 내외의 규모로 구성하며, 매주 2시간 내외로 6~8주 정도 모임을 갖는 것이 적절하다.

참고사항 재혼가족 행복 만들기〈재혼가족 10계명〉

1. 재혼에 대한 비현실적 기대를 버리고 재혼으로 인하여 나타나는 변화를 인정한다. 재혼을 통하여 전혼(前婚)을 보상받으려 한다거나 재혼 후 빠른 시기에 가족들이 적응하리라는 헛된 기대는 모든 가족구성원에게 심리적 부담이 된다. 재혼 전에 두 사람이 서로가 기대하는 바와 한계에 대해서 충분히 대화를 나눔으로써 현실을 이해하는 것이 필요하다.
2. 전혼에 대한 상실감을 이해하고 긍정적으로 수용한다. 상처를 했든 이혼을 했든 그 경험은 개인에게 여러 가지 종류의 부정적 정서를 불러일으킨다. 이런 부정적 감정은 새로운 독립된 개인으로서 누군가를 다시 신뢰하고 친밀감을 형성하는 데 장애가 될 수 있다. 그러나 이를 어떻게 극복하느냐에 따라 부정적 영향의 정도가 달라지며 오히려 긍정적 영향을 미칠 수도 있다. 결국 가장 중요한 것은 언제 어디서든 자신을 가장 소중히 여기는 것이다.
3. 재혼가족에서 부부관계가 모든 관계의 중심임을 가족 모두가 인식한다. 성공적인 재혼생활을 위해서는 부부가 중심에 있어야 하고, 그러기 위해서는 재혼 전부터 튼튼한 팀워크를 형성해야 한다. 재혼생활에서 우려되는 문제에 대해 결혼 전에 파트너와 솔직하게 충분한 대화를 나누고, 재혼 후에는 부부간에 시간을 많이 갖고 대화를 자주 나누면서 의사결정은 공동으로 해야 한다.

4. 재혼 대상으로는 초혼자보다 자신과 비슷한 경험을 가진 재혼자가 더 나을 수 있다. 재혼은 초혼과 성격이 달라서 부부 중 한쪽만 재혼인 경우보다는 둘 다 재혼인 경우가 경험적 공유나 동병상련의 측면에서 유리할 수 있다. 성격이나 배경의 유사성도 매우 중요한 요인이다.
5. 계부모 역할에 대해서 부부가 서로 합의하고 일관성 있게 양육하는 것이 필요하다. 계부모 역할을 잘하려면 아이의 친부모인 배우자로부터 부모로서의 권리를 인정받아야 한다. 새로운 자녀의 특성과 과거 및 현재 상황, 성장 배경에 대해 사전에 충분한 정보를 수집하고 친부모인 새 배우자와 결혼하기 전에 새 부모 역할의 구체적인 내용과 기대하는 역할에 대해 합의한다.
6. 결혼은 끝나도 부모 역할은 남는다는 점을 명심한다. 자녀의 관점에서 부모의 재혼은 친부모를 빼앗겼다는 상실감과 친부모 간의 재결합에 대한 꿈이 상실되었다는 감정을 야기할 수 있다. 따라서 전혼이 종결됐더라도 전혼 자녀에게 친부모로서의 역할은 지속해야 하며, 새 배우자는 친부모와 자녀 간의 혈연적인 유대를 존중하여야 한다.
7. 재혼 후 자녀를 출산하는 문제는 신중히 결정한다. 새 아이는 가족들을 가깝게 하는 견인차가 될 수도 있고 또한 스트레스의 원인이 될 수도 있다. 재혼해서 아이를 갖는 문제는 가족의 상황을 충분히 고려하면서 부부가 사전에 이에 대한 분명한 의견의 일치를 보는 것이 필요하다. 그리고 자녀 출산보다도 재혼부부로서 정체감과 유대감을 확립하고 부부간에 정신적 · 심리적 · 신체적인 친밀감을 공유하는 것이 더 급선무이다.
8. 주위의 도움을 적극적으로 이용한다. 재혼에 대한 편견 때문에 가족이나 친지와 소원한 관계를 유지하는 것은 더욱 고립된 생활을 초래할 뿐이다. 부모나 가족은 가장 좋은 지원자이다. 어려울 때 도움도 청하고 자주 왕래하라. 고민이나 혼자서 해결하기 어려운 문제는 전문 상담기관을 찾는 것이 좋다.
9. 자녀에게 같이 살지 않는 친부모는 현실 또는 기억 속 어디에든 있다는 사실을 인정해 준다. 자녀는 친부모와 계부모 사이에서 '충성심'의 갈등을 경험하기 쉽다. 자녀의 친부모와 경쟁하여 완벽한 부모가 되려는 환상은 포기한다.
10. 성공적인 재혼생활은 모든 가족구성원의 노력으로 이루어진다는 점을 명심한다. 건강한 재혼가족이 되기 위해서는 가족이 서로 솔직하고 배려해 주며 끊임없이 대화를 나누는 자세를 가져야 한다.

출처: 한국가족상담교육연구소(1998). 또 하나의 우리, 재혼가족.

4. 재혼가족을 위한 복지방안

1) 재혼가족지원 프로그램 개발

재혼가족의 양적 증가와 그 본질적 취약성으로 재혼은 더 이상 개인적 경험으로 치부될 수 없고 사회가 관심을 가지고 적극적으로 개입해야 할 사회현상이 되었다. 재혼가족은 경계가 불분명한 가족관계, 부부관계보다 먼저 형성된 부모자녀관계, 가족생활주기와 개인생활주기상의 불일치, 두 부모의 존재, 복잡한 친족관계 등 복잡하면서도 취약한 특성을 지닌다. 그럼에도 재혼가족에 대한 사회복지계의 관심은 그 어느 영역보다 저조하다고 할 수 있다. 이러한 상황을 감안할 때 재혼가족의 기능 향상을 위한 서비스 개발이 보다 확대되어야 할 것이다. 재혼가족의 가족관계 증진을 위한 개입이 요구되며 재혼가족 교육 프로그램의 개발과 교재 마련이 필요하다.

2) 재혼가족의 부모교육 강화

재혼가족이 겪는 주된 어려움은 계부모로서의 역할 수행과 관련이 있다. 재혼가정 자녀들의 적응은 계부모의 부모 역할 수행에 따라 차이가 나타난다. 재혼가족의 경계와 역할이 모호하고, 재혼가족 유형이 복합 재혼가족일수록 부모가 독재적 양육 태도를 보일 때 재혼가정 자녀의 심리 · 사회적 적응 수준이 낮은 것을 알 수 있다(김효순, 하춘광, 2011). 또한 양육 태도와 훈육과 관련하여 재혼가정의 계부모와 계자녀 간의 유대가 공고하지 못하고, 재혼부부간의 서로 다른 훈육 방법으로 책임 소재가 불분명할 때 계부모와 계자녀 사이에 혼란이 야기된다. 따라서 재혼가정 자녀의 심리적 안녕과 적응을 촉진하기 위해서는 가족 변화를 수용하고 새로운 관계를 맺기 위한 적극적인 부모 역할 교육과 훈련이 필요하다. 이를 위해 재혼가족을 위한 부모교육의 교재 개발 및 보급이 필요하다. 재혼가족을 위한 부모교육을 통해 계부모로서의 역할에 대해 숙지한다면 계부모와 자녀들이 겪을 수 있는 혼란과 저항을 최소화할 수 있다.

3) 재혼에 대한 사회적 관심과 인식의 전환

우리 사회에서 재혼에 대한 부정적 고정관념과 문제 지향적 시각은 성공적인 재혼생활에 걸림돌이 될 수 있다. 재혼가족의 구성원들을 초혼핵가족 구성원들과 비교해서 판단하는 전통적 가족 패러다임이야말로 재혼가족 발달에 좋지 않은 영향을 미친다. 재혼가족의 특수성과 보편성을 고려해 초혼핵가족의 '정상가족' 이데올로기를 극복하고 다양한 가족 형태를 수용하는 사회적 캠페인을 지속적으로 벌여 나가는 것이 중요하다.

이를 위하여 첫째, 대중매체에서 재혼가족에 대한 현실적 모습 및 긍정적 이미지를 부각하여 건전한 재혼가족 모델을 제시하는 것이 필요하다. 둘째, 학교와 사회교육기관의 인식전환교육이 이루어져야 한다. 재혼가정 내 가족관계에 대해 비정상적으로 느끼지 않도록 가족생활을 다룬 교과 내용 중 재혼가족 등 다양한 가족 유형의 장·단점, 갈등 양상, 대처방안, 건강한 가정생활을 포함시켜 교재를 개발하는 노력이 필요하다.

4) 재혼가족을 위한 전문상담 활성화

초혼의 실패를 겪고 재혼을 결심할 때는 가정생활의 파탄에 따른 경험을 더 이상 반복하지 않겠다고 다짐을 하지만 실제로 재혼 후 다시 이혼을 하는 경우는 초혼 후 이혼을 하는 경우보다 높은 편이다. 이는 재혼가족 구성원들이 겪는 불안정성과 가족관계, 친척관계, 사회적 관계 등에서 오는 상실과 외로움의 요인이 크기 때문이다. 재혼가족이 겪는 복잡하고 어려운 문제에 대하여 전문상담 및 치료를 통해 미리 개입한다면 재혼생활의 어려움을 해소함으로써 가족해체를 미연에 방지할 수 있다. 따라서 재혼가족 간의 심리·정서적인 어려움 및 적응 문제를 상담해 줄 수 있는 전문상담 기관이 확충되어야 할 것이다.

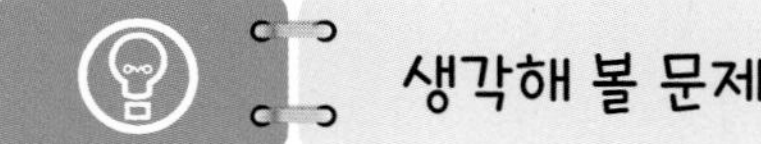

1. 재혼가족의 개념과 유형을 정리해 보세요.

2. 재혼가족이 겪는 신화와 고정관념은 무엇이고, 이를 위한 해결방안에 대해 본인의 생각을 적어 보세요.

3. 재혼가족이 겪는 복합적 문제들을 살펴보고, 실질적 복지방안에 대해 친구들과 의견을 나눠 보세요.

4. 재혼가족을 비정상적으로 바라보는 편견을 없애기 위해 어떠한 노력이 필요할지 생각해 보세요.

제9장

입양가족

입양가족은 고대사회에서부터 이행되어 온 오래된 역사를 가지고 있지만 그 목적은 시대에 따라 변화를 거듭해 왔다. 전통적 의미에서 입양가족은 유산, 가계와 혈통을 계승하는 수단으로 활용되었다. 남성중심의 가부장사회에서 형의 가정에 대를 이을 종손이 없는 경우, 여러 명의 자녀를 둔 동생이 형에게 아들을 양자로 보내는 것은 흔한 일이었다. 부모가 사망하거나 큰 병에 걸려 아이를 키울 수 없을 때 삼촌과 고모들이 조카를 데려다 양자로 키우기도 하였다.

한편, 현대적 의미의 입양가족은 사회적 도움이 필요한 요보호아동이 행복한 가정의 품 안에서 성장할 수 있도록 아동의 권리를 증진시키는 것에 그 목적이 있다. 정부는 「입양특례법」과 같은 정책지원의 근거를 마련하여 입양가족의 성공적인 적응과 입양되는 아동의 권리를 최대한 보장하기 위해 노력하고 있지만 아직도 입양가족을 위한 정책지원이 미흡하다는 지적이 있다. 이 장에서는 입양가족의 개념과 특성을 이해하고 입양가족의 현황과 문제에 대해 살펴보며 그들을 위한 서비스를 고찰한다. 그리고 입양가족에 대한 정책적 · 실천적 대책에 대해 알아보고자 한다.

1. 입양가족에 대한 이해

1) 입양가족의 개념

세상에 태어난 아이들은 한 국가의 큰 자산이며 그 나라를 이끌어 가는 미래이다. 그들은 국가의 경제를 지켜 주고, 키워 나가며, 성장시킬 수 있는 경제적 · 문화적 잠재력을 갖고 있는 인적자원이다. 모든 아이는 자기가 태어난 나라에서 부모와 함께 살아갈 권리를 갖고 있다. 그럼에도 가족해체, 미혼모의 증가, 아동의 보호자에 의한 유기와 방임 등에 의해 부모와 함께 살아갈 수 없는 요보호아동은 계속 늘어나고 있다. 입양이란 태어난 가정에서 양육하기가 어려운 경우 새로운 부모를 필요로 하는 요보호아동의 기본적인 권리와 최상의 이익을 위해 건강한 가정을 제공하는 것이다.

미국아동복지연맹(Child Welfare League of America: CWLA)에서는 입양이란 혈연적으로 친자관계가 없는 사람들에게 법률적으로 부모-자녀관계를 만들어 주는 법적 조치라고 정의한다. 입양이 성립되면 친생부모의 입양아동에 대한 모든 권리와 의무가 사라지고 양부모가 대신하여 모든 법적 권한을 갖도록 한다(Gustavasson & Segal, 1994).

입양가족이란 출산이라는 생물학적 과정에 의하지 않고 법적 · 사회적 과정을 통해 부모와 자녀의 관계로 형성된 가족을 말한다(Kadushin, 1980). 여기서 법적 과정은 입양과 관련된 법률에 의한 절차를 통해 합법적 가족을 형성하는 것이며, 사회적 과정은 부모와 자녀의 정서적인 유대관계와 친밀감 속에서 일반가정과 다름없이 하나의 가족으로 사회로부터 인정받는 것이다. 이와 같이 입양가족은 친생부모로부터 지속적으로 보호와 양육을 받지 못하는 아동에게 영구적인 가정을 제공하고, 불임으로 인해 자녀가 없거나 또는 자녀를 더 양육하려는 욕구와 능력이 있는 부모에게 만족감을 가져다준다.

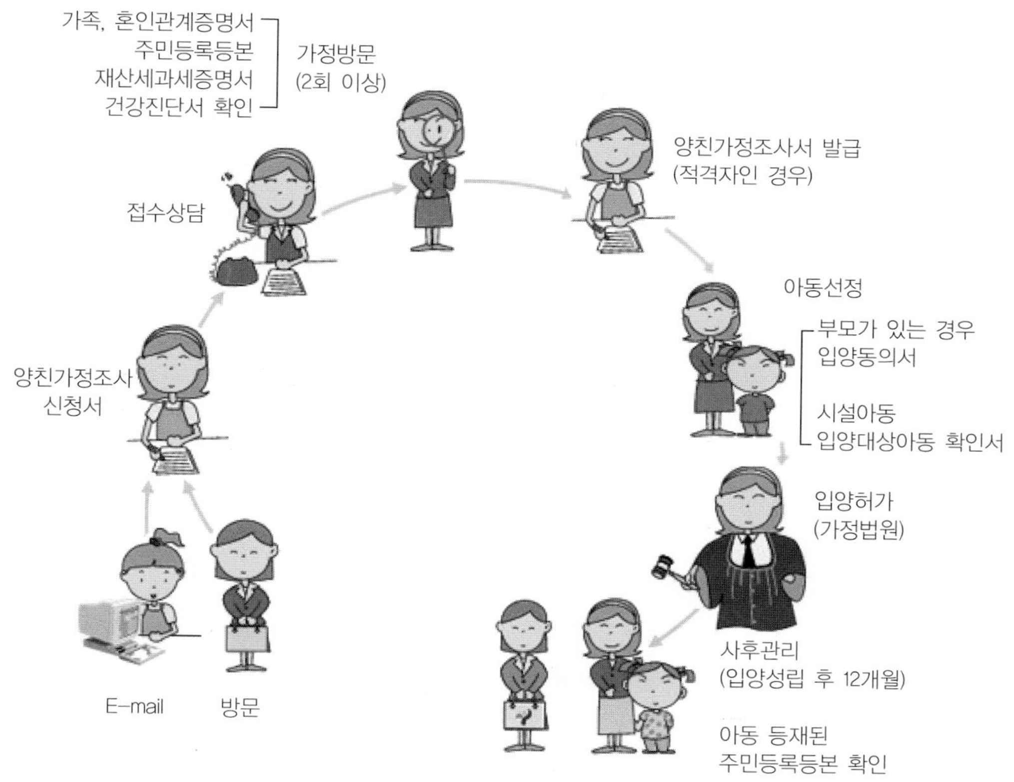

[그림 9-1] 입양가족의 탄생: 입양 과정

출처: 서울특별시아동복지센터(http://child.seoul.go.kr)

2) 입양가족의 요건

입양가족은 입양아동, 입양부모 그리고 친생부모의 삼자 권익이 균형 있게 이루어질 때 성립된다. 한 가정이 아동을 입양할 때는 모든 관계자 중에서도 아동이 최우선적으로 반영되어야 한다. 그 이유는 입양가족은 아동을 위해서 제공되는 것이며 가족을 위해 아동이 존재하는 것은 아니기 때문이다.

(1) 입양아동

입양아동이란 입양되는 18세 미만의 아동을 말하며, 「입양특례법」 제9조에 따른 입양아동의 법적 자격은 다음과 같다.

- 보호자로부터 이탈된 자로서 시 · 도지사 또는 시장 · 군수 · 구청장이 부양의무자를 확인할 수 없어 「국민기초생활보장법」에 따른 보장시설에 보호 의뢰한 사람
- 부모(부모가 사망 또는 기타 사유로 동의할 수 없는 경우에는 다른 직계존속) 또는 후견인이 입양을 동의하여 보장시설 또는 입양기관에 보호 의뢰한 사람
- 법원에 의하여 친권상실의 선고를 받은 사람의 자녀로서 시 · 도지사 또는 시장 · 군수 · 구청장이 보장시설에 보호 의뢰한 사람
- 그 밖에 부양의무자를 알 수 없는 경우로서 시 · 도지사 또는 시장 · 군수 · 구청장이 보장시설에 보호 의뢰한 사람

(2) 입양부모

입양부모란 사회적 · 법적 절차에 의해 부모가 된 자를 말하며, 「입양특례법」 제10조에 따른 입양부모의 법적 자격은 다음과 같다.

- 양자를 부양함에 충분한 재산이 있을 것
- 양자에 대하여 종교의 자유를 인정하고 사회의 일원으로서 그에 상응한 양육과 교육을 할 수 있을 것
- 양친될 사람이 아동학대 · 가정폭력 · 성폭력 · 마약 등의 범죄나 알코올 등 약물중독의 경력이 없을 것
- 양친될 사람이 대한민국 국민이 아닌 경우 본 국법에 의하여 양친이 될 수 있는 자격이 있을 것
- 양자될 아동의 복리에 반하는 직업이나 그 밖에 인권침해의 우려가 있

는 직업에 종사하지 아니할 것

- 그 밖에 양자될 아동의 복리를 위하여 다음의 필요한 요건을 갖출 것
  - 25세 이상으로서 양자될 자와의 연령 차이가 60세 이내인 자. 양친이 될 자가 대한민국 국민이 아닌 경우에는 25세 이상 45세 미만일 것
  - 다만, 양친이 될 자의 가정환경에 대한 조사기관(시장 · 군수 · 구청장, 입양기관, 아동상담소장)이 양친될 자의 가정환경이 양자를 건전하게 양육하기에 적합하다고 인정하는 경우에는 입양이 가능함(시행규칙 제4조)

(3) 친생부모

양자될 자의 친생부모는 아동에 대한 친권을 자발적으로 또는 비자발적으로 포기한다. 자발적으로 친권을 포기하는 경우는 경제적 빈곤, 이혼 및 별거로 야기된 가족해체, 결손가정, 미혼모, 사망 등이 있다. 그 가운데 친생부모의 상당수가 미혼모다. 미혼모들은 아동을 양육할 의사가 없거나 양육할 능력이 없기 때문에 상당수가 입양을 의뢰하고 있다.

참고사항 입양의 유형

1. 기관입양 대 독립입양

기관입양은 국가가 인정하는 입양기관을 통해 입양이 성립되는 것이고, 독립입양은 기관을 통하지 않고 개인과 개인이 합의하여 입양하는 것을 말한다. 우리나라에서는 기관입양만을 인정하고 있으나, 미국에서는 기관입양과 함께 독립입양을 알선할 수 있다. 현재 우리나라는 총 28곳의 입양기관이 있다. 그중에서 국내입양과 국외입양 업무를 모두 수행하는 입양기관은 홀트아동복지회, 동방사회복지회, 대한사회복지회의 총 3곳이 있다(보건복지부, 2019c).

2. 공개입양 대 비공개입양

공개입양은 입양한 사실을 입양아동은 물론이고 주변 사람들에게 개방하는 것

이다. 공개입양은 자신의 친생부모가 어떤 사람인지, 친생부모는 왜 자신을 기르지 않기로 선택하였는지 등과 같은 이슈들에 대해 자유롭게 이야기할 수 있고 친생부모와 입양부모를 생각할 수 있기 때문에 그들의 건전한 성장과 발달에 기여한다.

비공개입양은 입양한 사실을 입양아동은 물론 주변의 모든 사람에게 비밀로 하며, 가족들에게 자신이 아이를 출산한 것처럼 거짓을 유지하는 것이다. 비공개입양은 아동과 친생부모가 나중에 서로를 찾고 싶어 했을 때 재회할 수 있도록 하는 어떠한 준비된 단서도 제공하지 않는다.

3. 국내입양 대 국외입양

국내입양은 아동이 태어난 국가에서 입양을 하는 것이다. 입양의 기본 방향은 국내입양을 우선으로 하며 국외입양을 차선책으로 하고 있다. 국외입양은 아동이 태어난 국가가 아닌 다른 나라로 입양되는 것을 의미한다. 국외입양의 경우 서로 다른 인종, 민족이 부모-자녀관계로 연결되기 때문에 입양아동은 자신의 모습이 외형적으로 다르다는 것을 인식한다. 이로 인해 일부는 성장 과정에서 정체성의 혼란에 빠지기도 하고 가족과 지역사회로부터 부적응을 유발하기도 한다.

4. 특별한 욕구를 가진 아동의 입양

입양부모가 입양결정을 할 때 신체적 또는 정신적 장애, 만성적 또는 다른 심각한 신체적 질환 또는 발달장애를 가진 아동, 여러 번에 걸쳐 위탁가정 또는 시설에 배치된 아동, 방임되거나 정신적 · 신체적 · 성적으로 학대받은 아동 등 보다 특별한 욕구를 가진 아동을 찾아서 입양하는 경우이다(Gulden & Bartels-Rabb, 2006). 실제로 장애나 특별한 욕구를 가진 아동은 양육하는 데 소요되는 노력과 경비가 크기 때문에 이들을 찾는 입양부모의 수요는 낮은 편이다.

3) 입양가족의 발달과업

입양부모는 입양아를 양육하는 과정에서 여러 어려움을 직면하게 된다.

입양부모는 자녀의 양육에 있어 입양과 출산의 차이점을 인정하고 입양과 관련된 외부의 시선이나 자신들의 감정 및 관심사 등을 부인하거나 억압하지 않고 공개적으로 다루는 것이 중요하다. 아동의 성장에 따른 생애발달 주기별로 입양가족의 과업들을 분류하여 그 특성을 살펴볼 수 있다(배태순, 1998).

(1) 영아기

영아기는 부모와 자녀 관계에 서로 애착이 형성되는 시기이다. 양모는 임신 중에 태아와 가질 수 있었던 고유한 관계를 형성할 기회가 없었고, 자녀에게 모유를 먹일 수 있는 수유의 경험도 없었다는 점에서 이 시기에 어려움을 느낄 수 있다. 입양부모는 이 시기에 혹시라도 친생부모가 찾아와 아이를 데리고 가지 않을까 하는 두려움을 갖게 된다. 이러한 두려움은 입양부모에게 스트레스로 작용하며 이러한 스트레스에 어떻게 반응하는가는 입양아와의 관계 형성에 영향을 미치게 된다. 이 시기에는 입양부모로서의 자격 및 정당성에 대해 확신을 갖는 것이 중요하다. 친인척, 친구, 전문가 등의 주변 사람의 도움을 받아가면서 부모로서의 자신감을 갖도록 한다.

(2) 유아기

유아기가 되면 입양부모는 자녀에게 입양에 대한 사실에 대해 말할 준비를 해야 한다. 입양부모가 자녀에게 입양에 관해 말을 하지 않거나 혹은 말을 하더라도 급하게 의식적으로 하는 경우, 입양은 좋은 것이 아니니까 드러내서도 안 된다는 식의 부정적인 메시지를 전달하게 된다. 입양아는 자신의 입양과 친생부모에 대해 질문할 때 부모가 편안해하지 않는다는 것을 깨닫게 되면 그 이후에는 질문을 하지 않게 된다. 입양부모는 자녀에게 입양에 관해 설명할 수 있도록 사전에 정보를 수집하여야 한다. 그리고 입양에 대해 잘 이야기할 수 있도록 연습을 거쳐야 하며 자신감도 가져야 한다.

(3) 학령기

학령기에 접어들면서 자녀는 입양의 의미를 서서히 깨닫게 된다. 이 시기가 되면 자신의 입양에 대처하려고 노력하게 되며 그 과정에서 입양에 대한 관심과 질문이 생기게 된다. 그들은 '자신이 임신되고 출산될 때의 상황은 어떠했나?', '생부와 생모의 현재 상황은 어떠한가?', '왜 자신이 포기되었는가?' 등에 대해 알고자 한다. 입양부모가 자녀에게 입양사실을 말할 때는 시기, 즉 타이밍을 놓쳐서는 안 된다. 입양아에게 입양 사실에 대해 설명할 내용과 예측되는 반응에 대해 미리 준비할 수 있어야 한다. 이러한 사전 준비가 입양아에게 입양에 대한 긍정적인 생각을 심어 줄 확률을 높일 수 있다.

(4) 청소년기

청소년기에 접어들면서 자녀는 부모에게 반항적인 행동을 보인다. 이들의 반항적인 행동은 입양부모가 자신을 버리지는 않을까 하는 두려움과 입양부모를 테스트해 보려는 행동이라고 보면 된다. 이 시기가 되면 입양아는 자신의 정체감 문제와 관련해 자신의 고통을 부모와 함께 나누기를 원한다. 입양아의 생물학적 뿌리와 친생부모 관계의 상실을 그리고 입양부모는 그들이 임신하여 출산할 수 없었던 자녀의 상실을 함께 인정하고 나눔으로써 부모와 자녀 간의 결속력을 유지해 나간다. 입양부모는 자녀가 사춘기가 되면 필요에 따라 외부의 원조를 받는 것이 성공적인 가족관계를 유지하는 데 도움이 된다.

(5) 성인기

성인기가 되면 자녀는 친생부모를 만나고 싶다는 생각을 하게 된다. 특히 결혼해서 자식을 낳고 키우다 보면 자연스럽게 친생부모와의 관계를 생각하고 자신의 뿌리에 대해서 더 궁금해진다. 입양부모는 성인이 된 자녀가 친생부모를 찾기로 결정을 내릴 때 예상치 못한 위협으로 간주할 수 있고, 자녀를 잃어버리지는 않을까라는 염려를 할 수도 있다. 하지만 현실에 있어서 이러한 두려움은 근거 없는 두려움이다. 왜냐하면 대부분의 입양아는 자신의 삶에 있어 양부모가 차지했던 중대한 위치와 역할에 대해서 분명한 태도를 취하고 있기 때문이다(Sachdev, 1992). 입양부모는 성인이 된 자녀가 친생부모를 찾는 데 어떻게 최선의 지원을 할 것인가를 결정하고, 친생부모를 찾는 과정 중에 도움을 요청할 때 어떻게 반응할 것인가 그리고 친생부모를 찾은 후에 그들과 어떤 관계를 가질 것인가에 대해 생각하여야 한다.

참고사항 입양부모가 자녀를 양육할 때 고려할 사항

- 친생부모에게서 분리된 경험이 아동에게 미치는 영향과 아동의 인생에서 운명적으로 변화가 있음을 인식하기
- 아동이 입양 사실에 대한 자신의 감정을 이해하고 타협하도록 돕기
- 아동이 자신의 감정을 적절하게 표현하는 방법을 발견하도록 돕기
- 입양 사실에 대한 문제 또는 건강하지 못한 표출을 다루는 방법을 배우기
- 자신의 해결되지 않은 이슈들, 특히 자신의 아동기와 가임 또는 불임과 관련된 이슈들을 인식하고 타협하기
- 아동이 가지고 있는 독특한 유전적 기질과 자신 간의 유전적 연결 부족 수용하기

참고사항 공개입양에 대해 '다르게 보기'

입양으로 아이를 보내는 마음의 상처와 상실감은 죽음보다 더 아픈 고통이다. 친생모는 아이와 생이별하는 과정에서 겪은 일들에 대해 많은 슬픔과 분노를 기억한다. Soll과 Buterbaugh(2013)는 입양에 따른 근원적 상실의 아픔을 다루는 과정에서 비공개입양을 공개할 것을 권유한다. 입양을 공개하는 결정은 어려운 선택이지만 친생모와 입양아동이 서로 소통할 수 있다는 사실은 축복이라고 전하고 있다.

그들에 따르면 공개입양에 대해 생각하는 방식은 그것을 경험하는 방식에 영향을 미친다. 공개입양에 대해 스스로 '다르게 보기(재구조화, reframing)'를 선택할 때 자신에게 미치는 영향력을 변화시킬 수 있고 궁극적으로는 사물이 영향을 주는 방식과 감정을 불러일으키는 방식을 실제로 통제할 수 있게 된다. 지금까지 생각해 온 근거 없는 믿음과 사실 간의 차이를 구분하면서 내면의 감정들을 살펴보는 것이 중요하다.

공개입양에 대한 근거 없는 믿음

- 비공개입양은 공개할 수 없다.
- 아이가 성장하는 기간 동안 친생모와 연락할 필요가 없다.
- 친가족과 규칙적으로 소통하는 것은 입양아와 입양부모를 혼란스럽게 하고 그들을 파멸시킬 것이다.

공개입양에 대한 사실

- 만약 모든 당사자가 동의한다면 비공개입양은 공개할 수 있다.
- 입양된 아이는 성장기 동안 그리고 성장해서도 친가족과의 관계를 유지할 필요가 있다.
- 친가족과 규칙적으로 소통하는 것이 전혀 소통하지 않는 것보다 덜 혼란스럽고, 입양아와 마주하는 여러 문제와 고통을 줄여 줄 것이다.

2. 입양가족의 실태

우리나라는 Harry Holt가 1954년 한국의 전쟁고아를 해외 입양하는 것을 시작으로 2018년까지 공식적으로 국내외로 입양된 아동은 24만 8,024명이다(보건복지부, 2019b). 그 가운데 국내입양은 8만 477명(32.5%)이고, 국외입양은 16만 7,547명(67.5%)이다. 〈표 9-1〉에서 보는 바와 같이 2008년 이전까지 국외입양의 비율이 높았지만 국외입양 쿼터제를 도입한 이후부터 국외로 입양되는 아동 수는 점차 줄고 있다. 국외입양 쿼터제란 정부가 국내입양을 활성화하고 국외입양을 축소해 나가려는 취지에서 만든 것으로 국외입양이 국내입양의 범위를 넘지 못하도록 국외입양 아동 수를 인위적으로 줄이는 제도이다. 하지만 제도 도입 이후 국외입양과 더불어 국내입양마저 줄고 있는 추세이다. 국내입양이 국외입양을 초과한 것이 절대적인 국내입양의 양적 증가라기보다는 국내입양 우선 추진제도에 근거한 국외입양의 감소에서 오는 영향이라고 볼 수 있다.

〈표 9-1〉 연도별 국내외입양 현황

(단위: 명)

구분	계	2008년 이전	2009	2010	2011	2012	2013	2014	2015	2016	2017	2018
계	248,024	233,291	2,439	2,475	2,464	1,880	922	1,172	1,057	880	863	681
국내	80,477 (32.5%)	71,633 (30.2%)	1,314 (53.9%)	1,462 (59.1%)	1,548 (62.8%)	1,125 (59.8%)	686 (74.4%)	637 (54.4%)	683 (64.6%)	546 (62.0%)	465 (53.9%)	378 (55.5%)
국외	167,547 (67.5%)	161,558 (69.8%)	1,125 (46.1%)	1,013 (40.9%)	916 (37.2%)	755 (40.2%)	236 (25.6%)	535 (45.6%)	374 (35.4%)	334 (38.0%)	398 (46.1%)	303 (44.5%)

출처: 보건복지부(2019b). 2018 국내외입양통계, p. 1.

보건복지부(2019a)의 통계에 따르면, 입양아동 가운데 10명 중 9명은 생모가 미혼모인 것으로 나타났다. 즉, 입양아동이 발생되는 대부분의 원인이 미혼모라는 사실이다. 우리 사회에 만연된 미혼모에 대한 사회적 편견과 환경이 미혼모로 하여금 자신의 아이를 포기하도록 유도함으로써 근본적으로 입양 대상을 늘리는 원인이 되고 있다.

〈표 9-2〉 입양아동 발생 유형

(단위: 명)

국내입양				국외입양			
계	미혼모아동	유기아동	결손가정 등	계	미혼모아동	기아 등	결손가정
378	315 (83.3%)	47 (12.5%)	16 (4.2%)	303	302 (99.7%)	1 (0.3%)	-

출처: 보건복지부(2019b). 2018 국내외입양통계, p. 4.

국내입양 아동의 성별, 연령별 현황을 살펴보면, 첫째, 성별과 관련해서 여아의 비율이 남아의 비율보다 두 배가량 높다. 남아선호 사상이 강했던 1970년대 초반까지는 남아 비율이 높았지만 현재는 그 현상이 역전된 것이다. 이는 입양부모의 입장에서 보면 여자아이들이 상대적으로 변화에 대한 적응이 쉬울 것이란 기대 때문이다. 둘째, 입양아동의 연령 분포는 신생아에서 1세 미만의 영아가 전체의 66%인 것으로 나타났다. 이 같은 결과는 국내입양가족의 대다수가 생후 3월~1세 미만의 영아를 선호하는 추세를 반영한다(〈표 9-3〉 참조).

〈표 9-3〉 입양아동의 성 및 연령별 현황

(단위: 명)

계	성별		연령			
	남	여	3월 미만	3월~1세 미만	1~3세 미만	3세 이상
378	110 (29.1%)	268 (70.9%)	3 (0.8%)	246 (65.1%)	88 (23.3%)	41 (10.8%)

출처: 보건복지부(2019b). 2018 국내외입양통계, p. 3.

3. 입양가족의 정책 및 실천

1) 입양가족 관련 정책

(1) 입양가족지원 관련 법

우리나라는 1961년 「고아입양특례법」이 시행되면서 고아가 다른 가정에 입양되는 법적 근거를 마련하였다. 그 이후 「고아입양특례법」에 의한 국외입양의 절차와 미비점을 보완하고 보호자가 없거나 보호자로부터 이탈된 아동의 국내외입양을 촉진하고자 1976년 「입양특례법」이 제정되었다. 한편, 정부는 1990년대 들어와 국외입양을 축소하고 국내입양을 활성화하기 위해

「입양 촉진 및 절차에 관한 특례법」을 1995년에 개정하고 국외입양 관련 절차를 보완하였다. 2011년에는 입양의 절차가 아동의 복리를 중심으로 이루어질 수 있도록 국가의 관리 · 감독을 강화하고, 최선의 아동 보호는 출신가정과 출신국가 내에서 양육되어야 한다는 내용을 근거로 「입양특례법」이 전부 개정되었다. 개정된 「입양특례법」의 주요 내용은 국내외입양 모두 법원의 허가를 받도록 하며, 친생부모에게 양육에 관한 충분한 상담 및 양육정보를 제공하는 등 부모의 직접 양육을 지원하고, 아동이 출생일부터 1주일이 지나고 나서 입양동의가 이루어지도록 하였다. 또한 양자가 된 사람에게 자신에 대한 입양정보 접근권을 부여하고, 국내입양이 우선 추진될 수 있도록 규정함으로써 아동의 권익과 복지를 증진하려는 근거를 마련하였다.

(2) 입양가족 정책 내용

① 입양아동 양육수당지원

국가와 지방자치단체는 입양기관의 알선을 받아 입양된 아동이 건전하게 자랄 수 있도록 입양가정에 양육수당, 의료비, 양육보조금 등을 지급할 수 있다. 입양아동 양육수당은 입양가정에 한 명당 월 15만 원씩 지급된다. 양부모가 양육보조금 신청서에 관련 서류를 첨부하여 특별자치도지사 · 시장 · 군수 · 구청장에게 제출하면 확인 절차를 거쳐 매월 20일에 신청자의 계좌로 지급된다. 양육수당은 아동이 만 14세가 될 때까지 지원받던 것을 2016년부터는 만 16세가 될 때까지 월 15만 원씩 받을 수 있도록 지원 연령을 확대하였다(보건복지부, 2019c).

② 장애아동 양육보조금 및 의료비지원

장애아동이 입양된 경우 입양아동 1인당 장애아동 양육보조금이 월 55.1만 원(경증)~62.7만 원(중증)씩 지급된다. 여기서 장애아동이란 입양 당시 「장애인복지법」 제32조 제1항에 따라 장애인 등록을 한 아동, 분만 시 조산 · 체중미달 · 분만장애 또는 유전 등으로 입양 당시 질환을 앓고 있는 아동, 그리고 입양 후 선천적 요인으로 인해 장애가 발견되어 장애인 등록을 하거나 질환이 발생한 아동을 모두 포함한다. 이들 장애아동에 대한 의료비는 연간 260만 원 한도 내에서 진료 · 상담 · 재활 및 치료(심리치료 포함)에 소용되는 비용을 지원하고 있다. 장애인 보조기구에 대한 의료비지원액은 연간 의료비지원 한도액의 50% 이내로 제공하고 있다.

③ 입양비용지원

양부모가 될 사람은 입양 알선 절차에서 소요되는 비용의 일부를 입양기관에 지급한다. 이때 국가와 지방자치단체는 양부모가 될 사람에게 입양 알선에 실제로 드는 비용의 전부 또는 일부를 보조할 수 있다. 입양 철회 비용은 입양 대상 아동 인수부터 철회 시까지 아동을 보호하는 동안의 비용으로, 입양기관이 소재한 시 · 군 · 구청에 입양비용 지급신청서를 작성하여 입양 철회 비용을 청구할 수 있다.

④ 입양숙려기간 모자지원

입양숙려제는 친생부모가 아동 최선의 이익을 위해 원가정 보호를 우선적으로 고려할 수 있도록 아동의 출생 후 1주일의 숙려기간을 두는 것이다. 이 기간 동안은 친생부모 및 양자될 사람에게 입양의 동의, 입양의 효과 및 파양, 입양정보 공개청구 등에 대한 충분한 상담이 제공된다. 입양숙려기간 모자지원 사업은 그 대상이 출산 후 7일 이내의 미혼 한부모로서 혼인관계증명서상 혼인관계가 있지 아니한 출산(예정)일 전 40일 또는 후 7일 이내에 있는 자에 한해서 시행하고 있다(〈표 9-4〉 참조). 단, 지원기간 동안은 입양(동의) 사실이 없어야 한다.

⑤ 입양아동 의료급여지원

「의료급여법」 규정에 따라 국내에 입양된 만 18세 미만의 아동은 의료이용

시 지원을 받을 수 있다. 중·고등학교 재학생의 경우 20세까지 의료급여 지원이 가능하며, 18세에 도달한 재학생의 경우 졸업하는 달의 마지막 날까지 지급받을 수 있으며 의료급여 1종에 해당한다. 의료급여는 사전지원방식과 사후지원방식 중에서 양부모가 선택한 방식을 적용한다. 사전지원방식은 입양아동을 건강보험증에 기재하되, 수급권자임을 표시하여 의료이용 시 본인부담금을 면제하는 것이며, 사후지원방식은 입양아동을 건강보험과 함께 통합 관리하고, 의료이용 시 납부한 본인부담금을 사후 환급받는 방식이다(〈표 9-5〉 참조).

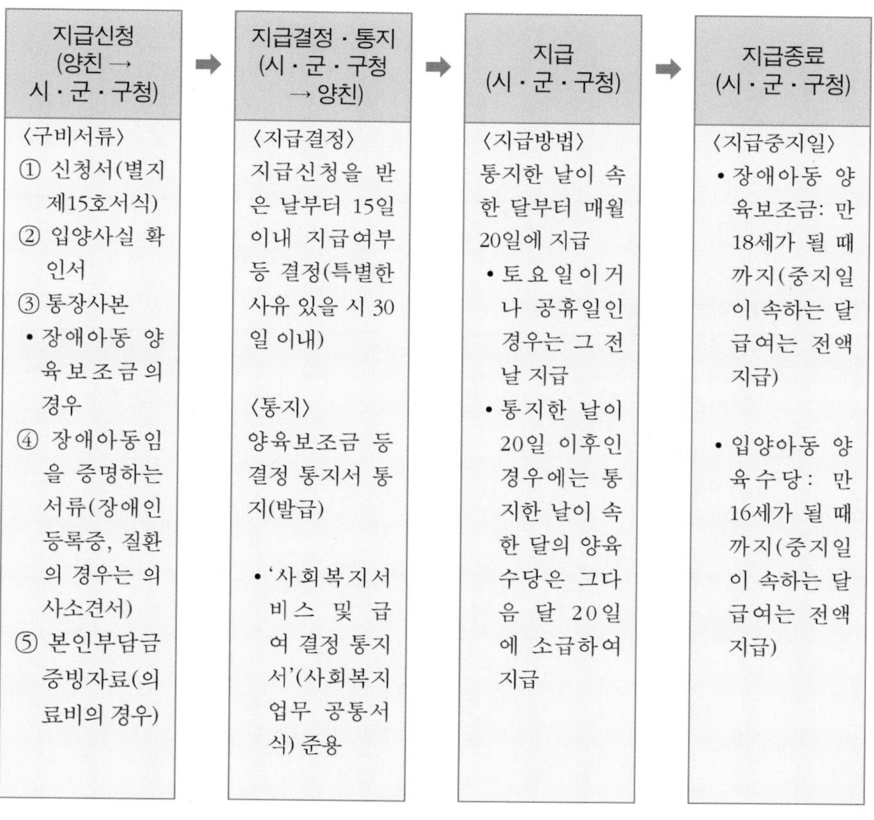

[그림 9-2] 양육보조금 등 입양가족지원 업무처리 프로세스

출처: 보건복지부(2019c). 아동분야 사업안내, p. 24.

〈표 9-4〉 입양숙려기간 모자지원 서비스

구분	지원내용	지원단가
가정 내 보호지원	• 산후지원인력 가정 방문 서비스 지원(1주)	• 500,000원 - 산후지원인력 서비스 이용료 (40만 원 한도) - 아동 생필품비 포함(10만 원)
	• 가족 또는 친구 등 지인의 도움을 받기 원할 경우(1주)	• 350,000원 - 아동 생필품비 포함
미혼모자가족 복지 시설 내 입소자지원	• 미혼모자가족시설 입소 시, 산후지원인력 인건비지원(1주)	• 400,000원 - 산후지원인력 인건비
산후조리원 보호지원	• 1주 산후조리원 이용료 지원	• 최대 700,000원 • 1주 이용료가 70만 원 미만인 산후조리원의 경우 실비 지원 * 아동 생필품비 및 생모 식료품비 등 포함

출처: 보건복지부(2019c). 아동분야 사업안내, p. 30.

〈표 9-5〉 입양아동 의료급여 적용방식

구분	사후지원방식	사전지원방식
증명서	건강보험증	건강보험증
의료급여 수급권자 표기 여부	미표기	표기
병의원 등 자격확인 시	건강보험 적용 대상자	의료급여 적용 대상자
진료 시 본인부담금, 의료급여기관 비용청구 지급	건강보험 적용 (건강보험 재정 우선 부담)	의료급여 적용 (의료급여 기금)
사후 비용 정산	건강보험과 의료급여 간 기관부담금 내부 정산 (건강보험종별 가산율 적용)	비용정산 미발생
	입양아동 부모가 납부한 본인부담금 환급(의료급여)	

출처: 보건복지부(2019c). 아동분야 사업안내, p. 36.

2) 입양가족을 위한 실천

(1) 입양가족 관련 프로그램

① 예비입양부모교육 프로그램

입양부모는 입양을 위한 준비가 제대로 되지 않을 때 어려움과 혼란을 경험할 수 있다. 따라서 입양부모를 위한 사전교육 프로그램은 입양가족의 성공적인 적응을 위해 필히 제공되어야 하는 실천서비스다. 변미희와 정혜선(2006)은 국내입양 상황을 고려하여 입양부모 사전교육 프로그램을 개발하였다. 예비입양부모교육 프로그램의 진행은 총 6회기로 이루어지며, 매주 일정한 장소에서 3시간의 집단 프로그램 형태로 이루어진다. 프로그램의 진행을 강의, 발표, 역할극, 비디오 감상, 사례발표, 집단토론 등으로 다양화하여 입양부모들이 입양에 대해 보다 구체적으로 경험·인지할 수 있도록 돕는다(〈표 9-6〉 참조).

〈표 9-6〉 예비입양부모교육 프로그램

<table>
<tr><th>회기</th><th colspan="3">프로그램 내용</th></tr>
<tr><td>목표</td><td colspan="3">1. 입양을 이해한다.
2. 입양가족과 위탁가족, 친생가족의 다름에 대해 이해한다.</td></tr>
<tr><td rowspan="4">1회기
도입 및
입양의 이해</td><td>도입</td><td>참가자 소개, 프로그램 소개, 목표와 내용, 1회기 목표와 내용</td><td>30분</td></tr>
<tr><td rowspan="2">강의
및
작업</td><td>입양의 탐색(원인, 절차, 현황, 법, 지원, 서비스 등)
- 강의</td><td>1시간</td></tr>
<tr><td>입양과 위탁가족, 친생가족의 다름의 이해: 다름에 대해 인정하기
- 비디오 시청과 토론</td><td>1시간
15분</td></tr>
<tr><td>종결</td><td>1회기 정리, 2회기 소개</td><td>15분</td></tr>
<tr><td>목표</td><td colspan="3">1. 입양부모의 상실감(불임 등)을 이해한다.
2. 입양부모의 상실감을 성취로 바꾼다.</td></tr>
</table>

<table>
<tr><td rowspan="6">2회기
입양부모의
상실과 성취</td><td>도입</td><td>2회기 목표와 내용, 1회기 내용 정리</td><td>15분</td></tr>
<tr><td rowspan="4">강의
및
작업</td><td>입양부모의 상실(불임) 및 인생경험(입양부모의 과거력, 죽음, 가출, 이혼 등)에 대해 이해하기 - 사례발표, 토론</td><td>1시간 15분</td></tr>
<tr><td>애도과정: 상실이 감정과 행동에 미치는 영향력 - 강의</td><td>30분</td></tr>
<tr><td>상실을 다루기 위한 협력관계(상실을 성취로 전환하기) - 강의, 토론</td><td>45분</td></tr>
<tr style="display:none"></tr>
<tr><td>종결</td><td>2회기 정리, 3회기 소개</td><td>15분</td></tr>
<tr><td>목표</td><td colspan="3">1. 아동의 발달과정을 이해한다.
2. 아동의 발달단계에 따른 자아정체감 형성을 이해한다.
3. 아동의 발달단계에 따라 아동과 입양에 대하여 이야기하는 방법을 익힌다.</td></tr>
<tr><td rowspan="5">3회기
아동의
발달욕구:
자아정체감</td><td>도입</td><td>3회기 목표와 내용, 2회기 내용 정리</td><td>15분</td></tr>
<tr><td rowspan="3">강의
및
작업</td><td>발달영역별, 발달단계별로 아동발달의 전 과정과 발달위기와 가족, 환경 등 아동발달에 영향을 미치는 요인을 탐색 - 강의</td><td>1시간</td></tr>
<tr><td>발달단계별로 아동의 자아정체감 형성에 대해 탐색하고, 발달단계에 따라 아동과 입양 이해하기 - 사례제시, 토론</td><td>1시간</td></tr>
<tr><td>아동의 친구, 교사 등과 입양에 대하여 이야기하기 - 역할극, 토론</td><td>30분</td></tr>
<tr><td>종결</td><td>3회기 정리, 4회기 소개</td><td>15분</td></tr>
<tr><td>목표</td><td colspan="3">1. 아동의 애착과 상실을 이해한다.
2. 아동의 상실에 대처하고, 긍정적 애착형성을 돕는 방법을 습득한다.</td></tr>
<tr><td rowspan="5">4회기
아동의
발달욕구:
애착과 상실</td><td>도입</td><td>4회기 목표와 내용, 3회기 내용 정리</td><td>15분</td></tr>
<tr><td rowspan="3">강의
및
작업</td><td>학대와 방임 및 부적절한 양육과 애착의 문제 - 비디오, 토론</td><td>45분</td></tr>
<tr><td>긍정적 애착형성 돕기(애착관계 증진, 재형성, 지지를 위한 기술) - 역할극, 토론</td><td>1시간</td></tr>
<tr><td>상실에 대한 아동의 반응과 대처방법 - 역할극, 토론</td><td>45분</td></tr>
<tr><td>종결</td><td>4회기 정리, 5회기 소개</td><td>15분</td></tr>
</table>

<table>
<tr><td>목표</td><td colspan="3">1. 입양부모의 역할, 책임감, 자질을 탐색한다.
2. 입양이 가족에 미치는 영향력을 이해한다.
3. 아동의 친생가족과의 관계 형성에 대해 이해한다.
4. 사회적 편견과 이에 대처하는 방법을 습득한다.</td></tr>
<tr><td rowspan="6">5회기
입양부모
되기 ·
친생가족과
의 관계</td><td>도입</td><td>5회기 목표와 내용, 4회기 내용 정리</td><td>15분</td></tr>
<tr><td rowspan="4">강의
및
작업</td><td>입양부모의 역할, 책임감, 자질 탐색 - 강의, 토론</td><td>45분</td></tr>
<tr><td>입양이 가족에 미치는 영향력 이해하기
- 사례발표(입양부모)</td><td>30분</td></tr>
<tr><td>사회적 편견과 이에 대처하기 - 역할극, 토론</td><td>30분</td></tr>
<tr><td>아동의 친생가족과의 관계의 문제, 중요성 알기(아동의 일생을 고려한 관점, 아동의 정체감, 친생부모의 관점)
- 비디오, 토론</td><td>45분</td></tr>
<tr><td>종결</td><td>5회기 정리, 4회기 소개</td><td>15분</td></tr>
<tr><td>목표</td><td colspan="3">1. 프로그램 전체 내용을 회고하며 평가한다.
2. 입양에 대한 결정을 준비한다.
3. 실제 입양을 준비하기 위한 계획을 세운다.</td></tr>
<tr><td rowspan="4">6회기
입양의
결정과 준비</td><td>도입</td><td>6회기 목표와 내용, 5회기 내용 정리</td><td>15분</td></tr>
<tr><td rowspan="2">강의
및
작업</td><td>입양에 대한 결정 - 사례발표</td><td>45분</td></tr>
<tr><td>입양을 위한 준비와 계획하기 - 계획서 작성, 지지그룹 형성, 상담</td><td>1시간</td></tr>
<tr><td>종결</td><td>전체 회기에 대한 평가와 소감 발표</td><td>1시간</td></tr>
</table>

출처: 변미희, 정혜선(2006). 예비입양부모교육 프로그램 개발. 한국가족복지학, 11(2), pp. 98-99.

「입양특례법」에서는 입양부모는 입양 성립 전 입양 기관에서 소정의 교육을 받아야 함을 제시하였다(「입양특례법」 제10조 5항). 그 내용으로는 첫째, 입양과 파양의 요건, 절차와 효과, 둘째, 입양가정지원에 관한 정보, 셋째, 자녀의 양육방법, 넷째, 입양아동의 심리와 정서에 관한 정보, 다섯째, 입양사후서비스에 관한 정보, 여섯째, 그 밖에 보건복지부 장관이 필요하다고 인정한 사항이다. 이를 토대로 중앙입양원에서 개발한 예비입양부모교육의 주요 내용을 살펴보면 〈표 9-7〉과 같다.

〈표 9-7〉 입양특례법상 예비입양부모교육

주제	프로그램 내용	시간 (12시간)
입양의 이해	참여자 소개 및 라포 형성 활동 1. 입양의 개념과 유형 2. 입양의 효과 및 절차 입양의 효과 및 절차, 입양의 취소, 파양의 의미 및 절차 3. 입양을 고려하게 된 배경 및 입양의 의미	1시간
입양아동의 심리 및 정서	1. 입양 삼자의 이해 1) 입양아동의 이해 2) 친생부모의 이해 3) 입양부모의 이해 2. 입양아동의 발달과 가족의 적응 1) 입양아동과 가족의 초기 적응 2) 입양아동의 발달과업과 입양부모의 역할 3. 입양 말하기 4. 친생부모 및 가족 찾기	4시간
자녀의 양육방법	1. 아동발달의 이해 2. 아동의 기질과 부모의 양육행동 3. 영아기 발달특성과 부모역할 4. 영유아를 존중하는 양육방법 5. 아동기에 발생할 수 있는 어려움	1시간
입양가정지원 및 사후서비스	1. 입양가정지원 2. 입양사후서비스 3. 입양정보공개 청구제도	30분
사례발표 및 아동권리보장 교육	1. 사례발표 (입양인, 친생부모, 입양부모 편지 및 동영상) 2. 아동권리보장 교육 3. 입양부모 되기 다짐 (입양부모 되기에 대한 부모의 다짐)	1시간 30분

출처: 변미희, 이미선, 이은경, 김외선(2017). 입양특례법상 예비부모교육 공통교육 교재개발연구. 중앙입양원, p. 1.

② '입양가족 이야기책' 만들기

입양아동이 새 가정에서 성공적으로 적응하는 데 도움이 되는 프로그램으로 Gulden과 Bartels-Rabb(2006)은 입양부모에게 '입양가족 이야기책' 만들기를 추천하였다. '입양가족 이야기책'이란 어떻게 입양가족이 만들어져서 서로에 대해 감사함을 느끼게 되는지를 기록하는 책이다. 입양부모가 아이를 기다리는 동안에 혹은 입양 이후에 이야기책을 쓰기 시작할 수 있다. 이야기책을 쓰면서 앞으로 부모가 겪게 될 복잡한 문제를 미리 예상할 기회를 제공해 준다. 그리고 입양 이전의 삶을 포함한 자신의 인생 이야기가 그들의 가족 이야기책에 꼭 필요한 부분이라는 사실을 깨닫도록 돕는다. '입양가족 이야기책'에 포함되어야 할 내용은 '부모의 유년시절', '연애와 결혼', '입양의 결심', '입양의 과정', '가족의 전통' 등이며 이를 창의적으로 구성할 수가 있다. 이야기책은 가족의 구성원이 모두 집필에 참여할 수 있으며, 그림, 사진, 스티커 등으로 꾸밀 수 있다. 이야기책을 만들 때는 사건들뿐만 아니라 입양부모의 생각과 감정을 기록하는 것이 중요하다(〈표 9-8〉 참조).

〈표 9-8〉 '입양가족 이야기책' 만들기

구성	내용
부모의 유년시절	• 부모의 태어난 날짜와 시간, 장소, 조부모의 성함, 연령, 직업 • 재미있는 유년시절 • 유년시절의 간략한 정보, 좋아하는 것과 싫어하는 것 • 유년시절 에피소드 • 학업과 직업선택
연애와 결혼	• 부모의 첫 만남, 연애시절 • 약혼식, 결혼식, 청혼한 날의 감정 • 재혼가족이라면 이전의 결혼과 이혼의 경험 • 한부모라면 한부모가 된 결정적 상황
입양의 결심	• 아이를 갖고자 원했던 욕구 • 입양에 대해 어떻게 알게 되었는지, 입양을 기다리는 동안의 감정 • 만약 아이를 낳을 수 있거나 이미 낳았음에도 입양을 선택한 이유

입양의 과정	• 임신이나 입양 과정 • 아이를 기다리면서 느꼈던 감정 • 처음 자녀를 만났을 때의 묘사(아이의 출생, 친생부모, 그들의 관계에 대해 알고 있는 것, 친생부모가 아이를 포기하기로 결심했던 이유, 그 당시 친생부모가 가졌을 감정 등을 기록)
가족의 전통	• 가족의 전통, 휴가, 휴일 • 재미있는 가족 에피소드

출처: Gulden & Bartels-Rabb(2006). *Real Parent, Real Children: Parenting the Adopted Chid.*

(2) 입양가족 자조집단

입양가족을 위한 자조집단은 입양에 대한 정보를 공유하고, 상호지지, 옹호기능을 수행하는 자발적 모임이다. 자조집단을 찾는 것은 입양 관련 문제를 다룰 때 근본적으로 도움이 된다. 자조집단은 비슷한 경험을 해 왔던 누군가와 그리고 입양에 대한 경험을 쉽게 감정이입할 수 있는 사람들과 함께 있을 수 있는 기회를 제공한다. 안전하고 쾌적한 공간에서 참여자의 가치를 존중해 주는 환경을 갖추어야 좋은 지지모임이라 할 수 있다. 자조집단의 참여자들은 지지모임에서 자신을 받아들였다고 느낀 상태에서 자신의 경험과 느낌을 정직하게 이야기 나눈다. Verrier(1993)에 따르면, 지속적인 지지모임을 통해 안전한 자리를 갖게 되면 고통, 분노, 슬픔 등을 표현할 수 있게 된다. 이로 인해 덜 불안하고, 덜 우울하며, 인생의 어려움을 보다 잘 다룰 수 있도록 변화와 회복의 기회를 갖게 된다. 자조집단에 나가는 것은 자아발견을 하는 데 중요한 부분이며, 잃어버렸거나 원래 가족이었던 유전적 뿌리를 찾는 데 필요하다. 또한 지지모임은 실행하기 어려운 계획을 지원해 주고 가족을 찾고 다시 재결합하는 과정에서 일어나는 감정을 가라앉히는 데 도움을 준다.

국내에 입양가족의 자조집단이 생기기 시작한 것은 1999년으로 한국입양홍보회가 그 시초이다. 한국입양홍보회는 대표적인 입양가족 자조집단으로서 입양에 대한 상담, 홍보뿐만 아니라 지역별 자조집단, 입양가족대회 등을 통해 입양가족을 지지하고 공개입양에 대한 사회적 인식의 개선과 활성화를 위해 노력하고 있다. 그 밖에도 입양인들의 입장을 대변하고 있는 관련 단체로는 진실과 화해를 위한 해외입양인 모임(TRACK), 해외입양인연대(G.O.A.L), 국외입양인연대(ASK), 한국미혼모가족협회(KUMFA), 민들레부모회(Mindeulae) 등이 있다.

4. 입양가족을 위한 복지방안

1) 입양가족의 복지서비스 강화

입양아동이 입양가정에 잘 적응하기 위해서는 입양부모에 대한 사전교육이 필요하다. 입양부모의 자질 강화를 위해서는 입양실무자들이 입양부모에게 필요한 지식과 기술을 갖추고 입양부모의 자질강화를 위한 교육을 예비입양부모와 입양부모에게 제공해 주어야 한다. 입양부모와 입양아동 간의 '다름'에 대해 인지시켜야 하고, 입양아동을 받아들이기 전 심리적 임신 기간에 대한 교육이 이루어져야 한다. 이러한 사전교육은 입양가족의 성공적 적응에 도움이 된다(정옥분, 정순화, 손화희, 김경은, 2016).

입양이 이루어진 후에도 지속적인 서비스가 필요하다. 입양기관은 재정 및 인력 부족 등의 이유로 전문적인 사후관리 프로그램을 개발하거나 시행하는 데 어려움을 겪고 있다. 입양아동은 성장하는 과정에서 여러 심리적 어려움을 경험하게 되고, 입양부모 또한 자녀를 양육하면서 많은 어려움에 직면하기 때문에 이를 지지해 줄 수 있는 전문적인 상담, 교육 프로그램, 지지집단활동 등 다양한 입양가족의 복지서비스가 개발되어야 한다. 입양가족의 복지서비스 강화는 입양아동과 입양부모의 적응을 도우며, 국내입양의 활성화에도 기여할 수 있다.

2) 입양가족에 대한 인식 개선

우리나라는 건전한 입양 문화의 정착과 활성화를 위해 매년 5월 11일을 입양의 날로 정하고 입양의 날부터 일주일을 입양주간으로 제정하였다. 입양의 날을 통해 혈연중심 가족 문화나 비밀입양의 문제 등을 극복하고 국내 입양을 장려하고자 하였다. 입양 인식에 대한 개선을 위해서는 인터넷 사이트, TV, 신문 · 라디오, 간행물을 통하여 캠페인과 교육이 지속적으로 실시되어야 할 것이다.

특히 어려서부터 입양에 대한 긍정적 인식을 키울 수 있도록 생애주기별로 입양교육과 홍보를 실시하는 것이 중요하다. 정규 교육과정을 통해 입양은 제2의 출산이며, 입양가족은 다양한 가족 형태 중 하나라는 인식을 자연스럽게 가질 수 있도록 하여야 한다. 유아교육기관부터 초등학교, 중학교, 대학교에 이르기까지 각 교육기관에서 입양 관련 교육과 홍보활동이 지속적으로 이루어지는 것이 필요하다(김유경, 변미희, 임성은, 2010).

3) 입양부모교육 프로그램 개발

우리 사회에서는 입양가족에 대한 사회적 · 복지적 차원의 프로그램 개발이 절실히 요구되고 있으나 실제로 입양부모를 위한 준비 프로그램, 부모교육 프로그램 등의 연구와 교육적인 노력이 부족한 실정이다. 따라서 입양부모를 대상으로 입양을 정확히 이해하고, 입양부모로서 갖춰야 할 자질과 역할을 정립할 수 있는 형태의 교육을 개발하는 것이 시급하다. 현재 국내 입양기관에서 제공하는 입양부모 사전교육 프로그램은 입양부모로서의 정체성을 가지고, 부모됨을 준비하기에는 한계가 있다. 따라서 입양부모교육 프로그램을 개발하여 현장에 적용할 경우 아동을 양육하는 데 필요한 정보, 지식, 양육기술 등을 제공함으로써 실제적인 도움을 줄 수 있을 것으로 기대된다. 부모교육 프로그램 내용에는 아동발달의 원리와 단계, 성격 형성의 요인, 효과적인 자녀지도의 방법, 부모자녀 간 의사소통, 입양아의 특성에 대한 이해와 수용, 가족체계 변화에 따른 혼란과 적응 등을 포함하고 입양부모의 특성과 입양아동의 특성에 따라 프로그램의 내용, 진행방식, 시간 등을 차별화하여 활용할 수 있을 것이다.

4) 공개입양 확대 및 지원

입양되는 아동의 연령, 성별, 장애 여부에 따른 입양가족 실태를 살펴보면, 입양을 계획하는 부모들은 3개월 미만의 영아로서 장애가 없는 여아를 선호하는 경향이 명확히 구분되어 나타나고 있다(보건복지부, 2019b). 이러한 분위기는 아동의 복지보다는 입양부모가 선호하는 조건을 중심으로 아동이 입양되고 있다는 사실을 말해 준다.

입양부모들이 3개월 미만의 영아를 선호하는 것도 입양에 대한 사회적 편견과 낙인 때문에 입양을 공개할 의사가 없기 때문인 것으로 분석된다. 비밀위주의 입양 관행으로 입양 후 아동이 새로운 가정에 적응하는 것에 대한 지속적인 관리가 어려울 뿐만 아니라, 입양아동이 성인이 되어 입양기관 또는 입양인 자조집단 등을 통해서 친생부모를 찾으려 할 때 친생부모를 찾기가 쉽지 않다. 따라서 입양기관의 전문가들은 공개입양을 확산해야 한다고 주장하고, 입양아에게 입양사실을 말해 주는 것이 필요하다고 조언한다.

최근 들어 공개입양에 대한 인식이 개선되고 있기는 하지만 미미한 수준이다. 공개입양을 확대하기 위해서는 입양가족의 입장을 고려한 정부의 법적 제도와 정책적 지원이 이루어져야 한다. 입양가족의 경우, 입양가족의 문제를 공동으로 해결할 수 있는 입양가족 자조집단의 활성화가 요구된다.

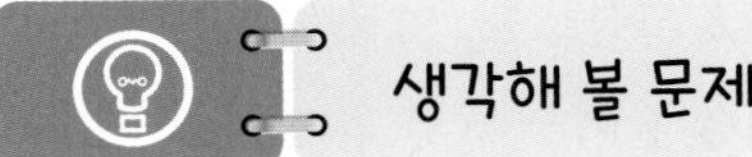

생각해 볼 문제

1. 입양가족의 개념과 유형을 정리해 보세요.

2. 입양부모가 입양아를 양육하는 과정에서 겪는 어려움에 대해 살펴보고, 이에 대한 해결 방안에 대해 친구들과 의견을 나눠 보세요.

3. 입양한 사실을 입양아동과 주변 사람들에게 개방해야 한다는 인식에 대해 친구들과 함께 이야기해 보세요.

4. 입양가족을 위한 정책을 설명하고, 앞으로의 방향과 개선방안에 대해 생각해 보세요.

제10장

노년기 가족

가족은 사회의 기초 단위로서 사회구성원인 개개인에게 전 생애 과정을 통해 가장 많은 영향을 미친다. 오늘날 평균수명의 연장으로 노년기 가족의 형성이 지속적으로 늘어가고 있다. 일반적으로 노년기는 신체적·심리적으로 위축되고 은퇴 등으로 인해 공식적 · 사회적 유대관계가 감소함으로써 가족을 중심으로 한 비공식적 관계의 중요성이 보다 커지게 된다. 노인에게 있어 가족의 의미와 역할은 경제 및 신체적 부양뿐만 아니라, 심리적·사회적 지지 및 안정감을 주는 측면에서 의의를 지닌다. 오늘날 노년기 가족은 자녀와의 동거가족은 감소하고 노인부부, 또는 홀로 사는 경우가 점차 늘어가고 있으며, 손자녀를 돌보아야 하는 조손가족 역시 증가하는 추세이다. 노년기 가족은 다양한 문제 상황에 직면할 수 있는데, 이런 상황에 적절한 대처 및 지원이 필요하다. 이 장에서는 노년기 가족의 개념, 유형, 관계 특성, 노인가구의 변화, 노년기 가족의 문제, 관련 정책 및 서비스 그리고 노년기 가족을 위한 복지방안을 살펴보고자 한다.

1. 노년기 가족에 대한 이해

1) 노년기 가족의 개념 및 유형

(1) 노년기 가족의 개념

노년기 가족은 가족생활주기 중 인생 후반기인 노년기에 접어든 사람, 다시 말해 노인이 가족구성원 중 하나로 형성된 경우를 의미한다. 일반적으로 노년기에 들어선 개인은 생물학적 · 심리적 · 사회적 제반기능이 저하되기 쉽다. 구체적으로 신체 능력이 쇠퇴하여 일상생활에서 배우자, 자녀 등 타인에 대한 의존도가 높아지고 퇴직 혹은 배우자 사별 등으로 사회적 지위 및 역할이 축소되며 심리적으로 소외 또는 고독감을 경험할 수 있다. 이러한 시기에 일차 집단인 가족의 심리적 · 도구적 도움은 노년기 삶의 질에 주요 요인이 된다. 노년기 가족은 은퇴, 탈부모기, 질병 등으로 인해 가족 내 역할변화를 겪을 수 있기에 노년기 가족에 대한 관심이 보다 필요하다.

참고사항 노인에 대한 용어

노인은 고령자, 할아버지, 할머니, 한아비 등 다양한 용어로 불리기도 한다. 고령자(高齡者)는 장년층에서 노년층까지를 통칭한다. 할아버지, 할머니 명칭은 주로 가족관계에서 활용하는 용어인데 실제의 가족관계가 아니어도 나이 드신 분께 사용되며, 노인복지 실천현장에서는 '어르신'이라는 용어가 많이 사용되고 있다. 그래서 영어에서는 노인에 대해 'the aged, old man(나이 많은 사람)'이라고 지칭하기도 하지만 'senior citizen(고령자)'이라는 표현을 사용하기도 한다. '시니어(senior)'는 '연장자, 선배, 선임자'의 의미를 지니며 자신보다 나이가 많거나 경험이 많은 윗사람을 지칭한다. 우리나라의 경우 보편적으로 노인을 65세 이상으로 보는데, 이는 노인복지법에서 서비스를 받는 연령을 65세 이상으로 규정하고 있기 때문이다.

(2) 노년기 가족 유형

노년기 가족은 거주 형태에 따라 노인독신이거나(독신노인가구), 노부부만으로 이루어지거나(핵가족형 노인가구), 노인부부와 미혼자녀 또는 기혼자녀 가족으로 이루어질 수 있다(직계형 노인가구). 이 외에 자녀가 아닌 혈연자와 동거하는 경우(친족노인가구) 및 비혈연자와 동거하는 가구(비혈연 노인가구) 등으로 구분하기도 한다. 그동안 한국 가족의 급격한 변화로 인해 노인가족 유형 역시 큰 변화를 경험하고 있다.

그동안 우리 사회 노년기 가구 형태는 급격한 변화를 가져왔다. 과거에는 자녀의 결혼 또는 독립으로 인해 노인의 가구 형태는 노인부부 또는 자녀동거 형태를 취하게 되고, 이후 배우자 사망 또는 건강 악화로 인해 자녀동거 가구 형태로 변화되는 것이 일반적이었다. 최근에는 노인부양에 대한 인식 변화, 경제 및 건강 상태가 양호한 노인의 증가, 핵가족중심의 가족가치관 변화 등으로 인해 자녀의 결혼 또는 독립 이후 노인의 가구 형태는 노인부부 형태를 취하게 되고, 배우자 사망 이후 자녀동거가구로 변화하기보다 노인독신의 형태로 전환되는 것이 일반화되고 있다(이윤경, 2014). 노인부부가구의 경우 생애주기 중 노년기에 이르러 자녀들이 취업이나 결혼으로 분가하고 부부만으로 구성된 가구로서 '빈둥지 가구(empty nest household)'라 일컫는다. 노인 1인 가구인 노인독신가구의 증가는 자녀와 함께 살고 싶은 의향이 낮은 데다 사별이나 미혼 또는 이혼의 증가에 따른 것이다. 특히 사별은

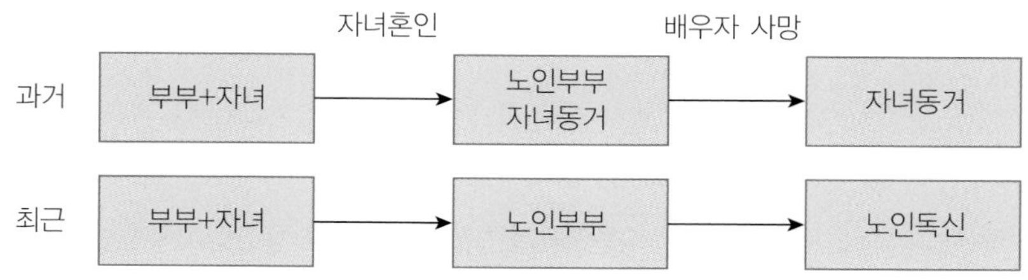

[그림 10-1] 노년기 인생 사건에 따른 노인가구 형태 변화

출처: 이윤경(2014). 노인의 가족 형태 변화에 따른 정책과제: 1994~2011년의 변화. 보건복지포럼, p. 50.

감소 추세를 보인 반면, 나이가 들었지만 결혼을 하지 않거나 황혼이혼이 늘면서 노인독신가구가 증가하는 추세이다.

이 외에도 조부모와 손자녀가 함께 거주하는 조손가구가 있다. 조손가구는 바쁜 부모를 대신하여 조부모가 일시적 양육자의 역할을 수행하는 가족 형태와는 구별되는 것으로, 이혼이나 별거, 행방불명 등의 이유로 자녀가 양육 능력을 상실한 상황에서 조부모들이 그들 자녀를 대신하여 일정 기간 이상 손자녀의 양육과 실질적인 부양의 역할을 짊어지고 있는 가족 형태이다. 따라서 이들 가족은 그 어느 가족 형태보다도 사회적 관심과 지원이 필요하다.

2) 노년기 가족관계

평균수명 연장으로 노년기가 길어지는 생활주기의 변화로 가족생활 및 가족관계가 보다 중요해지고 있다. 노인에게 가족구성원들은 경제적 · 심리적 · 도구적으로 많은 도움을 줄 수 있는 일차 집단으로 가족, 친구 등 비공식적 집단과의 상호 호혜적 관계 유지는 노년기의 생활만족, 안녕, 성공적 노화를 결정하는 주요 요인이다(Krause & Borawski-Clark, 1995). 이러한 비공식적 집단과의 관계는 인생에서 스트레스를 주는 사건(예: 배우자의 죽음)이 발생할 때 더욱 중요한 지지 역할을 수행한다. 노년기 가족관계는 부부관계, 부모-자녀관계, 조부모-손자녀관계 그리고 형제자매관계로 나누어 살펴볼 수 있다.

(1) 부부관계

전통사회에서 부부관계는 주변적 가족관계로 중요성을 지니지 못했지만, 현대사회에서는 소자녀 가치관, 평균수명 연장으로 노부부가 함께 지내는 빈둥지 기간이 연장됨에 따라 원만한 부부관계 유지가 노년기 삶의 만족도를 결정하는 주요 요인이 되고 있다. 부부의 결혼만족도를 가족생활주기별로 살펴보면 신혼 초에 가장 높게 나타났다가 자녀 출산과 양육기에 차츰 감소하여 자녀의 청소년기에 가장 낮다가 이후 서서히 증가하여 자녀가 성장한 이후인 탈부모기에 다시 높아지는 U자형 곡선을 나타내는 것이 일반적이다. 노년기 결혼만족은 노인의 생활만족도, 행복, 건강뿐 아니라 장수에 영향을 미칠 수 있다(Connidis, 1989).

또한 노년기 부부관계에 영향을 미치는 주요 요인으로는 성역할 변화, 은퇴 그리고 배우자의 건강 약화 등이 있는데, 그중 성역할 변화를 주목할만하다. 부부간 가사역할 분담은 상호의존성의 척도라 할 수 있는데, 노년기로 접어들면서 성역할 차이는 줄어드는 경향이 있어, 남녀 구분에 따라 역할을 분담하기보다 필요에 따라 역할을 수행하게 된다. 노년기 이전에는 남녀 모두 각자 사회가 요구하는 성역할에 익숙해 있었으나 노년기에는 이러한 역할분화가 약화되기 쉽다. 노년기에는 남녀 성차가 줄어들어 '양성적'으로 변해 가는 '남녀역할 전환'을 경험하므로 이에 대한 적응이 노년기 결혼만족도에 중요하다. 남성노인은 은퇴 이후 여성적 역할, 예를 들면 집안일을 돕는다거나 쇼핑을 함께하는 등의 일들에 더 참여하게 되는데, 이런 경향은 이들의 심리적 안녕에 영향을 미치는 것으로 인식된다(Keith et al., 1981). 과거 원만한 관계를 유지해 온 부부의 경우 남편의 가사일 참여는 정적인 영향을 미치는 반면, 성역할 규범이 강하게 유지되던 부부의 경우는 부정적 결과를 나타낸다. 따라서 노년기에 바람직한 부부관계, 행복한 결혼을 위해서는 부부간 상호교류를 통해 신뢰를 쌓아 갈 수 있는 부부간 대화, 부부공유 활동 및 시간, 상호존중 등이 중요하다(모선희, 1997).

(2) 부모-자녀관계

과거 부모-자녀관계는 성인자녀가 노부모를 부양하는 일방적인 수직적 관계였으나 최근에는 상호 호혜적 관계로 전환되고 있다. 즉, 자녀가 노부모에게 경제적, 정서적, 생활보조, 수발 등의 도움을 드리는 반면, 노인도 자녀에게 손자녀 돌보기, 집안일 도움, 상담 및 정서적 지지뿐 아니라 경제적 여유가 있을 경우에는 경제적 도움도 줄 수 있어 노인의 의존성뿐 아니라 독립성도 강조되고 있다.

부모와 자녀세대가 함께 생존하는 기간이 늘어나면서 세대 간 이해의 폭은 증가하지만 자녀세대의 부담 가중으로 노부모-자녀 간 갈등은 점점 커져가는 추세이다. 이는 주로 세대차이 및 의존성에서 기인한다. 과거보다 부모에 대한 존경심, 부양에 대한 책임, 의무감이 낮아진 반면, 부모들은 자녀세대의 의식변화를 받아들이기 어려워한다. 일반적으로 부모-자녀관계는 적어도 20~30년 이상 연령 간격 및 사회적 차이를 가지므로 세대 간 가치관 및 사회적 지위, 권위 등에서 차이를 나타낸다. 노부모는 노년기의 건강약화 및 경제적 취약성 때문에 성인자녀에 대한 의존성이 증가하는 편이기 때문에 그 과정에서 서로의 갈등이 더 깊어질 가능성이 있다.

가족생활주기상 노년기 이전 부모는 자녀에게 도움을 주는 역할을 수행하는 경우가 대부분이나 노년기 이후 반대로 의존 대상이 되는 경우가 많아 역할전이의 갈등을 느끼기 쉽다. 노부모세대가 지니고 있는 부계혈연중심의 대가족 경험은 자녀세대의 핵가족 정서나 생활양식과 조화되기 어렵고, 부양을 받는 취약한 지위로 역전되면서 부모의 권위나 통솔력이 상실될 때 노인들의 돌봄 기대는 약화되고 무력감, 분노, 상실감 등은 이들 관계를 저하시키는 요인이 될 수 있다(공선희, 2013).

(3) 조부모-손자녀관계

조부모는 손자녀를 통해 생의 연속성을 인지하고, 인생의 경험과 지혜 제공을 통해 생산성을 경험하며, 새로운 영감과 성취감을 갖기도 하며, 손자녀의 성취를 통한 대리만족을 얻기도 한다. 손자녀는 조부모를 통해 문화적 연속성을 획득하고, 건전한 심리적 발달을 도모할 수 있다. 그리고 가족의 입장에서는 조부모-손자녀관계를 통하여 결속력 증진, 가족역사의 계승, 가족 구성원의 소속감과 정체감 부여와 같은 긍정적 효과를 거둘 수 있게 된다.

조부모-손자녀관계에 있어서는 조부모의 건강 및 경제상황 등이 영향을 미치는 것으로 인식된다. 건강이 좋은 조부모일수록 자녀 또는 손자녀와의 유대관계가 높으며, 경제적으로 여유 있는 조부모일수록 손자녀와의 관계가 긍정적으로 평가된다. 조부모와 성인자녀의 관계가 긍정적일수록 조부모와 손자녀의 접촉빈도가 높은 편인데, 이는 성인자녀가 조부모와 손자녀 관계의 초기접촉자(gatekeeper)로서 기능하기 때문이다.

현대사회의 핵가족화, 개인주의 가치관의 확산 등으로 조부모와 손자녀는 원만하고 밀접한 관계를 이루기가 쉽지 않다. 최근 한부모가족의 증가, 기혼여성의 경제활동 참여 증가 등으로 손자녀, 특히 나이 어린 손자녀에 대한 조부모의 직접 도움의 필요성이 높아짐에 따라 조부모의 역할 및 기능이 변화하고 조부모의 손자녀에 대한 양육 역할이 증가하는 경향이 있다(김수영, 모선희, 원영희, 최희경, 2017).

(4) 형제자매관계

노년기에 형제자매는 과거의 유대관계를 새롭게 정립하고, 과거의 갈등, 경쟁 관계를 용서하고 공유된 경험 및 회상을 통해 보다 가까운 사이로 변해간다(Bengtson et al., 1996). 배우자를 상실한 후 도움이 증가하면서 서로가 정신적으로 의지하며 같은 집에서 생활하기도 하면서 심리적 안녕에 도움이 될 수 있다(Cicirelli, 1995). 특히 형제자매는 한 번도 결혼하지 않았거나 자녀가 없는 노인들에게 중요한 심리적 지지 기반이 될 수 있다. 형제자매는 노년기 긍정적 역할 모델로서 혹은 새로운 활동을 하게 하는 촉발자로서 사회화 기능을 수행하며, 위급 상황 시 다른 가족부양자를 대신하는 보조적 역할을 한다.

2. 노년기 가족의 실태

1) 노년기 가족의 현황

우리나라는 인구고령화의 진전으로 노인가구가 증가하는 추세이다. 고령자통계(통계청, 2017)에 따르면 2000년 총가구 중 65세 이상 노인가구는 11.9%였으며, 2017년에 20.5%였고, 2045년에는 47.7%가 될 것으로 추산된다. 노인가구의 분포를 보면 부부가구, 부모+자녀가구, 노인 1인 가구수가 모두 증가 추세다. 특히 노인 1인 가구의 증가 폭이 두드러진다. 즉, 2000년 65세 이상 노인 1인 가구는 전체 가구의 31.4%였으나 2017년에는 33.4%로 나타났으며, 이는 점차 늘어나 2045년에는 34.9%가 될 것으로 전망하고 있다. 2010년 이후 노인가구 중 1인 가구 비중은 부부만 사는 경우보다 더 높게 나타났다.

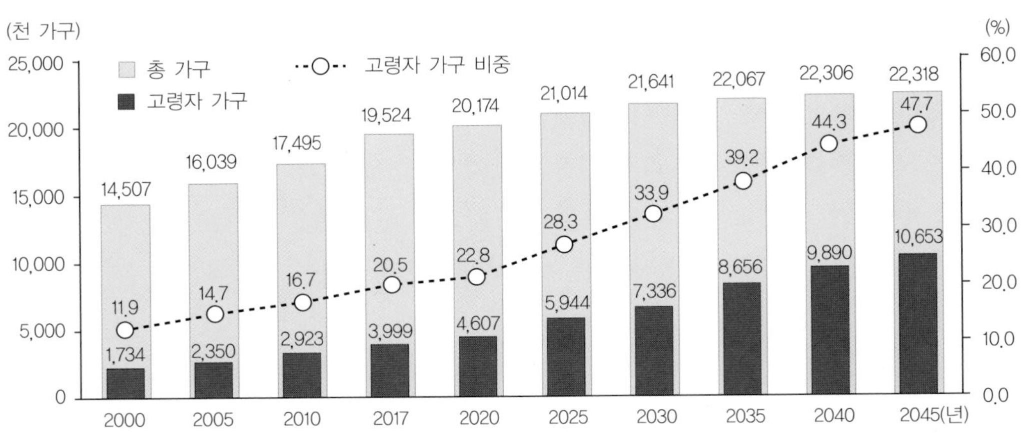

[그림 10-2] 노인(고령자)가구 추이

출처: 통계청(2017). 2017 고령자통계, p. 18.

〈표 10-1〉 노인(고령자)가구 추이

(단위: 천 가구, %)

구분 연도	총가구	고령자 가구 유형 및 구성비[2]									
		고령자 가구[1]		부부		부부+자녀		부(모)+자녀		1인 가구	
			구성비		구성비		구성비		구성비		구성비
2000	14,507	1,734	11.9	573	33.1	184	10.6	79	4.5	544	31.4
2005	16,039	2,350	14.7	796	33.9	243	10.3	116	4.9	746	31.7
2010	17,495	2,923	16.7	985	33.7	286	9.8	221	5.5	1,337	33.4
2017	19,524	3,999	20.5	1,310	32.7	393	9.8	221	5.5	1,337	33.4
2020	20,174	4,607	22.8	1,491	32.4	451	9.8	252	5.5	1,555	33.8
2025	21,014	5,944	28.3	1,897	31.9	596	10.0	325	5.5	1,990	33.5
2030	21,641	7,336	33.9	2,333	31.8	731	10.0	395	5.4	2,489	33.9
2035	22,067	8,656	39.2	2,705	31.3	837	9.7	448	5.2	3,003	34.7
2040	22,306	9,890	44.3	3,000	30.3	936	9.5	492	5.0	3,459	35.0
2045	22,318	10,653	47.3	3,103	29.1	980	9.2	510	4.8	3,719	34.9

주: 1) 가구주의 연령이 65세 이상인 가구

2) 고령자 가구 중 고령가구 유형별 구성비

출처: 통계청(2017). 2017 고령자통계, p. 18.

2) 노년기 가족의 문제

그동안 우리 사회는 의학발달과 생활수준 향상으로 평균수명이 연장되었지만 노년기에는 중·장년기와 달리 여러 어려움에 직면할 수 있다. 일반적으로 우리 사회 노인들은 노년기에 들어와서 빈곤, 질병, 고독, 무위의 4고(苦)로 표현되는 어려움에 직면하기 쉽다. 이와 관련, 노년기 가족의 문제는 소득 감소에 따른 경제적 어려움, 만성질환과 심신 쇠약으로 인한 건강 문제, 부양 문제, 역할상실 및 여가 문제 등이 해당될 수 있다.

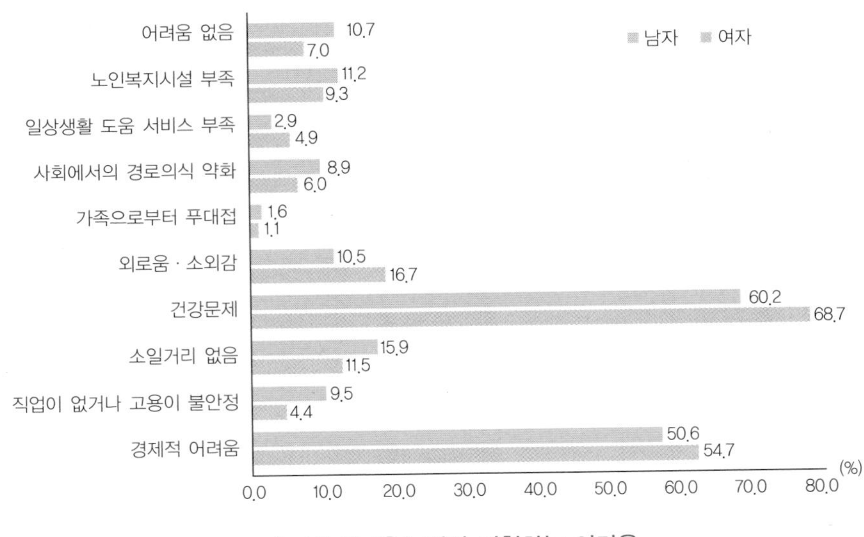

[그림 10-3] 노인이 경험하는 어려움

출처: 통계청(2014). 2014 고령자통계, p. 35.

(1) 경제적 어려움

노년기에는 경제활동 참여가 감소하는 편으로, 이러한 경제활동에서의 배제는 노년기 소득상실과 더불어 소득보장 미비 등으로 인해 경제적 어려움을 초래하기 쉽다. 노인실태조사(한국보건사회연구원, 2017) 결과에 따르면 노인의 취업률은 30.9%로, 이 중 농 · 어 · 축산업(32.9%)과 단순노무직(40.1%) 비율이 73%로 높은 편이다. 일하는 이유는 생계비 마련(73.0%)이 대부분으로 나타나 노년기 경제적 상황이 좋지 않음을 알 수 있다.

노인가구 중 경제적 취약계층은 증가 추세를 보이고 있다. 특정 소득취약계층의 소득구조 실태와 정책적 함의 연구(한국경제연구원, 2014)에 따르면 소득취약계층 내 노인가구가 차지하는 비율은 2006년 34%에서 2013년 56%로 빠르게 늘어난 것으로 나타났다. 또 독거노인이 큰 비중을 차지하는 소득취약 1인 가구도 2006년 31.5%에서 2013년 42.8%로 증가 추세이다. 소득취약 노인가구는 고령가구주, 여성가구주가 많으며 저학력 가구주 비율이 높은 편이며, 가구주 취업률이 20%대로 낮은 취업률을 보였다. 한편, 소득취약 노인

가구는 정부 · 비영리단체 지원금 등의 의존도가 높은 경향을 나타냈다. 노인 가구의 평균 경상소득구조를 분석한 결과 이전소득 38만 4,000원, 근로소득 6만 8,000원, 사업소득 6만 9,000원, 재산소득 1만 2,000원 등으로 총소득에서 이전소득(정부, 비영리단체 등으로부터 받는 돈)의 비중이 72%로 나타났다.

(2) 건강 문제

노년기 노인의 걱정거리나 관심사는 건강 문제인 경우가 많다. 노인들의 건강 상태는 개인에 따라 차이를 보이는데, 점차 고령이 되어 갈수록 신체 기능이 저하되어 만성질환을 갖기 쉽다. 일반적으로 노인들은 이 시기에 신체적 노화를 경험하게 되고, 대부분의 노인은 보통 한두 가지 이상의 질병을 호소하기 쉽다.

노인실태조사(한국보건사회연구원, 2017) 결과에 따르면 노인의 89.5%가 1개 이상의 만성질환을 지니는데, 여성노인(92.6%)이 남성노인(85.4%)에 비해 만성질환 비율이 높은 편이다. 남녀 모두 고혈압이 가장 높은 유병률(59.0%)을 보이며, 그다음은 관절염(33.1%), 고지혈증(29.5%), 당뇨병(23.2%), 요통 · 좌골신경통(21.1%) 순으로 나타났다. 이에 따라 일상생활을 독립적으로 수행할 수 없게 되고 일상생활의 지장을 초래하는 경우가 적지 않다. 고령자통계(통계청, 2018)에서 65세 이상 고령자의 암 종류별 사망률을 보면, 2017년의 경우 폐암이 인구 10만 명당 201.9명으로 가장 높았고, 다음은 대장암(91.9명), 간암(89.5명) 등의 순으로 나타났다. 성별로 보면, 남녀 모두 폐암 사망률이 가장 높았고, 그다음으로 남자는 간암, 여자는 대장암 사망률이 높게 나타났다.

노년기가 되면 신체적 약화에서 오는 스트레스, 배우자나 가까운 가족을 잃거나 고립과 소외에서 오는 심리적 고독, 정년퇴직과 같은 사회적 지위의 상실 등으로 인한 부담이 노인에게 여러 가지 신체적 · 정신적 변화를 일으켜 정신건강상 문제 또한 증가할 수 있다. 노인실태조사(한국보건사회연구원, 2017) 결과, 노인의 14.5%가 인지기능 저하를 보였는데, 고연령, 무배우자,

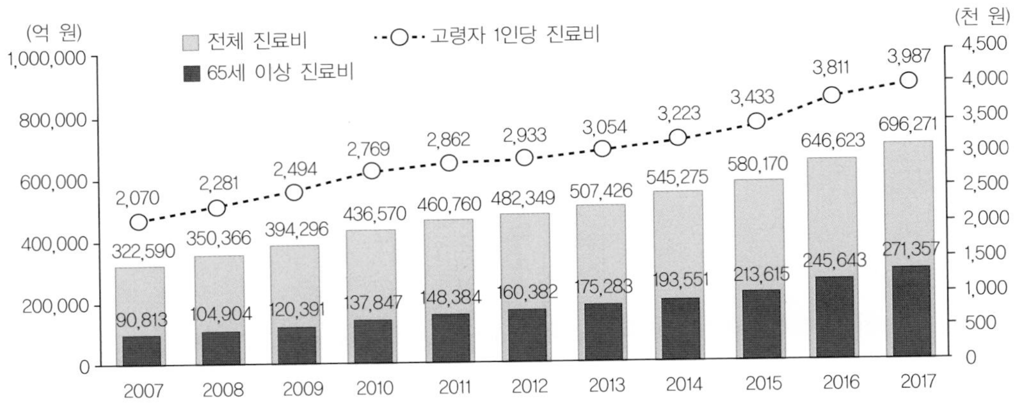

[그림 10-4] 건강보험상 진료비

출처: 통계청(2018). 2018 고령자통계, p. 31.

읍면 지역에서 인지기능 저하 비율이 높게 나타났다. 또한 노인의 21.1%가 우울 증상을 보이는데, 여성, 고연령, 저소득일수록 우울이 높은 편이었다.

이와 같이 노년기는 노화 과정에 있으므로 어느 시기보다 질병 유병률이 높은 편으로 의료비 지출이 증가하여 경제적 어려움이 더욱 가중된다. 2017년 고령자 1인당 진료비는 398만 7천 원으로 계속 증가하는 추세이다. 고령자 1인당 진료비는 전체 1인당 진료비 136만 7천 원보다 3배 많은 편이다.

(3) 부양 문제

노인부양은 노인의 생활상 문제나 욕구를 해결하기 위하여 가족이 노인을 지원 · 보호해 주는 것을 말한다. 노인부양은 그 주체와 방법에 따라 다르다. 공적 부양은 국가나 사회에서 해결해 주는 것으로 사회보험이나 공공부조에 의한 사회적 수준에서의 부양을 의미하고, 사적 부양은 노인을 가족 · 친족 · 친지 · 이웃이 개인적 차원 내지는 가족적 차원에서 부양하는 것을 의미한다. 노인부양은 크게 경제적 · 신체적 · 정서적 부양으로 구분할 수 있다. 경제적 부양은 노인이 필요로 하는 현금이나 물질을 제공하는 것이다. 신체적 부양은 서비스 부양이라고 하는데, 일상생활 거동 능력과 가정생활 수행

능력이 부족한 노인에게 보살핌과 시중을 제공하는 것을 의미한다. 정서적 부양은 노년기에 나타날 수 있는 고독감 · 불안감 등을 해소시키고, 정서적 위로와 인격적 대우를 제공하는 것이라 할 수 있다.

노년기에 신체적 · 정신적으로 의존하는 것은 부양 문제와 밀접한 관련이 있다. 노년기 질병은 만성질환이면서 장기적 치료를 요구하고 합병증을 수반하기 쉽다. 이는 노인부양을 위한 가족 및 사회 비용을 증가시킨다. 여성노인의 경우 전통적 성역할, 자녀의 부양역할 축소 등으로 남성노인에 비해 돌봄과 가사노동을 보다 많이 경험하는 한편, 자신이 부양받아야 할 경우 정작 부양을 받지 못하는 문제가 발생하기도 한다. 우리나라는 계속해서 재가복지 서비스를 확대해 오고 있으나 여전히 부족한 편이며, 핵가족화와 여성의 사회참여 확대로 인해 노부모 부양을 담당할 인력이 부족하여 가족 내 노인을 부양하는 데 어려움을 겪고 있다.

일반적으로 노인가족 내 주 부양자는 여성으로, 부양 스트레스가 주요 문제로 지적된다. 신체적으로 노인을 부양하는 경우 부양자 스트레스가 더욱 심하고, 며느리 부양자가 배우자 부양자보다 더 많은 부담과 스트레스를 겪으며, 며느리는 부양노인이 시어머니보다 시아버지일 경우 더 큰 스트레스를 느끼는 편이다. 부양자는 부양으로 인해 경제적 부담을 크게 느끼며, 사회적 · 정서적 부담이 심각하며, 신체적 부담 역시 상당하다. 노인장기요양보험 서비스 만족도 조사(보건복지부, 2014)에 따르면 이용자의 대부분이 노인장기요양보험 서비스 이용으로 집안의 노인을 돌보는 부담이 줄어든 것으로 나타났다. 즉, 보호자의 78%는 어르신의 건강이 호전됐다고 답했으며 90.5%가 가족들의 수발 부담이 줄었다고 응답했다.

부양 문제와 관련하여 주목해야 할 사항은 '노-노(老-老) 케어'의 확산이라 할 수 있다. 노인부양에 대한 공적 지원이 미비한 현실 속에서 이미 노인이 된 자녀가 초고령 노인의 부양을 담당하는 경우가 증가하고 있다. 고령의 자녀도 건강이나 경제활동 중단에 따른 경제적 문제 등의 어려움을 고려하면 노인부양에 대한 현실적인 대안이 필요하다.

(4) 역할상실과 여가 문제

그동안 평균수명이 연장되었지만 우리 사회 노인들은 가족이나 직장에서의 역할상실을 경험하며, 늘어난 노년기의 시간 활용과 관련한 여가 문제를 겪기 쉽다. 현 세대의 노인층은 젊었을 때 '일'을 위주로 하여 살아왔기 때문에 특별한 여가활동을 하지 못했고, 여가에 대한 사회화가 없었던 것이 원인으로 지적된다. 또한 노인의 여가활동에 대한 의식 부족, 경제적 사정 및 건강 상태 등 개인적 차원의 문제와 함께, 노인여가에 대한 정책 미비 등 사회적 차원의 문제가 복합적으로 연관되어 있다. 노인실태조사(한국보건사회연구원, 2017)에 따르면 노인의 대부분(99.3%)은 TV를 시청하고 있으며, 이 외의 여가활동에는 산책, 등산, 화초 가꾸기, 책 읽기, 노래교실, 바둑 · 장기를 즐기는 것으로 나타나 문화 콘텐츠의 빈곤을 나타냈다. 전체 응답자의 23.0%가 친목도모를 위해 경로당을 이용하고 있었고, 노인복지관을 이용하고 있는 노인은 9.3%에 불과했다. 자원봉사 활동을 하고 있는 노인은 3.9%에 불과했다.

3. 노년기 가족의 정책 및 실천

1) 노년기 가족 관련 정책

(1) 노년기 가족지원 관련 법

「노인복지법」은 노인의 질환을 사전 예방 또는 조기 발견하고, 질환 상태에 따른 적절한 치료 · 요양으로 심신 건강을 유지하고, 노후의 생활 안정을 위하여 필요한 조치를 강구함으로써 노인의 보건복지 증진에 기여함을 목적으로 하고 있다. 「노인장기요양보험법」은 고령이나 노인성 질병 등의 사유로 일상생활을 혼자서 수행하기 어려운 노인 등에게 제공하는 신체 활동 또는 가사활동지원 등의 장기요양급여에 관한 사항을 규정하여 노후의 건강증진 및 생활 안정을 도모하고 그 가족의 부담을 덜어 줌으로써 국민의 삶의 질을 향상하도록 함을 목적으로 하고 있다. 「기초연금법」은 노인에게 기초연금을 지급하여 안정적인 소득 기반을 제공함으로써 노인의 생활 안정을 지원하고 복지를 증진함을 목적으로 하고 있다. 이 외에도 「효행장려 및 지원에 관한 법률」, 「장애인·노인·임산부 등의 편의증진 보장에 관한 법률」, 「고용상 연령차별금지 및 고령자고용촉진에 관한 법률」, 「저출산·고령사회 기본법」 등이 관련 있다.

(2) 노년기 가족 관련 정책 내용

① 노후소득보장 관련

공적 연금은 사회보험으로 운영되는데, 현재 국민연금과 특수직역 연금제도(공무원연금, 군인연금, 사립학교교직원연금)가 있다. 국민연금의 대상은 국내 거주 18세 이상 60세 미만의 자다. 국민연금의 종류로는 노령연금, 장애연금, 유족연금, 일시반환금 등이 있다.

공공부조로는 국민기초생활보장제도가 대표적인데, 수급자 상당수가 노인이다. 2017년 국민기초생활보장 수급자 149만 2,000명 중 65세 이상 고령

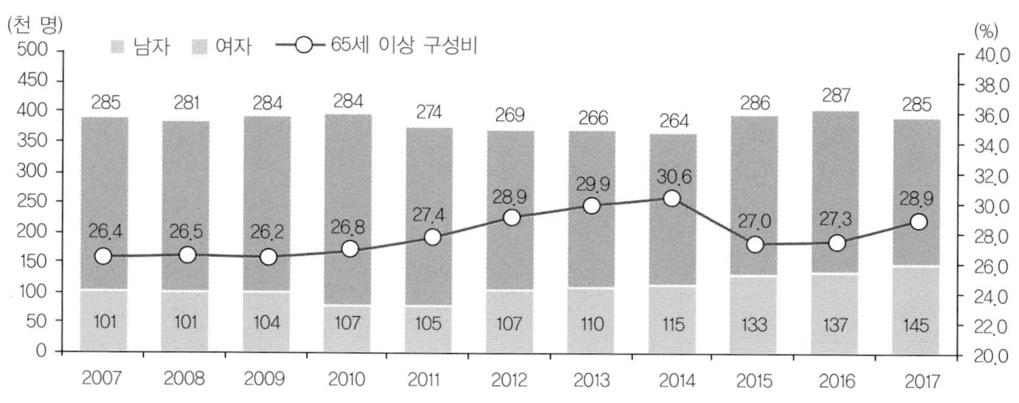

[그림 10-5] 국민기초생활보장 수급자 현황(65세 이상)

출처: 통계청(2018). 2018 고령자통계, p. 37.

자는 43만 2,000명으로 전체 수급자의 28.9%를 차지하였는데, 여자노인(28만 5,000명)이 남자노인(14만 5,000명)보다 2배 많았다.

기초연금은 노후의 안정적 생활을 지원하고자 도입되었는데, 노인의 소득하위 70% 수준이 급여를 받을 수 있다. 2019년 지급 대상자 선정기준액은 노인단독가구 월 137만 원, 노인 부부가구 월 219.2만 원이다. 주택연금(정부보증 역모기지론)의 대상은 소유주택을 담보로 평생 동안 생활비를 받고자 하는 노인으로 그 자격기준은 부부 모두 60세 이상 9억원 이하의 1주택 소유자다.

② 노후 건강 보호 및 돌봄서비스

❑ 노후 건강 보호

2015년부터 암, 심장, 뇌혈관, 희귀난치질환의 4대 중증질환 진단과 치료에 대한 필수 의료서비스, 임플란트 건강보험 급여화가 이루어져 노인의 건강 유지와 의료비 부담 완화에 도움이 될 예정이다. 임플란트는 2014년 7월, 75세 이상 어르신을 대상으로 지원(건강보험 급여화)을 시작한 바 있으며, 2016년 65세까지 적용 대상을 확대하여 의료비 부담을 완화하고 구강건강 증진에 도움이 되도록 하였다. 노인 틀니도 임플란트 보험 적용과 함께 동일 연령 기준으로 건강보험 적용이 확대되고 있다. 생애전환기 건강검진은 생애전환기에 해당하는 노인(만 66세)을 대상으로 하고 있다. 노인건강진단은 시 · 군 · 구 관할 구역에 거주하는 65세 이상 국민기초생활보장 수급권자 및 차상위노인 중 노인건강진단 희망자를 대상으로 한다. 1차 진단(진찰 외 총 11항목) 및 2차 진단(정밀안전검사 외 총 29항목)이 있다. 이 외에도 노인 안검진 및 개안수술, 치매 조기검진사업, 방문보건사업(보건소), 노인 의치보철 사업(보건소), 치매검진, 치매치료 관리비지원 등이 있다.

❑ 노인장기요양보험

2008년 7월부터 시행되고 있는 노인장기요양보험제도는 고령이나 노인성 질병 등의 사유로 일상생활을 혼자서 수행하기 어려운 노인 등에게 제공하는 신체활동 또는 가사활동지원 등의 장기요양급여에 관한 사항을 규정하여 노후의 건강증진 및 생활 안정을 도모하고 그 가족의 부담을 덜어 줌으로써 국민의 삶의 질을 향상하도록 함을 목적으로 하는 사회보험제도이다. 노인장기요양보호 대상은 65세 이상 노인과 65세 미만 노인성 질병을 가진 자로 노인장기요양보험에 가입 또는 피부양자로 등록된 자이다. 자격기준은 장기요양보호를 필요로 하는 자로서 요양등급 1~5등급, 인지지원 등급으로 판정받은 경우이다. 노인장기요양보험에는 시설급여(노인요양시설, 노인요양공동생활가정), 재가급여(방문요양, 방문목욕, 방문간호, 주 · 야간보호, 단기보호, 기타), 특별현금급여(가족요양비, 특례요양비, 요양병원간병비) 등이 있다.

❑ 노인돌봄서비스 등

노인돌봄서비스는 크게 기본서비스 및 종합서비스로 나뉜다. 그 특성을 살펴보면 〈표 10-2〉와 같다.

〈표 10-2〉 노인돌봄서비스

기본서비스	종합서비스
• 대상: 만 65세 이상 요양서비스 불필요 독거노인/ 소득, 건강, 주거, 사회적 접촉 등의 수준을 평가하여 보호 필요가 높은 순으로 대상자 선정 • 서비스 내용: 가정방문, 유선 등을 통한 주기적 안전확인, 생활교육, 서비스 연계 등 • 이용자 부담: 무료	• 대상: 만 65세 이상 노인[단기가사의 경우 독거노인 또는 고령(만 75세 이상) 부부노인가구] 중 가구 소득, 건강 상태 등을 고려하여 돌봄서비스가 필요한 대상자 선정 • 서비스 내용: 방문서비스, 주간보호서비스, 치매환자가족지원서비스, 단기보호서비스 등 • 본인부담금: 서비스 대상자의 소득 및 서비스 시간에 따라 차등 적용

③ 주거서비스 관련

노인복지주택(유료 노인복지주택, 실버타운)은 만 60세 이상 고령자와 그 배우자(부부입주 경우 한 사람이 만 60세 이상이면 가능)가 대상이다. 양로시설 및 노인공동생활가정의 대상은 65세 이상 기초수급권자, 실비이용가능자, 유료이용 가능자이다. 일상생활에 지장이 없는 노인을 대상으로 급식과 그 밖의 일상생활에 필요한 편의를 제공하고 있다. 그 비용은 무료이거나 또는 재산기준, 부양자 유무에 따라 실비 또는 유료가 된다. 이 외에 주거환경 개선서비스가 있는데, 주거환경 개선의 대상은 국민기초생활수급자 또는 차상위계층이며, 서비스·급여로는 도배와 장판 교체 등 소규모 수선, 보일러 교체, 지붕개량, 화장실 신축 등이 해당된다.

④ 여가 및 사회활동지원

우리나라 노인여가복지시설에는 노인복지관, 경로당, 노인교실 등이 있다. 2017년 말 기준 우리나라는 전국 각지에 6만 5,604개소의 경로당과 364개소의 노인복지관, 1,356개소의 노인교실이 있다(보건복지부, 2018). 정부는 건강관리 운영, 교육, 여가, 자원봉사 등 다양한 프로그램을 제공함으로써 경로당을 노인이 가장 손쉽게 접근할 수 있는 다기능 공간으로 전환하고자 노력하며, 프로그램 조정 및 지원을 담당하는 경로당 순회 프로그램 관리자기능을 전문화하려는 목적을 지니고 있다. 노인복지관은 노인의 교양·취미생활 및 사회참여 활동 등에 대한 각종 정보와 서비스를 제공하고, 건강증진 및 질병예방과 소득보장·재가복지, 그 밖에 노인의 복지증진에 필요한 서비스를 제공함을 목적으로 하는 시설이다. 노인교실은 노인들의 사회활동 참여 욕구를 충족시키기 위하여 건전한 취미생활·노인건강 유지·소득보장, 기타 일상생활과 관련한 학습 프로그램을 제공하고 있다. 경로우대제는 크게 공영 및 민영으로 구분될 수 있다. 공영 경로우대제도는 철도의 경우 통근열차는 운임의 50% 할인, 무궁화/새마을호는 운임의 30% 할인(단, 토·일 공휴일 제외)을 제공하고, 수도권 전철, 도시철도, 고궁, 능원, 국·공립 박물관, 국 · 공립 공원, 국 · 공립 미술관은 운임 또는 입장료의 100% 할인, 국 · 공립 국악원은 입장료의 50% 할인을 제공한다. 민영 경로우대제도의 경우 국내 항공기는 운임의 10% 할인, 국내 여객선은 운임의 20% 할인, 기타 등이 제공된다.

노인의 사회활동에 있어서는 공익활동 및 재능나눔활동을 통해 사업의 내실화를 도모하고 있다. 공익활동은 노인이 자기만족과 성취감 향상 및 지역사회 공익 증진을 위해 참여하는 활동으로 노노케어, 취약계층지원, 공공시설봉사, 경륜전수활동이 이에 해당된다. 재능나눔활동은 재능을 보유한 노인이 자기만족과 성취감 향상, 지역사회 공익 증진을 위해 자발적으로 참여하는 봉사 성격의 각종 활동으로 노인안전예방, 상담안내, 학습지도, 문화예술 등의 활동이 포함된다.

2) 노년기 가족을 위한 실천

(1) 노년기 가족상담

노년기 가족상담은 개인 및 가족 차원에서 해결할 수 없는 노인의 욕구에 대한 구체적이고 실제적 지원으로, 노인이 노년기의 발달과업을 원만하고 성공적으로 수행할 수 있도록 도와주기 위한 대안적 복지서비스의 하나다. 노년기 가족상담은 노인이 경험하는 문제를 노인만의 문제가 아닌 전체 가족의 문제로 규정하고, 가족 간 직접적 상호작용을 통하여 문제해결과 가족관계의 변화를 도모하는 것이다. 특히 노부부 갈등, 황혼이혼, 노부모와 자녀 간의 가치관 갈등이나 관계 악화, 성인자녀 가족의 문제 등을 해결하는 데 적절하다. 이 상담은 가족구성원 간 감추어 두었던 감정을 표현할 수 있는 기회 및 다른 대안을 찾을 수 있는 기회를 제공하므로, 가족 문제해결과 가족결속력 증진에 유용하다. 특히 노인들은 자신의 감정을 표현하기보다 참고 사는 경우가 많기 때문에 노인의 감정이나 생각을 자발적으로 표현할 수 있도록 하는 것이 노년기 가족상담에서 매우 중요하다(권중돈, 2012; 한국노년학포럼, 2013).

(2) 노년기 가족 프로그램

기대수명의 연장으로 노년기가 길어지고 은퇴 이후 부부가 함께 생활하는 시간이 길어지고 있다. 이에 따라 최근 황혼이혼이 사회 이슈가 되었고 원활한 노년기 부부관계가 보다 중요하게 인식되고 있다. 이선미(2003)는 노년기 부부관계 향상을 위한 가족생활 프로그램을 개발하였는데 자신에 대한 이해, 배우자에 대한 이해, 효율적 의사소통, 합리적 부부갈등 대처, 공동여가, 배우자에 대한 감사의 마음 갖기 등의 내용으로 구성되었다. 박성희(2006)는 노인학습자 특성을 살리는 내러티브 학습을 바탕으로 부부관계 향상을 위한 교육 프로그램을 개발하였다. 이 프로그램은 관계 형성과 프로그램 이해, 자아존중감과 자기인식, 부부에 대한 이해, 행복한 부부: 부부의 의미, 갈등관리, 의사소통 방법, 배우자에게 마음 표현하기, 행복한 부부가 될 것에 대한 약속 등의 내용으로 구성되었다.

〈표 10-3〉 노년기의 성공적인 가족관계를 위한 TIP

구분	내용
성인자녀와의 관계	• 젊은 세대를 존중한다. • 젊은 세대가 바쁘다는 것을 인정한다. • 자녀들이 싫어할 수 있는 행동은 자제하고, 무례한 행동을 삼간다. • 자녀에 대한 지나친 기대를 삼간다. • 자녀에게 일을 시키면 참견하지 않는다. • 자녀에게 칭찬하는 것을 아끼지 않는다. • 자녀에게 지난 이야기를 너무 자주 하지 않는다. • 도움을 받은 경우 고마움을 자주 표현한다. • 긍정적 태도를 가지고 가능한 한 갈등을 줄인다. • 스스로 건강을 잘 챙긴다. • 젊은 세대를 이해하려고 노력한다. • 손자녀 양육에 대해 지나치게 관여하지 않는다.
고부관계	• 며느리의 생일을 기억하고 축하해 준다. • 같은 말을 되풀이하지 않는다. • 가정 밖에서 자기만의 취미 및 봉사활동 등 여가를 즐길 줄 안다. • 며느리의 일거일동에 대해 참견하지 않는다. • 며느리에게 칭찬을 아끼지 않는다.

	• 며느리의 위신을 세워 준다. • 다른 사람에게 며느리 험담을 절대로 하지 않는다. • 며느리에게 할 이야기가 있으면, 터놓고 솔직하게 이야기한다. • 며느리의 취미생활 및 가치관 등을 존중한다. • 며느리를 위해 선물을 준비하거나 식사에 초대한다. • 너무 늦은 시간에 연락하거나 부르지 않는다. • 아들의 집안일 분담을 장려한다.
손자녀와의 관계	• 손자녀가 좋아하는 게임이나 취미를 함께해 본다. • 손자녀가 좋아하는 노래, 책, TV 등을 함께해 본다. • 손자녀의 생각이나 행동을 이해하려고 노력한다. • 손자녀가 부모에게 꾸중을 들은 후에 위로해 준다. • 손자녀에게 인생의 지혜를 몸소 실천하여 가르쳐 준다. • 손자녀의 어린 시절에 대해 이야기해 준다. • 올바른 행동을 하도록 권면하고 사소한 일이라도 칭찬해 준다. • 예의범절을 익힐 수 있도록 가르쳐 준다. • 고민을 경청하고 적절하게 조언해 준다. • 손자녀가 자연을 느끼고 체험할 수 있도록 도와주고, 생명의 소중함을 일깨워 준다.

출처: 중앙건강가정지원센터(2009). 브라보 마이 라이프, pp. 23-25 재구성.

〈표 10-4〉 노년기 부부관계 향상 프로그램

회기	프로그램명	목적	세부 내용
1	우리는 하나	관계 형성과 프로그램 이해	• 프로그램 소개와 유의사항 설명 • 리더 소개, 별칭짓기, 자기 소개 • 학습자가 바라는 부부교육의 방향
2	나는 누구인가	자아존중감과 자기인식	• 자랑스러운 나, 젊은 시절 이야기하기 • 내가 보는 나, 배우자가 평가하는 나
3	바람직한 부부상	부부에 대한 이해	• 우리 부부의 갈등해소 유형 • 갈등을 잘 이겨낸 우리 부부의 젊은 시절 이야기하기
4	부부의 의미	행복한 부부	• 현재 노년기 부부의 의미 • 우리 부부가 지켜 나아갈 장점과 고쳐야 할 단점

5	행복한 부부 I	갈등관리	• 부부공약서 작성 • 공감대화하기 • 행복한 부부의 의미
6	행복한 부부 II	의사소통 방법	• 부부갈등 상황 이야기하기 • 부부의 경험을 통한 대화하기(역할극)
7	행복한 노년을 위하여	배우자에게 마음 표현하기	• 부부의 소중함 찾기 • 밖에서 돌아온 배우자 맞는 법, 생일을 축하하는 법, 고마움을 표현하는 법
8	또 만나요	행복한 부부가 될 것을 약속	• 부부가 함께 교육에 대한 경험 나누기 • 수료증 수여 • 기념사진 촬영(좋은 남편, 좋은 부인되기 서약서)

출처: 박성희(2006). 노년기 부부의 관계 향상을 위한 교육 프로그램에 참가한 노년기 부부의 학습 과정에 대한 질적 연구. 노인복지연구, 31, p. 167.

4. 노년기 가족을 위한 복지방안

1) 노년기 가족관계 강화

노년기의 장기화로 인해 은퇴 후 가족생활 기간이 길어지고 있다. 경제활동과 자녀양육 등 생애 주요 과업에서 벗어난 노년기에는 무기력하지 않고 사회의 일원으로서 당당하게 보낼 수 있어야 한다. 이를 위해서는 노년기 가족관계를 강화하기 위한 다양한 지원이 필요하다.

(1) 노년기 가족교육 실시

노년기에 부부관계의 안정성 및 정서적 친밀감을 유지하고 바람직한 부부관계를 형성할 수 있도록 하기 위해서는 동등한 부부관계 형성, 가족 간 서로 배려하는 마음, 부부간 올바른 대화, 부부갈등 해결 등 전문적 프로그램 개발이 필요하다. 또한 적극적인 돌봄 공유 부부로의 역할 변화 및 남성들의 돌봄가치 재발견을 격려하도록 지역 및 사회 환경의 조성이 필요하다. 특히 남성노인의 갈등 없는 가족생활 적응을 지원할 수 있도록 은퇴남성 대상 교육 프로그램이 다양화되어야 한다. 이와 더불어 남성노인이 배우자를 돌보는 경우도 적지 않으므로 남성노인을 대상으로 돌봄기술(예: 가사일, 간병하기 등) 관련 훈련이 필요하다(장혜경, 김영란, 최인희, 2011).

(2) 독거노인 및 노인부부가족, 조손가족에 대한 지원

노인 1인 가구의 수가 증가하고 있으므로 이들을 위한 지원체계가 확대되어야 한다. 특히 여성노인의 경우 홀로 사는 '독거노인' 비율이 높으며 대부분의 독거노인이 만성질환 유병률이 높고 빈곤, 소외, 우울 등 다양한 어려움을 가지고 있는 집단이라는 점(석재은, 2007; 최영, 2008)을 고려할 때 이들의 삶의 질을 향상시킬 지원방안이 보다 확충되어야 한다(장혜경 외, 2011).

무엇보다 노인돌봄서비스의 질적 · 양적 확대가 고려될 수 있다. 혼자 사는 노인의 고립을 방지하기 위해 가족공동체 역할을 하여 줄 사회지원망이 필요하다. 향후 개별화된 주거공간에서 혼자 살아가고 있지만 실질적으로 사회지원망 내에서 노후생활을 영위할 수 있도록 하여야 한다. 노인부부가족 역시 가까운 미래에 독거가구가 될 가능성이 높기 때문에 이들에 대한 정책적 배려가 필요하다. 특히 80세 이후의 노인부부가구 또는 보호를 필요로 하는 배우자를 돌보는 부부가구의 경우 우선적으로 지원이 요구된다.

이 외에도 손자녀를 양육하는 조손가족 등 노인에 대한 건강관리 및 상담, 조손가족의 특수성을 고려한 체계적이고 통합적인 지원방안이 필요하다. 조손가정의 조부모는 사회로부터 보호를 받아야 하는 상황에 양육이라는 생애발달주기에 어긋난 과업을 수행하게 됨으로써 경제적 어려움뿐만 아니라, 심리적 · 육체적 어려움을 겪게 된다. 이와 관련, 조손가구를 위한 연금수급권 특례조항 마련, 조부모의 양육부담 완화 및 손자녀의 학업 능력 향상 등 생활지원서비스(예: 일상생활 지원사업, 급식서비스 등) 확대, 양육 관련 기술교육 실시 및 영유아돌보미, 학습활동지원 확대, 양육스트레스 감소를 위한 가족상담, 가족관계 증진 프로그램이 필요하다. 이 외에도 조손가족의 건강증진을 위한 보건의료서비스 확대, 조손세대통합 프로그램, 자조집단 활성화 등 조손가족의 역량강화 방안 마련이 요구된다(김혜영, 김은지, 최인희, 김영란, 2011).

2) 노년기 가족 생활지원 강화

(1) 경제적 지원

기초연금의 적용범위 확대, 국민기초생활보장 적용 기준 완화 및 지원액 현실화 등 노인가족을 위한 경제적 지원이 필요하다. 또한 노년층 취업기회 확대, 노인적합 직종 개발 및 탄력적 근무조건 적용이 요구된다. 이 외에도 노인일자리 및 사회활동지원사업의 내실화, 공공 및 민간 분야의 사회활동 확충 등이 이루어져야 한다.

(2) 의료 및 재가복지, 장기요양서비스 확대

현행 의료제도의 개선, 노인돌봄서비스 내실화, 재가서비스 확대가 필요하다. 또한 중풍, 치매 등 중증 노인성질환을 치료하기 위한 전문요양시설 설치, 장기요양보호서비스 확대가 이루어져야 한다. 예방 차원의 건강관리 서비스 강화와 관련하여 치매상담, 노인건강진단의 확대, 질병의 조기발견 및 치료를 위한 적절한 지원이 이루어져야 한다.

(3) 주거서비스 지원 등

주거서비스 지원(고령자용 임대주택 지속 공급, 농촌 건강 장수마을 육성 등) 및 주택연금 활성화가 필요하다. 이와 더불어 고령친화산업의 활성화를 위한 지원 및 노후설계서비스의 내실화가 요구된다.

3) 노년기 가족돌봄지원 강화

(1) 노인부양가족을 위한 개입

노인이 가족을 돌보는 주 돌봄자인 경우 돌봄자 자신의 고령화에 따른 신체 · 기능상 제한 등으로 부양부담이 가중될 수밖에 없다. 이러한 노인부양가족을 위해 노인질환과 기능 손상, 노인부양에 도움을 주는 자원과 서비스 정보제공, 간병 관련 문제들에 의해 효과적으로 대응하기 위한 교육 · 훈련 등을 지원하는 것이 바람직하다.

특별히 가족부양에 있어서 가장 어렵다고 할 수 있는 치매노인가족에 대한 지원이 필요하다. 치매노인 보호에 있어서 가족에게 우선적 또는 전적인 부양책임을 두기보다 직접적 · 신체적 수발 등 외부 자원을 이용할 수 있도록 돕고 이들 가족을 대상으로 한 정보 및 휴식 제공 등을 통해 지지 · 지원하여야 한다. 치매노인가족의 만남 및 소통을 통해 이들 가족이 겪기 쉬운 심리적 고립감을 완화할 수 있도록 돕는 것이 바람직하다. 또한 치매가족지원 프로그램 및 치매상담 등을 통해 가족들에 대한 정서적 · 심리적 지원을 제공하는 것 역시 중요하다.

(2) 지역사회 노인돌봄 프로그램 활성화

지역사회를 중심으로 노인돌봄 프로그램을 확대 실시하여 노인이 나이 들어서도 기존에 살던 지역사회와 자신의 집에서 살아가는 'aging-in place'를 돕고, 가족돌봄자의 부양부담을 경감시킬 필요가 있다. 지역사회 중심의 노인돌봄 프로그램은 신체 · 기능적 또는 심리 · 정서적으로 도움이 필요한 노인에게 제반 돌봄서비스(예: 가사활동지원)를 제공한다. 이 프로그램은 노인의 가구 형태(예: 노인부부가구, 노인 1인 가구 등)에 관계없이 노인의 돌봄 욕구를 일정 수준 채워 줄 수 있어야 하며, 동시에 노인의 가족 및 돌봄자의 부양부담도 경감시킬 수 있도록 보다 활성화되어야 한다.

(3) 노인부양의식 제고를 위한 서비스 확대

가족 내 노인부양의식을 높이고 노부모를 부양하는 자녀의 경제적 부담을 덜어 주고자 각종 세제 혜택(상속세, 소득세, 양도소득세 공제 확대) 및 효행장려 세제 도입이 고려될 수 있다.

생각해 볼 문제

1. 노년기 가족의 가장 큰 문제는 무엇이고, 이를 위한 해결방안은 어떤 것이라고 생각하는지 본인의 생각을 정리해 보세요.

2. 향후 노년기 가족은 어떤 모습으로 변화할 것인지 노년기 가족의 유형 및 변화에 대해 생각해 보세요.

3. 노부모-성인자녀 간 갈등이 발생하는 원인과 그 해결방안이 무엇일지 친구들과 의견을 나눠 보세요.

4. 노년기 가족을 위한 복지 프로그램을 살펴보고, 이 중 가장 중요하다고 생각되는 것이 무엇인지 그 이유와 개선방안에 대해 생각해 보세요.

제11장

다문화가족

현대사회는 글로벌시대를 맞아 다문화시대의 흐름 속에 있다고 해도 과언이 아닐 만큼 큰 변화를 겪고 있다. 외국인과의 국제결혼이 증가하면서 다문화가족은 인구지표에서 주목받는 비율을 차지하고 있다. 수천 년 단일민족과 순수혈통을 자긍심으로 삼아 왔던 한국 사회에서 다문화사회가 되는 것은 커다란 변화이다. 문화의 동질성, 고유성을 중시하는 풍토에서 벗어나 한국에서 가정을 이루고 사는 다문화가족에 대한 사회적 관심과 다문화가족의 적응 및 정착을 지원하기 위한 사회적 공감대가 요구되는 시점이다. 이 장에서는 다문화가족의 개념과 실태, 다문화가족이 경험하고 있는 어려움에 대해 살펴보고, 다문화가족을 위한 관련 정책 및 서비스에 대해 알아보고자 한다.

1. 다문화가족에 대한 이해

1) 다문화가족의 개념

다문화란 다양한 문화가 공존하는 상태를 말하며, 다문화가족은 각기 다른 민족·문화적 배경을 가진 사람들로 구성되어 한 가족 내에 다양한 문화가 공존하고 있는 가족을 의미한다. 다문화가족의 사전적 정의는 '서로 다른 국적, 인종, 문화를 가진 남녀가 이룬 가정이나 그런 사람들이 포함된 가정'을 의미한다(위키백과, 2018). 다문화가족은 다문화주의의 이념과 연결해서 서로 다른 문화에 대한 존중과 문화적 차이에 대한 관용을 중시하는 차원에서 접근할 필요가 있다.

우리나라의 다문화가족은 1990년대 들어와 결혼 적령기가 지나서도 혼인을 하지 못한 농촌 총각들의 결혼난 해소를 위해 정부가 중국 조선족 여성과의 국제결혼 주선사업을 시행하면서 단기간 내에 큰 폭으로 증가하였다. 이후 '국제결혼가족'이라는 용어가 우리 사회에서 보편적으로 사용되기 시작하였다. 그러나 건강가정시민연대는 2003년 '국제결혼가족'이라는 용어가 인권 차별적이라고 보고 그 대신에 '다문화가족'이라는 호칭을 사용하자고 처음으로 제안하였다. 이 제안은 사회적 호응을 얻게 되었고, 그 이후부터 부정적 이미지가 강했던 '국제결혼가족'이라는 용어 대신에 '다문화가족'이라는 표현을 사용하게 되었다. 다문화가족은 한 가족 내에서 다양하고 이질적인 문화가 공존한다는 측면을 강조하는 것이다.

2) 다문화가족의 범위

2008년 「다문화가족지원법」이 제정되어 다문화가족에 대한 사회적 지원의 근거가 마련되었다. 「다문화가족지원법」(제1조)에서 구성원이 안정적인 가족생활을 영위하고 사회구성원으로서 역할과 책임을 다할 수 있도록 함으로써 이들의 삶의 질을 향상시키고 사회통합에 이바지하는 것을 목적으로 규정하고 있다. 이와 함께 다문화가족에 대한 정의(범위)도 동법의 제2조에서 규정하고 있는데, 다문화가족이란 결혼 이민자 또는 귀화 허가를 받은 자 그리고 출생과 동시에 대한민국 국적을 취득한 자들로 이루어진 가족을 말한다. 이는 기본적으로 대한민국의 국민이 한 사람이라도 포함되어 있는 경우를 의미한다. 다문화사회가 진전됨에 따라 2015년 12월 일부 개정된 동법의 개정 이유에서도 결혼이민자의 경제·사회활동 참여 욕구가 증가하고 자녀세대가 성장하는 등 다문화가족 정책 환경에 변화가 나타나고 있는 바, 이주 초기 단계의 지원에 집중되어 있는 기존의 정책 패러다임을 발전적으로 전환하여 변화하는 정책 환경에 대응해야 할 필요가 있음을 밝히고 있다.

2. 다문화가족의 실태

1) 국제결혼 및 이혼 실태

다문화가족의 주된 발생 원인인 외국인과의 국제결혼은 2만 2,700건으로 전체 혼인에서 8.8%를 차지하고 있다. 〈표 11-1〉에서 보는 바와 같이 한국남성과 외국여성의 혼인은 2018년 기준 1만 6,600건이며, 한국여성과 외국남성의 혼인은 6,100건으로 나타났다. 전체 혼인 중 외국인과의 혼인 구성비는 작년보다 0.9% 증가하였고, 외국여성과의 혼인율은 73.2%, 외국남성과의 혼인율은 26.8%를 차지하였다.

〈표 11-1〉 외국인과의 혼인 (단위: 천 건, %)

	2008	2009	2010	2011	2012	2013	2014	2015	2016	2017	2018	구성비
총 혼인건수	327.7	309.8	326.1	329.1	327.1	322.8	305.5	302.8	281.6	264.5	257.6	100.0
외국인과의 혼인	36.2	33.3	34.2	29.8	28.3	26.0	23.3	21.3	20.6	20.8	22.7	8.8
한국남자+외국여자	28.2	25.1	26.3	22.3	20.6	18.3	16.2	14.7	14.8	14.9	16.6	6.4
한국여자+외국남자	8.0	8.2	8.0	7.5	7.7	7.7	7.2	6.6	5.8	6.0	6.1	2.4

출처: 통계청(2019b). 2018년 혼인 · 이혼통계, p. 13.

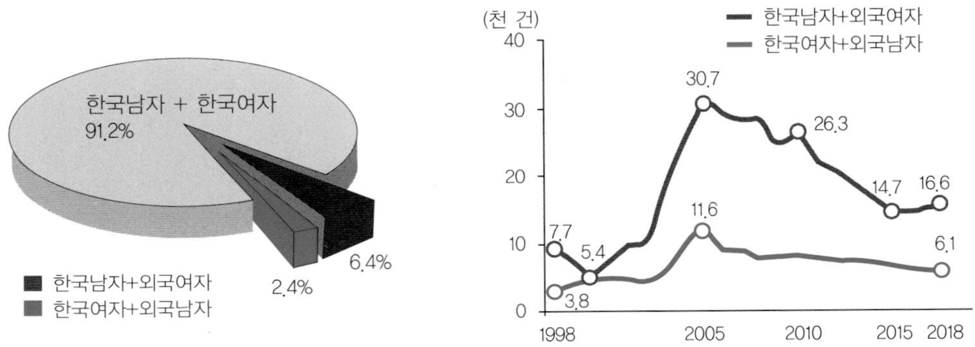

[그림 11-1] 외국인과의 혼인추이

출처: 통계청(2019b). 2018년 혼인 · 이혼통계, p. 13.

외국인과의 이혼 실태를 살펴보면, 외국인과의 이혼은 2008년 11,000건에서 꾸준히 증가하다가 최근 6년 연속 감소하여 2018년 7,100건으로 나타났다. 〈표 11-2〉에서 보는 바와 같이 한국남성과 외국여성의 이혼은 5,200건이며, 한국여성과 외국남성의 이혼은 2,000건으로 나타났다. 전체 이혼 중 외국인과의 이혼 구성비는 6.6%이며, 외국인과의 이혼 중에서 외국여성과의 이혼율은 72.5%, 외국남성과의 이혼율은 27.5%인 것으로 나타났다.

〈표 11-2〉 외국인과의 이혼

(단위: 천 건, %)

	2008	2009	2010	2011	2012	2013	2014	2015	2016	2017	2018	구성비
총 이혼건수	116.5	124.0	116.9	114.3	114.3	115.3	115.5	109.2	107.3	106.0	108.7	100.0
외국인과의 이혼	11.0	11.5	11.1	11.5	10.9	10.5	9.8	8.2	7.7	7.1	7.1	6.6
한국남자+외국여자	7.9	8.2	7.9	8.3	7.9	7.6	7.0	5.7	5.6	5.2	5.2	4.8
한국여자+외국남자	3.1	3.2	3.2	3.1	3.0	2.9	2.8	2.5	2.1	1.9	2.0	1.8

출처: 통계청(2019b). 2018년 혼인 · 이혼통계, p. 26.

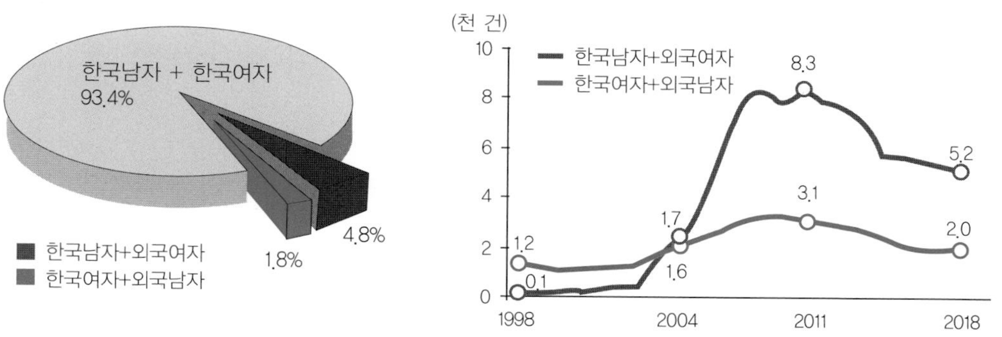

[그림 11-2] 외국인과의 이혼추이

출처: 통계청(2019b). 2018년 혼인 · 이혼통계, p. 26.

2) 다문화가족의 현황

여성가족부(2018a)는 전국 다문화가족실태조사를 3년 주기로 실시하고 있다. 2018년 조사를 통해 다문화가구의 가구구성 및 부부관계의 실태를 살펴보면 다음과 같다. 2018년도 전체 다문화가족 가운데 결혼 이민자 · 귀화자 등 부부와 자녀만으로 이루어진 가족이 34.0%다. 그리고 부부만으로 이루어진 가족은 17.0%, 한부모가족은 6.8%로 나타났다.

〈표 11-3〉 다문화가구의 구성

(단위: %)

	부부	부부+자녀	부부+본인 부모형제	부부+배우자 부모형제	부부+자녀 본인 부모형제	부부+자녀 +배우자 부모형제	본인	배우자+자녀	본인+자녀	전체
가구 구성	17.0	34.0	0.3	1.4	2.9	7.7	14.4	5.4	6.8	100.0

출처: 여성가족부(2018a). 2018 전국 다문화가족실태조사, p. 38.

전체 다문화가족의 평균 자녀 수는 0.95명으로 나타났으며, 2015년 조사 시 평균 자녀 수가 1.02명이었던 것과 비교해 보면, 다문화가구의 자녀 수는 그 기간 동안 줄어들었다고 할 수 있다. 자녀가 없는 가구는 36.7%, 자녀가 1명인 가구는 36.5%, 3명 이상인 가구는 4.3%로 나타났다(〈표 11-4〉 참조).

〈표 11-4〉 다문화가족의 자녀 수

(단위: %)

구분 / 연도	없음	1명	2명	3명 이상	합계	평균
2015	33.2	37.1	24.6	5.0	100.0	1.02
2018	36.7	36.5	22.5	4.3	100.0	0.95

출처: 여성가족부(2018a). 2018 전국 다문화가족실태조사, p. 42.

다문화가족 자녀의 연령 현황은〈표 11-5〉와 같다. 연령별로 보면, 2018년 현재 6세 미만이 전체 다문화가정 아동 중 약 39.0%로 가장 높은 비율을 차지하고 있으며, 다음은 6~11세(38.2%), 12~14세(8.6%), 18세 이상(8.3%)의 순으로 나타났다(여성가족부, 2018a, [그림 11-3] 참조).

〈표 11-5〉 다문화가족 자녀 연령별 현황

(단위: %)

	6세 미만	6~11세	12~14세	15~17세	18세 이상
2015	45.8	31.0	8.9	6.5	7.8
2018	39.0	38.2	8.6	5.8	8.3

출처: 여성가족부(2018a). 2018 전국 다문화가족실태조사, p. 48.

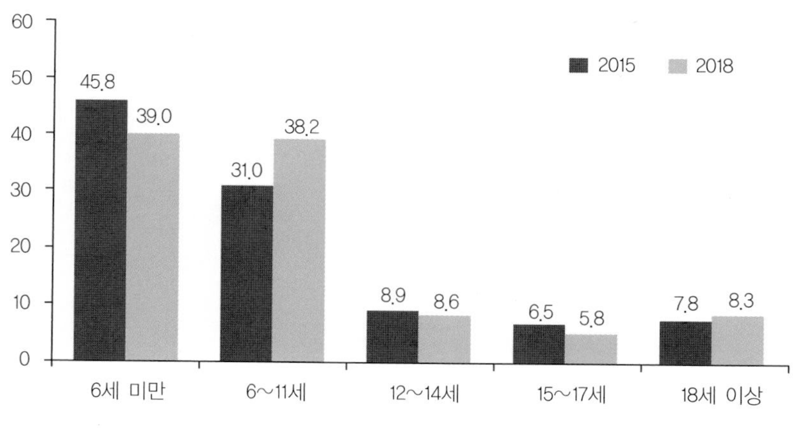

[그림 11-3] 다문화가족 자녀의 연령별 분포

출처: 여성가족부(2018a). 2018 전국 다문화가족실태조사, p. 48.

다문화가족의 2018년 기준 월평균가구소득을 살펴보면, 200~300만 원 미만인 가구가 26.1%로 가장 높고, 그다음으로 100~200만 원 미만(22.4%), 300~400만 원 미만(20.1%)의 순이며, 가구소득이 400만 원 이상인 가구는 21.7%로 나타났다. 2015년과 비교해 보면 결혼이민자의 월평균 가구 소득액은 300~400만 원을 기준으로 그 이상의 구간에서는 전반적으로 비율이 상승한 반면, 그 이하의 구간에서는 비율이 하락한 것으로 나타났다([그림 11-4] 참조).

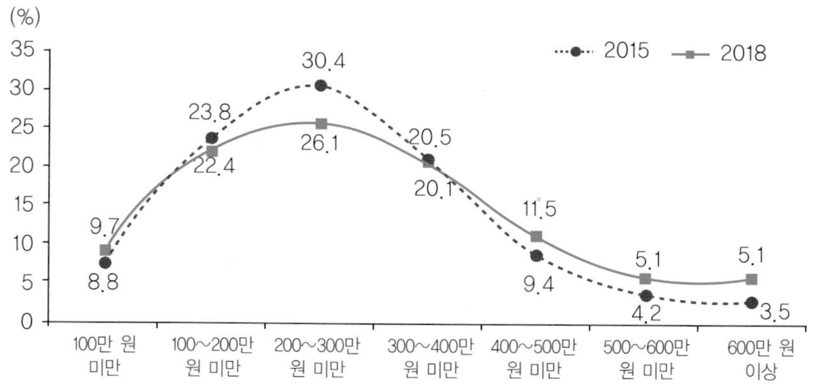

[그림 11-4] 다문화가족의 월평균가구소득별 분포

출처: 여성가족부(2018a). 2018 전국 다문화가족실태조사, p. 48.

〈표 11-6〉 다문화가족의 부부 갈등 경험 (단위: %)

		성격 차이	문화, 종교, 가치관 차이	언어 소통 어려움	자녀의 교육 또는 행동 문제	생활비 등 경제 문제	음주 문제	본인 가족과의 갈등	배우자 가족과의 갈등 (가족 초청, 물질적 지원 등)	외도 문제	폭언, 욕설, 신체적인 폭력 문제	심한 의심, 외출 제한 (여권 숨김 등 문제)	기타
전체		55.6	18.1	20.1	22.0	22.1	8.5	8.5	4.8	0.3	1.0	0.8	0.5
출신·성별	한국출신 남편	53.9	19.4	22.9	22.6	21.2	8.2	9.5	4.8	0.4	0.9	0.8	0.5
	한국출신 아내	61.9	22.4	12.6	20.6	23.6	8.2	5.7	7.2	0.2	2.0	0.5	0.4
	외국출신 남편	60.4	1.8	2.1	17.2	34.1	8.7	3.7	1.5	0.0	0.3	0.5	2.2
	외국출신 아내	67.4	2.1	1.9	18.3	27.5	12.7	2.0	3.9	0.1	1.1	1.6	0.2

출처: 여성가족부(2018a). 2018 전국 다문화가족실태조사, p. 355.

다문화가족을 대상으로 배우자와의 갈등 경험을 조사한 결과, 지난 1년간 배우자와의 다툰 경험은 63.8%의 배우자가 가지고 있다. 부부간 다툼은 한국 출신 배우자들에 더 많은 것으로 나타났다. 배우자와 다툰 이유로는 성격 차이(55.6%), 경제 문제(22.1%), 자녀의 교육이나 행동 문제(22.0%), 언어소통상의 어려움(20.1%), 문화 · 종교 · 가치관의 차이(18.1%)의 순으로 나타났다. 이 외에도 배우자 가족과의 갈등, 음주 문제 등이 부부 갈등의 원인인 것으로 나타났다.

3) 다문화가족의 문제

(1) 가정폭력 및 불화

다문화가족의 결혼 특징 가운데 하나는 비교적 짧은 기간에 결혼 결심이 이루어진다는 점이다. 이는 국제결혼이 결혼 자체를 목적으로 한 중매혼의 성격을 갖기 때문이기도 하지만, 영리 목적을 가진 결혼중개업체들의 결혼 부추김, 정보 왜곡 등과 같이 결혼 당사자들이 배우자를 신중히 선택할 수 있는 시간 여유나 선택의 기회를 제한하는 요인들이 작용하기 때문이다. 이와 같이 결혼에 대한 준비를 충분히 하지 못한 채 결혼이 성립될 경우 결혼 이후의 부부 적응에 많은 어려움을 초래하게 된다.

결혼이주여성들은 배우자와의 언어소통의 어려움으로 가정 내에서 고립되고 소외되면서 우울증과 같은 심리적 문제를 겪기도 하고, 남편과 시댁과의 문화적 차이에서 오는 갈등도 부부갈등을 가중시키는 원인으로 지목되고 있다. 또한 상업화된 결혼, 시댁과 친지의 비우호적인 환경, 남편의 정서적 불안정 등 때문에 폭언, 욕설, 신체적 폭력과 같은 가정폭력이 이어지는 경우가 적지 않다.

(2) 자녀양육과 교육의 어려움

다문화가족 자녀는 일반가정의 자녀에 비해 성장과 발달에 어려움을 겪는 경우가 많다. 양육을 주로 담당하고 함께 많은 시간을 보내게 되는 어머니의 한국어 실력 부족은 자녀의 언어발달에 저해요인이 되기도 한다. 이와 같은 결과는 자녀의 발달지연, 학교학업 적응, 학교사회 적응 등 전반에 부정적인 영향을 초래할 수 있다.

다문화가족 자녀의 교육환경은 저소득으로 인한 경제적 빈곤과도 밀접한 관련이 있다. 결혼이주여성은 공통적으로 자녀를 돌보는 어려움 중 사교육비 및 양육 비용의 어려움과 아동을 돌볼 사람이 없는 문제를 가장 크게 인식하고 있는 것으로 나타났는데, 취학자녀의 연령이 될수록 사교육비 및 양육 비용의 어려움이 주된 문제로 제기되었다(김민경, 2012). 특히 한국 사회에서의 사교육은 계층 세습의 기재로 작용하는 경향이 뚜렷해지고 있다. 이것은 한국 사회가 해결해야 하는 큰 사회적 문제이다. 이러한 맥락에서 다문화가족의 자녀양육 문제를 해소하기 위해서는 정부의 조기 개입과 중재를 통해서 아동이 건강하게 성장할 수 있는 환경을 조성하여야 할 것이다.

(3) 경제적 어려움

결혼이주여성과 결혼한 남성 대다수가 경제적으로 불안한 위치에 있기 때문에 다문화가족의 가구소득은 전반적으로 낮은 편이다. 일정한 직장이 없는 경우도 있고, 결혼을 위해 빚을 낸 경우 그 빚까지 갚아야 하는 부담을 안고 있다. 이 경우 경제 상황이 호전되지 않는다면 가족갈등이 발생하고 그 갈등은 더욱 증폭될 가능성이 높아진다.

실제로 다문화가족 여성은 사회적 소수자이자 여성으로 노동시장에서의 차별을 경험하고 있고 대부분이 경제활동에 참여하고 있더라도 단순노무직, 일용직 등으로 열악한 근무 환경에서 일하고 있으며 저임금을 받고 있는 실정으로 일자리의 질적 수준은 열악한 상황이다(유진희, 2014). 이와 같은 다문화가족 여성의 경제활동 참여는 단순히 경제적 이유에서만 아니라 한국 사회에 적응하는 데도 중요한 부분을 차지한다는 점에서 다문화가족 여성의 경제활동 참여를 지원할 수 있는 정책 방안 마련이 필요하다.

(4) 사회적 편견과 차별

다문화가족에게 사회적 편견과 차별은 한국 사회에 적응하는 데 가장 큰 걸림돌이며, 사회통합을 저해하는 중요한 요인이다. 한국 사회의 단일민족이라는 자부심, 피부색과 생김새가 다른 외국인에 대한 배타적인 태도와 특히 개발도상국 출신의 외국인에 대한 사회적 편견과 차별로 다문화가족의 결혼이주여성과 자녀들은 부당한 대우를 받고 있다. 이러한 사회적 편견과 차별로 그들은 자신감이 하락하고 두려움이 증가하며 결국에는 사회생활에 소극적인 태도를 취하게 된다. 그리하여 점점 고립되고 결국에는 자신의 정체성을 상실하게 될 수 있다. 따라서 다문화에 대한 이해와 다양한 가족에 대한 인식 제고가 중요하다(김익준, 2014).

3. 다문화가족의 정책 및 실천

1) 다문화가족 관련 정책

(1) 다문화가족지원 관련 법

「다문화가족지원법」(2008. 3. 21. 제정)은 다문화가족구성원이 안정적인 가족생활을 영위할 수 있도록 하여 이들의 삶의 질을 향상시키고 사회통합에 이바지할 수 있도록 하는 것을 목적으로 하는 다문화가족 관리 및 지원의 법적 근거를 규정하고 있다. 「재한외국인처우기본법」(2007. 5. 17. 제정)은 재한외국인이 대한민국 사회에 적응하여 개인의 능력을 충분히 발휘할 수 있도록 하고, 대한민국 국민과 재한외국인이 서로를 이해하고 존중하는 사회 환경을 만들어 대한민국의 발전과 사회통합에 이바지한다는 내용을 다루고 있다. 한편, 법무부의 이민자 사회통합 프로그램 및 그 운영 등에 관한 규정에서는 재한외국인 및 귀화자와 그 자녀, 대한민국 국민 등에 대한 사회통합 프로그램을 표준화하여 시행하고 그 운영기관을 지정, 관리하기 위한 기본적인 사항을 명시하고 있다.

이와 같이 다문화가족에 대한 사회적 관심 증가와 다문화가족지원의 사회적 공감대 형성에 따라 국제결혼 등을 통한 결혼이민자 및 재한외국인의 한국 사회 적응 지원을 목적으로 하는 관련 법제들이 제정되어 시행되고 있다.

(2) 다문화가족 정책 내용

① 다문화가족지원센터 운영

다문화가족지원센터는 다문화가족의 안정적인 정착과 가족생활을 지원하기 위해 설립된 핵심적 정책전달체계이다. 다문화가족지원센터는 2006년 전국 20개소에 불과하였으나 2008년부터 그 수가 빠르게 증가하여 2018년 전국 218개소가 운영되고 있다. 그리고 2014~2015년부터 다문화가족지원센터와 건강가정지원센터 간 통합서비스가 시범사업으로 시작되었고, 현재는 건강가정 · 다문화가족지원센터라는 명칭으로 전환되어 운영되는 과정에 있다. 주요 사업으로는 한국어 · 문화교육, 가족교육 · 상담, 다문화가족 자녀 양육지원, 임신 · 출산 지도서비스, 직업교육 및 다문화 인식 개선 등의 종합적인 서비스를 제공하여 다문화가족의 조기 적응 및 사회적 · 경제적 자립지원을 도모할 수 있는 서비스 전달체계 운영을 지원하고 있다.

〈표 11-7〉 다문화가족지원센터 프로그램

사업내용	대상	주요 내용
한국어교육	집합: 결혼이민자, 중도입국자녀 방문: 결혼이민자(입국 5년 이하), 중도입국자녀(만 19세 미만)	생활언어를 익히고 문화를 이해할 수 있도록 체계적 · 단계적 한국어교육 실시
다문화가족 통합교육	가족, 배우자, 부부, 자녀 등 대상을 세분화하여 적합한 가족관계 증진교육 제공	다문화가족구성원 간 가족 내 역할 및 가족문화에 대한 향상교육 * 가족교육, 배우자와 부부교육, 부모자녀교육, 다문화이해교육
부모교육서비스 (방문)	집합교육 참여가 어려운 지역 등 만 12세 미만의 자녀가 있는 결혼이민자	생애주기별(임신, 신생아, 유아기, 아동기) 자녀의 양육 관련 교육, 정보 제공, 가족상담 등
자녀생활서비스 (방문)	다문화가족 자녀(만 3~9세)	생활지원서비스 제공(알림장 읽어 주기 등)
상담 · 사례관리	다문화가족	다문화가족의 내부 스트레스 완화 및 자존감 향상 지원

출처: 여성가족부 홈페이지(http://www.mogef.go.kr)

❑ 방문교육사업

방문교육사업은 지리적 여건 등으로 센터 이용이 어려운 다문화가족을 대상으로 '한국어교육' 및 '부모교육 · 자녀생활 서비스'를 제공하고 지역 관련 기관들과 연계하여 사업을 운영하고 있다(〈표 11-8〉 참조).

〈표 11-8〉 방문교육사업 서비스 내용

서비스	대상	서비스 내용
한국어 교육	입국 5년 이하 결혼이민자, 중도입국자녀(만 19세 미만, 1995. 1. 1. 이후 출생자)	• 한국어교육 1~4단계 • 어휘, 문법, 화용, 문화
부모교육 서비스	생애주기별 각 1회 지원 (최대 15개월, 총 3회 지원) ① 임신, 신생아기(임신 중~생후 12개월 이하) ② 유아기(12개월 초과~48개월 이하) ③ 아동기(48개월 초과~만 12세 이하)	• 자녀양육 지원을 위한 부모교육(부모성장, 부모-자녀관계 형성, 영양 · 건강 관리, 학교 · 가정 생활지도) • 가족상담 및 정서 지원서비스 • 기타 한국생활에 필요한 정보 제공
자녀생활 서비스	만 3~12세 이하 초등학생	• 인지영역: 독서코칭, 숙제지도, 발표토론 지도 • 자아 · 정서 · 사회영역: 자아 · 정서 · 사회성 발달을 위한 지도 • 문화역량강화 영역: 문화인식, 정체성 확립, 공동체 인식지도 • 시민교육영역: 기본 생활습관, 건강 및 안전, 가정생활, 진로지도

출처: 여성가족부 홈페이지(http://www.mogef.go.kr)

❑ 결혼이민자 통 · 번역 서비스 사업

결혼이민자를 위한 통 · 번역 서비스 사업에서는 전문인력을 채용하여 의사소통이 어려운 결혼이민자에게 통 · 번역 서비스를 제공한다. 서비스를 이용하려면 해당 다문화가족지원센터를 방문하거나 또는 전화 · 이메일로 신청하면 된다. 주요 서비스 내용은 다음과 같다.

- 가족생활 및 국가 간 문화차이 등 입국 초기 상담
- 결혼이민자 정착지원 및 국적 · 체류 관련 정보제공 및 사업 안내
- 임신 · 출산 · 양육 등 생활정보 안내 · 상담 및 교육과정 통역

- 가족 간 의사소통 통역
- 행정 · 사법기관, 병원, 학교 등 기관 이용 시 통 · 번역
- 위기 상황 시 긴급지원, 전화 및 이메일 통 · 번역 업무 처리

❏ 다문화가족 자녀 언어발달지원사업

언어발달지원사업은 다문화가족의 만 12세 이하의 자녀에 대한 체계적이고 전문적인 언어발달을 제공함으로써 이들이 건강한 사회구성원, 나아가 글로벌 인재로 성장할 수 있도록 지원하는 것이다. 센터에 언어발달지도사를 배치하여 센터 내에서 자체 프로그램을 운영하기도 하고 인근 보육시설(어린이집, 유치원 등)에 파견해 언어발달 진단 및 교육을 실시하기도 한다.

❏ 이중언어가족환경 조성사업

이중언어가족환경 조성사업(2014년 6개 센터 시범운영)은 가정 내에서 영유아기부터 자연스럽게 이중언어로 소통할 수 있도록 부모-자녀 이중언어 상호작용 교육, 부모교육 및 사례관리, 자조집단 등을 지원하고 있다.

② 다문화가족 생애주기별 맞춤형 서비스

여성가족부는 혼인이주자들의 이주 및 정착 단계에 따라 4단계로 구분하여 단계별 정책들을 지원하고 있다. 실제로 대부분의 사업이 초기 정착단계 혼인 이주자에게 맞춰져 있으며, 결혼이민자의 한국 사회 조기적응 및 다문화가족의 안정적인 가족생활지원과 다문화가족을 위한 가족교육 · 상담 · 문화 프로그램 등의 서비스를 제공하고 있다(〈표 11-9〉 참조).

〈표 11-9〉 다문화가족 생애주기별 맞춤형 서비스

단계		주요 내용
1단계	입국 전 결혼 준비기	• 국제결혼 과정의 인권보호와 교육 프로그램 - 국제결혼중개업 등록제 시행(2008년) - 18세 미만 및 집단 맞선 소개 금지, 국제결혼중개업 등록 시 자본금 요건(1억 원 이상) 도입(2012년) - 결혼중개업자 전문지식 및 윤리의식 향상교육 실시 - 결혼이민(예정)자 현지 사전교육 운영의 내실화
2단계	입국 초 가족 관계 형성기	• 결혼이민자의 조기적응 및 안정적 생활지원 - 한국어교육, 문화이해교육, 가족통합교육, 상담 등 종합서비스 제공 - 한국생활 정보제공: 다국어판 생활 · 정책정보 매거진(Rainbow+), 한국생활 가이드북, 소비자 정보안내 책자 발간 · 배포, 다문화가족 포털 '다누리' 운영 등 - 의사소통지원을 위한 통 · 번역 서비스 제공: 한국어가 유창한 결혼이민자가 다문화가족지원센터에서 직접 통 · 번역 서비스 제공 • 다양한 매체를 통한 한국어교육 - 집합교육: 언어별 · 수준별로 세분화된 교육 프로그램 실시 - 방문교육: 다문화가족지원센터에서 '찾아가는 서비스' 실시 - 온라인교육 - 방송교육: 방송매체를 활용한 한국어교육 실시 • 위기개입 및 가족통합교육 실시 - 가정폭력 피해 상담 · 보호를 위해 이주여성 긴급전화 및 전용쉼터, 법률구조기관 등 관련 기관 간 연계 강화 - 다문화가족지원센터 및 방문교육지도사의 남편교육 · 상담기능 강화 - 결혼이민자 · 배우자 · 시부모 · 부부관계 · 부모자녀 등 가족관계 증진을 위한 가족통합교육 추진
3단계	자녀 양육 및 정착기	• 다문화가족 자녀의 양육 · 교육지원 - 부모의 자녀 양육 능력 향상을 위해 부모교육서비스 실시 - 다문화가족 자녀 언어발달지원 - 보육시설에서 사회정서증진 프로그램 등 다문화 프로그램 실시 - 다문화가족 자녀 이중언어 역량 개발 - 어릴 때부터 이중언어 사용을 통해 글로벌 인재 육성
4단계	역량 강화기	• 다문화가족의 경제적 · 사회적 자립 지원 - 다문화가족 취업연계 및 취업기초소양교육 실시 - 통 · 번역 요원 및 다문화강사 등 결혼이민자 적합 직종 개발 - 국가별 결혼이민자 자조집단지원

출처: 여성가족부 홈페이지(http://www.mogef.go.kr)

③ 다문화가족 상담

다문화가족을 대상으로 부부 · 시부모 · 자녀문제 등 가족생활의 문제를 돕기 위해 상담의 방법을 사용한다. 다문화가족 상담서비스를 제공하는 대표적인 기관은 다누리콜센터(1577-1366)이다. 다누리콜센터는 개정된 「다문화가족지원법」(제11조의2) '다문화가족 종합정보 전화센터의 설치'에 근거하며, 365일 24시간 결혼이주여성 전문상담원이 다문화가족을 위한 긴급지원 상담 및 생활정보 제공, 갈등 해결 상담 등을 제공하고 있다. 초기 한국생활의 정착지원, 법률 생활정보를 제공하는 상담에서부터 인권 보호, 긴급위기 지원을 위한 상담이 가능하다. 상담지원은 전화상담, 면접 방문상담, 가족상담, 일대일 온라인상담(www.liveinkorea.kr) 등의 방법으로 가능하며, 총 13개 언어(베트남어, 중국어, 필리핀어, 몽골어, 러시아어, 태국어, 캄보디아어, 일본어, 우즈베키스탄어, 라오스어, 네팔어, 영어, 한국어)를 통해 번역서비스를 지원하고 있다.

[그림 11-5] 다누리콜센터 안내문

한편, 농촌진흥청은 농촌 결혼이주여성이 자국어로 상담할 수 있는 다문화가족 상담 사이트 다문화가족 상담사랑방(www.naas.go.kr)을 구축하여 온라인상담 사업을 2013년부터 운영하고 있다. 이 상담 사이트는 다문화가족의 언어소통의 어려움을 해소하고자 번역 솔루션을 활용해 영어 · 베트남어 · 캄보디아어와 한국어를 양방향으로 번역하는 기능을 갖추고 있다.

2) 다문화가족을 위한 실천

(1) 다문화가족 관련 프로그램

① 다문화가족 부모역량강화 프로그램

다문화가족 부모의 역량을 강화하기 위해서는 다문화가족 부모 스스로 다문화에 대한 올바른 인식을 가질 필요가 있으며 한 가족의 구성원으로서 갖고 있는 가치와 강점을 발견해야 한다. 또한 자신의 내적 자원과 주변 자원을 활용함으로써 부모효능감을 향상시키고 문제해결을 위한 의사소통 능력을 기르며 자기관리 능력을 길러야 할 필요가 있다(이명숙, 2011). 다문화가족의 부모 역할을 지원하는 다문화가족 부모역량강화 프로그램의 사례를 소개하면 〈표 11-10〉과 같다. 다문화가족 부모역량강화 프로그램은 총 8회기에 걸쳐서 유아기 자녀를 둔 다문화가족 부모를 대상으로 마련되었으며, '발견하기', '지지하기', '대화하기', '성장하기'와 같은 네 가지 구성요소를 중심으로 개발하였다.

〈표 11-10〉 다문화가족 부모역량강화 프로그램

구성요소	회기	목표	프로그램명	세부목표 및 내용	
발견하기	1	부모 신뢰감 증진	부모 자신의 가치발견	목표	프로그램에 대한 이해와 자신의 가치를 발견하고 존중할 수 있도록 돕는다.
				내용	• 오리엔테이션 • 욕구 찾기 • SWOT을 통한 자기 강점 발견하기 • 가족구성원의 강점 발견하기 • 강점 강화할 수 있는 방법 찾기 • 강점 기술 익히기 및 실습
	2		부모 역할의 재발견	목표	부모역할의 재발견을 통한 역량 있는 부모 자신을 발견함으로써 자신감을 갖도록 돕는다.
				내용	• 부모역할과 자녀양육에 있어서의 문화적 차이 발견 • 전통적 부모와 현대적 부모의 역할 탐색 • 자녀양육과 부모역할에 적응되는 긍정적 역할 발견
지지하기	3	부모 효능감 향상	자기지지	목표	자기강화를 통해 자존감, 자기효능감, 양육효능감 향상을 돕는다.
				내용	• 긍정의 힘으로 긍정적 자아 찾기 • 자아 보상방법 찾기 • 자기인정 및 자기강화 기술 습득 및 적용
	4		사회적 지지	목표	정서적 지원체계를 탐색하고 활용하여 가정 내 겪게 되는 어려움, 스트레스, 위기, 역경 등을 극복하도록 돕는다.
				내용	• 가족 내 구성원들의 역할 점검 및 지원방법 발견 • 주변의 자원 찾기 또는 만들기 • 멘토 되기
	5	의사소통 능력 기르기	핑퐁 의사소통하기	목표	부모자녀 및 가족관계에서의 효율적인 의사소통 능력을 기른다.

대화하기				내용	• 결혼이야기를 통해 결혼에 대한 자신의 생각과 느낌을 표현하기 • 대화를 방해하는 요인 찾기 • 효과적인 대화기술 습득하기(경청, 질문, 칭찬 등)
	6		갈등해결하기	목표	일상생활에서 경험하는 어려움 및 갈등을 살펴보고 스트레스 및 갈등을 효과적으로 해결하는 방법을 습득하도록 한다.
				내용	• 스트레스나 갈등을 경험한 것 브레인스토밍하기 • 양육 스트레스 대처하기 • 갈등 다루기 • 긍정적 관계 맺기
성장하기	7	자기 관리 능력 기르기	부모의 사명 인식하기	목표	자녀에 대한 의사결정 행동의 주체인 부모로서의 독특한 목표와 사명을 발견하여 부모로서의 자긍심을 갖고 효과적인 역할을 수행할 수 있도록 돕는다.
				내용	• 역량 있는 부모되기를 위한 목표세우기(SMART) • 부모사명서 작성 및 발표
	8		유능한 부모로 성장하기	목표	유능한 부모로 성장하기 위하여 부모되기 목표를 객관화하고 부모로서 힘이 되는 말과 행동을 통해 자기관리 능력을 함양한다.
				내용	• 주도적인 부모되기 • 시너지 활용하기 • 역량 있는 부모로서의 동기화하기

출처: 이명숙(2011). 유아기 자녀를 둔 다문화가족 부모역량강화 프로그램 구안. 한국가족복지학회, 16(3), 209-224.

② 다문화가족 자립 역량 진단

대부분의 다문화가족은 농촌에서 생활하는 경우가 많다. 농촌진흥청에서는 농촌에 거주하는 다문화가족의 자립생활을 지원하기 위해 다문화가족 상담 사이트, 다문화가족 상담 사랑방을 운영하고 있다. 특히 다문화가족의 안정적 정착과 자립 역량을 향상시키기 위한 진단표를 제작 · 배부하고 이들 가족의 자립 역량 향상을 도모하고 있다. '다문화가족 자립역량 척도'는 스스로 자립 역량을 평가할 수 있도록 구성되어 있다('부록' 참조). 이와 함께 다문화가족의 자립 향상을 위한 실천 지침이 제시되고 있는데, 여기에는 ① 자립

참고사항 다문화가족 프로그램 사례

다문화가족 자립향상 관리 실천 지침

1. 자립기능 향상에 관한 지침
- 직업훈련을 통해 취업 및 일할 기회를 찾는다.
- 실천 가능한 장·단기적인 자립 계획을 세운다.
- 컴퓨터 및 인터넷 사용법에 관해 교육받고 배운다.
- 대인관계를 향상하는 방법을 배운다.
- 의사소통 능력 및 기술을 배운다.
- 갈등관리 능력을 배운다.

2. 자립할 수 있는 자본을 확충하는 지침
- 다양한 지원금 및 자립정착금 지원제도를 적절히 활용한다.
- 직업훈련을 통해 취업 및 창업할 수 있는 기술을 습득한다.
- 자립과 관련된 다양한 사회서비스 및 지원제도에 대한 정보를 익힌다.

3. 다문화가족 자립의욕을 향상하는 지침
- 일상생활 시간표를 작성하여 시간을 효율적으로 관리한다.
- 느슨한 시간, 게으름을 유발하는 시간을 줄여 나간다.
- 타인에게 의존하려는 습성을 줄여 나간다.
- 어려운 문제에 봉착했을 때 쉽게 좌절하거나 체념하지 않는다.
- 자아존중감(self-esteem), 자기효율감을 향상하여 강한 자아상을 갖는다.
- 긍정적인 자기대화의 기회를 늘려 나간다.
- 자기결정의 가능성을 늘려 나간다.
- 빈곤세습화에 대한 불안감을 떨쳐 버린다.
- 이웃, 가까운 친인척과 적절한 관계를 유지하며 격려, 지지를 받도록 한다.

출처: 다문화가족상담 사랑방 홈페이지(http://www.naas.go.kr)

기능 향상, ② 자립할 수 있는 자본 확충 그리고 ③ 자립의욕 향상에 관한 내용이 담겨져 있다.

(2) 다문화가족 자조집단

다문화가족 자조집단은 다문화가족 간의 한국 사회 적응을 지원하는 모임이다. 자조집단은 동일한 상황에 있는 구성원 간의 모임을 통하여 상호 지지기반을 형성하여 문제 및 어려움을 잘 극복할 수 있도록 한다. 지방자치단체는 다문화가족의 심리 · 정서적 안정, 정보교류 및 사회활동 장려를 위해 다문화가족 자조집단에 대해 활동비 및 활동장소 등을 지원하고 있다. 다문화가족 자조집단은 언어 · 문화적 차이 등으로 심리 · 정서적인 불안과 조기 정착에 어려움을 겪고 있는 다문화가족에게 정보 교류 및 심리 · 정서적인 안정과 더불어 안정적으로 한국 사회에 정착할 수 있도록 기여한다. 모국에 대한 향수를 달래고 상호 유대관계 형성을 통하여 한국 사회의 적응을 돕기 위한 결혼이민자 출신국별 자조집단, 시어머니들 간의 정보공유 및 상호 간 유대관계 형성을 통하여 고부갈등을 해소하고 며느리의 한국생활 지지자로서의 역할을 다할 수 있도록 돕기 위한 시어머니 자조집단 등 다양한 성격의 모임이 있을 수 있다.

4. 다문화가족을 위한 복지방안

1) 다문화가족의 사회 적응 및 개인 역량 제고

결혼이주여성의 출신지 다변화에 따른 다문화가족 자녀의 특성 변화, 다문화자녀 수의 증가 그리고 다문화자녀의 연령 상승에 따라 학교현장에서 경험하게 될 다문화 현상은 더욱 심각해질 것으로 예측된다. 12세 미만의 아동에게만 초점이 맞춰져 있는 다문화가족 자녀지원정책은 중장기적인 관점에서 새로운 정책 사각지대를 낳을 위험성이 높다. 서구사회에서 이주자와의 갈등은 이주자보다는 그들의 자녀인 이주자 1.5세대 및 2세의 학업 이탈, 실업 및 빈곤 문제와 연관된다(이상림, 2012). 다문화가족 자녀의 사회 적응력 제고를 위해 사회경제적으로 어려운 취약 집단을 판별하여 사회심리적 적응력 및 개인 역량을 향상시키는 프로그램을 우선적으로 지원하는 정책이 필요하다.

2) 상담 개입 및 가족 프로그램 지원

다문화가족은 문화 적응, 가족갈등 스트레스 등 다양한 이유로 정서적 문제가 야기될 수 있다. 따라서 가족갈등 완화 및 가족 문제해결을 위한 전문가 상담 및 치료 등 전문서비스 제공을 통하여 가족관계를 증진시켜 나가야 한다. 다문화가족의 사회적 배경 등 개인별 특성 및 욕구에 따라 맞춤형 지원이 될 수 있는 상담 및 치료 프로그램을 활성화할 필요가 있다. 또한 다문화가족구성원 간 이해 증진을 위해 부부관계, 부모-자녀관계 정립을 위한 전문 프로그램을 지원해야 하며, 다문화 이해 및 다양한 가족에 대한 인식 제고를 위한 맞춤형 교육도 실시해야 한다.

3) 건강관리 보호서비스 강화

다문화가족은 체류 기간이 증가함에 따라 결혼이주여성의 연령 상승 현상이 나타나고 있다. 이러한 연령 상승은 만성질환의 위험 증가로 이어진다. 따라서 다문화가족 여성의 건강실태 파악과 적절한 지원 정책은 향후 건강 형평성, 장래의 질병 부담에 대처하기 위한 중요한 보건 정책 과제로 인식될 필요가 있다. 취약계층 다문화가족에게 필요한 필수적 기초 건강서비스가 사각지대 없이 제공되기 위해서는 다문화가족지원센터와 보건소가 연계하여 건강관리 보호서비스를 강화해 나가야 할 것이다(김혜련, 2013).

4) 다문화가족 통합서비스 사업 운영

다양한 특성을 가진 다문화가족을 포용하는 정책을 마련하기 위해서는 다문화가족의 변화를 전망하고 이를 반영한 새로운 다문화 정책의 모색이 필요하다. 2016년부터 건강가정지원센터 및 다문화가족지원센터 통합서비스가 실시되면서 가족센터가 운영되고 있다. 이러한 사업의 목적은 다문화가족의 안정적인 정착과 가족생활을 지원하기 위해 가족 및 자녀교육 · 상담, 통 · 번역 및 정보제공, 역량강화지원 등 종합적인 서비스를 제공하여 다문화가족의 한국 사회 조기적응 및 사회 · 경제적 자립지원을 도모하기 위함이다. 다문화가족의 복합적이고 만성적인 문제해결을 위하여 가족센터 내 · 외부자원 연계 등을 통한 맞춤형 종합서비스를 제공하는 사업이 민 · 관 협력으로 이루어져야 한다. 다문화가족 참여자를 대상으로 다문화가족 관계향상 지원, 다문화가족 이중언어 환경조성사업, 다문화가족 자녀성장지원을 위한 맞춤형 프로그램 등 기존 서비스 기관과 연계를 통해 다양하게 전개해 나가야 할 것이다.

생각해 볼 문제

1. 다문화가족의 개념과 범위에 대해 정리해 보세요.

2. 우리나라 다문화가족의 문제점에 대해 살펴보고, 이를 위한 해결방안에 대해 친구들과 함께 의견을 나눠 보세요.

3. 다문화가족의 구체적 사례를 찾아 이야기해 보고, 다문화가족을 위한 프로그램을 친구들과 함께 작성해 보세요.

4. 다문화가족을 위한 정책을 설명하고, 앞으로의 방향과 개선방안에 대해 생각해 보세요.

제12장

빈곤가족

빈곤은 인간의 생물학적 생존을 유지하는 데 필요한 최소한의 물질적 자원이 결핍된 상태로, 나아가서 문화적 또는 인간적 생활의 유지와 욕구가 결여된 상태를 포함한다. 빈곤은 우리 사회 전반에 역기능적 문제를 발생시키는 주요 원인으로 개인의 생존을 위협할 뿐 아니라 가족해체 요인으로 작용하고, 이는 다시 빈곤으로 이어지면서 빈곤의 악순환을 거듭하기도 한다. 이러한 점에서 빈곤가족의 문제해결을 위한 접근은 개인이나 가족 그리고 사회적 차원에서 모두의 노력이 반드시 필요하다. 이 장에서는 빈곤가족에 대한 이해, 실태, 정책 및 실천, 복지방안 등을 살펴봄으로써 빈곤가족에 대한 기초적 이해를 도모하고자 한다.

1. 빈곤가족에 대한 이해

1) 빈곤가족의 개념

(1) 빈곤의 정의

일반적으로 빈곤은 만성적이고 지속적인 물질적 결핍이라 정의된다. 여기서 물질적 결핍이란 자원에 대한 지배 정도가 일정 수준에 미달하고 있는 상태를 의미한다. 즉, 빈곤은 재화와 서비스를 사용할 수 있는 능력이 부족한 상태라 할 수 있다. 빈곤은 시대나 지역과 상관없이 나타나는 보편적 문제이다. 과거에 빈곤은 개인의 문제로 국한하였으나 오늘날에는 빈곤을 개인의 문제가 아닌 사회문제로 인식한다. 빈곤은 역사적으로 가장 오래된 사회문제이면서 한국 사회에서 심각한 사회문제 중 하나다. 빈곤은 폭력, 이혼, 알코올중독, 범죄, 자살 등 가정해체 및 사회의 병리 현상 요인이며, 사회통합을 저해하는 주요 원인 중 하나다. 빈곤의 개념을 보다 구체적으로 살펴보면 절대적 빈곤, 상대적 빈곤, 주관적 빈곤, 문화적 빈곤, 인간적 빈곤 그리고 사회 정책적 빈곤으로 구분할 수 있다.

- 절대적 빈곤: 인간의 생존욕구를 비롯한 최저 생활을 유지하는 데 필요한 자원이나 생계비가 절대적으로 부족한 상태 혹은 절대적 빈곤선에 미달하는 상태
- 상대적 빈곤: 동일 사회 내 다른 사람과 비교하여 소득, 교육, 기회 등의 부족 상태
- 주관적 빈곤: 자신이 욕구 충족을 위한 경제적 능력을 충분히 갖고 있지 않다고 느끼는 상태
- 문화적 빈곤: 사회의 지배문화와 다른 태도, 가치, 행동을 포함하는 빈곤문화를 형성하고, 자신들 특유의 생활양식을 이루며 생활하는 상태

• 인간적 빈곤: 소득 이외 인간적 삶의 질에 영향을 미치는 요인들이 결핍된 상태, 즉 짧은 수명, 영양실조, 높은 문맹률 등의 상태
• 사회 정책적 빈곤: 경제적 취약계층을 돕기 위한 정부나 사회단체의 정책과 프로그램에 반영되는 개념. 즉, 정부나 사회단체로부터의 공공부조를 수혜받는 경우를 의미하며, 일반적으로 「국민기초생활보장법」에 근거하여 공공부조 대상이 설정됨

〈표 12-1〉 빈곤의 유형

빈곤의 분류			개념
경제적 빈곤	객관적 빈곤	절대적 빈곤	인간이 살아가는 데 절대적으로 필요한 최소한의 자원을 충족시키지 못하는 상태
		상대적 빈곤	다른 사람들과 비교해 상대적으로 부족한 상태
	주관적 빈곤		주관적 판단에 의해 근거한 빈곤 상태
문화적 빈곤			빈곤문화 특성을 가지고 살아가는 상태
인간적 빈곤			소득 이외 인간적 삶의 질에 영향을 미치는 요인들이 결핍된 상태
사회 정책적 빈곤			공공부조 수혜 대상이 되는 상태

최근에는 빈곤과 관련하여 신빈곤(new poverty)의 개념이 등장하였다. 신빈곤은 물질적 빈곤과 아울러 문화적 소외 등의 문제를 포괄하며 과거의 노령, 실업, 장애를 기반으로 하는 전통적인 사회적 위험과는 달리 불안정한 고용, 저임금, 저기술 등의 여러 상황과 연관된 새로운 사회적 위험과 관련된다. 이는 빈곤이 재구조화됨을 의미한다. 우리나라의 빈곤에 대한 관심이 절대적 빈곤 개념에서 상대적 빈곤 개념으로 변화되고 있는데, 점차 다차원적 빈곤 개념으로 확장되는 추세라 할 수 있다(박능후, 2013). 이는 빈곤 문제를 단순한 경제적 결핍만이 아닌 사회 전반적 분야에서의 배제 또는 박탈로 보는 시각과 연관된다. 현대사회에서는 빈곤을 물질적 개념으로 제한하지

않으며, 상대적으로 느끼는 박탈감, 문화적 혜택 배제 및 접근성 부재 등 비물질적 개념을 포함하는 것으로 보는 추세이다.

(2) 빈곤가족의 정의

빈곤가족은 가족 전체 또는 가족구성원들이 인간으로 생활해 나가는 데 기본적으로 필요하다고 인정되는 자원이나 경제적 능력을 갖추지 못한 상태의 가족을 의미한다. 즉, 빈곤가족이란 실업 및 저소득, 노령, 장애 등으로 인한 경제적 어려움 때문에 기본적인 생계유지가 어려운 가족을 말한다. 우리나라의 경우 공공부조의 대상자를 중심으로 빈곤가족을 파악하는 편으로, 그동안 절대빈곤가족은 최저생계비 100% 이하인 국민기초생활보장 수급자로 선정된 가족을 의미하였다.

2015년 국민기초생활보장제도 개편으로 수급권자 선정 기준을 최저생계비가 아닌 중위소득 비율로 명시하게 되었다. 중위소득은 모든 가구를 소득 순서대로 나열할 때 중간에 있는 가구의 소득을 말한다. 급여별 새 기준은 ① 생계급여: 중위소득 30%, ② 의료급여: 중위소득 40%, ③ 주거급여: 중위소득 43%, ④ 교육급여: 중위소득 50% 등이다.

빈곤가족과 유사한 개념으로 차상위계층 가족, 취약계층 가족, 위기가족이 사용되기도 한다. 차상위계층 가족이란 국민기초생활보장 수급자에는 해당되지 않으나 경제적 어려움을 겪고 있는 계층에 속하는 가족을 의미한다. 취약계층 가족은 노동 능력 유무와 상관없이 생계, 주거, 의료, 교육, 돌봄, 문화 등 일상생활에 드는 비용보다 소득이 적거나 감당하기에 벅찬 삶을 살아가는 계층에 속하는 가족으로 주로 빈곤층, 실업층, 돌봄이 필요한 아동, 노인, 장애인 등이 속하는 가족이 해당될 수 있다(조흥식, 2013). 위기가족이란 주 소득원의 사망·가출 및 실직, 폐업, 가정폭력, 화재 등으로 생계가 위태로운 가족을 말한다. 일반적으로 빈곤가족은 인간으로서 생활해 나가는 데 필요한 최소한의 자원과 역량을 갖추지 못해 경제적 문제뿐만 아니라 심리적·정신적 및 사회적 관계 등에서 복합적 어려움에 직면할 가능성이 높다.

참고사항 최저생계비 및 기준 중위소득

- 최저생계비: 국민이 건강하고 문화적인 생활을 유지하기 위한 최소한의 비용을 의미하며, 그동안 국민기초생활보장 수급자 등 복지 대상자 선정 시 급여기준이 되는 금액으로 활용되었다.
- 기준 중위소득: 보건복지부장관이 급여의 기준 등에 활용하기 위하여 중앙생활보장위원회의 심의 · 의결을 거쳐 고시하는 국민가구소득의 중위값으로 기존 최저생계비를 대체하여 급여별 선정기준 및 생계급여 최저보장 수준에 활용된다. 2019년 기준 중위소득 및 급여별 선정기준은 다음과 같다.

〈표 12-2〉 2019년도 기준 중위소득 (단위: 원)

구분 \ 가구 규모	1인 가구	2인 가구	3인 가구	4인 가구	5인 가구	6인 가구	7인 가구
기준 중위소득	1,707,008	2,906,528	3,760,032	4,613,536	5,467,040	6,320,544	7,174,048

※ 8인 이상 가구는 7인 가구 기준 중위소득에서 6인 가구 기준 중위소득의 차액을 7인 가구 기준 중위소득에 더하여 산정

출처: 보건복지부(2019). 2019 국민기초생활보장사업안내, p. x.

〈표 12-3〉 2019년 급여별 수급자 선정기준 (단위: 원)

구분 \ 가구 규모	1인 가구	2인 가구	3인 가구	4인 가구	5인 가구	6인 가구	7인 가구
생계급여수급자 (기준 중위소득 30%)	512,102	871,958	1,128,010	1,384,061	1,640,112	1,896,163	2,152,214
의료급여수급자 (기준 중위소득 40%)	682,803	1,162,611	1,504,013	1,845,414	2,186,816	2,528,218	2,869,619
주거급여수급자 (기준 중위소득 44%)	751,084	1,278,872	1,654,414	2,029,956	2,405,498	2,781,039	3,156,580
교육급여수급자 (기준 중위소득 50%)	853,504	1,453,264	1,880,016	2,306,768	2,733,520	3,160,272	3,587,024

※ 8인 이상 가구의 급여별 선정기준: 1인 증가시마다 7인 가구 기준과 6인 가구 기준의 차이를 7인 가구 기준에 더하여 산정

출처: 보건복지부(2019). 2019 국민기초생활보장사업안내, p. x.

2) 빈곤가족의 원인 및 특성

(1) 빈곤가족의 원인

빈곤가족이 되는 원인으로 크게 개인적 원인과 사회적 원인이 있다. 빈곤가족의 개인적 원인으로는 ① 낮은 성취동기와 열망 수준, 그리고 게으름 및 의타심, ② 음주 · 도박, ③ 사회부적응 및 부양의무자의 사망 · 질병 · 장애 등이 지적될 수 있다. 빈곤가족의 사회적 원인으로는 ① 자원 또는 자본과 기술 부족, ② 소득재분배가 제대로 이루어지지 않는 사회제도, ③ 소득계층 간 불평등 심화 및 저소득층 취업기회 · 교육 기회 제한 · 저임금 등, ④ 사회보장제도 내지 사회복지 정책의 부실, ⑤ 자연재해(태풍, 해일, 지진, 화산 폭발 · 산불 등) · 인재(전쟁, 화재 등)가 해당될 수 있다.

빈곤이 사회적 · 국가적으로 중요한 이유는 빈곤 그 자체가 문제이기도 하지만 빈곤이 또 다른 많은 사회문제를 유발하기 때문이다. 더욱 문제가 되는 점은 빈곤이 세습되거나 특정 범주의 집단에게 발생하는 확률이 높다는 점이다. 취업기회 제약과 불안정한 취업, 저소득층 자녀의 교육 기회 제한 등으로 인한 빈곤의 세습화, 사회보험, 공공부조 등 사회보장정책의 미비, 심한 임금격차, 복지서비스 미흡 등으로 빈곤이 초래될 수 있다. 빈곤층의 상당수는 경제활동이 가능한 연령층임에도 질병, 장애 등의 이유로 생산활동에서 벗어나 있다. 또한 범죄나 약물 오 · 남용 등의 비생산적 행위로 빈곤은 자신뿐만 아니라 타인의 정상적인 활동을 저해시키는 결과를 가져오기도 한다. 이는 정치, 경제, 사회의 제반 영역에서 사회비용을 증가시키는 결과를 초래할 수 있다(박철현, 2018; 이두호, 1992).

이상과 같은 빈곤의 원인에 대한 구분은 어디까지나 분석적으로 가능할 뿐, 실제에서는 여러 요인이 복합적으로 작용한다. 다시 말하면, 한 개인이나 가정이 빈곤할 수밖에 없는 개인적 결함을 가지고 있다 하더라도 이에 대한 사회적 지원체계가 잘 마련되어 있다면 빈곤의 굴레에서 벗어날 수 있을 것이며, 이와 반대로 사회구조적 결함 속에서는 근면하고 성실한 사람도 빈곤에 처할 수밖에 없는 위험에 직면할 수 있다(박철현, 2018).

(2) 빈곤가족의 특성

빈곤가족의 특성은 인구사회학적, 가족관계적, 심리사회적 측면에서 살펴볼 수 있다.

① 인구사회학적 특성

빈곤의 인구사회적 특성으로 1~2인 가구의 빈곤화, 빈곤의 고령화, 빈곤의 여성화, 만성적 건강 문제, 낮은 교육 수준과 불안정한 직업 등이 제시될 수 있다.

- 1~2인 가구의 빈곤화: 빈곤가구 중 1~2인 가구의 비율이 높은 편이다. 한국개발연구원(KDI)의 보고서 '가구 유형 변화에 대한 대응방안'(김영철, 김연수, 김인경, 2011)에 따르면, 2010년 1인당 소득이 중위소득의 50% 이하인 빈곤인구 중 1인 가구 비율은 23.6%, 2인 가구 31.3%였다. 60대 이상 노인층은 정년 후 재취업기회가 한정되어 있으며, 청년층은 고용불안 및 비정규직 문제로 인해 '빈곤독신'인 경우가 많은 편이다. 또한 50대 1인 가구는 조기정년제로 직장을 일찍 떠나는 경우가 많고, 경제적으로 든든한 기반이 없을 경우 자영업으로 성공하기 어려워 빈곤층으로 추락하는 경우가 빈번히 발생한다.
- 빈곤의 고령화: 빈곤의 고령화란 노인가족이 빈곤에 처할 가능성이 높음을 의미한다. 빈곤가족 내 노인가구주가 많은 편이며 특히 독거노인가구 및 노인부부가구의 빈곤가능성이 높은 편이다.
- 빈곤의 여성화: 빈곤의 여성화란 빈곤이 급속도로 여성의 문제가 되는 것으로 여성의 빈곤 집중화를 의미한다. 이혼, 미혼모, 배우자 사망 등으로 빈곤가족에는 여성가구주가 많은 편이다. 한부모가족의 경우 취업을 통한 소득 확보가 쉽지 않으며 이혼 후 비양육자로부터 양육비를

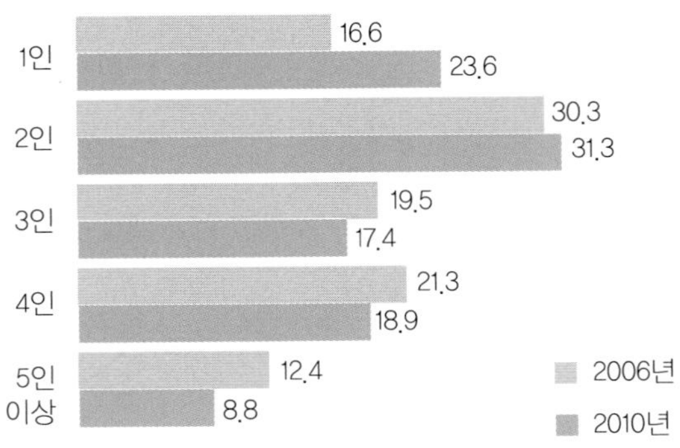

[그림 12-1] 가구원수별 빈곤율 비중

출처: 김영철, 김연수, 김인경(2011). 가구 유형 변화에 대한 대응방안, p. 14.

지급받는 비율도 낮아 빈곤에서 벗어나기 어렵다. 여성가구주 가족의 빈곤율이 높은 원인은 여성의 경제활동 참가율이 낮고 경제활동을 하더라도 임금, 직종, 고용 면에서의 성차별로 인해 경제활동 여건이 열악하기 때문이다.

- 만성적 건강 문제: 가족구성원의 만성적 질병과 장애는 가족의 기능 약화를 초래한다. 일반적으로 만성적 건강 문제는 가족의 경제적 · 심리적 자원 고갈을 가져오기 쉽다.
- 낮은 교육 수준과 불안정한 직업: 빈곤가족의 가족구성원, 특히 가구주는 교육 수준이 낮은 편으로 이는 불안정한 직업, 즉 일일고용, 임시고용 등으로 사회보험 혜택이 제외되는 열악한 상황에 처하기 쉽다.

② 가족관계적 특성

빈곤가족은 경제 상황이 어려운 가운데 부모의 이혼, 별거, 가출, 자녀양육 포기, 가족구성원 자살, 폭력, 방임 등이 나타나 가족해체를 경험할 수 있다. 빈곤가족은 가족 내 의사소통이 불분명하며 가족관계가 불만족스러운 편으로 이는 부부관계 및 부모-자녀관계에 있어 폭력과 방임, 불화로 이어지는 경우가 적지 않다. 자녀양육에 있어서 훈육이 일관적이지 못하고 위협적이고 강압적인 경우가 종종 나타나 부모-자녀관계가 원만하지 않은 편이다.

③ **심리사회적 특성**

개인과 가족이 빈곤화되는 과정에서 직면하게 되는 스트레스 상황은 가족폭력, 자살, 알코올, 기타 약물 중독 등 복합적 문제와 더불어 가족과 사회에 부정적 영향을 미친다. 일반적으로 빈곤가족구성원은 심리 · 사회적으로 위축되어 열등감을 지니며 자아존중감이 결여되기 쉽다. 또한 공포, 불안, 대인 기피, 우울, 적대감, 강박증 등을 지니기 쉽다. 특히 빈곤가족의 자녀는 부정적 정서발달, 문제행동, 또래갈등, 학업 부진, 비행, 폭력 등에 처하기 쉬운 편으로 정상적 발달과업을 이루는 데 어려움이 많다.

2. 빈곤가족의 실태

1) 빈곤가족의 현황

우리나라의 빈곤가족은 국민기초생활보장제도의 수급 혜택을 받는 가족이 대표적이라 할 수 있다. 그동안 국민기초생활보장제도 수급 기준으로 최저생계비가 적용되어 왔으며, 2015년 하반기부터 이의 기준이 중위소득으로 변경되었다. 2019년 4인 가구 기준 중위소득은 4,614천 원으로, 이는 기준 중위소득 적용을 시작한 2015년 4인 가구 기준 중위소득(4,223천 원)보다 391천 원 증가하였다.

2018년 국민기초생활보장 수급자는 약 174만 명(125만 5천 가구)으로, 총인구 대비 국민기초생활보장 수급자 비율인 수급률은 3.4%였다. 수급자의 종류별로 보면 일반수급자가 94.8%이며, 시설수급자는 5.2%에 해당되었다.

〈표 12-4〉 수급자 수와 구성비율(2018년) (단위: 명, 가구, %)

구분	계	일반수급자	시설수급자
수급자 수	1,743,690	1,653,781	89,909
(구성비)	(100)	(94.8)	(5.2)
가구 수	1,255,084*	1,165,175	89,909
(구성비)	(100)	(92.8)	(7.2)

*총 가구수는 시설수급자 포함

출처: 보건복지부(2019a). 2018 국민기초생활보장 수급자 현황, p.19.

2018년 국민기초생활수급자의 가구원 수별 현황을 살펴보면 과반수 이상이 1인 가구(66.2%)이며, 다음으로 2인 가구(17.7%), 3인 가구(9.1%) 순이었다. 수급가구 중에서 1인 가구의 빈곤율은 2005년에 53.9%, 2010년에 62.5%, 2018년에 66.2%로 지속적으로 증가하는 추세이다.

〈표 12-5〉 국민기초생활보장 수급자의 가구원 수별 현황 (단위: 가구, %)

연도	총 가구	1인 가구	2인 가구	3인 가구	4인 가구	5인 가구	8인 이상 가구
2005	809,745	436,181	161,044	108,067	55,050	16,444	5,959
2010	878,799	549,341	163,983	99,248	46,424	14,373	5,430
2018	1,165,175 (100%)	771,235 (66.2%)	205,863 (17.7%)	105,577 (9.1%)	53,982 (4.6%)	20,803 (1.8%)	7,715 (0.7%)

출처: 보건복지부(2006, 2011). 보건복지통계연보.
보건복지부(2019a). 2018 국민기초생활보장 수급자 현황, p. 27.

국민기초생활보장 수급자의 가구 유형을 살펴보면 대부분 노인, 장애인, 모자·부자 가구, 기타(미혼부모세대, 조손세대) 가구, 소녀소녀가장 가구 등 취약계층 가구가 70.8%이며, 일반 가구는 29.2%였다. 우리나라 빈곤가구는 1인 가구와 단독세대 가구가 높은 비율을 차지하고 있는데, 취약계층 가구 중 수급자 비율은 노인 가구가 29.0%로 가장 많은 편이며, 장애인 가구는

〈표 12-6〉 국민기초생활보장 수급자의 가구유형별 현황

(단위: 가구, %)

구분	계	노인 가구	소년·소녀 가장 가구	모자 가구	부자 가구	장애인 가구	일반 가구	기타
가구 수	1,165,175	337,788	2,972	135,862	38,095	211,010	340,597	98,851
구성비	100	29.0	0.3	11.7	3.3	18.1	29.2	8.5

*기타: 미혼부모세대, 조손세대 등

출처: 보건복지부(2019a). 2018년 국민기초생활보장 수급자 현황, p. 28.

18.1%에 해당되었다. 또한 모자 가구(11.7%)의 수급율이 부자 가구(3.3%)보다 3.5배 높은 편이었다.

2) 빈곤가족의 문제

빈곤가족의 삶은 경제적 결핍 상태에 국한되지 않고 보다 포괄적 의미의 사회적 배제의 삶이라 할 수 있다. 이들은 경제적 가난뿐만 아니라 다른 이들과 동등한 수준의 삶을 영위하지 못하고 소외되는 생활을 하기 쉽다. 또한 열악한 주거환경 속에서 건강을 상실한 상태로 공평한 교육 혜택을 받지 못하면서 고독하게 살아갈 가능성이 높은 편이다. 빈곤가족의 문제로는 일반적으로 기본적 욕구 충족을 위협하는 경제적 어려움, 자녀양육 및 교육 문제, 만성적 건강질환, 주거의 불안정성, 가족관계 문제 등을 들 수 있다.

(1) 경제적 어려움

빈곤가족이 경제적으로 어려움을 겪는 이유는 다양할 수 있으나 그중 가장 중요한 요인은 실업을 포함한 불안정한 고용 상태다. 대체로 빈곤가족은 가족구성원이 실업 상태이거나 비공식적 직업군에 속하는 비율이 높은 편이다. 저소득층이 취업하는 형태는 건설업 등의 임시직, 일용직으로 이들 대부분은 일자리의 질이 낮고 불안정한 취업 상태에 있으며 낮은 소득과 직결되어 있다. 또한 임시직과 일용직 등 비정규직 고용에서는 적절한 사회보장 혜

택이 부족하여 가족생활 전반에 대한 안전망이 제공되지 않는다. 결국 불안정한 고용으로 실업과 취업을 반복하게 되면서 소득이 불안정해질 수밖에 없고 실업이나 사고나 고령에 의해 노동력을 완전히 상실할 경우 가족은 절대적 빈곤 상태가 되기 쉽다(최선화 외, 2018).

최근 들어 이혼율 증가와 더불어 여성 한부모가족에게 빈곤이 두드러지며 이들은 기본적 생계유지 이외 자녀양육을 위한 비용 부담으로 경제적 어려움을 겪기 쉽다. 부모의 빈곤이 자녀에게 이전되는 빈곤 대물림은 사회적으로 심각한 현상이다. 대다수 빈곤가족의 경우 적절한 사회적 개입이 주어지지 않는다면 경제적 빈곤과 심리사회적 결핍 등으로 인해 자녀양육이나 교육 기회의 부족, 역량강화의 어려움을 겪을 수 있는데, 스스로 빈곤을 극복하고 벗어나는 데 한계를 지닌다.

(2) 자녀양육 및 교육 문제

빈곤가족의 아동은 낮은 소득 및 열악한 환경으로 충분한 보호를 받기가 어렵다. 빈곤가족의 부모는 생계를 위해 맞벌이를 하는 경우가 많으나 보육시설을 활용할 수 없는 영유아의 경우 열악하고 위험한 주거환경에 방치되기 쉽다. 이로 인해 자녀 방임이나 유기가 발생하기도 한다. 또한 빈곤에 따른 영양결핍 및 불균형, 부모의 보호 부재로 인한 문화적 경험의 실조, 학습부진, 부모의 부적절한 자녀양육 방식으로 인한 부정적 의사소통 문제가 생길 수 있다. 빈곤이 아동에게 미치는 영향은 발육부진 등과 같은 신체발달 문제에서부터 지능저하, 발달지체 등 인지발달 문제, 우울과 불안 등 내면화된 문제, 공격성, 주의력결핍 과잉행동장애, 반사회적 행동에 이르기까지 광범위하다. 빈곤가족 자녀는 각종 교육자료에 접할 기회가 제한되어 학습 부진을 경험하기 쉽다. 또한 교복, 참고서, 학용품, 가방 등의 구입 비용 역시 부담으로 이들 가족이 감당하기는 쉽지 않은 상황이다. 또한 빈곤가족 자녀는 학비 부담으로 상급학교 진학을 포기하는 경우가 빈번히 발생하는데, 이와 같이 적절한 교육을 받지 못해 안정된 취업기회를 제한받는다. 그리하여 빈곤가족 자녀는 사회부적응, 삶의 좌절을 겪으면서 비행화되는 경향이 나타나기도 한다.

(3) 만성적 건강질환

빈곤가족은 일반가족에 비하여 만성적 질병률이 높은 편이다. 대다수 빈곤가족은 부적절한 주택, 영양부족, 비위생적 식수 관리 등으로 건강 악화를 초래한다. 또한 빈곤가구주는 작업 환경이 열악하여 재해나 사고에 빈번히 노출되고 저임금과 고용불안, 차별 등으로 스트레스가 높다. 이러한 만성적 건강질환은 현실적으로 높은 의료비 부담을 초래하며 이들 가족을 더욱 빈곤하게 한다.

빈곤으로 인해 가족구성원에게 건강상 문제가 발생하면, 적절한 치료와 서비스를 받아야 함에도 빈곤가족은 의료에 대한 접근성이 떨어지기 때문에 건강 악화가 가속화된다. 특히 가구주가 질병을 앓고 있어 노동 능력을 상실하게 되면, 이들 가족의 경제적 어려움은 가중되기 쉽다. 실직으로 인한 소득 감소가 질병이나 건강 악화를 가져올 수 있으며 반대로 개인적 질병이나 장애가 실직을 유발하여 빈곤 상황이 초래되기도 한다.

(4) 주거의 불안정성

빈곤가족이 살고 있는 거주 지역은 낮은 상수도 보급, 불충분한 난방시설, 쓰레기 수거문제 등 위생상 문제가 심각한 편인데(최경석 외, 2006), 외환위기 이후 소득에 따른 주거 수준 격차가 더욱 벌어지고 있다(이태진, 2005). 빈곤가족은 무주택 상태가 많은 편으로, 주로 전세, 월세, 무료임대, 비거주용 형태의 주거에 살고 있다. 자가소유의 경우 대부분 매우 낮은 시세의 허름한 주택인 경우가 대부분이다.

(5) 가족관계 문제

빈곤가족에서 발생하는 가족 문제 특성은 다양할 뿐 아니라 복합적이다.

빈곤가족은 불충분한 소득으로 생활고에 시달리고, 취업과 가사, 자녀양육 등의 역할 과중이 육체적 · 정신적 피로를 누적시킬 뿐만 아니라 가족해체의 원인이 되기도 한다(권진숙 외, 2006). 빈곤가족은 가족체계의 경계가 불안정한 편으로 하위체계 간 경계가 밀착 내지 유리되는 경우가 많으며, 과잉보호, 소외, 갈등이 발생하기도 한다. 또한 효율적인 의사소통의 부재로 가족구성원 간에 적절한 상호작용이 원활하지 못한 편이다. 빈곤으로 인해 부부갈등, 가족구성원 간 스트레스, 우울, 자아존중감 상실, 가족과 친구에게서 멀어지는 등 부정적 경험을 겪기 쉽다. 빈곤가족구성원의 심리적 불안과 부담감은 폭력, 알코올 문제로 이어짐으로써 가족 간 갈등과 해체 등 가족역동에 변화를 초래하기도 한다.

3. 빈곤가족의 정책 및 실천

1) 빈곤가족 관련 정책

(1) 빈곤가족지원 관련 법

빈곤가족지원을 위한 법적 근거는 「국민기초생활보장법」 및 「의료급여법」이 대표적이다. 「국민기초생활보장법」은 생활이 어려운 사람에게 필요한 급여를 실시하여 이들의 최저생활을 보장하고 자활을 돕는 것을 목적으로 한다. 「의료급여법」은 생활이 어려운 자에게 필요한 급여를 행하여 이들의 최저생활을 보장하고 자활을 조성하는 것을 목적으로 한다. 이 외에도 「긴급복지지원법」, 「기초연금법」, 「장애인연금법」, 「주거급여법」 등이 빈곤가족지원과 관련된다. 「긴급복지지원법」은 생계곤란 등의 위기 상황에 처하여 도움이 필요한 사람을 신속하게 지원함으로써 이들이 위기 상황에서 벗어나 건강하고 인간다운 생활을 영위하게 함을 목적으로 하고 있다. 「기초연금법」은 노인에게 기초연금을 지급하여 안정적인 소득 기반을 제공함으로써 노인의 생활 안정을 지원하고 복지를 증진함을 목적으로 한다. 그리고 「장애인연금법」은 장애로 인하여 생활이 어려운 중증장애인에게 장애인연금을 지급함으로써 중증장애인의 생활안정지원과 복지증진 및 사회통합을 도모하는 데 이바지함을 목적으로 한다. 「주거급여법」은 생활이 어려운 사람에게 주거급여를 실시하여 국민의 주거 안정과 주거 수준 향상에 이바지함을 목적으로 한다.

(2) 빈곤가족 정책 내용

① 국민기초생활보장제도

우리나라에서 빈곤가족에 대한 객관적 규정으로 국민기초생활보장 수급자를 선정하고 있다. 국민기초생활보장제도는 1997년 이후 경제위기, 구조조정에 따른 대량 실업으로 근로 능력이 있는 빈곤인구가 급증하고 자살, 노숙자 증가, 가정해체 등 사회문제가 확대됨에 따라 근로 능력에 상관없이 최저생계비 이하 저소득층 기초생활을 국가가 보장할 필요성 속에서 도입되었다. 2000년 이 제도가 처음 실시될 당시 '나라가 가난을 구제하는' 선진적 제도로 평가됐으나 시행 과정에서 여러 문제점이 노출되었다.

그동안 국민기초생활보장제도는 최저생계비를 기준으로, 최저생계비 기준에 미치지 못하는 사람만을 대상으로 지원이 이루어졌다. 국민기초생활수급제도는 한 번 지원 대상에 선정되면 생계, 주거, 의료, 교육, 자활, 출산, 장례급여의 모든 급여를 받지만 수급 대상에서 탈락하면 모든 지원이 끊기는 '전부 아니면 전무(All or Nothing)' 구조로, 중복 · 과다 지급 논란과 함께 탈락 시 충격과 후유증도 컸다. 선정기준도 엄격해 일정 소득이 있는 자녀가 있으면 급여 대상에서 제외되었다.

정부는 이러한 한계점을 극복하여 지원이 필요한 사람에게 맞춤형 지원을 할 수 있는 보다 튼튼하고 촘촘한 사회 안정망을 구축하려는 등 제도적인 변화를 도모하였다. 기존의 단일한 최저생계비 기준의 통합급여 제도를 개편하여, 생계 · 주거 · 의료 · 교육 등 급여별 특성을 고려하여 지원 대상자 선정기준과 지원 수준을 다층화하였다. 아울러 전체 국민의 생활수준 향상 및 상대적 빈곤 관점을 고려한 지원이 가능하도록 지원기준에 중위소득(전체가구를 소득 순으로 순위를 매긴 다음, 한가운데에 해당하는 가구의 소득수준)을 반영하였다. 2015년 7월 국민기초생활보장제도 개편 당시 수급자 수(134만 명 → 210만 명) 및 가구당 월 평균급여액(월 42.3만원 → 월 47.2만원)의 지원 확대 방안이 실행되었다.

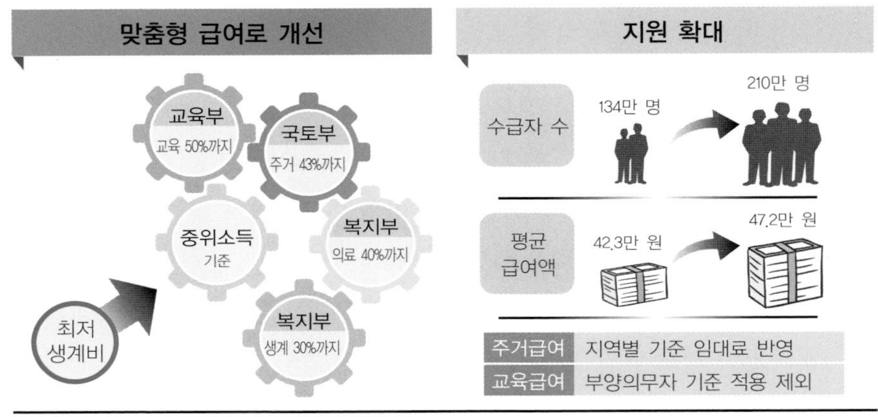

[그림 12-2] 국민기초생활보장제도 개편방안

출처: 보건복지부(2015). 2015 보건복지부 업무계획, p. 4.

② 자활지원

자활지원은 근로 능력이 있는 수급자에게 자활에 필요한 사업에 참여할 것을 조건으로 생계급여를 실시하여, 체계적인 자활지원서비스와 각종 자활사업 참여 기회를 제공하여 자활 능력 배양 및 빈곤 탈피를 유도하도록 한다. 조건부 수급자가 비취업 대상자일 경우 취로형, 공익형, 시장형 자활근로사업으로 구분하여 자활센터 등을 통하여 자활사업에 참여할 수 있다. 보건복지부는 자활공동체, 자활근로, 지역봉사, 재활사업, 창업지원 프로그램 등을 지원하고 있다. 자활공동체는 개인 혹은 공동체 창업을 통해 자활이 가능하다고 판단되는 장년층을 대상으로 하는 사업으로, 복지서비스 용역사업, 청소, 시설관리용역업, 재활용, 봉제 등 공동작업장 지원사업 등이 있다. 자활근로는 노동시장에서 취업이 곤란한 장년층을 대상으로 공동창업을 위한 기초 능력을 배양함을 목적으로 하는데, 대표적인 예로 집수리, 간병도우미사업 등이 있다. 지역봉사와 재활사업은 근로 의욕 고취 및 유지를 목적으로 하는데 지속적 근로활동이 어려운 장년층이나 근로 의욕이 현저히 낮은 계층을 대상으로 한다.

빈곤가족이 취업 대상자일 경우 고용노동부 지원의 구직활동, 자활인턴, 창업지원, 지자체 공공근로에 참여할 수 있다. 취업장려서비스로는 구직활동지원 프로그램이 실시되는데, 자활직업훈련, 취업알선 및 구직활동지원 등의 프로그램이 운영되고 있다.

③ 기초의료보장

빈곤가족을 위한 건강지원서비스의 목적은 의료서비스의 접근성을 높이는 데 있다. 의료급여는 기초의료보장이라 할 수 있는데 현재는 1종 및 2종으로 구분된다. 1종 의료급여 수급권자는 본인부담이 없는 편(입원 없음, 외래 1,000~2000원)이나, 2종 의료급여 수급권자는 일부 본인부담금(입원 10%, 외래 1,000원~15%)이 있다.

〈표 12-7〉 의료급여 수급권자 유형

1종	2종
• 국민기초생활보장 수급자(근로무능력 세대) • 이재민, 의사상자 및 가족/유족, 국내입양아동(18세 미만), 독립유공자, 국가유공자, 보훈 대상자 및 그 가족, 국가무형문화재 보유자 및 가족, 북한이탈주민과 가족, 5 · 18민주화운동 관련자 및 가족, 노숙인, 무연고자, 난민	• 국민기초생활보장 수급권자(18세 이상 64세 이하 근로 능력세대)

출처: 법제처(http://www.law.go.kr)

④ 주거지원

국민기초생활보장제도의 주거급여는 일정 금액을 현금으로 지급하며, 가족구성원 수에 따라 차등 지급한다. 주택전세금 융자, 주택임대보조금 비용 보조, 주택증서 제공, 공공임대주택 임대, 주거환경개선 지원 등이 이에 포함된다. 영구임대주택은 저소득층 주택복지 차원에서 이루어진 제도이나 건설 당시 취지와 달리 사회적 낙인, 소외 등의 문제가 나타났다. 빈곤가족의 열악한 주거시설, 주택 유지 및 관리, 주택가 비위생 등의 문제를 해결하기 위해 다양한 주거복지지원이 필요하다.

⑤ 긴급복지지원

긴급복지지원제도는 소득, 재산 및 부양의무자 기준 등으로 인하여 기존의 기초생활보장제도로는 보호받을 수 없는 저소득층이 생계곤란 등 위기상황에 내몰린 경우, 가정해체나 만성적 빈곤 등을 방지하기 위하여 정부가 일시적으로 신속하게 지원하는 제도이다. 긴급복지제도의 지원 종류를 보면 금전 · 현물지원 및 민간기관 · 단체 연계지원 등이 있다. 금전 · 현물 지원의 경우 위기 상황 주급여(생계, 의료, 주거, 복지시설 이용) 및 부가급여(교육, 그 밖의 지원)가 있다. 민간기관 · 단체 연계지원은 민간의 긴급지원프로그램 연계 및 상담 등 기타 지원이 있다.

〈표 12-8〉 긴급복지지원 내용

종류			지원 내용	최대 횟수
금전 · 현물지원	위기 상황 주급여 ①	생계	• 식료품비, 의복비 등 1개월 생계유지비	6회
		의료	• 각종 검사, 치료 등 의료서비스 지원 • 300만 원 이내(본인부담금 및 비급여항목)	2회
		주거	• 국가 · 지자체 소유 임시거소 제공 또는 타인 소유의 임시거소 제공 - 제공자에게 거소 사용비용지원	12회
		복지시설 이용	• 사회복지시설 입소 또는 이용서비스 제공 - 시설운영자에게 입소 또는 이용비용 지급	6회

금전·현물지원	부가급여 ②	교육	• 초·중·고등학생 중 수업료 등이 필요하다고 인정되는 사람에게 학비지원	2회(4회)
		그 밖의 지원	• 위기 사유 발생으로 생계유지가 곤란한 자에게 지원 - 동절기(10~3월) 연료비: 9만 8천 원/월 - 해산비(60만 원)·장제비(75만 원) - 전기요금(50만 원이내): 각 1회	1회 (연료비 6회)
민간기관·단체 연계 지원 등			• 사회복지공동모금회, 대한적십자사 등 민간 프로그램으로 연계 • 상담 등 기타 지원	횟수 제한 없음

출처: 보건복지부 홈페이지(http://www.mohw.go.kr)

⑥ 빈곤가족 자녀교육지원

일반적으로 빈곤가족은 부모의 소득활동이나 가정결손 등의 이유로 자녀에 대한 정상적 보호가 어려워 세대를 이어 빈곤이 대물림될 가능성이 높다. 빈곤가족 자녀는 교육 기회가 제한되어 학습 부진을 경험하기 쉽고 학비 조달의 어려움 때문에 학업을 중단하거나 상급학교 진학을 포기하는 경우가 적지 않다. 정부는 드림스타트, 지역아동센터, 교육복지우선지원사업 등을 통해 빈곤가족 자녀의 교육을 지원하고 있다.

- **드림스타트**: 드림스타트는 취약계층 아동에게 맞춤형 통합서비스를 제공하여 아동의 건강한 성장과 발달을 도모하고 공평한 출발기회를 보장함으로써 건강하고 행복한 사회구성원으로 성장할 수 있도록 지원하는 사업이다. 0~만 12세(초등학교 재학아동)를 대상으로 하고 있으며 국민기초수급 및 차상위계층 가정, 법정 한부모가정(조손 가정 포함), 학대 및 성폭력 피해아동 등에 대하여는 우선 지원을 원칙으로 한다.
- **지역아동센터**: 지역아동센터는 지역사회 내 보호를 필요로 하는 지역사회 아동의 건전 육성을 위하여 종합적인 아동복지서비스를 제공하는 시설이다. 아동 보호(안전한 보호, 급식 등), 교육기능(일상생활 지도, 학

습 능력 제고 등), 정서적 지원(상담, 가족지원), 문화서비스(체험활동, 공연) 등으로 지역사회 내 아동돌봄에 대한 사전 예방적 기능 및 사후 연계를 제공하는 역할을 수행한다.

- 교육복지우선 지원사업: 교육복지우선 지원사업은 2003년 시작된 교육복지투자우선지역 지원사업의 취지와 성과를 계승한 사업으로 2011년 법적 기반을 갖추면서 안정적이고 지속적 사업 운영을 하게 되었다. 이 사업의 주요 목적은 교육취약 아동·청소년의 교육적 성장 도모에 있으며, 이를 위하여 학교가 중심이 되는 지역공동체 구축을 통해 학습, 문화·체험, 심리·복지 등을 통합적으로 지원하고자 함에 있다.
- 기타: 2015년부터 방과 후 학교 자유수강권 지원 대상 및 지원액이 확대 시행되고 있다. 2016년부터 초·중·고 학생 교육정보화 지원을 시행하여 컴퓨터 및 인터넷 통신 비용이 지원되었는데, 일부 지자체에서 지속적으로 시행하고 있다. 이와 더불어 빈곤가족 아동이 접할 수 있는 학대, 부적응, 가족해체, 비행 및 범죄 등에 대한 예방 차원의 개입과 상담 프로그램이 확대되고 있으며, 학교사회복지사업이 점차 제도화되는 추세이다.

2) 빈곤가족을 위한 실천

빈곤가족은 경제적 문제와 함께 가족 간 정서적·심리적 문제가 복합적으로 나타나기 쉽다. 특히 상대적 박탈감과 생활만족도가 낮은 편으로 긴장과 갈등이 내재되어 있는 경우가 많아 이러한 욕구를 해결할 수 있는 대인서비스를 제공하는 것이 필요하다. 가족관계나 구조에서 오는 문제를 해소하고 구성원 간 관계를 원만히 하여 가족 내 생활에서 응집력을 가질 수 있도록 하며, 가족구성원 스스로가 문제를 해결하도록 역량강화(임파워먼트) 기술과 의지를 배양해 나가도록 하는 것이 바람직하다. 실천현장에서 빈곤가족을 위한 기본적 접근 방법으로 강점 중심 시각, 현실적 개입 목표 설정, 자원개발과 팀 접근이 필요하다.

- 강점 중심 시각: 문제해결에만 초점을 맞춰 원조하기보다 빈곤가족이 가진 강점을 최대한 파악하고, 강점을 문제해결의 자원으로 적극 활용함으로써 자긍심과 희망을 고취하도록 돕는다.
- 현실적 개입 목표 설정: 빈곤가족의 변화는 단기간에 일회적으로 나타나는 간단한 일이 아니며 사회복지사의 개인적 능력으로 해결하기 어려운 경우가 적지 않다. 경제적 문제를 해결함에 있어 제도적 개선 및 직접적인 지원 없이는 어려운 상황일 수 있다. 또한 부모의 개인적 문제행동에 따른 가족갈등 또는 폭력의 악순환을 경험하는 경우, 우선적으로 생존과 안전 등 신변보호를 위한 위기개입 목표와 행동 변화 등의 장기개입 목표를 현실적으로 설정하는 것이 중요하다.
- 자원개발과 팀 접근: 기관과 사회복지사의 능력 그리고 자원만으로는 빈곤가족의 권리옹호와 복지를 위해 일하는 것이 쉽지 않다. 훈련된 자원봉사자뿐 아니라 자조집단을 이끌어 갈 리더 개발, 지역사회 내 관련된 자원 네트워크 개발 등이 필요한데, 이들과 팀으로 적극적으로 협력하여 일할 수 있는 역량이 요구된다.

빈곤가족의 경직된 관계를 회복하고 가족규칙을 변화시키기 위해 사회복지사는 가족구성원 간 역할 규칙에 대해 논의함으로 가족 내 잘못된 규칙 구조를 개선할 수 있도록 지원해야 한다. 빈곤가족은 여러 어려움에 직면할 가능성이 높은 편이다. 빈곤가족 내 부부간 갈등이 심해지는 경우 가족해체에 이를 수 있는데, 이에 부부관계 향상을 위한 부부상담, 가족치료 등을 제공하는 것이 바람직하다. 또한 빈곤가족의 사회·정서적 기능을 강화하기 위해 자조집단을 형성·지원하며, 가족치료 및 집단 프로그램 등을 실시하여 빈곤가족의 어려운 문제를 완화시키고 이들 가족의 결속력을 강화시키도록 한다.

참고사항 빈곤가족 프로그램 사례

■ 대구종합사회복지관 빈곤가족 관계증진 프로그램

• 목적: 경제적인 이유와 가족구조적인 문제로 경제, 심리, 정서적으로 어려움을 겪고 있는 결손빈곤가정 아동 및 가족을 대상으로 생존, 보호, 발달지원서비스와 다양한 가족참여 프로그램을 통하여 가족 역량을 강화하여 건강한 삶을 살아가도록 함

• 대상: 초등학생 1~3학년 아동을 양육하고 있는 결손빈곤가족

세부 프로그램	세부내용 및 수행방법
가족관계 증진 프로그램	연 10회 가족, 아동을 대상으로 놀이치료 프로그램에 참여함으로써 부모자녀 간의 의사소통 향상 및 가족관계를 증진시켜 건강한 삶을 살도록 도움
부모교육	부모교육(2회기)을 통해 양육태도향상 및 부모역량을 강화하고자 함
아동 웃음치료	웃음치료 프로그램(2회기)을 통해 대인관계에 대한 이해, 올바른 인성을 함양하고자 함
가족 문화체험	연 2회 아동이 문화체험에 참여함으로써 집, 지역사회를 벗어나 새로운 공간에서 내외적 스트레스를 줄여 심신의 긴장을 풀고 가족애를 다지는 시간을 가짐
가족 여름캠프	일상에서 벗어나 자연친화적인 활동을 통해 심신을 이완하고 가족애를 다짐
가족파티	관계 증진 프로그램을 통해 이루어 낸 성과를 함께 나눔으로써 한 해를 뜻깊게 마무리함
간담회	참여 아동의 각 학교별 교육복지사와의 간담회를 연 2회 가짐으로써 서비스를 점검하고 평가함

출처: 대구종합사회복지관 홈페이지(http://www.childfund-daegu.or.kr)

4. 빈곤가족을 위한 복지방안

1) 빈곤가족의 자립지원서비스 확대

빈곤가족에게는 다양한 경제적 도움이 되는 소득지원이 필요하다. 빈곤가족이 경제적 어려움에서 벗어나기 위해 경제 활성화, 일자리 창출, 직무 분할, 민간기업에 대한 채용보조금 지급, 저생산성 근로자나 미취업자를 위한 직업훈련 및 재훈련 강화, 최저임금 현실화 등이 이루어져야 한다. 빈곤가족의 일자리 욕구를 구체적으로 파악하여 적합직종을 개발하고 우선고용을 하는 것 등이 필요하며 지역사회 내 이들 인력을 위한 산업체 구인처 등과의 유기적 연계, 지속적 사후 관리 등이 필요하다.

빈곤계층은 교육 수준이 낮고 여성가구주가 많아 소득 수준이 낮아지는 경우가 적지 않기에 취업을 비롯하여 창업지원에 대한 정책적인 노력이 필요하다. 이를 위해 자활기관에서 활용 가능한 효과적인 자활지원 프로그램의 개발과 보급이 시급하다. 또한 저소득층 소득에 대한 근로소득공제 확대가 요구되는데, 혁신적 세제개혁은 가족빈곤 상태를 완화시키는 해결책이 될 수 있다. 채무가 과중한 경우 개인파산, 면책, 채무조정을 고려할 수 있으며, 비수급 빈곤층 등 차상위계층에 대하여 지속적 상담 · 후원물품지원 등 서비스 연계가 이루어져야 한다. 이 외에도 저소득층 금융교육, 금융재무 컨설팅, 자활교육의 내실화 등이 필요하다.

2) 빈곤가족에 대한 역량 강화

(1) 사례관리 등 가족지원서비스 확충

빈곤 문제는 가족에게 생계 위험뿐만 아니라 가족관계 악화, 자녀양육 자원 결핍, 가족기능 약화 등 다양한 문제를 동반한다. 외환위기를 거치면서 한국 사회의 이혼율 급증도 이와 무관치 않다. 공공부조 내 가족해체 등 위기에 처한 가족을 위해 경제적 지원뿐만 아니라 가족의 역할 수행, 기능 유지를 위한 접근이 필요하다. 또한 소득기준은 미충족하지만 돌봄 등 복합적 문제를 가진 빈곤가족의 경우 통합사례관리가 실시되어야 한다. 이를 위해 지역사회를 단위로 정서적 지원, 사회적 지지, 상담, 필요에 따른 가족의 대체기능 수행 등의 종합서비스 제공이 필요하다.

(2) 빈곤가족 자녀 대상 맞춤서비스 강화

빈곤가족 아동에 대한 경제적 지원의 증대와 의무교육 범위의 확대 및 교육의 양적·질적 보장이 요구된다. 또한 급식지원사업 확대 및 영유아의 다양한 보육서비스 개발이 필요하다. 이 외에도 방과 후 보호 및 학습지원 등 교육, 문화, 복지지원이 확충되는 것이 바람직하다. 이와 관련해 드림스타트, 교육투자우선지원사업, 학교사회복지, We-Start 사업, 지역아동센터 등의 내실화가 요구된다. 더불어 빈곤가족 아동의 사회 진출 시 필요한 자립자금 마련을 위해 아동발달계좌(CDA) 활성화 또한 필요하다.

무엇보다 빈곤가족 자녀를 위한 심리사회적 지지가 중요하다. 빈곤가족 자녀는 가정 내 학대, 학교부적응, 부모 이혼이나 별거, 학업 부진 등의 문제를 복합적으로 경험하며 이로 인한 스트레스로 우울, 불안, 공격성, 비행 가능성이 높고 자아존중감이 낮은 편이다. 따라서 심리상담, 사회기술훈련, 문제해결능력 배양 등을 통해 빈곤가족 자녀가 학교와 가정에 잘 적응하도록 지원하여야 한다.

3) 빈곤가족 생활여건 개선

(1) 빈곤가족 의료지원 확대

빈곤가족은 경제적 어려움으로 인해 건강예방 및 건강관리가 더욱 어려운 상황으로 이들을 위한 보건 및 의료 서비스 확대가 필요하다. 빈곤가족 내에는 만성질환자, 장애인, 암 환자 등이 많이 있는데도 이들에 대한 의료급여는 국민기초생활보장 수급자에 거의 한정되고 있다. 이로 인해 차상위계층은 의료서비스 접근의 어려움을 지니므로 차상위계층에 대한 의료서비스 접근성을 높여야 한다. 또한 빈곤가족 건강예방을 위해 건강관리, 건강증진 프로그램, 올바른 건강생활을 위한 영양 및 운동실천 등 관련 교육이 필요하다.

빈곤가족의 의료와 복지 욕구 등 복합적 욕구에 효과적으로 대응하기 위해서는 보건의료와 복지의 통합적 접근이 요구된다. 공공보건 의료체계를 강화하여 빈곤가족에 대한 의료서비스 포괄성 및 접근용이성이 확보되어야 한다. 또한 지역사회 중심으로 보건의료기관과 복지기관의 물리적 · 기능적 통합이 이루어진 보건의료 · 복지서비스를 모두 제공하는 원스톱체계를 마련하는 것이 중요하다.

(2) 열악한 주거여건 개선

우리나라는 부동산시장의 침체에도 오히려 전세와 월세 가격은 급등하여 주거빈곤이 심화되고 있다. 빈곤가족의 주거 안정을 위한 보다 전향적인 대책 마련이 요구되는데, 예를 들어, 임대주택 확대, 전 · 월세자금 융자, 주거비 보조 등이 필요하다. 또한 빈곤가족을 위한 취사, 난방시설 개선 및 연료비 지원 확대가 고려되어야 한다.

(3) 기타

사랑의 음식 나누기, 자원봉사활동 등 민간단체가 광범위하게 참여할 수 있는 일을 장려하고, 민간이 복지공동체 형성에 기여하며, 민 · 관 협력관계를 형성하도록 한다.

4) 국민기초생활보장제도의 개선

국민기초생활보장제도 내 수급 대상이 되지 못하고 경제적 어려움을 겪고 있는 이들(예: 차상위계층)을 포함하도록 수급자의 확대가 필요하다. 그동안 부양의무자 기준의 제약 때문에 사각지대가 발생했는데, 특히 노인의 경우 부양의무자인 자녀가 있다는 이유로 수급자격을 상실하는 경우가 적지 않았다. 이에 정부는 부양의무자 기준 적용의 단계적 폐지를 표방하였는데, 2018년 10월부터 주거급여 부양의무자 기준이 적용되지 않으며, 향후에는 부양의무자 기준을 단계적으로 폐지할 예정이다. 이는 결과적으로 노인을 비롯한 빈곤가족의 경제적 어려움을 완화하는 데 도움을 줄 것으로 기대된다. 이외에도 사회초년생에 대한 의료·교육급여(일정 기간 국민기초생활보장 혜택 유지)의 확대가 필요하다.

생각해 볼 문제

1. 빈곤의 개념 중 '상대적 빈곤'은 무엇인지 설명하고, 이를 통해 야기될 수 있는 사회문제에 대해 생각해 보세요.

2. 우리나라 빈곤가족의 문제 중 가장 심각한 것은 무엇인가요? 이를 완화 내지 해결하기 위한 실제적 방안을 제안해 보세요.

3. 빈곤가족 역량 강화를 위해 어떠한 서비스나 프로그램이 필요한지 친구들과 함께 의견을 나누어 보세요.

4. 우리나라의 빈곤가족을 위한 정책 및 향후 개선방안에 대해 설명해 보세요.

부록

가족복지 관련 주요 양식 및 척도

1. 초기 면접지
2. 사례관리 사정표
3. 사례관리 계획 및 평가표
4. 상담일지
5. 가족스트레스 척도: 기혼자용
6. 가족스트레스 척도: 미혼자용
7. 가족관계 위기징후 척도
8. 부부관계 만족도 척도
9. 우울증 척도
10. 다문화가족 자립역량 척도

1. 초기 면접지

접수번호					일시	
면접자					장소	□ 가정 □ 내방 □ 전화 □ 지역사회기관( )
면접참여자						
면접경로	□ 본인요청( ) □ 사례관리자의 발굴 □ 기관 내부 의뢰( ) □ 타 기관 의뢰 □ 주민 의뢰( ) □ 기타( )					
상담장소	□ 가정 □ 내방 □ 전화 □ 지역사회 기관( )					

대상자					주민번호			
주소					전화번호			
후견인					전화번호			
장애유형/급					건강상태	□ 양호 □ 질환( )		
보호구분	□ 수급 □ 조건부수급 □ 저소득/차상위 □ 기타( )							
주거상태	□ 자택 □ 전세 □ 월세 □ 영구임대 □ 기타( )							
가족사항	관계	성명	나이/성별	직업	결혼상태	동거여부	연락처	기타

대상자의 진술 (도움요청 내용)	
면접자 평가	
	대상판정 □ 대상 (긴급 / 일반) □ 비대상 (정보제공 / 연계:)

출처: 한국사례관리학회(2011). 사례관리전문가교육 기록양식, p. 1.

2. 사례관리 사정표

등록번호		대상자		사례관리자	
일시		유형	□ 신규 □ 재사정	정보제공자	

유형	우선순위	제시된 욕구	합의된 욕구	자원(강점)	내/외적 장애물
개인수준의 욕구					
가족수준의 욕구					
기관 및 조직수준의 욕구					
지역사회 및 정책수준의 욕구					
기타 의미있는 욕구					

척도를 이용한 사정	척도종류	사정결과
사례관리 수준 판정	□ 긴급 □ 집중 □ 일반	

출처: 한국사례관리학회(2011). 사례관리전문가교육 기록양식, p. 3.

3. 사례관리 계획 및 평가표

등록번호		대상자		사례관리자		일시	20 . . .	유형	□ 신규 □ 재사정	사례관리 수준	□ 긴급 □ 집중 □ 일반

우선순위	제시된 욕구		합의된 목표	실천계획	빈도 (회/주)	담당(기관/부서)		개입기간	평가
						내부	외부		
									□ 달성(정도:) □ 연장 □ 재사정
	욕구 수준	개입 전( )/ 개입 후( )							
									□ 달성(정도:) □ 연장 □ 재사정
	욕구 수준	개입 전( )/ 개입 후( )							
									□ 달성(정도:) □ 연장 □ 재사정
	욕구 수준	개입 전( )/ 개입 후( )							
									□ 달성(정도:) □ 연장 □ 재사정
	욕구 수준	개입 전( )/ 개입 후( )							

상기와 같은 서비스 제공 및 이용에 동의하며, 계획된 목표를 성취하기 위해 적극적으로 참여하고 협력할 것을 상호 약속합니다.

20 년 월 일

성명 : (인) 후견인 : /관계 : (인) 사례관리자 : (인)

출처: 한국사례관리학회(2011). 사례관리전문가교육 기록양식, p. 3.

4. 상담일지 (차)

• 상담일: 20   년   월   일

클라이언트		회기		시간	
장소		서비스 내용			
클라이언트가 지각한 문제					
클라이언트의 욕구					
회기 내 클라이언트의 강점 및 자원					
개입계획					
사회복지사 소견					
사회복지사 : (인) / 슈퍼바이저 : (인)					

출처: 서울시복지재단(2005). 사회복지 프로그램 매뉴얼 개발 연구: 가족복지 실천방법, p. 190.

5. 가족스트레스 척도: 기혼자용

귀하와 귀하 가족께서는 지난 12개월 동안 다음과 같은 일을 경험하신 적이 있으십니까? 경험한 적이 없으면 0점에 표시하시고, 경험한 적이 있으면 그 일로 인해 받은 스트레스 수준을 1~5점으로 표시해 주시기 바랍니다.

문항		경험 있음				
		스트레스 정도				
	경험 없음	전혀 그렇지 않다	그렇지 않다	그저 그렇다	그렇다	매우 그렇다
I. 가족형성(결혼 및 출산)						
1. 내가 결혼을 했다(신혼부부다).						
2. 가족 중에 누군가 결혼을 했다.						
3. 가족 중에 누군가 결혼할 때가 지났다.						
4. 내(배우자)가 임신 또는 유산을 했다.						
5. 가족 중에 누군가 임신 또는 유산을 했다.						
6. 내(배우자)가 출산, 입양을 했다.						
7. 가족 중에 누군가 출산, 입양을 했다.						
8. 내(배우자)가 임신을 원했지만 되지 않았다.						
9. 가족 중에 누군가 임신을 원했으나 되지 않았다.						
II. 가족돌봄						
10. 영유아 자녀에게 발달적 문제(발달이 느림)가 있다.						
11. 아이를 위한 보육시설이나 아이돌보미를 새로 구해야 했다.						
12. 자녀가 초등/중/고등/대학교/대학원에 입학하였다.						
13. 자녀의 성적이 낮다(성적이 떨어졌다).						
14. 자녀가 원하는 학교입시에 실패했다.						
15. 내(배우자)가 은퇴하였다.						
16. 가족 중에 누군가 은퇴하였다.						
17. 가족 중에 누군가 요양병원에 있다.						
18. 가족이나 가까운 친척 중 연세가 많아 신체적 · 정신적으로 가족이 직접 돌봐야 할 분이 생겼다.						

문항		경험 있음				
		스트레스 정도				
	경험 없음	전혀 그렇지 않다	그렇지 않다	그저 그렇다	그렇다	매우 그렇다
III. 가족관계						
19. 부모님이나 가까운 친척들과 불화가 있다.						
20. 내(배우자)가 외도를 했다.						
21. 가족 중에 누군가 외도를 했다.						
22. 부부 성생활이 만족스럽지 않다.						
23. 나와 배우자가 별거 또는 이혼을 했다.						
24. 가족 중에 누군가 별거하거나 이혼을 했다.						
25. 배우자가 사망하였다.						
26. 가족이나 가까운 친척 중 누군가 사망하였다.						
27. 가족 내 가정폭력문제(손찌검이나 심한 언어폭력)가 있다.						
IV. 가정경제						
28. 가정경제에 만성적인 어려움이 있다.						
29. 새로 대출을 받거나 빚을 졌다.						
30. 가계지출이 급격히 늘었다.						
31. 주식, 부동산 시장의 변화로 재산상의 손실을 보았다.						
32. 나 혹은 가족 중 누군가에게 사업·직업상 어려움이 있다.						
33. 나 혹은 가족 중 누군가 사업을 시작하거나 첫 출근하였다.						
34. 나 혹은 가족 중 누군가 실직, 해고되었다.						
35. 나 혹은 가족 중 누군가 직장을 얻는 데 실패했다.						
36. 형편이 어려운 부모님이나 가까운 친척을 재정적으로 돕고 있다.						

문항	경험 없음	경험 있음				
		스트레스 정도				
		전혀 그렇지 않다	그렇지 않다	그저 그렇다	그렇다	매우 그렇다
V. 위험사건 및 기타						
37. 이사(전학)를 했다.						
38. 가족 중 누군가 따로 살게 되거나, 따로 살던 가족이 같이 살게 되었다.						
39. 나 혹은 가족 중 누군가 크게 다치거나 많이 아팠다.						
40. 가족 중 누군가에게 만성질환이나 장애가 있다.						
41. 나 혹은 가족 중 누군가에게 치료가 필요한 심리정서문제가 있다.						
42. 나 혹은 가족 중 누군가에게 술 문제가 있다.						
43. 나 혹은 가족 중 누군가 학교폭력이나 (성)범죄 피해자가 되었다.						
44. 나 혹은 가족 중 누군가 가출, 비행을 저지르거나 고소 · 고발을 당했다.						
45. 나 혹은 가족 중 누군가 게임, 인터넷, 스마트폰 중독으로 일상생활이 어렵다.						

출처: 한국건강가정진흥원(2013). 가족관계 위기진단 척도 활용안내, pp. 8-9.

※ 채점 및 해석방법: 5점 척도(0='전혀 없음', 1='전혀 그렇지 않다', 2='그렇지 않다', 3='그저 그렇다', 4='그렇다', 5='매우 그렇다')이며 45문항의 단순 합계로 채점한다. 총 점수범주는 0점에서 225점까지이며, 점수가 높을수록 가족스트레스가 높음을 의미한다.

6. 가족스트레스 척도: 미혼자용(사전/사후)

귀하와 귀하 가족께서는 지난 12개월 동안 다음과 같은 일을 경험하신 적이 있으십니까? 경험한 적이 없으면 0점에 표시하시고, 경험한 적이 있으면 그 일로 인해 받은 스트레스 수준을 1~5점으로 표시해 주시기 바랍니다.

문항		경험 있음				
		스트레스 정도				
	경험 없음	전혀 그렇지 않다	그렇지 않다	그저 그렇다	그렇다	매우 그렇다
I. 가족형성(결혼 및 출산)						
1. 내가 결혼할 때가 지났다.						
2. 가족 중에 누군가 결혼을 했다.						
3. 가족 중에 누군가 결혼할 때가 지났다.						
4. 가족 중에 누군가 임신 또는 유산을 했다.						
5. 가족 중에 누군가 출산, 입양을 했다.						
6. 가족 중에 누군가 임신을 원했으나 되지 않았다.						
II. 가족돌봄						
7. 가족 중에 누군가 은퇴하였다.						
8. 가족 중에 누군가 요양병원에 계시다.						
9. 가족이나 가까운 친척 중 연세가 많아 신체적/정신적으로 가족이 직접 돌봐야 할 분이 생겼다.						
III. 가족관계						
10. 부모님이나 가까운 친척들과 불화가 있다.						
11. 가족 중에 누군가 외도를 했다.						
12. 가족 중에 누군가 별거하거나 이혼을 했다.						
13. 가족이나 가까운 친척 중 누군가 사망하였다.						
14. 가족 내 가정폭력 문제(손찌검이나 심한 언어폭력)가 있다.						
IV. 가정경제						
15. 가정경제에 만성적인 어려움이 있다.						
16. 새로 대출을 받거나 빚을 졌다.						

문항	경험 없음	경험 있음				
		스트레스 정도				
		전혀 그렇지 않다	그렇지 않다	그저 그렇다	그렇다	매우 그렇다
17. 가계지출이 급격히 늘었다.						
18. 주식, 부동산 시장의 변화로 재산상의 손실을 보았다.						
19. 나 혹은 가족 중 누군가에게 사업/직업상 어려움이 있다.						
20. 나 혹은 가족 중 누군가 사업을 시작하거나 첫 출근하였다.						
21. 나 혹은 가족 중 누군가 실직, 해고되었다.						
22. 나 혹은 가족 중 누군가 직장을 얻는 데 실패하였다.						
23. 형편이 어려운 부모님이나 가까운 친척을 재정적으로 돕고 있다.						
V. 위험사건 및 기타						
24. 이사(전학)를 했다.						
25. 가족 중 누군가 따로 살게 되거나, 따로 살던 가족이 같이 살게 되었다.						
26. 나 혹은 가족 중 누군가 크게 다치거나 많이 아팠다.						
27. 가족 중 누군가에게 만성질환이나 장애가 있다.						
28. 나 혹은 가족 중 누군가에게 치료가 필요한 심리정서문제가 있다.						
29. 나 혹은 가족 중 누군가에게 술 문제가 있다.						
30. 나 혹은 가족 중 누군가 학교폭력이나 (성)범죄 피해자가 되었다.						
31. 나 혹은 가족 중 누군가 가출, 비행을 저지르거나 고소·고발을 당했다.						
32. 나 혹은 가족 중 누군가 게임, 인터넷, 스마트폰 중독으로 일상생활이 어렵다.						

출처: 한국건강가정진흥원(2013). 가족관계 위기진단 척도 활용안내, pp. 10-11.

※ 채점 및 해석방법: 5점 척도(0='전혀 없음', 1='전혀 그렇지 않다', 2='그렇지 않다', 3='그저 그렇다', 4='그렇다', 5='매우 그렇다')이며 32문항의 단순 합계로 채점한다. 총 점수범주는 0점에서 160점까지이며, 점수가 높을수록 가족 스트레스가 높음을 의미한다.

7. 가족관계 위기징후 척도(사전/사후)

다음은 가족관계에 대해 알아보는 질문들입니다. 다음에 제시되는 각 항목에 대해 귀하의 가족은 어떤지 답해 주십시오.

문항	전혀 그렇지 않다	그렇지 않다	그저 그렇다	그렇다	매우 그렇다
1. 서로 간에 불평, 불만이 많다.					
2. 갈등이 생기면 해결하려 하기보다는 피해 버린다.					
3. 가족원 간에 욕설이나 큰소리를 내며 싸운다.					
4. 가족이 함께 사진 찍고 싶어 하지 않는다.					
5. 집에 같이 있어도 서로 얼굴을 마주치고 싶어 하지 않는다.					
6. 함께 식사, 여행, 외출, 쇼핑 등을 하고 싶어 하지 않는다.					
7. 가족 안에서 자신의 힘든 일을 말하는 것이 어렵다.					
8. 가족원 간에 의견충돌이 쉽게 일어난다.					
9. 가족 안에 대화다운 대화가 없다.					
10. 포옹이나 뽀뽀, 손잡기 등의 스킨십이 없다.					
11. 가족 안에 웃음이 없다.					
12. 집에 있으면 마음이 편하지 않고 불편하다.					
13. 서로의 고민과 상황에 대해 관심이 없고 알지도 못한다.					
14. 사랑한다는 표현을 직접적이든 간접적이든 하지 않는다.					
15. 서로 짜증스럽게 말한다.					
16. 서로 가시가 있는 말, 비꼬는 말, 공격적인 말을 한다.					
17. 한 명이 일방적 · 강압적으로 자기 의사를 강요한다.					
18. 꼭 필요한 말이 아니면 서로 이야기하지 않는다.					

출처: 한국건강가정진흥원(2013). 가족관계 위기진단 척도 활용안내, p. 7.

※ 채점 및 해석방법: 5점 척도(1='전혀 그렇지 않다', 2='그렇지 않다', 3='그저 그렇다', 4='그렇다', 5='매우 그렇다')이며 18문항의 단순 합계로 채점한다. 총 점수범주는 18점에서 90점까지이며, 점수가 높을수록 가족관계 위기징후가 높음을 의미한다.

8. 부부관계 만족도 척도(Marital Satisfaction Scale)

문 항	전혀 동의하지 않는다	동의하지 않는다	동의한다	매우 동의한다
1. 나는 결혼생활에 대한 근심, 걱정이 많다.*				
2. 나는 결혼생활에 일어나는 일들 때문에 화가 나고 짜증스럽다.*				
3. 나는 결혼생활을 잘해 보려고 노력하는 데 지쳤다.*				
4. 나는 나의 결혼생활이 따분하게 느껴진다.*				
5. 남편(부인)은 나를 매우 신경질 나게 만든다.*				
6. 남편(부인)과 별거하고 싶다.*				
7. 남편(부인)과 법적으로 이혼하고 싶다.*				
8. 지금까지 나의 결혼은 성공적이었다.				
9. 내가 결혼을 하지 않았더라면, 나의 인생은 매우 공허하고 외로웠을 것이다.				
10. 나는 지금의 결혼생활이 영원히 지속되기를 원한다.				
11. 나는 남편(부인)과 사이가 좋다.				
12. 나는 남편(부인)과 즐겁게 대화를 나눈다.				
13. 만약 내가 다시 결혼한다면, 지금의 남편(부인)을 다시 선택하겠다.				
14. 나에 대한 남편(부인)의 사랑과 관심 정도에 대해 나는 만족한다.				
15. 남편(부인)은 나에게 무슨 일이든지 최선을 다하도록 용기를 북돋아준다.				
16. 우리 부부는 애정 표현을 많이 하고 산다.				
17. 남들은 우리 부부의 금실이 좋다고 생각한다.				
18. 나는 확실히 나의 결혼생활에 만족한다.				

* 역코딩 문항

출처: 한국노년학포럼(2010). 노년학척도집, p. 269.

※ 채점 및 해석방법: 4점 척도(1='전혀 동의하지 않는다', 2='동의하지 않는다', 3='동의한다', 4='매우 동의한다')로 점수화되며 부정적 질문 항목(1, 2, 3, 4, 5, 6, 7)의 점수는 역으로 채점한다. 총 점수범주는 18점에서 72점까지이며, 점수가 높을수록 부부관계 만족도가 높음을 의미한다.

9. 우울증(CES-D) 척도

다음에 적혀 있는 문항을 잘 읽으신 후, 지난 1주 동안 당신이 느끼시고 행동하신 것을 가장 잘 나타낸다고 생각되는 숫자에 체크하시기 바랍니다.

나는 지난 일주일(7일) 동안 …….	극히 드물게 (1일 이하)	가끔 (1~2일)	자주 (3~4일)	거의 대부분 (5~7일)
1. 평소에는 아무렇지도 않던 일들이 귀찮게 느껴졌다.				
2. 먹고 싶지 않았다; 입맛이 없었다.				
3. 가족이나 친구가 도와주더라도 울적한 기분을 떨쳐 버릴 수 없었다.				
4. 다른 사람들만큼 능력이 있다고 느꼈다.*				
5. 무슨 일을 하든 정신을 집중하기가 힘들었다.				
6. 우울했다.				
7. 하는 일마다 힘들게 느껴졌다.				
8. 미래에 대하여 희망적으로 느꼈다.*				
9. 내 인생은 실패작이라는 생각이 들었다.				
10. 두려움을 느꼈다.				
11. 잠을 설쳤다; 잠을 잘 이루지 못했다.				
12. 행복했다.*				
13. 평소보다 말을 적게 했다; 말수가 줄었다.				
14. 세상에 홀로 있는 듯한 외로움을 느꼈다.				
15. 사람들이 나에게 차갑게 대하는 것 같았다.				
16. 생활이 즐거웠다.*				
17. 갑자기 울음이 나왔다.				
18. 슬픔을 느꼈다.				
19. 사람들이 나를 싫어하는 것 같았다.				
20. 도무지 무엇을 시작할 기운이 나지 않았다.*				

* 역코딩 문항

출처: 한국노년학포럼(2010). 노년학척도집, p. 120.

※ 채점 및 해석방법: 4점 척도(0='극히 드물게', 1='가끔', 2='자주', 3='거의 대부분')로 점수화되며 부정적 질문 항목(4, 8, 12, 16)의 점수는 역으로 채점한다. 총 점수범주는 0점에서 60점까지이며, 점수가 높을수록 우울 증상이 더 많음을 의미한다. 우리나라는 지역사회 역학조사용 절단점을 21점으로 제시하고 21점 이상일 경우 우울 증상이 있는 것으로 고려한다.

10. 다문화가족 자립역량 척도

항 목	전혀 그렇지 않다	그렇지 않다	그저 그렇다	대체로 그렇다	매우 그렇다
1. 나(우리 가족)는 지역사회의 일반시설(도서관, 문화센터)을 이용하고 있다.					
2. 나(우리 가족)는 인터넷을 통해 필요한 정보를 얻는다.					
3. 나(우리 가족)는 메일을 통해 다른 사람들과 자주 연락을 주고받는다.					
4. 나(우리 가족)는 인터넷을 통해 물건을 산다.					
5. 나(우리 가족)는 인터넷을 통해 필요한 기관의 홈페이지를 방문한다.					
6. 나(우리 가족)는 인터넷을 통해 교육을 받은 적이 있다.					
A. 소계(점)					
7. 나(우리 가족)는 아이들을 양육/교육 시키기에 경제적으로 충분하다.					
8. 본인과 가족의 재산(부동산, 현금, 저축 등)이 생활하기에 충분하다.					
9. 나(우리 가족)는 노후에 쓸 돈이 준비되어 있다.					
10. 나(우리 가족)는 집을 고칠 수 있는 능력이 있다.					
11. 나(우리 가족)는 집을 새로 지을 수 있는 능력이 있다.					
B. 소계(점)					
12. 나(우리 가족)는 우리 가족에 경제적으로 기여한다.					
13. 나(우리 가족)는 내 자신을 위해 취업을 꼭하고 싶다.					
14. 나(우리 가족)는 사회활동을 통해 경제적으로 가족에게 도움이 되고 싶다.					
15. 나(우리 가족)는 할 수만 있으면 스스로 생계비를 벌어야 한다.					
16. 나(우리 가족)는 사람들을 만나는 것이 즐겁다.					
17. 나(우리 가족)는 상황에 따라 적절한 교통수단을 선택하여 이용할 수 있다.					
18. 나(우리 가족)는 쇼핑을 통해 필요한 물건을 살 수 있다.					
C. 소계(점)					
19. 우리 집은 오래되고 낡았다.					
20. 우리 집의 아이들은 양육할 공간이 비좁다.					
D. 소계(점)					

출처: 농촌진흥청 홈페이지(http://www.rda.go.kr).

※ 채점 및 해석방법: 5점 척도(1='전혀 그렇지 않다', 2='그렇지 않다', 3='그저 그렇다', 4='그렇다', 5='매우 그렇다')이며 20문항의 단순 합계로 채점한다. 총 점수범주는 20점에서 100점까지이며, 점수가 높을수록 다문화가족 자립역량이 높음을 의미한다. 일반적으로 50점 이하를 미흡으로, 51~64점을 보통 수준으로, 65점 이상을 양호한 것으로 판단한다.

참고문헌

강기정(2014). 다문화가족지원 정책의 전달체계와 지원. 한국가족복지학회 춘계학술대회 자료집.

공선희(2013). 노인들의 가족돌봄에 대한 기대변화와 정책욕구. 한국사회학, 47(1), 277-312.

국가인권위원회(2008). 청소년 미혼모의 교육권 보장에 대한 실태조사.

관계 부처 합동(2018). 가정폭력 방지대책 발표자료.

권중돈(2012). 노인복지론. 서울: 학지사.

권진숙, 김정진, 김성경, 신혜령, 박지영(2006). 가족복지론. 경기: 공동체.

김광일(2007). 가정폭력 예방을 위한 실태와 태도에 관한 연구. 가톨릭대학교 대학원 박사학위논문.

김만두(1982). 현대사회복지 총론. 서울: 홍익재.

김미숙(2012). 다문화가족 아동의 사회적응실태와 정책과제. 보건·복지 Issue & Focus, 제185호. 세종: 한국보건사회연구원.

김미옥(2014). 재혼가족의 생활적응 향상을 위한 부모교육프로그램 개발 및 효과. 경성대학교 대학원 박사학위논문.

김민경(2012). 다문화가족의 이해. 경기: 이담 Books.

김수영, 모선희, 원영희, 최희경(2017). 노년사회학(2판). 서울: 학지사.

김승권(2014). 한국인의 가족가치관과 사회정책 방향. 보건·복지 Issue & Focus, 제246호. 세종: 한국보건사회연구원.

김승권, 김연우(2012). 한부모가족정책의 실태와 정책 제언. 보건복지포럼, 59-69.

김승권, 장경섭, 이현송, 정기선, 조애저, 송인주(2000). 한국 가족의 변화와 대응방안. 세종: 한국보건사회연구원.

김승권, 조애저, 이삼식, 김유경, 송인주(2000). 2000년 전국 출산력 및 가족보건실태조사. 세종: 한국보건사회연구원.

김연옥(2004). 재혼가정의 가족기능향상프로그램 개발을 위한 시론적 연구. 한국사회복지학, 56(2), 215-235.

김연옥, 유채영, 이인정, 최해경(2005). 가족복지론. 경기: 나남출판.

김영철, 김연수, 김인경(2011). 가구 유형 변화에 대한 대응방안. 세종: 한국개발연구원.

김유경(2011). 우리나라 입양실태와 정책과제. 보건・복지 Issue & Focus, 제17호. 세종: 한국보건사회연구원.

김유경(2014). 가족변화 양상과 정책 함의. 보건・복지 Issue & Focus, 제258호. 세종: 한국보건사회연구원.

김유경(2014). 가족주기 변화와 정책 제언. 보건복지포럼, 211, 7-22.

김유경, 김양희, 임성은(2009). 한국가족의 위기변화와 사회적 대응방안 연구. 세종: 한국보건사회연구원.

김유경, 변미희, 임성은(2010). 국내입양실태와 정책방안 연구. 세종: 한국보건사회연구원.

김유숙(2014). 가족치료: 이론과 실제(3판). 서울: 학지사.

김은영, 임승희, 박소영(2009). 가족복지론. 서울: 학현사.

김익준(2014). 다문화가족 교육프로그램이 사회통합에 미치는 영향. 호남대학교 대학원 박사학위 청구논문.

김혜경, 도미향, 문혜숙, 박충선, 손홍숙, 오정옥, 홍달아기(2014). 가족복지론. 경기: 공동체.

김혜련(2013). 다문화가족의 건강문제와 정책과제. 보건・복지 Issue & Focus, 제185호. 세종: 한국보건사회연구원.

김혜영, 김은지, 최인희, 김영란(2011). 조손가족 지원방안 연구. 서울: 한국여성정책연구원.

김혜영, 김정미(2012). 전문가와 양육미혼모의 지원방향을 논하다. KWDI Brief, 20, 1-8. 서울: 한국여성정책연구원.

김효순, 하춘광(2011). 청소년 자녀가 있는 재혼가족의 새 부모 역할 경험에 관한 연구. 가족과 문화, 23(1), 137-268.

모선희(1997). 노년기 부부관계와 결혼만족도에 관한 탐색적 연구. 한국가족복지학, 2(2), 1-15.

미국사회복지사협회(김만두 외 감수) (1999). 사회복지대백과사전. 서울: 나눔의집. NASW(1995). *Encyclopedia of Social Work*(19th ed.). Washington D.C.: NASW Inc.

박능후(2013). 빈곤의 변화와 기초보장의 미래. 보건복지포럼, 197, 2-5.
박미은, 신희정, 이혜경, 이미림(2012). 가족복지론. 경기: 공동체.
박민자(2003). 현대의 가족사회학: 이론적 관점과 쟁점. 사회와 이론, 2, 293-325.
박복순(2013). 다문화가족 관련 법제도 개선방안 연구. 서울: 한국여성정책연구원.
박성희(2006). 노년기 부부의 관계 향상을 위한 교육 프로그램에 참가한 노년기 부부의 학습과정에 대한 질적 연구. 노인복지연구, 31, 161-179.
박철현(2018). 사회문제론: 이론, 실태, 지구적 시각. 서울: 박영사.
박태영(2014). 가족생활 주기와 가족치료. 서울: 학지사.
배태순(1998). 현대사회에서의 입양의 이해와 입양의 성공. 경남: 경남대학교출판부.
변미희, 정혜선(2006). 예비입양부모교육 프로그램 개발. 한국가족복지학, 11(2), 83-101.
변미희, 이미선, 이은경, 김외선(2017). 입양특례법상 예비부모교육 공통교육 교재개발연구. 중앙입양원, p. 1.
보건복지부(2005). 2005 보건복지통계연보.
보건복지부(2006). 보건복지통계연보.
보건복지부(2010). 2010 보건복지통계연보.
보건복지부(2011). 보건복지통계연보.
보건복지부(2012). 2012 사회복지관 운영관련 업무처리 안내.
보건복지부(2013). 국민행복을 향한 맞춤복지.
보건복지부(2014a). 2014 국민기초생활보장사업안내.
보건복지부(2014b). 노인장기요양보험 서비스 만족도 조사.
보건복지부(2015a). 2015 긴급지원사업안내.
보건복지부(2015b). 2015 보건복지부 업무계획.
보건복지부(2015c). 2015년 이렇게 달라집니다: 주요제도 변경사항 안내.
보건복지부(2018). 2018년 노인복지시설 현황.
보건복지부 · 중앙아동보호전문기관(2018). 2017년 전국아동학대 현황보고서.
보건복지부(2019a). 2018 국민기초생활보장 수급자 현황.
보건복지부(2019b). 2018 국내외입양통계.
보건복지부(2019c). 아동분야 사업안내.
보건복지부(2019d). 2019 사회복지관 운영관련 업무처리 안내.
보건복지부(2019e). 2019 국민기초생활보장사업안내.
보건복지부(각 연도). 국민기초생활보장 수급자 현황.
보건복지부, 국토교통부, 교육부(2018). 2019년 기초생활수급자 급여 보도자료.

보건복지부, 중앙노인보호전문기관(2018a). 2018년 노인학대 현황보고서.
보건복지부, 중앙아동보호전문기관(2018b). 2017년 전국 아동학대 현황보고서.
보건복지부, 한국보건사회연구원(2014). 2014년도 노인실태조사.
서울시복지재단(2005). 사회복지 프로그램 매뉴얼 개발 연구: 가족복지 실천방법. 서울: 서울시복지재단.
서울시복지재단(2009). 사회복지관 프로그램 매뉴얼 가족복지사업: 가족중심 사회복지 실천 매뉴얼. 서울: 서울시복지재단.
서울특별시, 서울시복지재단(2009). 2009년 서울시 종합사회복지관 평가결과 보고서.
석재은(2007). 독거노인의 실태와 정책과제. 복지동향, 102, 37-40.
성정현, 여지영, 우국희, 최승희(2014). 가족복지론. 경기: 양서원.
손병덕(2009). 이혼, 재혼 가정 아동의 공격과 위축 행동에 영향을 미치는 요인의 경로 분석. 한국가족복지학, 14(4), 113-136.
손병덕, 황혜원, 전미애(2014). 가족복지론. 서울: 학지사.
손화희, 윤종희(2002). 노년기 행복찾기 프로그램. 가톨릭대학교 생활과학지, 22(1), 34-47.
송다영, 정선영(2013). 통합적 가족정책으로의 패러다임 전환을 위한 과제. 비판사회정책, 39, 145-189.
송성자 외(2013). 가정폭력 피해대상 유형별 치료, 회복 프로그램 개발 1권. 여성가족부.
송정아, 최규련(2007). 가족치료의 이론과 기법. 서울: 하우.
송정애, 정해은(2013). 가족복지론. 경기: 양서원.
양옥경(2001). 가족개념에 관한 대학생의 의식연구. 한국가족복지학, 7, 175-199.
양점도, 현영렬, 조미숙, 장정순, 이문국, 조성상, 강준원, 이예종, 박경문, 김진태(2008). 사회복지학 개론. 경기: 광문각.
여성가족부(2011). 가정폭력 사례를 통한 예방지침서.
여성가족부(2012). 2011 청소년종합실태조사 결과보고서.
여성가족부(2013a). 다문화가족연도별 통계.
여성가족부(2013b). 2013 가정폭력 실태조사.
여성가족부(2015a). 2015 가족실태조사.
여성가족부(2015b). 2015년 건강가정지원센터 사업안내.
여성가족부(2015c). 2015년 다문화가족 지원사업안내.
여성가족부(2015d). 2015년 한부모가족 실태조사.
여성가족부(2016a). 2016년 가정폭력 실태조사 연구.

여성가족부(2016b). 제3차 건강가정기본계획(2016~2020).
여성가족부(2017). 2017년 한부모가족지원사업안내.
여성가족부(2018a). 2018 전국 다문화가족실태조사.
여성가족부(2018b). 2018년 한부모가족 실태조사.
여성가족부(2019a). 2019년 한부모가족지원사업안내.
여성가족부(2019b). 2019년 가족사업안내(제1권).
여성가족부(2019c). 2019년 가족사업안내(제2권).
월계우리가족상담소(2015). 내부자료.
월계종합사회복지관(2015). 내부자료.
유영주(1984a). 신가족관계학. 서울: 교문사.
유영주(1984b). 한국도시가족의 가족생활주기 설정에 관한 연구. 한국가정관리학회지 2(1), 111-129.
유영주(1993). 한국가족의 기능. 서울: 교문사.
유영주, 김순옥, 김경신(2013). 가족관계학(3판). 서울: 교문사.
유진희(2014). 다문화가정 이주여성의 경제활동 참여경험에 관한 연구. 숭실대학교 대학원 박사학위 청구논문.
이두호(1992). 빈곤론. 서울: 나남.
이명숙(2011). 유아기 자녀를 둔 다문화가족 부모역량강화 프로그램 구안. 한국가족복지학회, 16(3), 209-224.
이상림(2012). 다문화가족의 변화와 정책과제. 보건·복지 Issue & Focus, 제157호. 세종: 한국보건사회연구원.
이선미(2003). 노년기 부부관계 향상을 위한 가족생활교육 프로그램 개발 및 평가. 한국노년학, 23(1), 93-112.
이성희(2008). 한부모가족의 통합지원 프로그램 방안 연구. 사회복지개발연구, 14(2), 139-162.
이성희, 전길양, 한은주, 조경욱(2012). 가족복지론. 서울: 파란마음.
이여봉(2006). 가족 안의 사회, 사회 안의 가족. 경기: 양서원.
이영실, 김재경, 김봉순, 박용권, 조명희, 홍성희(2013). 가족복지론. 경기: 양서원.
이원숙(2013). 가족복지론(3판). 서울: 학지사.
이윤경(2014). 노인의 가족 형태 변화에 따른 정책과제: 1994~2011년의 변화. 보건복지포럼, 211, 45-54.
이지현(2014). 청소년의 아동학대 경험이 학교폭력 가해행동에 이르는 경로. 한국사회복지학, 66(2), 75-99.

이진숙, 신지연, 윤나리(2010). 가족정책론. 서울: 학지사.

이태진(2005). 국민기초생활보장제도와 주거보장. 보건복지포럼, 108, 55-64.

이효재(1984). 가족과 사회. 서울: 경문사.

장인협, 오세란 역(1996). 사회지지체계론. 서울: 사회복지실천연구소.

장혜경, 김영란, 최인희(2011). 100세 투자사회 대비 가족정책 과제 연구. 서울: 한국여성정책연구원.

정경희 외(2012). 전국 노인생활실태 및 복지욕구조사. 보건복지부, 한국보건사회연구원.

정경희(2011). 노년기가족의 변화 전망과 정책과제. 보건복지포럼, 175, 35-54.

정문자(2003). 사티어 경험적 가족치료. 서울: 학지사.

정순둘(2005). 사례관리실천의 이해. 서울: 학지사.

정영숙, 이현지, 한상일(2004). 빈곤가족과 사회복지정책. 경북: 대구대학교출판부.

정옥분, 정순화, 손화희, 김경은(2016). 아동복지론. 서울: 학지사.

정현숙, 유계숙, 임춘희, 전춘애, 천혜정(2000). 재혼준비교육프로그램 개발 및 평가. 대한가정학회지, 38(5), 1-13.

정혜원(2014). 경기도 가족변화와 정책 대응 방안. 경기도가족여성원구원.

조홍식(2013). 취약계층의 소득보장 방안. 보건복지포럼, 206, 2-5.

조홍식, 김인숙, 김혜란, 김혜련, 신은주(2017). 가족복지학(5판). 서울: 학지사.

중앙건강가정지원센터(2009). 브라보 마이 라이프.

최경석, 김양희, 김성천, 김진희, 박정윤, 윤정향(2006). 한국 가족복지의 이해. 서울: 인간과 복지.

최덕경, 강기정(2010). 가족복지론. 서울: 파란마음.

최덕경, 박주연(2012). 가족정책론. 경기: 양서원.

최선희 외(2005). 건강가정 실천프로그램 매뉴얼 I. 한국성서대학교 특성화사업단 건강가정서비스 연구센터.

최선화 외(2018). 변화하는 사회의 가족복지. 서울: 학지사.

최영(2008). 독거노인의 경제 수준, 건강상태, 사회적 지지가 우울에 미치는 영향. 사회과학연구, 24(2), 103-123.

최재석(1982). 한국가족연구. 서울: 일지사.

태화기독교사회복지관(2003). 태화 프로그램 매뉴얼: 가족기능강화사업중심. 서울: 나눔의집.

통계청(2012). 장래가구추계.

통계청(2013). 우리나라의 이혼 · 재혼 현황: 지난 30년간 이혼 · 재혼 자료 분석.

통계청(2014a). 2014 고령자통계.
통계청(2014b). 인구동태통계연보.
통계청(2015). 2015 고령자통계.
통계청(2017). 2017 고령자통계.
통계청(2018). 2018 고령자통계.
통계청(2018). 인구주택총조사.
통계청(2012-2018). 사회조사.
통계청(2019a). 2018년 출생 · 사망통계.
통계청(2019b). 2018년 혼인 · 이혼통계.
한국가족상담교육연구소(1998). 또 하나의 우리, 재혼가족. 한국가족상담교육연구소 개소 5주년 기념학술대회 자료집.
한국건강가정진흥원(2013). 혼자서도 행복하게 자녀키우기: 건강한 한부모가족을 위한 자녀양육 가이드북.
한국건강가정진흥원(2013). 가족관계 위기진단 척도 활용안내.
한국경제연구원(2014). 특정 소득취약계층의 소득구조 실태와 정책적 함의.
한국노년학포럼(2010). 노년학척도집. 서울: 학지사.
한국노년학포럼(2013). 노인복지상담. 경기: 공동체.
한국보건사회연구원(2012). 2012년 전국 출산력 및 가족보건 · 복지실태조사.
한국보건사회연구원(2017). 2017년 노인실태조사.
한국사례관리학회(2011). 사례관리전문가교육 기록양식.
한국여성정책연구원(2014). 2013년 전국 가정폭력실태조사.
한국여성정책연구원, 한국미혼모지원네트워크(2010). 지역사회 거주 미혼모 조사.
한국직업능력개발원 · KMA(2017). 가족상담 NCS 학습모듈.
한인영, 강향숙, 구승신, 김경희, 김선민, 김유정, 김주현, 김지혜, 박형원, 백형의, 우재희, 이영선, 이예승, 이인정, 이혜경, 임정원, 장수미, 정선영, 최정숙(2015). 가족복지론. 서울: 학지사.
행정안전부(2013). 외국인통계.
현은민(2002). 재혼준비교육 프로그램 모형 개발. 한국가족관계학회지, 7(3), 153-172.
현은민(2003). 재혼가족의 아동: 가족적 · 사회적 대책 고찰. 한국가족관계학회지, 8(2), 101-126.
황성철(2009). 사회복지프로그램 개발과 평가. 경기: 공동체.

Anderson, M. L. (2000). *Thinking about Women: Sociological Perspectives on*

Sex and Gender (5th ed.). Needam Heights, MA: Allyn & Bacon.

Anderson, R. S. (1988). Why adoptees search: Motives and more. *Child Welfare, 67*(1), 15-20.

Becvar, D. S., & Becvar, R. J. (1988). *Family Therapy: A Systemic Integration.* Boston, MA: Allyn & Bacon, Inc.

Bengtson, V. L., Rosenthal, C. J., & Burton, C. (1996). Paradoxes of families and aging. In R. H. Binstock & C. K. George (Eds.), *Handbook of Aging and the Social Sciences* (4th ed.). San Diego: Academic Press.

Berg, I. K. (1992). *Solution-focused Brief Therapy: A Workshop for Counselors. Unpublished Manuscript.*

Bernades, J. (1991). We must most define 'the family'. paper presented to the International Sociological Association Committee on Family Research Seminar, Norway.

Blau, P. M. (1964). *Exchange and Power in Social Life.* NY: Wiley.

Blumer, H. (1969). *Symbolic Interactionism.* Englewood Cliffs, NJ: Prentice-Hall.

Bogenschneider, K. (2008). *Family Policy Matters: How Policymaking Affects Families and What Professionals Can Do.* NJ: Lawrence Erlbaum Associates.

Bowen, M. (1978). *Family Therapy in Clinical Practice.* New York: Jason Aronson.

Bruner, V. (1986). *Actual Minds, Possible world.* Cambridge, MA: Harvard University Press.

Burgess, E, W, (1926). The family as a unity of interacting personalities. *The Family, 7*(1), 3-9. Chicago: University of Chicago.

Burgess, E. W., & Locke, H. J. (1953). *The Family: From Institution to Companionship.* American Book Co.

Burgoyne J., & Clark, D. (1984). *Breaking Even: Divorce, Your Children and You.* Harmonds-worth: Penguin.

Carter, B., & McGodrick, M. (1980). *The Family Life Cycle: A Framework for Family therapy.* NY: W. W. Norton.

Cheal, D. (1993). Unity and difference in postmodern families. *Journal of Family Issue, Vol. 14*, 5-17.

Cherlin, A. J., Furstenberg, F. F., Chase-Lansdale, P. L., Kierman, K. E., Robins, P. K., Morison, D., & Teitler, J. G. (1991). Longitudinal studies of effects of divorce on children in Great Britain and the United States. *Science, 252,* 1386-1389.

Cicirelli, V. (1995). Strengthening sibling relationships in the later years. In G. C. Smith, S. Tobin, E. A., Robertson-Tchabo, & P. Power (Eds.), *Strengthening Aging Families: Diversity in Practice and Policy.* Thousand Oaks, CA: Sage.

Clingempeel, B., & Segal, S. (1987). A Multilevel-multivariable developmental perspective for future research on stepfamilies. In Ihinger, M., allman, K. & Pasley, M. (Eds.), *Remarriage and Stepparenting Today: Current Research and Theory.* Guilford.

Collins, R. (1975). *Conflict Sociology.* NY: Academic Press.

Collins, R. D., Jordan, C., & Coleman, H. (1999). *An Introduction to Family Social Work.* Itasca: F. E. Peacock Publishers, Inc.

Connidis, I. A. (1989). *Family Ties and Aging.* Toronto & Vancouver: Butterworths.

Connidis, I. A., & Davis, L. (1990). Confidants and companions in later life: The place of family and friends. *Journal of Gerontology, 45,* 141-149.

Coopersmith, S. (1967). *The antecedents of self-esteem.* San Francisco: W.H. Freeman.

De Shazer, S. (1985). *Keys to solution in Brief Therapy.* NY: W. W. Norton & Co.

Duvall, E. (1957). *Family Development.* PA: Lippincott.

Engels, F. (1972). *The Origin of the Family, Private Property and the State.* NY: International Publishers.

Esping-Andersen, G. (1990). *The Three Worlds of Welfare Capitalism.* Princeton, NJ: Princeton University Press.

Esping-Andersen, G. (1999). *Social Foundation of Postindustrial Economies.* NY: Oxford University Press.

Feldman, F. L., & Scherz, F. H. (1967). *Family Social Welfare: Help Troubled Families.* NY: Atherton Press.

Ganong, L. H., & Coleman, M. (1994). *Remarried Family Relationships.* 재혼가족관계. 김종숙 역(2003). 서울: 한국문화사.

Gauthier, A. H. (1999). *The State and the Family: A Comparative Analysis of Family Policies in Industrialized Countries.* NY: Oxford University Press.

Goldenberg, H., & Goldenberg, I. (1998). *Counseling Today's Families* (3rd ed.).

CA: Brooks/Cole Publishing Company.

Goode, W, J. (1959). The theoretical importance of love. *American Sociological Review, 24*(1), 38-47.

Goode, W. J. (1982). *The Family*. Englewood Clifffs: Prentice-Hall.

Gulden, H. V., & Bartels-Rabb, L. M. (1995). *Real Parent, Real Children: Parenting the Adopted Child*. 누가 진짜 부모인가. 안재진, 권지성 공역(2006). 서울: 학지사.

Gustavasson, N., & Segal, E. (1994). *Critical Issues in Child Welfare*. Thousand Oaks, CA: Sage Publications.

Harding, L. (1996). *Family, State, & Social Policy*. Malaysia: Macmillan Press.

Hartman, A., & Laird, J. (1988). *Family, Socialization and Interaction Process*. NY: The Free Press.

Hetherington, E. M., & Kelly, J. (2002). *For Better Or for Worse: Divorce Reconsidered*. NY: Norton.

Hobart, C. W. (1998). *Relationships in remarried families*. Canadian Journal of Sociology, 13, 261-281.

Holt, B. J. (2000). *The Practice of Generlist Care Management*. Needham Heights, MA: Allyn and Bacon.

Homans, G. C. (1961). *Social Behavior: Its Elementary From*. NY: Harcourt, Brace & World.

Hubinette, T. (2005). *Guide to Korea for Overseas Adopted Koreans*. Washington: Overseas Koreans Foundation.

Ihinger-Tallman, M., & Pasley, K. (1995). *Remarriage*. Newbury Park, CA: Sage.

Jones, M. B. (1993). *Borthmothers: Women who Have Relinquished Babies for Adoption Tell their Stories*. Chicago: Chicago Review Press.

Kadushin, A. (1974). *Child Welfare Services*. NY: Macmillan Publishing Co.

Kadushin, A., & Martin, J. (1988). *Child Welfare Services* (4th ed.). NY: Macmillan Publishing Co.

Kamerman, S. B., & Kahn, A. J. (1978). *Family Policy: Government and Families in 14 Countries*. NY: Columbia University Press.

Kamerman, S. B., & Kahn, A. J. (1997). *Family Change and Family Policies in Great Britain, Canada, New Zealand, and United States*. London: Clarendon Press.

Keith, P. M., Powers, E. A., & Goudy, W. J. (1981). Older men in employed and retired families: Well-being and involvement in household activities. *Alternative Lifestyle, 4*(2), 228-241.

Kempe, R. E., & Helfer, R. (1974). *The Battered Child* (2nd ed.). Chicago: University of Chicago Press.

Krause, N., & Borawski-Clark, S. (1995). Social class differences in social support among older adults. *The Gerontologist, 35*, 498-505.

Levi-Strauss, C. (1966). The bear and the barber. *Journal of the Royal Anthropological Institute, 93*, 1-11.

Levi-Strauss, C. (1969). *The Elementary Structures of Kinship*. Boston: Beacon Press.

Marx, K. (1971). *Preface to A Contribution to the Critique of Political Economy.* In M. Dobb (ed.). London: Lawrence & Whishart.

Mead, G. H. (1968). *Mind, Self and Society.* University of Chicago Press.

Minuchin, P., Colapinto, J., & Minuc, S. (1998). *Working with Families of the Poor.* 빈곤가족과 일하기. 박혜영, 김현수, 김선옥 공역(2001). 서울: 나눔의집.

Minuchin, S. (1974). *Families and family therapy.* Cambridge, MA: Harvard University Press.

Minuchin, S. (1974). *Families and family therapy.* 가족과 가족치료. 이명홍 역. 서울: 이화여자대학교 출판부.

Minuchin, S., & Nichols, P. (1998). *Family Healing: Strategies for Hope and Understanding.* 미누친의 구조적 가족치료: 가족치유. 오제은 역(2013). 서울: 학지사.

Minuchin, S. (1974). *Families and Family Therapy.* Cambridge, MA: Harvard University Press. 가족과 가족치료. 김종옥 역(1990). 서울: 법문사.

Moen, P., & Schorr, A. L. (1987). Family and Social Policy. In M. B. Sussman & S. K. Steinmetz (Eds.), *Handbook of Marriage and the Family* (pp. 795-813). NY: Plenum Press.

Muncie, J. et al., (Ed.) (1997). *Understanding The Family.* UK: SAGE Publication.

Murdock, G. P. (1949). *Social Structure*. NY: Macmilian.

National Association of Social Workers (1995). *Encyclopedia of Social Work* (19th).

Nickell, P., Rice, A., & Tucker, S. (1976). *Management in Family Management.* New York: John Wiley and Sons, Inc.

Ogburn, W. F. (1933). *The Family and Its Functions*. NY: McCraw-Hill.

Olson, D. H., Russell, C. S., & Sprenkle, D. H. (1983). *Circumplex model of marital and family systems. Family Process, 22*, 69-83.

Pagani, L., Boulerice, B., Tremblay, R., & Vitaro, F. (1997). Behavioral development in children of divorce and remarriage. *Journal of Child Psychology and Psychiatry, 38*(7), 769-781.

Papernow, P. (1993). *Becoming a Stepfamily: Patterns of Development in Remarriage Families*. NY: Gardner.

Parsons, T. (1951). *The Social System*. NY: The Free Press.

Parsons, T. (1955). Sex roles and family structure. In N. Glazer (ed.), *Woman in a Man-made World*. Chicago: Rand McNally.

Rowntree, B. S. (1903). *Poverty: A Study of Town Life*. London: MacMillan.

Sachdev, P. (1992). Adoption Reunion and After: A Study of the Search Process and Experience of Adoptees. *Child Welfare, 71*, 53-68.

Satir, V., & Baldwin, M. (1983). *Satir Step by Step: A Guide to Creating Changd in Families*. Palo Alto, CA: Science & Behavior Books, Inc.

Soll, J., & Buterbaugh, K. W. (2000). *Adoption Healing*. 입양 치유. 오혜인, 김수현, 김준영 공역(2013). 서울: 뿌리의집.

Sprey, J. (1979). Conflict theory and the study of marriage and the family. In Burr et al., (Eds.), *Contemporary Theories about the Family, vol. 1*. NY: Free Press.

Stacey, J. (1990). *Brave New Families*. NY: Basic Books.

Stroup, H. H. (1948). *Social Work: Am Introduction to the Field*. NY: Eurasia Publishing House.

Sussman, M. (1974). *Sourcebook in Marriage and the Family* (4th ed). Boston: Houghton Miffilin.

Thompson, N. (2001). *Anti-discriminatory Practice*. London: Palgrave McMillan.

Verrier, N. N. (1993). *The Primal Wound: Understanding the Adopted Child. Gateway Press*.

Visher, E. B., & Visher, J. B. (1979). *Stepfamilies: A Guide to Working with Stepparents and stepchildren*. NY: Brunner/Mazel.

von Doris Klingenberg(1993). *Wong, Kleiner Bruder aus Korea: Protokoll einer Adoption*. 엄마가 사랑해. 유혜자 역(2009). 서울: 숲속여우비.

Wesley, R. B., Randall, D. D., & Kathleen, S. B. (1993). *Family Science*. 새로 보는

가족관계학. 최연실 외 공역(1995). 서울: 하우.
Zimmerman, S. L. (1992). *Family Policy and Family Well-being*. Newbury Park: Sage.
Zimmerman, S. L. (1995). *Understanding Family Policy: Theories Applications* (2nd ed.). Thousand Oaks, CA: Sage Publications.

가정폭력 예방 보라데이 http://www.lookagain.kr
강북건강가정지원센터 http://www.gangbuk.familynet.or.kr
건강가정지원센터 http://www.familynet.or.kr
국가지표체계 http://www.index.go.kr
국가통계포털 http://kosis.kr
국외입양인연대(ASK) http://adopteesolidarity.org
농촌진흥청 http://www.rda.go.kr
다문화가족상담 사랑방 http://www.naas.go.kr
대구종합사회복지관 홈페이지 http://www.childfund-daegu.or.kr
법제처 http://www.law.go.kr
보건복지부 http://www.mohw.go.kr
서울특별시아동복지센터 http://child.seoul.go.kr
여성가족부 http://www.mogef.go.kr
월계우리가족상담소 http://www.가정폭력.kr/program/
중앙입양정보원(KCARE) http://kcare.or.kr
진실과 화해를 위한 해외입양인 모임(TRACK) http://justicespeaking.wordpress.com
태화기독교사회복지관 홈페이지 http://www.taiwha.or.kr
통계청 http://kostat.go.kr
한국가정법률상담소 홈페이지 http://www.lawhome.or.kr
한국미혼모가족협회(KUMFA) https://cafe.naver.com/missmammamia
한국여성상담센터 http://www.iffeminist.or.kr
한국입양홍보회(MPAK) http://www.mpak.org
해외입양인연대(G.O.A.L) http://goal.or.kr
희망내일키움통장 http://www.hopegrowing.com

Action on Elder Abuse. http://www.elderabuse.org.uk/Mainpages/Aboutus/aboutus. html

찾아보기

[인명]

[내용]

저자 소개

원영희(Won, Young-hee)

고려대학교 문과대학 사회학과 졸업
이화여자대학교 대학원 사회학 석사(가족복지 전공)
University of Florida 사회학 박사(노인복지 전공)
현 한국성서대학교 사회복지학과 교수
한국노년학회 상임이사
한국교육학회 이사
한국노인인력개발원 비상임이사
보건복지부 자문위원
노원구 지역사회대표협의체 대표위원, 어르신친화도시 조성위원회 자문위원
전 한국노년학회 학회장, 학술부회장, 편집부회장, 감사, 총무이사
한국노인과학학술단체연합회 부회장
한국연구재단 인문사회연구본부 사회과학단 전문위원
한국가족학회 이사, 편집위원
California State University, LA Visiting Professor

〈주요 저서〉

우리 이웃 열한 가족이야기(이화여자대학교 출판부, 1997), 대중매체와 가족(공저, 양서원, 2000), 가족사회학의 이해(공저, 학지사, 2002), 변화하는 사회, 다양한 가족(공저, 양서원, 2005), 노년학 척도집(공저, 나눔의집, 2010), 기초복지서비스(공저, 두산동아, 2011), 노인복지상담(공저, 공동체, 2013), 노년사회학(공저, 2판, 학지사, 2017) 외 다수

손화희(Sohn, Hwa-hee)
성균관대학교 문과대학 영어영문학과 졸업
연세대학교 대학원 사회복지학 석사(사회복지 전공)
고려대학교 대학원 가정학 박사(노인복지 전공)
현 숭의여자대학교 가족복지과 교수
한국아동가족복지학회 이사
한국노년학회 이사
한국인간발달학회 이사

〈주요 저서〉

청소년 자녀에게 이렇게 하세요(공저, 학지사, 1995), 방과후 자아존중감 프로그램(공저, 양서원, 2001), 영국과 스웨덴의 노인복지정책(공저, 학지사, 2008), 노인복지상담(공저, 공동체, 2013), 노인복지론(공저, 학지사, 2016), 아동권리와 복지(공저, 학지사, 2016) 외 다수

가족복지론(2판)

Social Welfare with Families

2016년 3월 25일 1판 1쇄 발행
2019년 3월 21일 1판 4쇄 발행
2019년 9월 10일 2판 1쇄 발행

지은이 • 원영희 · 손화희

펴낸이 • 김진환
펴낸곳 • (주) 학지사
04031 서울특별시 마포구 양화로 15길 20 마인드월드빌딩
대표전화 • 02)330-5114 팩스 • 02)324-2345
등록번호 • 제313-2006-000265호

홈페이지 • http://www.hakjisa.co.kr
페이스북 • https://www.facebook.com/hakjisa

ISBN 978-89-997-1790-1 93330

정가 19,000원

이 도서의 국립중앙도서관 출판시도서목록(CIP)은 서지정보유통지원시스템 홈페이지(http://seoji.nl.go.kr)와 국가자료공동목록시스템(http://www.nl.go.kr/kolisnet)에서 이용하실 수 있습니다.
(CIP 제어번호: CIP2019032963)